D1854817

SAUTNER · LEXIKON DER MYTHOLOGIE

REINHOLD SAUTNER

LEXIKON der Mythologie

KIESEL VERLAG

2. Auflage

[redacted] ISBN 3-7023-4009-2

Schutzumschlag: Rainer Friedr. Heinrici, Salzburg
© 1984 by Kiesel Verlag, Salzburg

INHALT

VORWORT

In den letzten Jahren ist der Stellenwert des klassischen Altertums als Bestandteil einer guten Allgemeinbildung so gesunken, daß man genauere Kenntnisse auf diesem Gebiet nur selten antrifft. Umso erstaunlicher ist das große Interesse des zeitgenössischen Kunstschaffens an den Mythen der alten Völker. Wohl haben sich Künstler aller Zeiten mit diesen ewig gültigen Themen der Menschheitsgeschichte auseinandergesetzt, das verstärkte Interesse der modernen Kunst scheint jedoch tiefere Wurzeln zu haben. Einerseits ist es ein Versuch, sich von der Mechanisierung und Automatisierung, die das heutige Leben beherrschen, zu befreien, indem man auf den Formenausdruck einer von diesen Erscheinungen noch unberührten Zeit zurückgreift, andererseits weist die Thematik der antiken Stoffe auf Bereiche, die durch die moderne Psychologie neu erschlossen wurden. Man denke etwa daran, aus welch veränderter Sicht der Sagenkreis um Oidipus betrachtet wird, seit Sigmund Freud den Begriff des Oidipus-Komplexes eingeführt hat. Dieser neue Aspekt verleiht den Themen der Antike eine ungeheure Aktualität, die ihnen mühelos den Zugang zu den modernen künstlerischen Ausdrucksmitteln ermöglicht hat. Das surrealistische Drama bedient sich ihrer ebenso wie der Film, und gerade Cocteaus »Orphée« bewies, welche Gültigkeit der Orpheus-Stoff der griechischen Sage für den modernen Menschen besitzt.
Auch die germanische Mythologie nahm im künstlerischen Schaffen immer wieder eine wichtige Stelle ein. Hier setzte Richard Wagner zweifellos die bedeutendsten Akzente.

Bevor nun der Leser an die einzelnen Darstellungen der mythologischen Gestalten herangeht, sollte er sich fragen, was der Begriff »Mythos« aussagt. Erst so wird es ihm möglich, die einzelnen Figuren, Begriffe und schicksalhaften Begegnungen in einem tieferen Sinnzusammenhang zu sehen und zu verstehen.
Dem »Mythos« lag ursprünglich wohl die bloße Naturbetrachtung, die Summe der dinghaften Erscheinungen zugrunde. Jedes Volk kennt seinen Mythos vom Ursprung der Welt, der Götter und Menschen und kleidet

diese offensichtlich übersinnliche Erscheinungsform in Bilder und Symbole, in die Lehre von der Entstehung des Kosmos und des Menschengeschlechtes. Man sollte nicht übersehen, daß es sich beim tradierten Mythos um ein ursprüngliches Wirklichkeitsmodell handelt, das erst durch schriftliche Überlieferung in den Bereich der Dichtung tritt. Die philosophische Allegorie, die Anekdote, die sentimentale Fabel oder auch moralische und politische Propaganda gesellen sich erst in »Spätzeiten« dazu.

Heldenepen besitzen vielfach geschichtlichen Charakter; sie verschmelzen durch die Volkstradition und durch Dichtungen vielfach ineinander, werden verändert und entstellt, so daß es vielfach unmöglich ist, ihre Anfänge oder ihre genetische Entwicklung zu erkennen. Trotz eingehender Forschungen auf dem Gebiet der Geschichte, der Sprach- und Religionswissenschaft ist es noch nicht gelungen, diese Fragen einigermaßen zu klären.

Stellt man sich die Frage nach dem Gehalt mythologischer Erzählungen, so hält man sie zunächst oft für ein märchenhaftes Bild der Phantasie. Hört man zum Beispiel von den vielen Liebschaften des Zeus, so erscheinen diese oftmals willkürlich ersonnen, läge nicht noch eine andere, tiefere Bedeutung, als sie die Mythe unmittelbar ausdrückt, dahinter verborgen.

Gerade weil solche Geschichten von der obersten Gottheit erzählt werden, rücken sie dem menschlichen Bereich nahe und führen so zu einer tieferen Schau des Geschehens.

Vieles im Mythos steht in einem symbolischen Zusammenhang mit dem Wechsel der Jahreszeiten, dem Kalender, dem Zyklischen im allgemeinen. Allein die heute noch gängigen Kalendertiere, die Bezeichnung der Planeten sowie jede Zahlensymbolik reichen weit in den mythologischen Bereich hinein. Auch die zwölf Arbeiten des Herakles scheinen sich von den zwölf Monaten abzuleiten, denn Herakles, der zwar als durchaus menschlich individualisierter Heros auftritt, trägt doch auch eine Naturbedeutung in sich, nämlich die des personifizierten Sonnenlaufes.

Ein völlig durchgearbeitetes Symbol für den Jahreslauf ist der Phoinix, der sich selber verbrennt, aus dem Flammentode und der Asche aber verjüngt wieder hervorgeht.

Auch die mythischen Trauerriten, denen bei den alten Griechen ausgelassene Freudenfeste folgten, symbolisieren den Lauf der Natur, ihr Sterben und Wiedererstehen.

Die griechische Kultur wurde von der ägyptischen beeinflußt. Dort verehrte man in lebenden Tieren, wie im Stier, den Katzen und anderen Gattungen,

göttliches Dasein. Für die Ägypter stand das Durchwirktsein des lebendigen Organismus von ewig gültigen Gesetzen höher als in anderen Kulturen; in ihnen repräsentierte sich das Göttliche. Dem Tierdienst galt die Offenbarung eines geheimen Inneren, das als Leben eine höhere Macht als das bloß Äußerliche ist. Die Verehrung hat nun für sich genommen nichts Symbolisches, weil dabei das lebendige wirkliche Tier, zum Beispiel der zu Memphis als Gott verehrte Stier Apis, selbst als Existenz des Gottes verehrt wurde. Das Tier hatte jedoch auch symbolischen Charakter, besonders in der Vermengung mit der menschlichen Gestalt. Wir finden menschliche Figuren mit Löwenköpfen, auch Sperberköpfe oder Hörner.
Der Symbolgehalt der mythologischen Gestalten birgt eine gewisse Rätselhaftigkeit, deren Entzifferung oft nur schwer gelingt. Das Rätsel der Sphinx im griechischen Mythos etwa ist ungeheuer vielschichtig: Sie selbst ist eine rätselhafte Figur und stellt ein Rätsel, dessen Antwort, mit der Oidipus sie bezwingt, wiederum rätselhaft ist. Die Enträtselung des Symbols liegt in der berühmten griechischen Aufschrift »Erkenne dich selbst!« und weist zurück auf den suchenden Menschen.
Ein nicht geringer Teil des griechischen Mythos entwickelte sich aus den religiösen Vorstellungen der minoisch-mykenischen Kultur. Die Götter durchlaufen einen Gestaltwandel, ihr Kult trägt die Färbung des jeweiligen Landstriches. Keine Priesterklasse prägt die Vorstellungen vom jeweils Göttlichen, sondern Dichter und Bildhauer haben an diesem geistigen Schöpfungsakt Anteil. Die Götter durchwalten ordnend das menschliche Dasein, die Priester vermitteln den Willen der Götter, in handelnder und leiblicher Hinsicht sind die Olympischen jedoch dem Menschen sehr ähnlich.
Die Tradition ist also ein möglicher Ausgangspunkt für den Gehalt der Göttergestalten, den die Dichter entsprechend umwandelten. Dadurch wurden sie Schöpfer der Mythologie. Doch darf man nicht glauben, daß etwa die Homerischen Götter subjektives Machwerk sind: Sie haben ihre Wurzel in dem Geiste und Glauben des griechischen Volkes und seiner nationalen, religiösen Grundlage.

Bei den Griechen erscheint das Wesen der Götter nicht nur als Naturabbild (Poseidon als Verkörperung des Meeres) oder als Abstraktion eines Begriffes (Athene als Weisheit), sondern wurde auch aus dem menschlichen Geist und Dasein geformt, es stellt damit zutiefst Menschliches dar.

Auch die germanischen Götter tragen menschliche Züge, hier fehlen jedoch die subtile Ausgestaltung und die Kraft der Symbolik.
Anders hingegen bei den orientalischen Gottheiten, die auch auf Naturelemente zurückzuführen sind, jedoch als reine Abstraktion einer Idee dargestellt werden. Menschliche Züge sind hier nicht vorhanden.

Da die Götter nicht nur für sich existieren, sondern sich auch innerhalb einer bestimmten Wirklichkeit zeigen, brachte man menschliche Taten und Schicksale mit göttlichem Wirken in Zusammenhang. Wir, auf dem Standpunkt unserer heutigen prosaischen Reflexion, versuchen die Naturerscheinungen und Handlungen der Menschen rationell und wissenschaftlich zu erklären, die alten Völker aber sahen überall nach dem Göttlichen aus. In den Homerischen Gedichten gibt es fast kein bedeutendes Ereignis, das nicht aus dem Willen oder durch die Beihilfe der Götter näher erläutert wird.
Das Göttliche wird bei den Griechen im unmittelbaren Dasein dargestellt und erhält damit Individualität, die notwendig zu einer Vielheit von Gestalten führt. Diese Individualitäten sind aber nicht nur Allegorien für allgemeine Eigenschaften, zum Beispiel Apollon als Gott des Wissens, Zeus als Gott der Herrschaft, ihre Bereiche gehen oft ineinander über und überschneiden sich zuweilen.
Betrachtet man die griechischen Hauptgötter näher nach ihren charakteristischen Zügen, so findet man sie verwischt und somit einer menschlichen Individualität nähergebracht. So hält zum Beispiel Zeus die Herrschaft über Götter und Menschen in Händen, ohne jedoch dadurch wesentlich die freie Selbständigkeit der übrigen Götter zu gefährden. Apollon erscheint als der wissende Gott, dessen Bereich der Ausdruck und die Darstellung des Schöngeistigen ist, und als Lehrer der Musen. List und Wohlreden, vermengt mit unmoralischen Elementen, sind das Gebiet des Hermes, der auch die Seelenschatten der Verstorbenen zur Unterwelt führt. Die kriegerische Gewalt obliegt dem Ares, Hephaistos erweist sich geschickt in technisch-handwerklicher Arbeit. Die Begeisterung, die berauschende Naturgewalt des Weines sowie Spiele und dramatische Aufführungen sind dem Dionysos zugeteilt.
Einen ähnlichen Kreis des Inhaltes durchlaufen die weiblichen Gottheiten. Für Hera ist das sittliche Band der Ehe eine Hauptbestimmung. Demeter hat den Ackerbau gelehrt und verbreitet, die Macht der Weisheit und Tap-

ferkeit sowie die Mäßigkeit, Besonnenheit und Gesetzlichkeit sind die Bereiche der Athene. Artemis dagegen, die die Jagd liebt, hat als wesentlichen Charakterzug die spröde Selbständigkeit jungfräulicher Keuschheit. Aphrodite mit dem reizenden Eros deutet auf den menschlichen Affekt der Zuneigung und die Liebe der Geschlechter.

Es erhebt sich die Frage: Woher kommt der Stoff für diese einzelnen Erscheinungsweisen der Götter? Die naheliegendste und zugleich reichhaltigste Quelle sind die symbolischen Naturreligionen, deren Inhalte zu individuellem Handeln und Erleben wurden. So hat etwa die Geschichte der Demeter und ihrer Tochter Persephone eigentlich das Verlorengehen und Aufkeimen des Samenkornes zum Inhalt. Persephone, die in einem Tal mit Blumen spielt, wird von Hades (griech. Pluton) in die Unterwelt entführt. Demeter wandelt nun trauernd über die Erde, um die Tochter zu suchen, bis diese endlich, wenn auch nicht für immer, auf die Oberwelt zurückkehrt. Der symbolische Gehalt wurde hier zu einer menschlichen Begebenheit umgearbeitet, welche den allgemeinen Sinn nur von fern her durchscheinen läßt.

Wie unnachahmlich die Mythologie diese Inhalte ins Menschliche überträgt und auf diese Weise faßbar macht, ohne daß die Vielschichtigkeit der gedanklichen Bezüge oder der poetische Reiz des Erzählten verlorengeht, macht jene gewisse Faszination aus, der sich auch der sachliche, aufgeklärte Mensch des 20. Jahrhunderts nicht völlig entziehen kann.

Der Verfasser hofft, dem Leser mit diesem Nachschlagewerk das mythologische Gedankengut jener Völker, die für die Entwicklung der abendländischen Kultur maßgeblich waren, näherzubringen. Die Schönheit und Erhabenheit dieser Vorstellungen, Bilder und Begriffe möge ihn dem heutigen Leben und seinen Problemen nicht entfernen, vielmehr dazu beitragen, diesem einen tieferen Sinn zu erschließen.

HINWEISE FÜR DEN GEBRAUCH

Die Auswahl der Stichwörter wurde nach dem Gesichtspunkt der Zweckmäßigkeit vorgenommen, weshalb manche Namen, die nur dem Fachmann geläufig sind, nicht angeführt wurden.

Im allgemeinen ist bei den Artikeln des römischen Bereiches eine starke Verminderung des mythologischen Umfanges vorgenommen worden. Dies deshalb, weil die Römer oft einzelne Gestalten sowie ganze Erzählungen aus dem hellenischen Bereich übernommen haben. In solchen Fällen zeigt ein Verweispfeil die Darstellung bei der entsprechenden griechischen Gestalt an, womit man einer Wiederholung aus dem Wege ging.

Ferner deuten Verweispfeile an, daß unter dem betreffenden Stichwort ausführlichere Angaben zu finden sind.

Im übrigen wurde bei griechischen Namen stets die griechische Schreibung, wie sie sich seit dem Ende des 19. Jahrhunderts langsam, aber sicher durchgesetzt hat, vorgenommen; das heißt also ai statt ae, o statt u in Aischylos für Aeschylus oder Aiolos für Aeolus, k statt c in Kassandra statt Cassandra, oi statt oe in Oidipus für Oedipus, ei statt i in Peirithoos für Pirithous und so weiter.

Es sei noch erwähnt, daß im allgemeinen wie im besonderen in der nordischen Sage die Schreibungen in den verschiedenen Werken unterschiedlich sind, weshalb nach Möglichkeit auch Nebenformen angeführt wurden.

Verzeichnis der Abkürzungen

→	= Verweispfeil	(kret.)	= kretisch
NM	= Nationalmuseum	(nord.)	= nordisch
(ägypt.)	= ägyptisch	(pers.)	= persisch
(altital.)	= altitalisch	(phöniz.)	= phönizisch
(babylon.)	= babylonisch	(phryg.)	= phrygisch
(chald.)	= chaldäisch	(röm.)	= römisch
(german.)	= germanisch	(sumer.)	= sumerisch
(griech.)	= griechisch	(syr.)	= syrisch
(kleinasiat.)	= kleinasiatisch	(thrak.)	= thrakisch

A

Abantiaden (griech.) → Abas.

Abaris (griech.), sagenhafter Priester des Apollon, Sohn des Seuthos und einer hyperboreischen Skythe. Er soll zur Zeit des Krösus nach Griechenland gekommen sein, als eben eine furchtbare Pest wütete, von der er die Griechen durch Wundertätigkeit befreite. Apollon, so heißt es, schenkte ihm einen goldenen Pfeil, womit er, ohne Genuß von Speise und Trank, von Land zu Land durch den Aether fliegen konnte.

Abas (griech.), König von Argos, Sohn des Lynkeus und der Hypermnestra, einer Tochter des Danaos. Er zeugte den König Akrisios, den Vater der von Zeus geliebten Danae, die die Mutter des Helden Perseus wurde. Die Nachkommen des Abas heißen Abantiaden.

Abderos (griech.) → Herakles.

Aborigines (altital.), wörtlich »die Ureinwohner«, bei den Griechen Autochthonen genannt, hießen die Vorväter der Latiner und Römer. Sie waren ein Urvolk Mittelitaliens, dem man die größte Glückseligkeit zuschrieb, da sie unter ihren Königen Saturnus und Janus ein goldenes Zeitalter, frei von Alter und Tod, genossen haben sollen.

Abudad (pers.), der Urstier, das erste lebendige Wesen, aus dem alle übrigen Geschöpfe der Erde, Menschen wie Tiere, hervorgingen. Von Ormuzd, dem Gott des Lichtes, aus dem Urbild verkörpert und auf den Mittelpunkt der Erde gesetzt, erlag er dem Ahriman, dem Gott der Finsternis, der ihn durch einen seiner grimmigsten Geister vergiften ließ, damit die weitere Schöpfung verhindert würde. Dies gelang ihm nicht; aus der rechten Vorderhüfte der in Verwesung übergehenden Leiche entsprang der Kajomorts, der Urmensch, und aus der linken der Gosch oder Tierurstoff; der Rest des Körpers erzeugte die Pflanzen (→ Kajomorts).

Abundantia (röm.), die Göttin des Überflusses, auch Ubertas genannt, eine Gottheit nach dem Ideal der Ceres. Sie wurde, besonders auf Münzen, blumenbekränzt dargestellt, in der Linken eine Getreidegarbe haltend, die sie auf die Erde verstreut, in der Rechten ein Füllhorn mit Blumen und Früchten, dessen Öffnung nach unten gekehrt ist. Die römischen Kaiserinnen liebten es, sich in dieser schönen weiblichen Göttergestalt abbilden zu lassen.

Abydos (griech.), eine Stadt am asiatischen Ufer des Hellespont, in der Gegend der heutigen Dardanellenschlösser, berühmt durch die Liebe des → Leander (Leandros) und der Hero.

Acca Larentia (röm.) → Romulus.

Achates (röm.), der Gefährte des Helden → Aeneas.

Acheloios (griech.), Fluß und Flußgott, dessen Wasser die Grenze zwischen Akarnanien und Aetolien bilden und in das Ionische Meer münden. Er ist berühmt durch seinen Kampf mit Herakles um die schöne Deïaneira, den Sophokles in seinen »Trachinerinnen« schildert. Herakles besiegte ihn nach vieler Mühe. Zuerst mußte er mit einer Schlange ringen, in deren Gestalt der

Wassergott erschien, wobei der Held fast erdrosselt worden wäre; sodann, als der Gott Stiergestalt angenommen hatte, schlug Herakles ihn nieder und brach ihm ein Horn ab, wofür ihm der bezwungene Nebenbuhler das Horn der → Amaltheia herausgeben mußte. Von der Abstammung des Acheloios wird in den Quellen Unterschiedliches berichtet. Er soll der älteste von den 3000 Söhnen des Okeanos und der Tethys gewesen sein, nach andern ein Sohn des Sonnengottes Helios und der Gaia, der Göttin der Erde; nach wieder anderen zeugten ihn Okeanos und Gaia. Aus seiner Verbindung mit einer der Musen stammten die Sirenen, welche deshalb Acheloiden hießen, wie man auch die Flußnymphen nannte. Sein Name war im Altertum so berühmt, daß der Begriff Acheloios für jeden Fluß oder für Wasser schlechthin galt.

Acheron (griech.), ein Fluß in der Unterwelt, berühmt neben dem Styx und Kokytos. Er war einigen Sagen zufolge ein Sohn des Sonnengottes Helios und der Erdgöttin Gaia. Mit der Göttin der Nacht (Nyx) zeugte Acheron die drei Furien. Da er den gegen den Olymp anstürmenden Titanen Wasser zu trinken gab, wurde er zur Strafe in einen schlammigen Fluß verwandelt und in die Unterwelt verwiesen. Nach anderen Berichten gebar ihn Demeter in einer dunklen Grotte der Insel Kreta, und weil er das helle Sonnenlicht lästig fand, stieg er freiwillig in die Unterwelt und wurde ein Fluß, welchen Zeus aus dem angeführten Grunde schwarz, trübe und bitter machte. Über seine traurigen Fluten geleitete Charon, der Fährmann, die Seelen der Abgeschiedenen auf Nimmerwiederkehr. Auf der Oberwelt gab es mehrere Flüsse seines Namens, den bekanntesten in Thesprotien, einer Provinz von Epiros. Dieser Acheron entspringt unterhalb Dodona, geht durch den Sumpfweiher Acherousia, nimmt den Kokytos auf und mündet in das Ionische Meer. Er führt ein übelschmeckendes Wasser und ist von giftdünstigen Gestaden eingeschlossen, woran sich wohl teilweise die Sage von dem unterweltlichen Acheron geknüpft haben mag (→ Acherousia).

Acherousia (griech.), ein sumpfiger See, durch den sich der Fluß Acheron in Thesprotien ergießt und bald samt diesem durch einen Pfuhl in die Unterwelt eintritt. Außerdem führen diesen Namen noch zwei Seen und eine Höhle, durch welche Herakles in das Schattenreich gestiegen sein soll. Einer dieser Seen lag bei Memphis, über ihn brachten die Ägypter ihre Toten, um sie dort zu beerdigen.

Achill[eus] (griech.) oder (röm.) Achilles, der Sohn des Königs Peleus und der Nereide (Meernymphe) Thetis; der bedeutendste der griechischen Helden, die nach Troia auszogen, um die geraubte Helena zurückzufordern. Seine Taten leben durch die Epen Homers fort. Die Sagen über ihn sind reich an Wundern. Als er geboren wurde, tauchte ihn die Mutter in die Fluten des Styx. Dadurch wurde er unverwundbar bis auf die Stelle der Ferse, an der sie ihn beim Eintauchen gehalten hatte. Sein Erzieher, der weise Kentaur Cheiron, lehrte ihn ringen, laufen und reiten, aber auch die Leier schlagen. Als er neun Jahre alt war, verkündigte der Seher Kalchas, daß Troia ohne ihn nicht erobert werden könne. Die Mutter Thetis sah vorher, daß er in diesem Krieg fallen werde, deshalb brachte sie ihn, als Mädchen verkleidet, zu den Töchtern des Lykomedes, des Königs auf der Insel Skyros. Kalchas offenbarte jedoch seinen Aufenthaltsort, worauf Odysseus an den Hof des Lykomedes kam und Achilleus mit List unter den Mädchen herausfand. Er legte zu den Geschenken, die er ihnen anbot, auch ein Schwert und ließ die kriegerische Tuba blasen; der verkleidete Jüngling verriet sich dadurch, daß er nach der Waffe griff. Er brach mit fünfzig Schiffen nach Troia auf; der Vater gab ihm den greisen Phoinix mit. Achilleus hatte zwischen einem langen und friedlichen Leben ohne Ruhm und einem frühzeitigen, aber berühmten Tode zu wählen; er entschloß sich zur Betrübnis seiner Mutter zum letzteren. Homer schildert, wie tapfer er unter den Mauern von Ilios (Homerischer Name für Troia) kämpfte. Solange Achilleus in ihren Reihen focht, siegten die Griechen über die Troer (Schreibung auch: Troier, Trojer, Trojaner); dann aber zog sich Achilleus mit den Seinen vom Kampf zurück, erzürnt darüber, daß ihm Agamemnon die Gunst der schönen Sklavin Briseis streitig gemacht hatte. Nun brachten die Troer unter Anführung des Hektor den Griechen Niederlage über Niederlage bei. Schon geriet das Heer der Belagerer in äußerste Gefahr; da ließ sich Achilleus endlich durch die Bitten seines Freundes, Jugendgespielen und Waffengefährten Patro-

Achilleus und Memnon; Kelchkrater des Tyszkiewicz-Malers, um 500 v. Chr., Boston.

klos erweichen und gab ihm die Erlaubnis, an seiner Stelle und in seiner eigenen Rüstung gegen den Feind auszurücken. Patroklos drang siegreich vor, da jeder glaubte, Achilleus selbst kämpfe wieder, fiel aber von der Hand des Hektor. Als Achilleus hörte, daß sein Freund im Kampf getötet worden sei, ergriff ihn heftiger Schmerz. Homer schildert seine Klagen und die Betrübnis von Patroklos' Mutter. Achilleus beschloß, gewaltige Rache an Hektor zu nehmen, der jetzt auch seine Waffen trug. Er söhnte sich mit Agamemnon aus, und mit einer neuen, von Hephaistos selbst geschmiedeten Waffenrüstung zog er wieder gegen die Troer, erschlug Hektor und schleifte seine an den Streitwagen gebundene Leiche nach dem Lager der Griechen zurück. Homer läßt den sterbenden Hektor prophezeien, Achilleus werde vor dem Tore Troias umkommen. Achilleus besiegte jedoch die nach dem Tode Hektors den Troern zu Hilfe eilenden Amazonen und tötet Penthesileia im Kampf. Auch einen weiteren Bundesgenossen der Troer, den Aithiopierfürsten Memnon, tötet Achilleus im Kampf. Die nachhomerische Sage erzählt weiter, daß Paris einen Pfeil gegen Achilleus gerichtet hat, welchen Apollon so gelenkt habe, daß er in die verwundbare Ferse gedrungen sei.

Nach einer anderen Überlieferung liebte Achilleus die Troerin Polyxene, eine Tochter des Priamos (Vater Hektors) und der Hekabe. Er kam unbewaffnet zu einer Verabredung mit ihr in den Tempel des thymbraeischen Apollon und wurde hier von Paris ermordet. Die Trauer über den Tod des Helden war allgemein. Wo er für Patroklos und sich selbst das Grab auserkoren hatte, nämlich am Vorgebirge Sigeum, wurden prächtige Leichenspiele veranstaltet. Über das Erbe seiner Waffen entspann sich ein gewaltiger Wettstreit zwischen Odysseus und → Aias. Später verehrte ihn ganz Griechenland als Heros (Halbgott), dem man Tempel baute, Opfer brachte und andere Auszeichnungen erwies: Pindar erwähnt ihn selbst wie Aiakos neben den Totenrichtern, während schon Homer sagt, daß Achilleus schon bei Lebzeiten den Göttern gleichgestellt gewesen sei und auch in der Unterwelt diese Macht beibehalten habe. Die Freundschaft des Achilleus und Patroklos galt als musterhaft.

Acis (röm.) → Akis.

Adar (pers.), der Hauch des heiligen Feuers, das heilige Feuer selbst, das sichtbare Bild des Ormudz, bei dem die Perser zu diesem Gott beteten. Dem heiligen Feuer mit der Hand zu nahen oder es durch seinen Hauch anzufachen war eine Verunreinigung, die, auch wenn es sich um Priester handelte, mit dem Tod bestraft wurde.

Admetos (griech.), Sohn des Pheres, König in Thessalien, der an der Jagd gegen den Kalydonischen Eber und am Argonautenzuge teilnahm. Er war Gastfreund des Herakles und stand bei Apollon in hoher Gunst. Als letzterer nämlich von Zeus aus dem Himmel verbannt wurde, um ein Jahr lang auf der Erde zuzubringen, wurde er von König Admetos freundlich aufgenommen. Admetos freite um Alkestis, die Tochter des Pelias, und erhielt sie von diesem unter der Bedingung zur Gemahlin, daß er in einem Wagen komme, welcher mit einem Löwen und einem Eber bespannt sei. Der dankbare Apollon half ihm nicht nur bei dieser Aufgabe, indem er ihn die Zähmung zweier so wilder Tiere lehrte, sondern besänftigte auch den Zorn seiner Schwester Artemis, die dem Bräutigam riesige Drachen in die hochzeitliche Kammer schickte, weil er ihr nicht wie den anderen Göttern geopfert hatte. Von den Moiren war aber beschlossen worden, daß Admetos nicht lange leben solle; auch hier half Apollon, er verlangte von ihnen das Versprechen, seinem Freund ein längeres Leben zu vergönnen, wenn sich jemand von seinen nächsten Verwandten fände, der freiwillig für ihn sterben wolle. Als die Zeit kam, befiel den König eine tödliche Krankheit. Niemand aus seinem Stamme wollte dem Willen der Moiren Genüge leisten; da entschloß sich Alkestis selbst zu diesem Opfer, sie ging in das Schattenreich, und der Erkrankte genas auf der Stelle. Tiefe Verzweiflung erfaßte ihn aber, als er hörte, daß seine Gattin für ihn gestorben sei. In diesem Augenblick führte ein glücklicher Zufall den Gastfreund Herakles in das Trauerhaus; er stieg in die Unterwelt, holte Alkestis herauf und stellte die Glückseligkeit seines Gastfreundes wieder her. Euripides berichtet darüber in seinem Drama »Alkestis«.

Novelle: »Thanatos«, P. Hallström, 1900.

Kantate: »Admeto«, G. Donizetti, 1823.

Oper: »Admeto«, G. F. Händel, 1727.

Adonis (griech.), Sohn des Königs Theias und dessen eigener Tochter Myrrha oder Smyrna, einer überaus schönen Jungfrau, welche durch Aphrodite gezwungen wurde, in Neigung zu ihrem Vater zu entbrennen. Myrrha kämpfte lange gegen diese unnatürliche Liebe; endlich aber erlag sie dem Zureden ihrer Amme, die sie nicht welken sehen konnte. Als dem Vater bewußt wurde, daß das schöne, ihm gefügige Weib seine eigene Tochter war, geriet er in Wut und verfolgte Myrrha mit gezücktem Schwert. Ermüdet und geängstigt rief Myrrha die Götter um Mitleid an. Diese verwandelten sie in einen Baum, der ewige Tränen weint, Tränen aus köstlichem Myrrhenharz. Aus der Rinde des mütterlichen Baumes entsprang nach zehn Monaten der wunderschöne Knabe Adonis. Als Jüngling besiegte er durch seine Reize die Göttin Aphrodite, die frühere Feindin seiner Mutter, und es entspann sich zwischen beiden ein so inniges Liebesverhältnis, daß Ares eifersüchtig wurde. Als Adonis, ein leidenschaftlicher Jäger, trotz mancher Warnungen der zärtlichen Geliebten eines Tages die Wälder durchstreifte, sandte ihm Ares einen wilden Eber entgegen; er rang mutig mit dem Untier und erlegte es, doch trug er eine tödliche Wunde davon. Die herbeieilende Aphrodite kam zu seiner Rettung zu spät. Sie fand den Jüngling sterbend auf dem Gras liegen und bemühte sich vergebens, ihm das Leben zu erhalten. Die Tränen, die sie um den Verlorenen weinte, verwandelten sich in Anemonen, und aus den Blutstropfen des

Sterbenden wuchsen Rosen empor. Zur Linderung ihres Grams bat Aphrodite Zeus, er möge des Toten Zeit zwischen ihr und der unterirdischen Persephone teilen: Und so brachte denn Adonis die Hälfte jeden Jahres im Tartaros (Unterwelt), die anderen sechs Monate auf dem Olymp zu.

Aus Andenken an diesen Liebesbund entwickelte sich ein weitverbreiteter Dienst: Adonis und Aphrodite erhielten gemeinschaftliche Tempel. Die beiden dem Adonis gestifteten pomphaften Festtage hießen Adonien, an deren einem sein Scheiden betrauert, an deren anderem dagegen sein Wiederkommen mit ausgelassener Freude bejubelt wurde.

Der Kult ist asiatischer, vielleicht phönizischer Herkunft und versinnbildlicht das alljährliche Sterben und Wiedererwachen in der Natur.

Dramatische Bearbeitungen: »Adonis«, A. Steffen, 1935.

Dichtungen: »Die Syrakusanerinnen oder die Frauen beim Adonisfest«, Theokrit, vor 270 v. Chr.; »Totenklage auf Adonis«, Bion, 2. Jh. v. Chr.

Oper: »Adone«, C. Monteverdi, 1639.

Adrammelech (phöniz.), ein Götze der Sapharwäer, dem Kinder geopfert werden mußten.

Adrasteia (griech.), ursprünglich eine troisch-phrygische Berggöttin, die ab 400 v. Chr. auch → Nemesis genannt wird, wörtlich die »Unentfliehbare«. Sie ist die Vergelterin allen Unrechts, der niemand zu entrinnen vermag. Sie wird mit Weltkugel und Steuerruder abgebildet, als Lenkerin des Weltalls, und gilt als Tochter der Nacht und des Erebos oder auch des Okeanos.

Adrastos (griech.), König von Argos, er vermählte zwei seiner Töchter, Argeia und Deipyle, mit Tydeus und Polyneikes, zwei Verbannte, die bei ihm Schutz gesucht hatten. Um Polyneikes wieder nach Theben, von wo er geflüchtet war, zurückzuführen, trat er an die Spitze eines Feldzugs, bei welchem er, trotz dessen unglücklichen Ausgangs, er ist der einzig Überlebende des Argeierheeres, Ruhm erwarb. Aischylos gibt in den »Sieben gegen Theben« eine glänzende Schilderung dieses Unternehmens. Von den sieben Heerführern rettete sich bloß Adrastos nach Athen zurück; er verdankte sein Leben der Schnelligkeit seines berühmten Pferdes, dessen göttliche Abstammung Homer besingt. Es hieß Arion und war der Sage nach von Poseidon und Demeter gezeugt worden. Später unternahm Adrastos mit den Söhnen der sechs gefallenen Helden einen zweiten Heerzug gegen Theben, den sogenannten Zug der Epigonen (Nachkömmlinge), welcher glücklicher ablief. Das Grab des Adrastos auf dem Marktplatz in Sikyon (Peloponnes) wurde kultisch verehrt. Der um 600 v. Chr. lebende Tyrann Kleisthenes versuchte während eines Krieges mit Argos den Kult zu unterbinden.

Aedon (griech.) → Prokne.

Aegis (griech.), das Ziegenfellschild der Göttin Athene.

Aeneas (röm.) oder (griech.) Aineias, Sohn des troianischen Fürsten Anchises und der Göttin Aphrodite (Venus), wurde bis zum fünften Jahre von Waldnym-

Aeneas und das Heiligtum der Penaten; Relief der Ara Pacis Augustae, 13 – 9 v. Chr., Rom.

phen erzogen und dann erst dem Vater übergeben. Als er erwachsen war, nahm er am Troianischen Krieg teil. Aus drohenden Gefahren wurde er durch seine Mutter und andere Götter gerettet, deren Liebling er war. Bis zum letzten Augenblick setzte er den Kampf in dem schon eroberten Troia fort. Als die Stadt bereits brannte, der greise Priamos gefallen, das Heer teils erschlagen, teils geflohen war, nahm der Held seinen alten, gelähmten Vater auf den Rücken, seinen Sohn Ascanius an der Hand und verließ den lodernden Feuerherd, gefolgt von seiner Gattin Kreusa, die er jedoch im Getümmel verlor.

Vergil erzählt in der Aeneis die weiteren Geschicke des Flüchtigen: Nach mancherlei Irrfahrten gelangte er, durch einen Sturm von Italien weggetrieben, über Sizilien an die Küste von Afrika zur schönen Phönizierin Dido, die im Begriffe war, Karthago aufzubauen. Eine Zeitlang erfreuten sich beide ihrer Liebe zueinander; doch eine dauernde Verbindung durfte Aeneas hier nicht schließen, Jupiter befahl ihm durch den Merkur, seine Reise fortzusetzen. Während Dido aus Gram über den Verlust des Teuren sich mit dem Schwerte des Aeneas die Brust durchbohrte und sich darauf verbrennen ließ, trieb diesen ein Sturm erneut nach Sizilien; endlich erreichte er glücklich die Küste Italiens. Zuerst betrat er den Strand von Cumae (Kyme), wo eine berühmte Sibylle wohnte, die ihm die Zukunft weissagte. Dann schiffte er zur Mündung des Tiber, wo er an einem Orakelspruch erkannte, daß dies sein Bestimmungsort

sei. Hier herrschte der König Latinus mit seiner Tochter Lavinia. Er nahm den Fremdling gütig auf und wählte ihn zu seinem Schwiegersohn, der nunmehr das Zepter bekam und die Einwohner des Landes mit seinem troianischen Gefolge zu einem Volke vereinigte, welches den Namen Latiner erhielt. Dabei hatte Aeneas mit Turnus, dem früheren Verlobten der Lavinia, harte Kämpfe auszufechten. Sein ältester Sohn Ascanius (Iulus) wurde Stammvater des Julius Cäsar. Dieser gründet Alba Longa.
Epen: »Aeneis«, Vergil, 29 – 19 v. Chr.; »Eneit«, H. v. Veldeke, vor 1190.
Dichtung: Hymnos an Aphrodite, Homer, 7. Jh. v. Chr.
Oper: »Le nozze d'Enea con Lavinia«, C. Monteverdi, 1641.
Ballett: »Aeneas in Karthago«, M. Umlauff, 1811.

Aerope (griech.), Gattin des → Atreus.

Aesculapius (röm.) → (griech.) Asklepios.

Aether (griech. und röm.), der Himmelsraum, ein Sohn des Chaos und des Dunkels, zeugte mit Gaia Giganten, Titanen und Ungeheuer. Später wurde er der Wohnsitz der seligen Götter und der von Zeus beherrschte Himmel.

Agaion (griech.), ein hundertarmiger Riese, ein Sohn des Uranos und der Gaia, von den Göttern selbst Briareos genannt. Ihm und seinen Brüdern Kottos und Gyges übergab Zeus die in den Tartaros gestürzten Titanen zur Bewachung; bis dahin waren diese grauenhaften Ungeheuer von ihrem eigenen Vater Uranos, der sie fürchtete, gefesselt und in Höhlen eingesperrt gewesen.

Agamedes (griech.), der Bruder des Trophonios und Sohn des Erginos, des Königs der Minyer. Beide Brüder erwarben sich durch ihre Baukunst Ruhm. Der Apollontempel zu Delphi war eines ihrer Werke. Nach der Vollendung desselben baten sie Apollon um eine Belohnung, worauf sie zur Antwort erhielten, sie sollten sieben Tage warten und diese Zeit fröhlich zubringen. Sie gehorchten, und am Morgen des achten Tages wurden sie tot aufgefunden. Sie erlangten göttliche Ehren.

Agamemnon (griech.), König von Mykenai, Bruder des Menelaos. Beide Brüder waren in das Fluchgeschick des Hauses der Tantaliden, → Tantalos, verflochten und galten nach Homer als Söhne des mit der Aerope vermählten Königs Atreus. Sie hießen deshalb nach ihrem Vater Atreiden. Agamemnon war Oberfeldherr in dem berühmten Krieg gegen Troia, der geführt wurde, um die Frau des Menelaos, die von Paris geraubte Helena, zurückzuführen.
Er wählte die Tochter des Tyndareos namens Klytaimnestra zur Gattin, die Stiefschwester der schönen Helena. Vier Kinder waren die Frucht Agamemnons Ehe: Iphigeneia, Elektra, Chrysothemis und Orestes. Die älteste Tochter → Iphigeneia wurde dem Opfertode geweiht, als das Griechenheer nach Troia ausrückte und in Aulis vor Anker lag. Als Agamemnon nach Beendigung des zehnjährigen Feldzuges sieggekrönt heimkehrte, war ihm Klytaimnestra, wegen des Todes der Iphigeneia und anderer Ursachen grollend, untreu geworden und lebte in Ehebruch mit

Aigisthos, dem Brudersohne des → Atreus, einem auf Rache lauernden Verwandten. Um der Strafe zu entgehen, erschlug sie den Gatten, den sie mit verstellter Freundlichkeit empfangen hatte. An der Seite des Buhlen herrschte sie so lange ungestört über Mykenai, bis ihr Sohn → Orestes, zum Jüngling erwachsen, auf Grund eines Orakelspruches den Gattenmord durch Muttermord sühnte.
Dramatische Bearbeitungen: 1. Teil der Trilogie »Oresteia« (»Agamemnon«), Aischylos, 458 v. Chr.; »Agamemnon«, L. A. Seneca (gest. 65 n. Chr.); »Die mörderische Königin Clitimestra«, H. Sachs, 1554; »Agamemnons Tod«, G. Hauptmann, 1944; »Agamemnon muß sterben«, R. Bayr, 1956.
Symphonische Dichtung: »Agamemnon muß sterben«, P. Angerer, 1955.

Agaue (griech.), eine der Töchter des Kadmos und der Harmonia. Sie hatte das Unglück, ihren eigenen Sohn zu töten. Vermählt mit Echion, gebar sie den Pentheus, dem der greise Kadmos das Zepter Thebens übergab. Der junge König wollte ebenso wie Agaue den wenig älteren Dionysos, den Sohn seiner Mutterschwester Semele und des Zeus, nicht als Gott anerkennen. Obgleich der neue Gott im Triumph durch alle Länder zog, ehrte man ihn in seiner Vaterstadt Theben nicht. Dort erklärte man ihn für einen Gaukler; der Frevel der Agaue und ihres Sohnes ging zuletzt so weit, daß sie beschlossen, den Gott mit seinen ausgelassenen Begleiterinnen, den Mänaden (Bakchantinnen), zu ermorden. Der Zorn des Dionysos schonte nun die feindlichen Verwandten nicht länger; er machte das ganze festliche Gefolge wahnsinnig, daß es im blinden Taumel den König Pentheus für einen Eber hielt, auf welchen sofort alle stürzten, seine eigene Mutter nicht ausgenommen, und in Stücke zerrissen.
Dramatische Bearbeitung: »Bakehai« (Die Bakchantinnen), Euripides, 406 v. Chr.
Oper: »Die Bassariden«, H. W. Henze, 1966.

Agdistis (griech.), die Große Mutter, → Attis.

Agenor (griech.), ein Sohn des Poseidon und der Libye, der Tochter des Epaphos, herrschte als König in Phönizien und wurde der Stammherr eines berühmten Geschlechtes; vermählt mit Telephassa zeugte er Kadmos, den Erbauer Thebens, und die von Zeus entführte Europa, außerdem Phoinix und Kilix. Der Vater gebot den Söhnen, die geraubte Schwester zu suchen und ohne sie nicht zurückzukehren; da sie dieselbe nicht finden konnten, ließen sie sich alle in anderen Ländern nieder. Die Nachkommen Agenors waren die Agenoriden.

Ägir (nord.), der Gott des Weltmeeres, auch Hler genannt, vermählt mit Ran, einer wilden und häßlichen Riesin, war ein Sohn des Urstoffs, ein Bruder der Luft und des Feuers und thronte auf der Insel Lessö im Kattegat. Er stellte den Ozean in seiner stillen Größe vor, seine Gemahlin hingegen die stürmische und feindselige Natur des Wassers; sie holte all jene, die im Meer umkamen, in ihr Reich. Ägir zeugte mit Ran neun Töchter, die Wellenmädchen oder Meereswellen, namens Himingläfa, Dufa, Hadda, Hefring, Udur, Hrönn, Bylzia, Bara und Kolga. Außerdem hatte er zwei Diener, die Fimafengur und Elder hießen.

Aglaia (griech.), eine der Chariten, die Tochter des Zeus und der Eurynome, nach anderen Angaben dagegen die Mutter der Chariten und Hephaistos' Gemahlin.

Aglauros (griech.), Tochter des Kekrops, → Herse.

Aglibolos (syr.), der in Palmyra verehrte Sonnengott, während Malachbelos den Mondgott vorgestellt zu haben scheint. Aglibolos wurde als Jüngling dargestellt, in der Hand eine Rolle haltend.

Agyieus (griech.), der Straßenbeschützer, ein Beiname des Apollon.

Ahriman (pers.), Gott der Finsternis, das böse Prinzip. Wie auch Zoroaster, der persische Religionsgründer, lehrte, thront er auf dem nördlich von Persien gelegenen Berge Aherman. Er ist der Feind des → Ormuzd, des Lichtgottes oder des guten Prinzips, und sucht die Schöpfung zu vernichten. Beide entsprangen dem göttlichen Ding aller Dinge, dem Zarvana Akarana – dem »leuchtenden Grund«. Daraus entstand auch die Welt, die für eine zwölftausendjährige Dauer bestehen und vier Perioden lang, jede von dreitausend Jahren, dauern sollte.

Als Ormuzd geboren war, legte das höchste Urwesen die weitere Schöpfung der Dinge in seine Hand: Ormuzd sprach das schaffende Wort »Honover« aus, und was nicht sofort entstand, entwickelte sich allmählich aus den Anfängen. Während der ersten Periode brachte er die ganze sichtbare Außenwelt, das Heer der Körper und Geister hervor, so daß er, der Gott des Lichtes, in diesem dreitausendjährigen Zeitraume eigentlich allein herrschte. Ahriman indessen, der Gegensatz zum guten Prinzip, türmte bereits während dieses ersten Weltalters die ebenso gewaltige Schöpfung der Finsternis dem himmlischen Reich des Lichtes entgegen, ohne jedoch die Feindseligkeit zu eröffnen. Erst am Ende der zweiten Periode, in welcher der finstere Gott unter der siegenden Gewalt des Lichtes herrschen sollte, wagte er den Angriff gegen den Himmel. Er verheerte die Erde bis in ihren Mittelpunkt, wo er den durch Ormuzd zuerst erschaffenen Urstier Abudad durch zwei böse Genien töten ließ. Er schüttelte alle von nun an fortdauernden Plagen über die Erde und stürmte auch gegen die Sterne an, von denen er eine Anzahl verdunkelte. Die guten Geister aber rasten von der Spitze des Urberges Albordji, dem lichtumflossenen Wohnsitze der Seligen, gegen den Verwüster der unteren Regionen hernieder und stürzten ihn in die Verdammnis. Den Sieg konnte Ahriman diesmal nicht erringen, doch als die dritte Weltperiode begann, gewann er die Erde als Aufenthalt, in welcher beide Prinzipien gemeinschaftlich, jedoch nicht in Frieden herrschten.

Aus den Hüften des getöteten Urstiers Abudad entstanden die ersten Menschen und Tiere, welche die Erde nach und nach bevölkerten, sowie der mannigfaltige Fruchtsamen für die Pflanzenwelt. Der böse Ahriman nahm nun den Kampf gegen die Menschen auf, besiegte den Urmenschen → Kajomorts durch die Übermacht seiner Geister und verführte die ersten Abkömmlinge desselben, die aus der befruchtenden Asche des Kajomorts unter dem Schutze zweier guter Genien hervorwuchsen, zur Sündhaftigkeit, so daß sie sterblich wurden wie alle ihre Nachkommen. Dieses Zeitalter, in welchem gleichsam Licht und Schatten wechseln, dauert noch fort. Einen vollständigen Sieg indessen erficht Ahriman weder jetzt noch künftig; schon der sterbende Urstier hatte geweissagt, daß das Böse am Weltende, in der vierten und letzten Periode, seinen Untergang finden werde. Dann wird sich Ahriman zum entscheidenden Schlage erheben, scheinbar die Oberhand gewinnen, indem er einen brennenden Kometen auf die Erde herabschleudert. Dieser wird die Erde in Flammen setzen und sie mit allen ihren Geschöpfen in einen glühenden Metallstrom verwandeln. Dem wird aber auch der Zerstörer zum Opfer fallen. Alle Geschöpfe, die vorher sündhaft waren, die Menschen sowohl als die bösen Geister nebst Ahriman, werden geläutert an der Seite des Ormuzd vor dem Throne des allmächtigen Urgottes Zarvana Akarana erscheinen, welcher die Welt, wie aus ihrem Schicksale hervorgeht, nur in der Absicht schuf, das Gute durch den Kampf mit dem Bösen zu verherrlichen, indem es zugleich das Böse selbst ausrottet. Denn fortan herrscht nur das Gute in den Reichen des Himmels wie auf der verjüngten Erde.

Ähnlich erzählt die nordische Sage den Weltuntergang, wenn die Götterdämmerung Ragnarokr anbricht.

Ahuramazda (pers.), zweiter Name für → Ormuzd.

Aiakos (griech.), ein Sohn des Zeus und der Aigina, einer Tochter des Flußgottes Asopos. Zeus raubte sie aus den Wellen, indem er die Gestalt eines Adlers annahm, und brachte sie auf die später nach ihr Aigina benannte Insel, um dem nacheilenden Vater zu entkommen. Aiakos erhielt die Herrschaft über die Insel und übte sie mit Weisheit, Güte und Gerechtigkeit aus. Einst verhängten die Götter eine große Dürre und Hungersnot über Attika. Die Städte schickten, vom Orakel aufgefordert, Gesandte an Aiakos, dessen Opfer und Gebete den Zeus bewegten, Griechenland Regen zu schenken. Nach seinem Tode weihte man Aiakos nicht nur Tempel und Festspiele, sondern sein Vater übertrug ihm auch, nächst Minos und Rhadamanthys, das Richteramt in der Unterwelt.

Vermählt mit Endeis, einer Tochter des Kentauren Cheiron, zeugte Aiakos zwei Söhne, Peleus und Telamon, die Väter der noch berühmteren Helden Achilleus und Aias. Außerdem hatte er von der Nereide Psamathe einen dritten Sohn namens Phokos, dessen Enkel Epeios das bekannte Riesenpferd zimmerte, durch das die Zerstörung Troias gelang. Bei der Erbauung dieser Stadt war Aiakos Apollon und Poseidon behilflich; hätten die beiden Götter das Steinwerk allein vollbracht, wäre jede spätere Eroberung Troias unmöglich gewesen. Der von Aiakos erbaute Teil der Mauern aber erlangte, als das Werk eines Sterblichen, nicht die gleiche Festigkeit, wie ein Wunderzeichen sofort voraussagte. Als nämlich der Bau fertig war, stürzten aus dem nahen Meere drei große Schlangen hervor, die auf die Mauer zu springen suchten; zwei davon fielen im Sprunge zurück und fanden den Tod, die dritte jedoch erreichte die Mauer und kam in die Stadt. Apollon deutete dieses Vorkommnis, daß mit den drei Schlangen drei Nachkommen des Aiakos gemeint seien. Und so war es auch. Die beiden Enkel Achilleus und Aias starben bei der Belagerung, während der Urenkel → Pyrrhos (Neoptolemos), der Sohn des Achilleus, den siegreichen Sprung vollbrachte.

Aias (griech.), 1. Sohn des Oileus, des Königs von Lokris, und der Eriopis. Er wird zur Unterscheidung von seinem Namensbruder, dem Sohne Telamons, wegen seiner Körpergröße der »kleinere« genannt. Im Heer vor Troia war Aias dessen ungeachtet ein ausgezeichneter Speerwerfer und nach dem schnellfüßigen Achilleus der vorzüglichste Läufer der Griechen. Nach der Eroberung dieser Stadt war ihm das Schicksal beschieden, durch die Hand des Poseidon im Meer zu ertrinken. Er rettete sich zunächst von seinem kenternden Schiff an einen Felsen unterhalb Euboia, prahlte jedoch damit, daß er die Rettung seiner eigenen Kraft verdanke, worauf ihn der Gott in den Fluten versinken ließ. Dieses Schicksal soll er auch noch dadurch verschuldet haben, daß er nach der Erstürmung Troias die Seherin Kassandra, die die Bildsäule der Göttin Pallas Athene umfaßt hatte, grausam behandelte. Die dadurch beleidigte Göttin bewog Poseidon, das Meer gegen ihn aufzuwühlen. Thetis bestattete Aias auf der kleinen Insel Mykonos. Die Lokrier ehrten sein Andenken, prägten sein Bildnis auf ihre Münzen und ließen in ihrer Schlachtordnung stets eine Lücke für seinen Schatten. Sophokles schrieb eine Tragödie über den lokrischen oder »kleinen« Aias, von der nur Fragmente erhalten sind.

2. Der »größere« Aias war der Sohn des Telamon, des Königs von Salamis, und der Enkel des Aiakos. Seine Mutter war Eriboia und gebar anfangs keine Kinder. Da kam Herakles zu Telamon, um ihn zum Waffenzuge gegen Troia aufzufordern. Bei diesem Besuch fand sich Herakles veranlaßt, seinen Vater Zeus zu bitten, er möchte Eriboia einen Knaben schenken, der so unverwundbar sei wie das Fell des Nemeischen Löwen, das um seine, Herakles, Schultern hänge. Die Bitte wurde erfüllt. Telamon wurde Vater des Aias und eines zweiten Sohnes, des Teukros, den er mit Hesione, der Tochter des Königs Laomedon, zeugte. Aias nahm ebenfalls an dem Zug gegen Troia teil und zählte neben Achilleus, mit dem er durch seinen Großvater Aiakos verwandt war, zu den Tapfersten unter den griechischen Kämpfern. Ihm war jedoch ein trauriges Ende beschieden. Denn als Achilleus gefallen war, sollten die Waffen dieses vornehmen Helden demjenigen zuer-

kannt werden, welcher der Würdigste nach ihm sei. Nur Odysseus wagte es, die Ansprüche des Aias streitig zu machen; es wurde ein Gericht aus den obersten Heerführern gebildet, das der beredsame Odysseus zu gewinnen wußte. Aias beschuldigte die Richter der Parteilichkeit und wollte in seiner Empörung alle griechischen Heerführer ermorden. Die Göttin Pallas Athene sandte ihm jedoch Wahnsinn, worauf er Herdenvieh, das er für die Schar seiner Gegner hielt, grimmig niedermetzelte. Nachdem der Anfall gewichen war, erkannte er seine Schande und beschloß zu sterben. Die Trauer der Griechen über seinen Tod war ebensogroß wie über den Verlust des Achilleus. In späteren Zeiten feierten besonders Athen und Salamis sein Gedächtnis durch Feste.

Dramatische Bearbeitungen: »Aias«, Sophokles, um 450 v. Chr.; »Aiace«, U. Foscolo, 1811; »Aias«, A. Gide, 1933 (Fragment).

Roman: »Aiax«, J. Niemann, 1905.

Literatur: »Der große Aias«, Mühll, 1930.

Aidoneus (griech.), Unterwelt, → Tartaros.

Aietes (griech.), Vater der → Medeia, auch → Argonauten.

Aigeus (griech.), ein König von Athen und Sohn des Pandion; er war der Vater des berühmten Helden Theseus und gründete zu Ehren der Göttin Pallas Athene heilige Festspiele, die Panathenäen. Bei diesen nahm einmal auch Androgeos, der Sohn des Königs Minos von Kreta, teil und gewann alle Preise. Aigeus veranlaßte die Ermordung des Jünglings. Minos rächte diesen Frevel mit einem Krieg und zwang Aigeus zu dem schrecklichen Tribut, alle Jahre sieben Jünglinge und sieben Jungfrauen nach Kreta auszuliefern, die man dem stierköpfigen Ungeheuer → Minotaurus zum Fraß vorwarf. Bei der zweiten oder dritten Sendung schloß sich Theseus freiwillig an und befreite sein Vaterland von der schrecklichen Abgabe, indem er mit Hilfe → Ariadnes, der Tochter des Minos, alle Gefahren überwand und das Ungetüm erlegte. Bei seiner Heimkehr aber vergaß der Sieger, das schwarze Segel abzunehmen, mit dem das Schiff ausgefahren war, und ein weißes dafür aufzuziehen. An diesem Zeichen sollte der wartende Vater schon von weitem erkennen, ob das schwierige Unternehmen gelungen sei. Als Aigeus das mit dem Trauerzeichen ankommende Schiff erblickte, stürzte er sich, in der Meinung, seinen einzigen Sohn verloren zu haben, ins Meer, das zum Andenken an seinen Tod fortan Ägeis genannt wurde.

Aigina (griech.), eine Tochter des Flußgottes Asopos und der Metope. Aigina wurde von Zeus in Adlergestalt nach der Insel Oione entführt und gebar ihm den Aiakos, den Großvater des Achilleus und des Aias. Die Insel, zwischen Athen und Epidauros gelegen, wurde nach ihr benannt. Auf ihr entwickelte sich eine ansehnliche Handelsstadt.

Aigipan (griech.) (oder Aegipon), Name des Pan, mit Beziehung auf seine Ziegengestalt; die Satyrn und andere ländliche Gottheiten Aigipone. Auch wird Aigipan für gleichbedeutend mit dem römischen Silvanus gehalten.

Aigisthos (griech.), Sohn des Thyestes und der Pelopeia, in das Fluchgeschick des Tantalidenhauses vielfach verflochten, → Atreus, → Agamemnon und → Orestes.

Aikthyrner (nord.) oder Ekthyrnir, ein Hirsch, der in Walhalla steht, sich von den Zweigen des Baumes Lerad nährt und aus seinem Geweih so viele Tropfen in den Quell Hwergelmir träufelt, daß sich siebenunddreißig Flüsse daraus ergießen.

Aiolos (griech.), 1. Sohn des Hellen und einer Nymphe, König von Thessalien, der in Magnesia herrschte und die Bewohner mit dem Namen Aiolier bedachte. Stammvater des berühmten Geschlechtes der Aioliden. Er zeugte mit Enarete, der Tochter des Deimachos, sieben Söhne und fünf Töchter, von denen Kretheus, Athamas und Salmoneus und deren Nachkommen Phrixos, Helle, Iason und Pelias Berühmtheit erlangten.

2. Sohn des Poseidon und der Melanippe, einer Tochter des 1. Aiolos. Er wurde von Zeus zum Gott der Winde erhoben. Odysseus gelangte zu dem Herrschaftssitz dieses Gottes, einer schwimmenden und ganz von einer ehernen Mauer umschlossenen Insel. Er wurde dort aufgenommen, einen Monat lang gastfreundlich bewirtet und schließlich mit einem günstigen Westwind entlassen, welcher ihn nach Ithaka bringen sollte. Diejenigen Winde, die dem Reisenden ungünstig waren, band Aiolos in einen Rinderschlauch, den er ihm mitgab. Diesen öffnete die Schiffsmannschaft unglücklicherweise, als Odysseus

Die Ermordung des *Aigisthos;* Pelike in der Art des Euthymides, um 500 v. Chr., Wien.

schlief; die Winde fuhren heraus und jagten das Schiff, das sich schon vor der Küste Ithakas befunden hatte, wieder auf das stürmische Meer.

Aisa (griech.), eine alleslenkende Göttin (Moira), die das ewige Schicksal bedeutet, das Fatum der Römer.

Aison (griech.), Sohn der → Tyro, → Argonauten.

Aithra (griech.), Mutter des → Theseus.

Akamas (griech.), Sohn des → Theseus, Bruder des Demophon.

Akarnan (griech.), Sohn der → Kallirrhoe und des → Alkmaion. Zusammen mit seinem Bruder Amphoteros tötete er Phegeus, den Mörder ihres Vaters.

Akastos (griech.), König von Iolkos,

dessen Gattin Astydameia verleumdete → Peleus.

Akis (griech.), der Riese Polyphemos zerschmetterte Akis, den jugendlichen Liebhaber der schönen Nereide Galateia, in eifersüchtiger Wut mit einem Felsblock. Jene verwandelte das Blut ihres Lieblings in eine unter dem Felsen hervorsprudelnde Quelle und Akis selbst in einen Flußgott.

Akrisios (griech.), König von Argos, Enkel des → Lynkeus, der als einziger der fünfzig Söhne des Aigyptos von den Töchtern des → Danaos, die diese in ihrer Hochzeitsnacht umbrachten, verschont wurde. Akrisios haßte seinen Zwillingsbruder Proetos, mit dem er sein Reich teilen mußte. Bekannter ist er aber durch seine Tochter Danaë, die ihm von Eurydike, einer Tochter des Königs Lakedaemon, geboren wurde. Ein Orakel hatte ihm geweissagt, ein Sohn der Danaë werde ihn töten, weshalb er die Tochter in ein ehernes Gemach sperrte, um sie von allem Umgang mit Männern fernzuhalten. Diese Vorsicht war jedoch vergeblich. Zeus wußte in den Kerker zu gelangen, indem er sich in einen goldenen Regen verwandelte, und zeugte mit Danaë den → Perseus, einen der größten Helden, welcher seinen Großvater durch einen Diskus tötete.

Aktaion (griech.), Sohn des Aristaios und der Autonoe, einer Tochter des → Kadmos, wurde von dem weisen Kentauren → Cheiron erzogen und in der Jagdkunst unterrichtet. Für diese gewann er eine solche Vorliebe, daß er sich fünfzig Jagdhunde hielt. Eines

Aktaion und Diana; Metope vom Heratempel in Selinunt, nach 466 v. Chr., Palermo, NM.

Tages jagte er bei Plataia, als dort eben die Göttin Artemis mit ihren Nymphen badete; er blieb gefesselt von ihrem Anblick stehen. Die keusche Göttin, die den Späher entdeckte, zürnte über diese Verwegenheit und verwandelte ihn in einen Hirsch, indem sie den Frevler mit dem Wasser der Quelle, in der sie stand, besprengte. Die menschlichen Sinne, die ihm erhalten blieben, konnten ihn jedoch nicht retten. Als er sich im Walde verbergen wollte, verfolgten seine Hunde, die ihren Herrn nicht mehr erkannten, den vermeintlichen Hirschen. Sie erreichten ihn auf dem Berge Kithairon, wo sie ihn zerrissen. Vergebens durchsuchten sie hierauf das ganze Land nach ihrem Herrn, bis sie endlich vor die Höhle des Kentauren Cheiron kamen, der ein Bildnis des Aktaion vor die Tür stellte, um welches sie ruhig liegen blieben. Die Malerei hat diesen poetischen Stoff häufig benutzt; eines der herrlichsten Gemälde befindet sich in der Villa Borghese zu Rom.

Akuman (pers.), der erste und furchtbarste der sieben bösen Geister, die Ahriman schuf, um sie den sieben höchsten Lichtgeistern des Ormuzd, den Amschaspands, entgegenzusetzen. Der Perser Rustan besiegte und erlegte den bösen Akuman an der Küste des persischen Meerbusens, nachdem er einen sieben Tage und sieben Nächte dauernden Kampf mit dem Ungetüm bestanden hatte.

Albordji (Albordschi) (pers.), der von Ormuzd geschaffene Urberg, der, die Grundfeste und den Mittelpunkt der Erde bildend, achthundert Jahre fortwuchs und die Erde selbst sowie alle andern Berge aus sich hervortrieb. Im Zeitraum von je zweihundert Jahren erreichte er den Sternenhimmel, dann den Mond- und Sonnenhimmel und zuletzt den lichten Himmel der Seligen. Auf der obersten, von ewiger Klarheit umgebenen Zinne des Albordji thront Ormuzd, dort befindet sich das Reich der vollkommensten Glückseligkeit, ein blühender Garten ohne Grenzen, der Sitz unsterblicher Jugend und unvergänglicher Wonne. Um seine unteren Schichten wandeln im beständigen Kreislauf die Gestirne, der Mond und die Sonne; der Bergschatten, der dem Gang der Sonne nachfolgt, bringt auf der Erdfläche die Nacht hervor, und Tage, Jahre und Zeiträume werden nach dieser Sonnenbewegung berechnet. Alle Gewässer der Erde sprudeln aus Millionen Öffnungen des Riesenberges; er grenzt mit seinen Adern an die Tiefen der Höllenpforten, wo die bösen Geister des Ahriman schwärmen, nach dessen finsterem Reich die Brücke Tschinerad führt (→ Ahriman).

Aleos (griech.), Vater der → Auge.

Aletheia (griech.), die Göttin der Wahrheit, eine Tochter des Kronos oder auch des Zeus. Sie trägt ein weißes Gewand und ist die Mutter der Tugend und Gerechtigkeit.

Alexandros (griech.), zweiter Name des → Paris. Die griechische Bedeutung für Alexandros ist »Männer abwehrend«. Auch der phrygische Name Paris bedeutet »der Kämpfer«.

Alfadur (Allfödr) (nord.), das höchste, allwaltende und unsichtbare Wesen. Allvater, unter welcher Benennung die Bewohner des Nordens sich früher schon den Schöpfer, Ordner und Lenker aller Dinge vorstellten. Er wurde nicht zwischen engen Tempelwänden, sondern im Freien, in geheimnisvollen Hainen und stillen Wäldern, bei Sturm, Donner und Blitz angebetet. → Odin trägt zuweilen seinen Namen.

Alfar (nord.), → Elfen.

Alfheim (nord.), das Reich des Gottes Freyr oder Frey, der über Regen und Sonnenschein herrschte, bewohnt von den Lichtfelsen oder Lichtstrahlen, den Dienerinnen dieses Gottes. Es grenzte an Trudwangr, das Reich des Donnergottes Thor.

Alkaios (griech.), ein Sohn des Perseus und der Andromeda, vermählte sich mit Hipponome, der Schwester der Königin Iokaste, und zeugte Amphitryon, den Pflegevater des Herakles.

Alkestis (griech.), Tochter des Pelias und der Anaxibia, wurde durch ihre kindliche Liebe wie auch durch ihre beispiellose Gattentreue das Muster aller Frauen des Altertums. Sie weigerte sich, an der Ermordung und Zerstückelung ihres Vaters teilzunehmen, wozu → Medeia, Gattin des Iason, die andern Töchter dieses Königs zu betören wußte. Als Gemahlin des → Admetos weihte sie sich für den teuren Gatten freiwillig dem Opfertod.

Dramatische Bearbeitungen: »Alkestis«, Euripides, 438 v. Chr.; »Alkestis«, H. v. Hofmannsthal, 1898; »Alkestis«, A. Lernet-Holenia, 1946; »Cocktail Party«, Th. St. Eliot, 1947; »Alkestiade«, Th. Wilder, 1956.

Oratorium: »Alkestis«, G. F. Händel, 1727.

Oper: »Alkestis«, Ch. W. Gluck, 1767.

Ballett: »Alceste«, J. Weigl, 1800.

Alkidike (griech.), Mutter der → Tyro.

Alkimos (griech.), Vater des → Mentor.

Alkinoos (griech.), König der Phaiaken, Vater der → Nausikaa.

Alkmaion (griech.), ein Sohn des Sehers Amphiaraos und der Eriphyle, der Schwester des Königs Adrastos. Er erhielt von seinem Vater den Befehl, den Verrat der Mutter zu bestrafen. Eriphyle hatte nämlich den Tod ihres Gemahles herbeigeführt; bestochen durch das goldene Halsband der Harmonia, zwang sie denselben, wider seinen Willen an dem Heerzug gegen Theben teilzunehmen. Nachdem der Feldzug verloren und Amphiaraos, wie er vorausgesehen hatte, dabei umgekommen war, rüsteten die Söhne der gefallenen Anführer, die sogenannten Epigonen, zu einer zweiten Heerfahrt gegen die siegreiche Stadt. Eriphyle ließ sich wieder, diesmal durch den Mantel der Harmonia, bestechen, damit sie nun Alkmaion in den Krieg dränge. Alkmaion befragte das Orakel des Apollon, das ihm riet, wohl gegen Theben zu ziehen, jedoch dann den Vater zu rächen. Der Kampf verlief diesmal glücklich, die siegreichen Epigonen zerstörten die Stadt, und Alkmaion kehrte wohlbehalten zurück. Er erschlug die Mutter; doch gleich darauf verjagten ihn die Rachegöttinnen, die Erinnyen, aus seiner Heimat. Er nahm die kostbaren Geschenke, die soviel Unheil angerichtet hatten, und floh nach Psophis in Arkadien, wo König Phegeus herrschte, der Alkmaion von der Blutschuld reinigte und ihm seine Tochter Arsinoe vermählte. Alkmaion schenkte hierauf seiner Gattin die beiden Kleinodien. Doch die Erinnyen kehrten mit erneuter Gewalt wieder. Alkmaion sah sich zu abermaliger Flucht genötigt. Er wandte sich wieder an das Orakel, und dieses gab ihm zur Antwort, er könne nur auf »neugeborener«, fluchfreier Erde zur Ruhe gelangen. Verzweifelnd, einen derartigen Zufluchtsort auf der Erde zu finden, irrte Alkmaion weiter. Da entdeckte er eine Insel, welche der Fluß Acheloios frisch angeschwemmt hatte. Die Erinnyen wichen, sobald er diesen reinen Boden betrat. Er nahm dort seinen Wohnsitz und heiratete des Flußgottes Acheloios Tochter Kallirrhoe, welche ihm zwei Söhne, Akarnan und Amphoteros, gebar. Dort dauerten die Tage des Friedens so lange, bis Kallirrhoe aus dem Munde ihres Gatten vernommen, welche Schicksale ihn früher verfolgt hatten. In ihr erwachte die Sehnsucht nach dem Halsband und dem Mantel der Harmonia. Ihren dringenden Bitten nachgebend, eilte Alkmaion nach Psophis, um sich diese Schätze von seiner ersten Gemahlin wieder aushändigen zu lassen; er gab vor, daß er gezwungen sei, die Kleinodien aus Dankbarkeit im Tempel des delphischen Apollon niederzulegen, erhielt sie und brachte sie seiner zweiten Gemahlin. Kaum aber erfuhr König Phegeus den ihm gespielten Betrug, als er seine beiden Söhne abschickte, um an dem treulosen Schwiegersohn Vergeltung zu nehmen. Alkmaion wurde von ihnen getötet, doch blieb er nicht ungerächt. Seine Gattin Kallirrhoe bat die Götter, das Wachstum ihrer Söhne zu beschleunigen; dies geschah, sie jagten den Mördern nach und vernichteten das ganze Geschlecht des Phegeus.

Alkmaion erlangte das Ansehen eines Heros; man baute ihm zu Theben einen Altar unweit dem Hause des Pindar.

Dramatische Bearbeitung: »Eriphyle«, Voltaire, 1732.

Alkmene (griech.), die schöne Tochter des Elektryon, hatte gelobt, nur demjenigen ihre Hand zu reichen, der die ihrem Vater geraubten Rinderherden zurückbringen und die Ermordung ihrer neun Brüder rächen würde. Amphitryon, der dies bewerkstelligt hatte, erhielt von Elektryon, seinem Oheim, Alkmene zur Gattin. Das eheliche Beilager konnte nicht vollzogen werden, weil der Gatte zum Kampf gegen die Feinde seines Hauses gerufen wurde. Zeus, welchen eine heftige Liebe zu der schönen Alkmene ergriffen hatte, benutzte die Verlassenheit der jungfräulichen Vermählten, um sich ihr zu nahen. Nach einigen Quellen heißt es, daß er die Gestalt des Amphitryon angenommen habe, um das Vertrauen der Gattin leichter zu gewinnen; nach anderen, daß er sich unter Beihilfe des Hermes durch das Fenster ihrer Kammer eingeschlichen habe. Die Brautnacht wurde durch die Allmacht des höchsten Gottes auf drei Tage ausgedehnt, währenddessen herrschte auf der Welt ununterbrochene Finsternis. Soviel Zeit brauchte Zeus zur Zeugung des größten Helden, des → Herakles. Als der Tag wieder angebrochen und der Gott in den Himmel zurückgekehrt war, traf der siegreiche Amphitryon ein und hielt seine Hochzeit mit Alkmene, die bereits den Sohn des Zeus im Schoß trug. Alkmene gebar Zwillinge, den Herakles und den von ihrem Gatten empfangenen → Iphikles. Die Niederkunft selbst erschwerte die rachsüchtige Hera, die die Untreue ihres Gemahls entdeckt hatte und den Herakles schon vor seiner Geburt auf ungewöhnliche Weise verfolgte. Sieben Tage lang entzog sie der Gebärenden die Hilfe der Geburtsgöttin Ilithia. Als Herakles erwachsen war, verlor Alkmene ihren Gatten Amphitryon auf dem Schlachtfeld, wohin er

Herakles begleitet hatte; hierauf vermählte sie sich mit dem Richter der Unterwelt, Rhadamanthys, einem Sohn des Zeus. Nach dem Tode Herakles' flüchtete sie mit dessen Abkömmlingen, den → Herakleiden, nach Athen, wo sie gastfreundlichen Schutz fand. Sie erlebte die Besiegung des Eurystheos, des Erbfeindes ihres Geschlechts, und starb im hohen Alter in Theben oder in Megara. Nach ihrem Tode sendete Zeus den Hermes ab, um ihren Leichnam auf die Insel der Seligen zu bringen; Hermes tat dies und legte an die Stelle ihres Körpers einen Stein in den Sarg, der so schwer war, daß ihn die Träger nicht fortzuschaffen vermochten. Als man den Sarg öffnete, um den Grund zu erforschen, gewahrte man die scheinbare Verwandlung und hatte eine Veranlassung mehr, sie als Halbgöttin zu verehren, und widmete ihr einen Hain und einen Tempel.

Alkyone, → Halkyone (griech.), Gattin des → Keyx.

Allekto (griech.) → Erinnyen.

Alma (röm.), die Nährende, ein Beiname der Ceres, den auch einige andere milde Göttinnen führten.

Aloaden (griech.), zwei Riesen namens Otos und Ephialtes, die Söhne des Poseidon. Ihr Ziehvater war → Aloeus.

Aloeus (griech.), ein Sohn des Meergottes Poseidon und der Kanake, vermählte sich mit Iphimedeia, der Tochter seines Bruders Riops, die aber nicht ihren Gatten, sondern dessen Vater liebte. Sie trank oft Seewasser und gebar eines Tages dem Poseidon zwei Söhne, welche von Aloeus den gemeinschaftlichen Namen Aloaden erhielten. Sie hießen Otos und Ephialtes und galten nächst Orion als die schönsten Männer ihrer Zeit, obwohl sie jährlich eine Elle in die Breite und einen Klafter in die Länge wuchsen, so daß sie schon im neunten Jahre die Gestalt von Riesen hatten. In diesem Alter überwältigten sie nicht nur den Ares, den sie dreizehn Monate lang in einem Fasse gefangen hielten, sondern wollten auch die Götter bekriegen. Sie drohten, den Pelion auf den Ossa zu türmen und beide Berge neben den Olymp zu setzen, um in den Himmel zu steigen. Sie wären auch imstande gewesen, sagt Homer, ihr trotziges Vorhaben zu vollenden, wenn sie das volle Wachstum der Jugend erreicht hätten. Doch Artemis, die Jagdgöttin, sprang in Gestalt einer Hirschkuh zwischen die beiden, worauf sie sich in blindem Jagdeifer gegenseitig töteten.

Alph[e]ios (griech.), ein Fluß und Flußgott, des Okeanos und der Tethys Sohn, an dessen Ufer die Olympischen Spiele gefeiert wurden. Der Gott verliebte sich in die Nymphe Arethusa, welche einst in seinen Gewässern badete, und als die Spröde vor ihm die Flucht ergriff, verfolgte sie Alpheios, indem er aus dem Fluß emporstieg. Da die Jungfrau nicht weiter zu fliehen vermochte, wurde sie von Artemis in eine Quelle verwandelt und nach Sizilien auf die Insel Ortygia bei Syrakus versetzt. Doch der Liebende bahnte sich unter dem Meere einen Weg zu ihr, und als er an der Seite der Arethusa zum Vorschein kam, konnte sie seiner Sehnsucht nicht mehr widerstehen. Sie erlaubte ihm, sein Wasser mit dem ihrigen zu vermählen. Um den wirklichen Zusammenhang der Quelle und des Stromes zu erweisen, erzählten die Alten, daß eine Opferschale, die man einst zu Olympia in den Alpheios geworfen habe, von der Quelle Arethusa wieder ausgespült worden sei. Auch färbt sich das Wasser der letzteren von dem Opferblute der Rinder, die man am Ufer des Alpheios zu Olympia schlachtet, rot. Eine andere Sage berichtet, daß Artemis selbst einstmals von der Liebe dieses Flußgottes verfolgt worden sei und sich dadurch vor ihm geschützt habe, daß sie ihr Gesicht mit Schlamm unkenntlich machte. Man erbaute daher der Göttin in der Mündung des Alpheios einen Tempel, in welchen man ihre Bildsäule stellte, die zum Andenken an diese Szene aus schwarzem Marmor gehauen war; außerdem erhielt sie in Olympia mit Alpheios einen gemeinschaftlichen Altar.

Alphesiboia (griech.), Gattin des → Alkmaion.

Alraun[e] (german.), eine unter dem Galgen gewonnene wunderbare Wurzel von menschenähnlichem Aussehen, die in der Nacht leuchtet. Sie vermittelt dem Besitzer durch ihre Zauberkraft Gesundheit, Reichtum und Segen.

Alraunen (german.) → Alrunen.

Alrunen (german.), weissagende Frauen, die mit der Geisterwelt in Verbindung standen. Man trug ihre geweihten Bilder zum Schutz gegen böse Geister auf der Brust. → Weleda.

Althaia (griech.), Tochter des Thestios und der Eurythemis, Gemahlin des Königs Oineus, gebar den Meleagros.

Althaimenes (griech.), der Sohn des Katreus, des Königs zu Kreta. Er verließ mit seiner Schwester Apemosyne das Elternhaus und begab sich nach Rhodos, weil ein Orakel prophezeit hatte, er werde seinen Vater töten. Dort lebte er geraume Zeit in Frieden und erbaute dem Zeus auf dem Berge Atabyris einen Tempel, der lange in großer Achtung stand. Übereilt tötete er seine Schwester, als sie ihm eröffnete, daß sie vom Gott Hermes schwanger sei. Von den neuen Mitbürgern wurde er hoch geehrt. Einmal gerieten die Hirten von Rhodos mit einem Fremdling in Streit, und Althaimenes warf seine Lanze nach dem Feind. Der Getroffene aber war sein Vater, der sich nach Rhodos aufgemacht hatte, um den schmerzlich vermißten Sohn zurückzuholen und ihm die Krone zu übertragen. Als Althaimenes gewahrte, daß der Orakelspruch auf diese Weise in Erfüllung gegangen war, bat er die Götter, seinem Leben nunmehr gleichfalls ein Ende zu setzen; da öffnete sich die Erde und verschlang den Unglücklichen. Die Rhodier verehrten ihn nach seinem Tode als einen Heros.

Amaltheia (griech.), entweder die Ziege, die den neugeborenen Zeus einst auf Kreta säugte, oder eine Nymphe, die ihn mit der Milch einer Ziege nährte und die vom kretischen König Melisseos (weswegen sie auch Melissa hieß) oder von Helios und anderen Vätern abstammen soll. Besonderen Ruhm erlangte sie durch das Füllhorn. Als nämlich die Milchziege einstmals an einen Baum stieß, brach ihr ein Horn ab; die Nym-

Amazonen und Griechen; Fries vom Mausoleum in Halikarnassos, Mitte des 4. Jh.s v. Chr., London, Brit. Mus.

phe hob es auf, füllte es mit Früchten, umwand es mit frischen Kräutern und brachte das reichgeschmückte Gefäß dem jungen Zeus, welcher das berühmte segenspendende Überflußhorn daraus schuf, mit dem später die Götter des Glücks und des Reichtums abgebildet wurden. Hermes übergab es später Herakles, dem Stromgott Acheloios, der Göttin Eirene, der Göttin Gaia, Pluton, dem Gott des Reichtums, und der Glücksgöttin Tyche. Amaltheia wurde von Zeus aus Dankbarkeit als Stern (Capella-Ziege) an den Himmel versetzt.

Amazonen (griech.), ein kriegerisches Frauenvolk, welches im Altertum eine Anzahl Städte, namentlich Ephesus, Smyrna, Cumä, Myrina und Paphos, gründete. Sie ermordeten ihre Männer und errichteten einen eigenen Staat. Die Stärkste unter ihnen machte sich zur Königin. Der Männer bedienten sie sich nur zur Fortpflanzung ihres Geschlechts; daher töteten sie die neugeborenen Knaben, oder sie verstümmelten ihnen Hände und Füße, damit sie nur zu häuslichen Verrichtungen taugten, während sie sich selbst Waffenübungen und Geschäften widmeten. Den Mädchen wurde in zarter Jugend, damit sie Bogen und Schwert handhaben sollten, die rechte Brust abgelöst. Jede Amazone mußte so lange Jungfrau bleiben, bis es ihr gelungen war, drei Feinde zu erschlagen. Die ersten dieser streitbaren Weiber gab es in Libyen. Nachdem sie ihre Macht begründet hatten, durchzogen sie zu Pferd als Eroberinnen einen großen Teil der Erde. Einen ruhmvollen Namen erwarb sich jenes spätere Amazonengeschlecht, das

Amazone des Kresilas; Original 2. H. d. 5. Jh.s v. Chr., Kopenhagen, Ny Carlsberg Glypt.

sich an den Ufern des Flusses Thermodon niedergelassen hatte. Nach der Erbauung der Stadt Thermiskyra an der Mündung des Thermodon eroberten sie alle nördlichen Skythenländer bis gegen Thrakien, unterwarfen Kleinasien und Syrien und unternahmen feindliche Streifzüge bis nach Ionien und Attika. Als erste kamen die Argonauten, unterwegs nach dem Goldenen Vlies, mit dem Frauenstaat auf der Insel Lemnos in Kontakt. Dann stritt Bellerophon gegen die Amazonen, ferner Herakles, Theseus und Laomedon, der König von Troia, dessen Reich von ihnen angegriffen wurde. Sie waren alle siegreich gegen diese kämpfenden Frauen. → Herakles, von Eurystheus gegen sie abgesandt, beendete ihre bisherige Macht. Er erschien, um das Wehrgehenk der Königin Hippolyte zu fordern, und erstritt nicht nur dieses Kleinod, sondern nahm auch die Königin selbst gefangen und schenkte sie Theseus. Diesem gebar sie einen Sohn, der nach ihr Hippolytos hieß. Später kämpften die Amazonen unter Penthesileia, die eines Mordes wegen aus ihrem Reiche flüchtete, auf den Schlachtfeldern vor Troia, nach Hektors Fall, mit Priamos gegen die Griechen. Trotz ausgezeichneter Tapferkeit fielen sie durch Achilleus. Nach und nach erlag das Amazonengeschlecht vollends unter den Angriffen feindlicher Nachbarn.

Dramatische Bearbeitung: »Die Amazone vor Troia«, O. Gerhardt, 1912.

Ballett: »Le massacre des Amazones«, J. Charrot, 1952.

Ambrosia (griech.), die Götterspeise, die jedem, der davon genoß, Jugend und Unsterblichkeit verlieh.

Amelungen (nord.), die Fleckenlosen, heißen die Ostgoten nach den Amalern, ihren Königen.

Amenthes (ägypt.), das Totenreich. Wie Hermes die Schatten in den Hades der Griechen leitet, so führt Anubis die Seelen der abgeschiedenen Ägypter in den

Amazonen (s. S. 33); Halikarnassos.

Amenthes, damit sie dort von Osiris gerichtet werden. Osiris und Isis beherrschen sie sodann, wie bei den Griechen Pluto und Proserpina.

Amerdad (pers.), der Schutzgeist aller Gewächse, einer der sieben Amschaspands. Ihm übergab Ormuzd den ersten Baum, den er zu pflegen und gegen die Vernichtung der Dews (Geschöpfe des physisch und moralisch Bösen) zu schützen hatte. Aus diesem Lebensbaum, Hom genannt, erwuchs das gesamte nützliche Pflanzenreich.

Amicitia (röm.), die Freundschaft, als Göttin gedacht, eine Tochter des Erebos und der Nacht, mit unverhüllter Brust und von den drei Grazien (Chariten) umringt, dargestellt.

Ammon (ägypt.), eigentlich Amun, der Gott der Weiden und Viehherden, einer der ältesten Götter. Er genoß besonders zu Theben in Oberägypten so hohe Verehrung, daß ihn selbst die Griechen mit dem höchsten ihrer Götter gleichstellten und als Zeus Ammon verehrten; ebenso die Römer, die ihn Jupiter Ammon nannten. Stets wurde er mit Widderhörnern dargestellt, vermutlich um an die Wichtigkeit der Schafe zu erinnern, die den größten Reichtum der alten Hirtenvölker darstellten. Man erwies also in Oberägypten dem widdergestaltigen Ammon die gleiche Ehrfurcht, die man im mittleren und unteren Ägypten, wo die Bevölkerung bereits dem Nomadenleben entsagt hatte, dem Stier Apis, als dem Symbol des Ackerbaues, darbrachte. Der thebische Tempel des Ammon zeichnet sich durch Größe und Glanz aus; den größten und prachtvollsten

Amuntempel des Haremhab; 18. Dynastie, Luxor.

Felsenheiligtum des *Amun* und Hathor.

Tempel aber erbaute man ihm in der Libyschen Wüste auf der heutigen Oase Siwah, die von den Römern Ammonium genannt wurde. Die Gründer dieses weltberühmten Ammontempels sollen Herakles und Dionysos gewesen sein, als sie auf ihren Zügen nach Indien durch die Wüste kamen und in Gefahr gerieten, vor Durst zu verschmachten; Zeus sandte ihnen auf ihr Gebet einen Widder, der sie zu einer Quelle geleitete. Dieser Tempel war mit einem ebenso berühmten Orakel verbunden; selbst Alexander der Große zog dahin und genoß die Ehre, als Sohn des Zeus Ammon erklärt zu werden.

Amor (röm.), Gott der Liebe, → Eros.

Amphiaraos (griech.), ein berühmter Seher aus der Familie der Melampodiden, die in Argos lebten und die Gabe der Weissagung unter sich forterbten. Er war ein Sohn des Oikles und der Hypermnestra. Als Jüngling bewies er seinen Mut durch Teilnahme an der kalydonischen Jagd und am Argonautenzug; dem Zug der »Sieben gegen Theben« wollte er sich nicht anschließen, sah er doch das unglückliche Ende dieses Krieges und seinen eigenen Tod voraus. Er verbarg sich daher, um nicht der siebente Heerführer sein zu müssen, als Adrastos und Polyneikes kamen, um ihn zu holen. Seine Gemahlin, Eriphyle, die Tochter des Königs Adrastos, verriet das Versteck des Sehers, denn Polyneikes hatte sie durch das goldene Halsband der Harmonia bestochen. Amphiaraos sah sich nunmehr gezwungen, dem unvermeidlichen Tod entgegenzugehen. Als die Sieben durch die sieben Verteidiger Thebens zurückgeschlagen waren und das ganze Belagerungsheer die Flucht ergriffen hatte, wäre Amphiaraos ebenfalls von dem Feinde niedergemetzelt worden, hätte ihn Zeus nicht in einer Erdspalte aufgenommen und für immer aus diesem Leben geholt.

Den Verrat seiner Gemahlin rächte sein leiblicher Sohn → Alkmaion. Jene Stelle, an der Amphiaraos verschwunden war, wurde später ein Orakel, das Amphiaraion.

Amphion und **Zethos** (griech.), Zwillingssöhne des Zeus und der Antiope, sie wurden kurz nach ihrer Geburt im Kithairongebirge ausgesetzt. Sie wurden jedoch von einem Hirten aufgefunden und aufgezogen, wobei sich aber jeder in seinem Charakter völlig verschieden entwickelte. Zethos wurde ein athletischer Jäger, Amphion ein berühmter Sänger. Letzterer erhielt von Apollon eine Lyra, die er meisterhaft zu spielen lernte. Die erste Tat der Zwillingsbrüder war ein Werk der Vergeltung. Nykteus, der Vater ihrer Mutter → Antiope, ließ diese durch seinen Bruder Lykos grausam behandeln. Nun sammelten die Zwillingssöhne ein Heer und verjagten Lykos und Labdakos, den König von Theben, dessen Vormund Nykteus war, aus der Stadt. Amphion bestieg den Thron und umgab Theben mit festen Mauern. Zethos setzte seine enormen Kräfte beim Bau der Mauer ein, Amphion fügte mit Hilfe des Klanges seiner Lyra die Steine aufeinander. Er heiratete → Niobe, die Tochter des Tantalos. Die Ehe war sehr glücklich, Niobe gebar

ihrem Gatten sieben Söhne und sieben Töchter, doch ereilte alle durch → Hybris der Niobe ein trauriges Schicksal. Die Zwillingsbrüder erhielten zu Theben ein gemeinsames vielgeehrtes Grab.
Musik: »Amphion-Klänge«, J. Strauß Vater, 1848.

Amphithea (griech.), Gattin des → Adrastos.

Amphitrite (griech.), Gemahlin des Poseidon, eine Tochter des Nereus und der Doris. Sie wollte Jungfrau bleiben und verbarg sich daher bei dem fernen Atlas; der Meeresgott sandte Boten aus, und einem Delphin gelang es, sie aufzufinden; worauf sie sich von ihm überreden ließ und einwilligte, die Königin des Meeres zu werden. Sie gebar Triton und Rhode. Von Nereiden und Tritonen begleitet, zog sie gemeinsam mit Poseidon in einem Muschelwagen über die Wasserfläche dahin.

Amphitryon (griech.), König von Theben, Gemahl der → Alkmene, Sohn des Alkaios und ein Enkel des Perseus. Eine Komödie des Plautus führt seinen Namen und handelt von dem Betrug, den Zeus ihm spielte.
Lustspiele: »Amphitryo«, Plautus, 201 v. Chr.; »Amphitryon«, H. v. Kleist, 1807.

Amphoteros (griech.), Sohn des → Alkmaion.

Amschaspands (pers.), die sieben höchsten reinen Geister, deren erster Ormuzd ist; er schuf die sechs Gehilfen, denen die weitere Schöpfung der Dinge anvertraut wurde. Ihnen gegenüber stellte → Ahriman, der Gott der Finsternis, sechs Fürsten, die zerstören sollten, was die guten Geister hervorbrachten und zu schützen suchten.

Amulius (röm.) → Romulus.

Amun (ägypt.) → Ammon.

Amyklas (griech.), 1. Vater des → Hyakinthos, 2. Beiname des Apollon von der lakonischen Stadt Amykla, wo ihm zu Ehren über dem Sarkophag des Hyakinthos eine uralte, eherne Bildsäule aufgestellt war. Das Kunstwerk erhielt sich bis zum 4. Jh. n. Chr.

Amymone (griech.), eine der fünfzig Danaiden, bekannt durch ihre Verbindung mit Poseidon. Als der flüchtige Danaos in Argos gelandet war, schickte er seine Töchter aus, um Wasser zu holen; Amymone warf bei dieser Gelegenheit ihren Wurfspieß nach einem Hirsch, verfehlte ihn aber und traf einen schlafenden Satyr, welcher sie gewalttätig angriff. Auf das Gebet der Bedrängten kam ihr Poseidon zur Hilfe, verscheuchte den Satyr, gewann ihre Liebe, deren Frucht Nauplios war. Zur Erinnerung an seine Verbindung mit Amymone läßt der Gott eine Quelle hervorsprudeln, die den Namen der Geliebten erhielt.

Amythaon (griech.), Sohn der Tyro, der aus der Verbindung mit deren Onkel Kretheus, dem Gründer von Iolkos, hervorging; seine zwei Brüder waren Aison und Pheres.

Anadyomene (griech.), Beiname der Aphrodite (»die aus dem Meer Auftauchende«), denn die Griechen glaubten, sie sei aus dem Schaum des Meeres geboren.

Anahita (pers.), (Anaïtis) (griech.), Göttin der befruchtenden Gewässer, der

→ Kybele und Attis verwandt, stammt aus dem Kreise des Mazdaismus, einer altpersischen Religion. Anahita stand in enger Beziehung zu → Mithras.

Anchises (griech.), ein Sproß des alten Königsstammes der Troier, war der Sohn des Fürsten Kapys und der Themis. Als er die Rinderherden seines Vaters auf dem Berge Ida weidete, erschien voll Liebreiz die Göttin Aphrodite und gewann seine Zuneigung. Aus dieser Verbindung entsprang Aeneas. Die Göttin verbot Anchises, das Geheimnis ihrer Liebe zu offenbaren; sonst würde ihn der Blitzstrahl des Zeus zerschmettern. Sie wolle den Knaben bis zum fünften Jahre erziehen lassen. Er dürfe nur sagen, Aeneas stamme von einer der schönen Nymphen des Bergwaldes. Anchises vergaß bei einem fröhlichen Gelage sein Versprechen und rühmte sich des Glückes, das ihm die Göttin gewährt hatte; da schleuderte Zeus augenblicklich seinen Blitz nach dem Frevler. Die liebende Aphrodite lenkte jedoch den Donnerkeil ab, so daß er ihn nicht tötete, sondern bloß streifte und lähmte. Als das eroberte Troia später in Flammen aufging, trug der junge fromme Aeneas seinen gelähmten Vater auf den Schultern aus der brennenden Stadt, um mit ihm nach Italien zu flüchten.

Anchises und Aeneas; apulische Amphora, 4. Jh. v. Chr., Berlin.

Androgeos (griech.), ein Sohn des Minos, des Königs von Kreta, wurde durch den athenischen König → Aigeus ermordet. Der rächende Vater zwang hierauf den Athenern die Buße auf, alle sieben Jahre dem → Minotauros einen Tribut von sieben Jünglingen und sieben Jungfrauen zu entrichten, die das Ungeheuer auffraß.

Andromache (griech.), die gefeierte Gattin des Hektor, Tochter des Eëtion, Mutter des Astyanax, bekannt durch Homer und Vergil. Nachdem Troia eingenommen, ihr Gemahl durch Achilleus getötet, und ihr Sohn von einem Turm herabgestürzt worden war, geriet sie in die Gefangenschaft des Neoptolemos (Pyrrhos), des Sohnes des Achilleus. Ihm mußte sie als Sklavin dienen und gebar ihm mehrere Kinder. Später lebte sie wieder befreit mit Helenos, einem Bruder Hektors, den sie von Neoptolemos zum Gatten erhalten hatte, in

Epiros, wo sie, nach Vergil, von Aeneas besucht wurde. Der Held fand ihre zärtliche Liebe zu dem ersten Gemahl unerloschen; sie hatte ihm ein prächtiges Grabmal bauen lassen, wo sie Gebete zu dem Verstorbenen verrichtete. Einer ihrer Söhne von Neoptolemos hieß Pergamos; mit diesem zog sie zuletzt nach Kleinasien und erhielt in Pergamos, das der Sohn gegründet hatte, nach ihrem Tode ein Heiligtum. Der Name Andromache (= Manneskämpferin) ist ein Amazonenname.

Dramatische Bearbeitungen: »Andromache« und »Troerinnen«, Euripides, um 425 v. Chr.; »Andromaque«, J. B. Racine, 1667.

Bühnenmusik: Zu »Andromache« des J. B. Racine: C. Saint-Saëns, 1909.

Andromeda (griech.), die Tochter des äthiopischen Königs Kepheus und der schönen Kassiopeia. Da diese zu behaupten wagte, Andromeda sei schöner als die → Nereiden, wandten sich diese Göttinnen gekränkt an ihren Vater Poseidon und flehten um Rache. Er überschwemmte das Land des Kepheus und sandte aus der Tiefe ein fürchterliches Meerungeheuer, welches ganz Äthiopien verwüstete. In dieser Not befragte man das Orakel um Rat; die Antwort lautete, das Verderben könne nur dann abgewendet werden, wenn man die schöne Andromeda opfere. Das geängstigte Volk bestand auf die Erfüllung des Spruches, und Andromeda wurde dem Ungeheuer vorgeworfen. In diesem Augenblicke erschien Perseus, von der Besiegung der Medusa zurückgekehrt. Er bat die Eltern, ihm die Jungfrau zu vermählen, wenn er sie rette; jene willigten gerne ein und versprachen ihm noch die Hälfte ihres Reiches. Als das Ungeheuer nahte, erhob sich Perseus auf den Flügelschuhen, die ihm Hermes geliehen hatte, und streckte ihm das Haupt der Medusa entgegen, durch dessen Anblick es in Stein verwandelt wurde. Hierauf befreite er die Braut und führte sie als Gemahlin nach Griechenland, wo ihre Ehe durch eine reiche Nachkommenschaft gesegnet wurde. Kepheus, Kassiopeia wie auch Andromeda und Perseus glänzen am Himmel als Sternbilder.

Anna Perenna (altröm.), während des römischen Ständekampfes versorgte sie die von den Patriziern fortgezogene Plebs mit selbstgebackenen Kuchen und rettete die ärmere Bevölkerung so aus der Hungersnot.

Ihr zur Erinnerung wurde in einem nördlich von Rom gelegenen Hain alljährlich am 15. März ein Volksfest im Grünen mit Speis und Trank gefeiert.

Annacus (babylon.), ein König, soll der Henoch der Bibel gewesen sein, die Sintflut vorausgesagt haben und 300 Jahre alt geworden sein. Er wurde von den Göttern lebendig in den Himmel aufgenommen.

Annedoti (babylon.), vier heilige Wesen, halb Mensch und halb Tier, die aus dem Meere entstanden. Oannes, das erste und wichtigste Wesen, gab den Menschen Religion, Kultur und Gesetze.

Antaios (griech.), Sohn des Poseidon und der Gaia, ein libyscher Riese, der alle Fremdlinge umbrachte, die sich seiner Höhle näherten. Herakles tötete ihn endlich, nachdem er einen harten Kampf mit ihm bestanden hatte; denn so oft Herakles ihn auf die Erde schleuderte, wurde er von der Erdmutter mit neuen Kräften belebt. Als Herakles das bemerkte, hob er den Riesen in die Luft und erwürgte ihn schwebend.

Antigone (griech.), 1. Gattin des → Peleus, 2. die älteste der beiden Töchter des Königs Oidipus und der Iokaste, eine der ruhmvollsten weiblichen Gestalten des Altertums. In das unglückliche Schicksal des thebischen Fürstenhauses verflochten (→ Oidipus), offenbart sie einen über alles Unglück erhabenen Charakter. Zunächst war sie die treue Begleiterin ihres blinden Vaters, als dieser heimatlos durch Griechenland irrte, bis er im Hain von Kolonos zu den Göttern ging; später begrub sie, gegen das Machtgebot des Königs Kreon handelnd, den Leichnam ihres Bruders Polyneikes, welcher im Zweikampfe mit ihrem anderen Bruder Eteokles unter den Mauern Thebens gefallen war. Mit Heldenmut unterwarf sie sich der Todesstrafe, lebendig eingemauert zu werden, die der tyrannische Kreon an ihr vollstrecken ließ. Sie wurde von den attischen Poeten, namentlich von Sophokles in seinem »Oidipus auf Kolonos« und in seiner »Antigone«, verewigt. Auch Aischylos spricht von der heldenhaften Antigone am Schluß der »Sieben gegen Theben«.

Dramatische Bearbeitungen: »Antigone«, Sophokles, 441 v. Chr.; »Antigone«, R. Garnier, 1580; »Antigone«, F. Hölderlin, 1804; »Vorspiel zur Antigone des Sophokles«, H. v. Hofmannsthal, 1908; »Antigone«, W. Hasenclever, 1917; »Antigone«, J. Cocteau, 1922; »Antigone«, J. Anouilh, 1943; »Antigonemodell 1948«, B. Brecht, 1948; »Antigone«, H. Goertz und H. Kreppel, 1969.

Novelle: »Die getreue Antigone«, E. Langgässer.

Vertonungen: »Antigone des Sophokles«, F. Mendelssohn-Bartholdy, 1841; »Antigone des Sophokles«, C. Saint-Saëns, 1893.

Oper: »Antigone«, C. Orff, 1950.

Antikleia (griech.), Mutter des → Odysseus, die sich aus Gram über das lange Ausbleiben ihres Sohnes erhängte.

Antilochos (griech.), Sohn des → Nestor.

Antinoos (röm.), der Liebling des Kaisers Hadrian[us], stammte aus Bithynien und wurde seiner Schönheit wegen sprichwörtlich. Über die Ursache seines frühzeitigen Todes herrscht Dunkel; er endete im Nil, sei es aus Schwermut oder aus edler Selbstaufopferung für den Kaiser, der ihm Tempel erbaute, ihn als Gott zu ehren befahl und auch sonst sein Andenken vielfach verherrlichte.

Antiope (griech.), 1. Amazonenkönigin, 2. Tochter des Nykteus, Königs von Theben, die Mutter der Zwillinge Amphion und Zethos, eine der Sterblichen, denen die unabweisbare Liebe des Zeus zum Schicksal wurde. Als sich der Gott ihr in der Gestalt eines Satyrs genaht hatte, mußte sie vor dem Zorne ihres Vaters Nykteus aus Theben zum König Epopeus nach Sikyon flüchten. Ihr Oheim Lykos holte sie zurück und zwang sie, seiner Gattin Dirke als Sklavin zu dienen; die Zwillinge, die sie auf ihrem Heimwege gebar, setzte er aus. Als Amphion und Zethos jedoch, von Hirten aufgenommen, herangewachsen waren und Kenntnis vom Los ihrer Mutter und dem eigenen Ursprung erlangt hatten, rückten sie mit einem Heer nach Theben und nahmen blutige Rache. Die schnöde Dirke wurde mit den Haaren an die Hörner eines wilden Stieres angebunden und zu Tode geschleift.

Anubis (ägypt.) → Osiris. Zum Andenken an sein Geschick wurde Anubis bald in Menschengestalt mit einem Hundekopf, bald auch ganz als Hund abgebildet. Diese Darstellung führt man darauf

Anubis begleitet die Toten; röm., 2. Jh. n. Chr.

zurück, daß er den von Typhon ermordeten Osiris, als Isis dem verlorenen Gatten vergeblich nachspürte, mit Hunden suchte und fand.

Apeliotes (griech.), der Ostwind, ein heiterer Gott, der den Griechen erfrischenden Regen brachte. So wurde er abgebildet, wie er daherfliegt, lockenhaarig, mit freundlichem Antlitz, mit offener Stirn und einem leichten Obergewand, zum Zeichen des Segens übersät mit Blumen und Früchten.

Apharetiden (griech.), die Zwillingsbrüder → Idas und → Lynkeus, gezeugt von Aphareus bzw. Poseidon und Arene.

Aphrodite (griech.) oder (röm.) Venus, (selten) auch Kypria genannt, nach der Insel Kypros (Zypern), wo sie geboren worden sein soll. Sie war die Göttin der Liebe, Schönheit und Anmut und gehörte zu den zwölf großen Göttern. Die Angaben über ihre Herkunft sind verschieden. Nach Homer war sie eine Tochter des Zeus und der Dione, einer Titanin oder Okeanide, weshalb man sie bisweilen Dione nannte. Andere nennen sie eine Tochter des Uranos und der Tagesgöttin Hemera. Am berühmtesten aber ist die von Hesiod erzählte Mythe, nach welcher Aphrodite aus dem silbernen Wogenschaum des Meeres entstand, in dem Augenblick nämlich, wo die Wellen der See von den herabgefallenen Blutstropfen des ersten Weltherrn und Götterkönigs Uranos befruchtet worden waren. Aphrodite erhob sich aus den Fluten und betrat zuerst die Insel Kypros (Zypern). Ihr Ehrenamt auf dem Olympos bestand darin, die Herzen aller Sterblichen und Unsterblichen mit

Aphrodite von Knidos; nach Praxiteles, Original 4. Jh. v. Chr., Vatikan.

Aphrodite von Melos; 2. Jh. v. Chr., Paris, Louvre.

Liebeszauber zu erfüllen. Nur die Göttinnen Pallas Athene, Artemis und Hestia, das Kleeblatt unwandelbarer Jungfräulichkeit, konnten sich ihrer Macht gegenüber behaupten. Da sie den Gürtel der Anmut trug, verteilte sie auch die Gaben des Liebreizes an die Frauen. Zu ihrem Gefolge zählten die freundlichen Horen, die Chariten (Grazien) oder Huldgöttinnen, der Sehnsuchtsgott Himeros, der Verlangensgott Pothos und vor allen der schalkhafte Eros mit seinen unbesieglichen Geschossen.

Als Göttin der Liebe war sie auch selbst nicht gegen dieses Gefühl gewappnet. So entbrannte sie zu dem Troier Anchises, dem sie den → Aeneas schenkte.

In der Odyssee tritt sie sogar als rechtmäßige Gemahlin des hinkenden Hephaistos auf; eine unangemessene Ehe, die einer Sage nach der Tadelgott Momos zustande gebracht hatte. Es heißt nämlich, die Götter hätten sich so lange um den Besitz des herrlichen Weibes gestritten, bis Momos vorschlug, die schönste Göttin mit dem häßlichsten Gotte zu verbinden. Doch die Göttin blieb dem lahmen Manne nicht treu; sie hatte Liebesabenteuer mit → Ares und → Adonis. Mit Ares zeugte sie Eros, welcher bald mächtiger als die Mutter wurde und sie selbst mit seinen Pfeilen nicht verschonte.

Ihre Feste nannte man Aphrodisien, die Adonien galten ihr sowie ihrem Geliebten Adonis.

Den Ursprung ihrer Verehrung führt man auf Phönizien und Kleinasien zurück, wo überall eine große Naturgöttin herrschte. An der Spitze stand die assyrische Mylitta, eine Weltmutter, deren Funktion ähnlich der armenischen Anaitis, der arabischen Alitta, der phönizischen Astarte und der ägyptischen Isis war; auch die phrygische Kybele, die samische Hera, die ephesische Artemis, die smyrnäische Nemesis, die mysische Adrasteia sowie endlich die kyprische Aphrodite Urania sind solche mütterlichen Naturgottheiten.

Aphrodite aus Fréjus; Typus der Venus Genetrix, Paris, Louvre.

Dramatische Bearbeitungen: »Die Gefängnus der Göttin Veneris mit dem Gott Marte«, H. Sachs, 1568; »Aphrodite«, B. Eelbo, 1906.

Epos: »Venus und Adonis«, W. Shakespeare, 1593.

Roman: »Aphrodite lächelt«, K. Ziesel, 1950.

Oper: »Trionfo di Afrodite«, C. Orff, 1951.

Ballett: »Venus und Adonis«, R. W. Henning, 1832.

Apis (ägypt.) → Osiris, der in ganz Ägypten göttlich verehrte Stier, der in Memphis einen besonderen Tempel, zwei Kapellen als Wohngemächer und einen weitläufigen Hofraum besaß, in dem er sich bewegen konnte. Seine Verpflegung war königlich. Zahlreiche Priester und Diener speisten und tränkten das heilige Tier aus goldenen Gefäßen, führten ihm die schönsten Kühe zu und suchten durch die sorgfältigste Behandlung sein Leben bis zum Alter von fünfundzwanzig Jahren zu erhalten. Innerhalb seiner Kapellen führte man den Apis Einheimischen und Fremden häufig vor, damit er ihnen Orakel erteilte, die man aus verschiedenen Zeichen entnahm und nach dem Gehaben des Stieres gut oder schlecht auslegte. Ob er in diese oder jene Kapelle trat, das dargebotene Futter fraß oder nicht, sich abkehrte oder stehenblieb oder sonst eine Wendung machte. Häufig jedoch wurde das Orakel auf andere Weise eingeholt: Aus den nahe gelegenen Kinderspielplätzen wurde ein Kind ausgewählt, im Tempel beschenkt und geweiht, dann wurden ihm sorgfältig die Ohren verstopft, worauf es sich wieder auf den Kinderspielplatz begab. Dort öffnete es seine Ohren wieder, und was es unter den spielenden Kindern nun als erstes vernahm, das galt als heiliger Götterspruch.

Bei dem Fest, das man dem Apis zu Ehren alljährlich hielt, warf man goldene und silberne Schalen als Opfer in den um diese Zeit anschwellenden Nilstrom.

Apoll[on] (griech.), Sohn des Zeus und der Leto, einer der zwölf großen Götter, trat auf Grund seiner Vielseitigkeit mit verschiedenen Namen und Beiwörtern auf, hieß aber gewöhnlich Phoibos Apollon und war seinem Wesen nach der heitere Gott des Lichtes. Als seine Mutter Leto schwanger war, wurde sie von Hera, der eifersüchtigen Gattin des Zeus, lange Zeit verfolgt und konnte keine Ruhestätte finden, um zu gebären. Die Erde hatte Hera versprochen, die Verfolgte nirgendwo aufzunehmen; endlich befestigte Poseidon die schwimmende Insel Delos mit Säulen an den Meeresgrund, und hier gebar Leto die Zwillinge Artemis und Apollon. Die Göttin Themis reichte dem Neugeborenen Nektar und Ambrosia. Schon am fünften Tage nach seiner Geburt erlegte er den Drachen Python; davon stammt der Beiname der Pythische Apollon. Als solcher ist er durch ein Meisterwerk der griechischen Bildhauerkunst verewigt worden, das unter dem Namen »Apoll

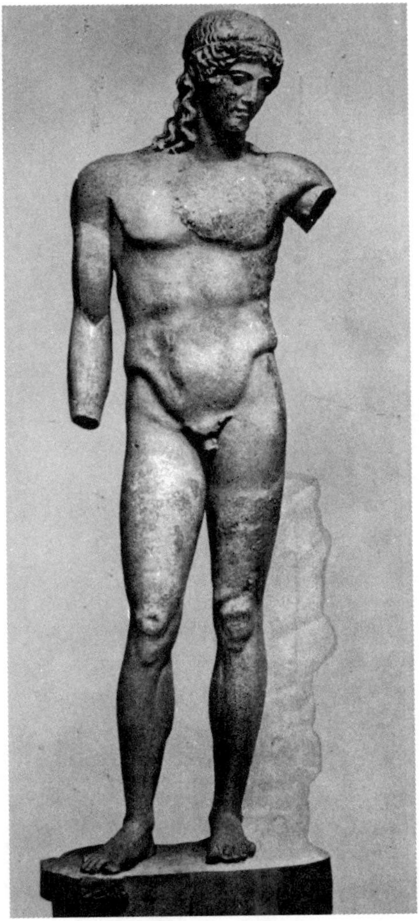

»*Apoll* vom Belvedere«; Hadrianische Marmorkopie nach einem Werk des Leochares um 330 v. Chr., Vatikan.

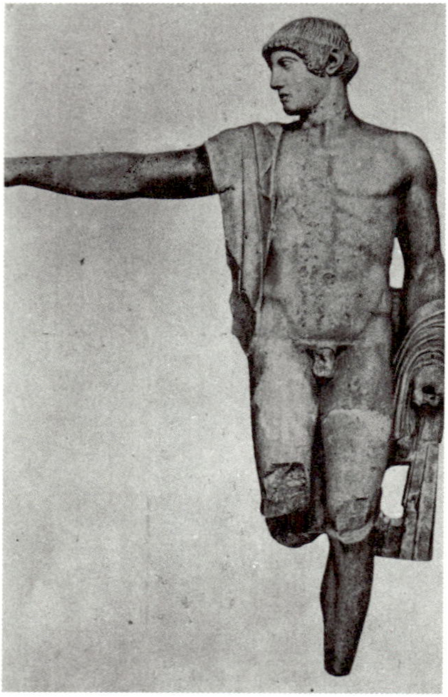

Apollon; aus dem Westgiebel des Zeustempels von Olympia, um 460 v. Chr., Olympia.

vom Belvedere« bekannt ist und im Vatikan steht. Berühmt waren seine Pfeile, die immer trafen. Er strafte mit ihnen die Übermütigen, unter anderen → Niobe und ihre Kinder, das Heer der Griechen vor Troia, → Kyklopen und Riesen.

Er trat aber auch als milder und wundertätiger Arzt auf. Asklepios war sein der Heilkunst kundiger Sohn.

Auf dem Parnaß, einem Berg bei Delphi, wo er den Drachen Python erschossen hatte, baute sich Apollon einen Tempel und übernahm das alte Orakel der Gaia, so daß er nun auch Seher war. Er weissagte als Stellvertreter des Zeus, seine Priesterin Pythias verkündete, auf einem Dreifuß sitzend, die Sprüche. Außerdem besaß Apollon noch berühmte Orakelorte in Delos, Abae, Klaros, Didyma und anderwärts. Auch ist er der Gott des Gesanges und Saitenspiels; von dem tanzenden Chore der Musen umringt.

Auf Grund seiner Orakelsprüche legten die Griechen viele Kolonien an. Er selbst baute die Mauern von Troia und Megara und wurde somit als Städtegründer verehrt. Unter dem Namen Agyieus beschirmte er überall die Plätze, Straßen und Wege, seine Bildnisse standen vor den Haustüren.

Selbst als Hirtengott feierte man ihn schon frühzeitig. Als ihn einst Vater Zeus verbannte, weil er die Kyklopen erschossen hatte, war er gezwungen, die Schafe des Königs Admetos zu hüten. Auch hütete er einmal die Rinder des Laomedon am Berge Ida, am Parnaß, und verrichtete noch öfters Hirtendienste, weshalb man annahm, daß er die Herden schütze.

Schließlich erscheint Apollon als Sonnengott an der Stelle des Helios, von den Griechen Phoibos, von den Römern Phöbus, der Leuchtende, oder Sol, auch Titan genannt. Als solcher führte er den mit vier Rossen bespannten Sonnenwagen über das Himmelsgewölbe. Weihrauch und vielfach geformte Kuchen waren die Opfergaben, die man Apollon gewöhnlich darbrachte; im Monat Mai ehrte man ihn durch Sühnfesttage, alle neun Jahre aber widmete man ihm große Feste, besonders in Delphi, Theben und Kreta. Von seinen Liebesabenteuern erlangten die mit dem Hyakinthos und mit der in den Lorbeer verwandelten Daphne Berühmtheit. Er hatte viele Söhne.

Der Kult des Apollon hat seinen Ursprung in Kleinasien. Auch fand man Spuren des Kultes bei den Hethitern und bei den Babyloniern.

Dramatische Bearbeitung: »L'Apollon de Bellac«, J. Giraudoux, 1957.

Dichtungen: »Hymnos an Apollon«, Homer, 7. Jh. v. Chr.; »Hymnos an Apollon«, Kallimarchos, 1. Hälfte d. 3. Jh.s v. Chr.; »Ode to Apollon«, J. Keats, 1815.

Apollon Citharoedus; Bronzestatue aus Pompeji, um 30 v. Chr., Neapel, NM.

Apollon; sogen. »Tiber-Apoll«, nach einem Original des Phidias aus der Mitte d. 5. Jh.s v. Chr., Rom, NM.

Oper: »Apollo et Hyacinthus«, W. A. Mozart, 1767.

Ballett: »Apollon Musagète«, I. Strawinsky, 1928.

Apsyrtos (griech.), ein Sohn des Königs Aietes von Kolchis, wurde als kleiner Knabe von seiner Schwester Medeia ermordet und, als diese mit Iason flüchtete, in einzelne Stücke zerrissen. Um einen Vorsprung vor dem nachfolgenden Vater zu gewinnen, streute sie die Stücke auf den Weg, denn sie erwartete, er werde die verschiedenen Leibesteile erschrocken auflesen und dadurch Zeit verlieren, wie es auch geschah. Einer anderen Sage nach war er schon erwachsen und fiel im Kampf gegen Iason, dessen Verfolgung ihm der Vater aufgetragen hatte.

Arachne (griech.), die Tochter des Idmon, eines Purpurfärbers in Kolophon, war eine geschickte und von den benachbarten Nymphen bestaunte Weberin. Sie wagte es, die Meisterin dieser Kunst, die Göttin Pallas Athene, zu einem Wettstreit herauszufordern, obgleich sie von dieser selbst in der Gestalt einer alten Frau gewarnt worden war. In der Tat fiel ihre Arbeit besser aus als die der Göttin. Athene ergrimmte zusätzlich, weil Arachne in der Weberei die geheimen Liebesverhältnisse des Zeus dargestellt hatte und mißhandelte sie, so daß jene sich aus Betrübnis erhängte. Pallas rief sie durch Zauberkräfte in das Leben zurück und machte eine Spinne aus ihr (arachne = Spinne); eine Verwandlung, die sich auch auf ihre Nachkommen erstreckte.

Areion (griech.); Poseidon galt als Vater verschiedener Pferde, z. B. Areion (von Demeter) oder Pegasos (von Medusa).

Ares (griech.), der Gott des Krieges, ein Sohn des Zeus und der Hera, einer der zwölf großen Götter. Nach Homer war er Anstifter des blutigen Kampfgetümmels schlechthin, ein mörderischer Krieger, der sich aus Lust am grausamen Todesspiel beteiligte. Begleitet wurde er von seinen Söhnen Phobos und Deimos (Furcht und Grauen) und von seinen Schwestern Eris, der Göttin der Zwietracht, und Enyo. Im Troier Krieg nahm er persönlich am Kampfe gegen die Griechen teil, auf deren Seite jedoch die weise und besonnene Kriegsgöttin Athene focht. Unter dem Beistand der letzteren wurde er durch den Helden Diomedes verwundet, worauf er brüllend in den Olymp zurückeilte. Ein andermal schleuderte ihm Athene selbst einen Markstein an den Hals, daß er unter Waffengeklirr zu Boden fiel. Auch mit Herakles geriet er zweimal ins Handgemenge, ohne ihn überwinden zu können. Dem finsteren und ungeliebten Gott gelang es dennoch, die schöne Aphrodite, die mit dem an einem Fuß lahmen Hephaistos vermählt war, zu umgarnen. Dieser Verbindung ent-

»*Ares* Ludovisi«; nach einem Original um 330 v. Chr., Rom, NM.

Ares und Aphrodite; Wandgemälde aus Pompeji, Neapel, NM.

sprang Eros. Ares hatte keine rechtmäßige Gattin, doch verband er sich außer mit der Aphrodite noch mit verschiedenen anderen Frauen und zeugte viele Heldensöhne und Töchter. In Theben und in dem von wilden Völkern bewohnten Thrakien zollte man Ares mehr Ehre als in Griechenland. Die dortigen Flüsse Tmolos, Hebros und Strymon galten als seine Söhne, und man brachte ihm dort blutige Menschenopfer dar.

Bei den Römern, die ihn Mars nannten, erfreute sich Ares größerer Beliebtheit. Sie ehrten ihn als den obersten Gott der Macht und Stärke, auch gehörte er zu den ersten ländlichen Schutzgöttern. Als späterhin sein Einfluß nach dem Beispiel der Griechen auf das Waffengebiet beschränkt wurde, litt sein Ansehen nicht im mindesten. Denn Mars war ein Vorfahre Romulus', des Gründers von Rom, und somit ein Stammherr des gesamten Römervolkes, und weil Krieg und Waffenstärke ungemein wichtig waren, galt er als Erhalter und Mehrer des Reichs. Im Tempel der Vesta bewahrte man seinen Speer.

Da Ares in Griechenland wenig Kulte und Kultstätten besaß, ist anzunehmen, daß er kein »alter Gott« ist, sondern nur ein Dämon des Kampfes, der seine Stellung unter den Olympiern vermutlich allein dem Homerischen Epos zu verdanken hat.

Arethusa (griech.), eine Quelle in Sizilien, von der man im Altertum annahm, sie stehe in unterirdischer Verbindung mit dem Fluß → Alpheios (Peloponnes). Der Quelle sagte man die Kraft nach, dichterische Fähigkeiten zu wecken, besonders für den Hirtengesang. Theokrit soll daraus getrunken haben.

Aretia (babylon.), Göttin der Erde.

Argeia (griech.), Tochter des → Adrastos.

Arges (griech.), einer der → Kyklopen, die von Uranos und der Gaia gezeugt wurden. Sein Name sowie jener der Brüder Brontes und Steropes weisen auf Donner und Blitz.

Argo (griech.), das berühmte Schiff der → Argonauten, nach der Sage das erste große Fahrzeug, das sich von der Küste, durch fünfzig Ruder in Bewegung gesetzt, in die offene See wagte. Die Ableitung des Namens ist unbestimmt, nach ihm aber wurden die Schiffer genannt, die es für ihre kühne Reise bauten. Die kunstreiche Pallas Athene fügte ein

Ariadne auf Naxos; Wandgemälde aus Pompeji.

Ariadne floh mit Theseus, welcher ihr die Ehe versprochen hatte; er verließ jedoch die schlummernde Braut auf der Insel Naxos, wo sie unterwegs gelandet waren. Als Ariadne erwachte und die am fernen Horizont entschwindenden Segel des Treulosen erblickte, wollte sie sich in das Meer stürzen. Doch der jugendliche Dionysos, von seinem indischen Zuge heimkehrend, erschaute sie. Gerührt von ihrer wundersamen Schönheit erkor sie der Gott zu seiner Braut und Triumphgenossin; sie zog nunmehr in seiner Gesellschaft durch die Länder der Erde und schenkte Dionysos mehrere Söhne.

Dramatische Bearbeitungen: »Ariadne-Libera«, J. G. Herder, 1802; »Ariadne auf Naxos«, A. Kotzebue, 1803; »Ariadne«, E. W. Eschmann, 1939.

Dichtung: »Ariadne«, A. W. Schlegel, 1790.

Schlafende *Ariadne;* 2. Jh. v. Chr., Vatikan.

Dionysos und *Ariadne;* Werkstatt des Anniponus.

Opern: »Arianna«, C. Monteverdi, 1608; »Arianna in Creta«, G. F. Händel, 1733; »Arianna in Nasso«, J. Haydn, 1791; »Ariadne auf Naxos«, R. Strauss, 1912 (Text: H. v. Hofmannsthal, 1910).
Ballett: »The Triumph of Bacchus and Ariadne«, G. Balanchine, 1948.

Arion (griech.), ein berühmter Dichter und Sänger, gebürtig aus Methymna auf Lesbos, lebte am Hofe des Königs Periander zu Korinth und unternahm einst eine Reise durch Italien und Sizilien. Mit Schätzen beladen, welche er sich unterwegs durch seine Kunstfertigkeit erworben hatte, ging er zu Tarent an Bord, um nach Korinth heimzukehren. Als die Schiffer seine Reichtümer bemerkten, überfielen sie ihn auf offener See und wollten ihn umbringen. In dieser Not bat er um die Erlaubnis, ein letztes Lied singen zu dürfen, danach sei er bereit, sich selbst freiwillig in den Fluten zu begraben. Man gestand ihm dies zu; Arion trat auf das Vorderteil des Schiffes und ließ unter Saitenklang sein schönstes Abschiedslied klingen, worauf er sich ins Meer stürzte. Während die mörderische Rotte mit dem Raube weitersegelte, nahm einer von den zahlreichen Delphinen, die durch den wundervollen Gesang in die Nähe des Schiffes gelockt worden waren, den heiligen Künstler auf seinen Rücken und trug ihn wohlbehalten an die heimatliche Küste. In Korinth berichtete Arion dem König sein Geschick, der die im Hafen eintreffenden Räuber mit dem Tode bestrafte.
Romanze: »Arion«, A. W. Schlegel, 1797.

Aristaios (griech.), Sohn des → Apollon und der → Kyrene.

Aristodemos (griech.), Nachfahre des Herakles, dem es gelang, mit den beiden anderen Urenkeln des Helden, Temenos und Kresphontes, den Peloponnes zu erobern. Temenos erhielt Argos, Kresphontes Messene, und die beiden Söhne des Aristodemos bekamen Sparta.

Arkas (griech.), Sohn der → Kallisto.

Arkona (nord.), eine uralte Burgstadt auf dem nordöstlichsten Vorgebirge der Insel Rügen, wo der Hauptgottesdienst eines slawischen Volkstammes, der Ranen, in einem reichen und großen Tempel stattfand. Die Stadt wurde im Jahre 1168 durch die Dänen zerstört. Dem Volksglaube nach zeigt sich die Burg zuweilen noch jetzt in ihrer ehemaligen Pracht und Herrlichkeit auf dem Spiegel des Meeres, wohin sie versunken sei.

Artemis (griech.), Tochter des Zeus und der → Leto, Zwillingsschwester des Apollon, auf Delos geboren. Auch sie gehört zu den zwölf großen Göttern. Kaum hatte sie sich dem Schoß ihrer Mutter entwunden, stand sie dieser schon bei der Geburt des → Apollon als Hebamme bei, da → Eileithyia von der eifersüchtigen Hera verhindert wurde, ihren Dienst zu verrichten. Deshalb wurde Artemis später in Griechenland und als Diane bei den Römern als Geburtshelferin verehrt.
Sie erbat sich von ihrem Vater Zeus ewige Jungfräulichkeit, griff wie Apollon nach Bogen und Pfeil und wählte die Wälder und Gebirge zu ihrem Auf-

enthalt. Tag und Nacht durchstreifte sie als Jagdgöttin die Gefilde, begleitet von einem zahlreichen Gefolge schöner Nymphen. Als mächtige Naturgöttin schützte sie das Wild, auch hing von ihrem Willen der Ertrag der Felder und Herden ab.

Doch war sie auch eine rächende Göttin. So tötete sie Chione und Koronis, die sich rühmten, schöner als sie zu sein, sowie die Töchter der → Niobe, während Apollon deren Söhne niederschoß. Die Pfeile von Apollon und Artemis maßregelten den Riesen Tityos, der sich an ihrer Mutter Leto vergreifen wollte. Als die Griechen gegen Troia aussegeln wollten, verursachte Artemis im Hafen von Aulis eine anhaltende Windstille, bis sie durch das Opfer der Iphigeneia, der Tochter des Königs → Agamemnon, versöhnt wurde; denn der letztere hatte den Frevel begangen, eine Lieblingshindin ihres Haines zu töten und sich deswegen mit seiner Jagdfertigkeit zu brüsten.

Die Pfeile der Artemis brachten auch den Menschen Pest, Tod und Geburtswehen.

Sie forderte unbefleckte Jungfräulichkeit nicht nur von allen Nymphen ihres Gefolges, sondern auch von der Priesterschaft ihrer Heiligtümer. Den glänzendsten Tempel besaß sie in Ephesos, wo man sie, wie in Kleinasien überhaupt, als lebenspendende Naturgottheit feierte. Dieses Bauwerk, das Artemision, wurde zu den Sieben Weltwundern gezählt. Es war Sitte der Jungfrauen, ihr, bevor sie sich vermählten, ein Stieropfer darzubringen. Der Königin → Alkestis sandte sie in die hochzeitliche Kammer ungeheure Schlangen; denn das ihr gebührende Vermählungsopfer war verabsäumt worden. → Orion sank unter ihren Pfeilen, weil er gewagt hatte, sein Auge zu einer ihrer Nymphen zu erheben. → Aktaion, der sie im Bade belauschte, wurde von ihr in einen Hirsch verwandelt, den seine eigenen Jagdhunde zerrissen. Die Brüder Otos und Ephialtes, welche Ar-

Artemis; Marmorstatue aus Pompeji, Mitte des 1. Jh.s v. Chr., Neapel, NM.

temis im Jagdfieber nachstellten, durchbohrten sich gegenseitig.
Trotz dieser blutrünstigen Taten entstand auch der berühmte romantische Mythos der Artemis als Mondgöttin, die ihr nächtliches Lichtamt vergaß, sich vom Firmament herabsenkte und den schlummernden Geliebten, den reizenden Hirten → Endymion, vor seiner Berggrotte besuchte.
Dramatische Bearbeitungen: »Ludus Dianae«, K. Celtis, 1501; »Diana«, H. Heine, 1853.
Dichtungen: »Hymnos an Artemis«, Kallimachos, 1. Hälfte d. 3. Jh.s v. Chr.; »An Diana«, Catull, um 50 v. Chr.
Roman: »Diana«, J. de Montemayor, 1558.
Lied: »Die zürnende Diana«, F. Schubert, 1819/20.

Asaheim (nord.), ein Fabelreich des Ostens, aus welchem angeblich die Asen stammten und nach Skandinavien kamen. → Asen und Asgard.

Ascanius (Iulus) (röm.), Askanios (griech.), Sohn des Aeneas und der Kreusa. Gründer der Stadt Alba Longa. Er erhielt in Rom mit Rücksicht auf die Genealogie des Kaiserhauses der Iulier den Namen. Dieses führte seine Abstammung über Ascanius auf Aeneas und Aphrodite zurück.
Oper: »Ascanio in Alba«, W. A. Mozart, 1771.

Asen (nord.), Göttergeschlecht, angeführt von → Odin, das aus Asaheim, einem unbekannten östlichen Land mit der Hauptstadt Asgard, stammte, die als ihr eigentlicher Wohnsitz galt. Der Name Ase bedeutet auch Tragbalken oder Pfeiler. Nach der → Edda bildeten die Asen Himmel und Erde, bestimmten der Sonne und des Mondes Lauf und ordneten den Wechsel von Tag und Nacht. Außer Odin, ihrem König, nennt man folgende Asen männlichen Geschlechts: Thor, der Gott der Stärke; Freyr, der Befruchtende, der Regen und Sonnenschein verleiht; Niörd, der Herr des Windes; Baldur, der Geber alles Guten und der Hort der männlichen Schönheit; Widar, der Gott der Verschwiegenheit; Wali oder Ali, der Meister in der Kunst des Bogenschießens; Uller, ebenfalls ein guter Bogenschütze und ein hurtiger Läufer auf Eisschuhen; Braga, der Gott der Dichtungen; Heimdal, der Wächter an der Pforte zur Himmelsburg; Forseti, der Gott des Friedens, der Eintracht und Geselligkeit; Tyr, der Kriegsgott und Spender des Sieges, und Höder, der blinde Gott, der Hort der Nacht. Die Königin der Asynien oder weiblichen Asen war Frigga oder Jörda, die Gemahlin Odins. Die anderen Asynien waren Freia, die Göttin der Liebe; Iduna, die Göttin der Unsterblichkeit und Bragas Gemahlin; Laga, die Freundin Odins; Gefion, die Göttin der Jungfräulichkeit; Siöfna, die Göttin der Zärtlichkeit; Lofn oder Löffa, die Göttin der ehelichen Eintracht; Rinda, Walis Mutter; Eira, die Göttin der Arzneikunst; Gerda, Freyrs Gattin; Syn oder Sygn, die Göttin der Gerechtigkeit; Var oder Wara, die Göttin der Treue und Wahrheit; Sol, die Sonne; Gna, die Botin der Götterkönigin Frigga; Hlyn und Fylla, zwei

vorzügliche Dienerinnen; und außerdem die Nornen, die das Schicksal und die Zeit beherrschten; und die Walküren, die Lenkerinnen der Schlacht.
Aus diesen Asen wählte Odin zwölf Richter, die in einem prächtigen Tempel Sitzung hielten; neben ihnen, auf einem erhabenen Thron, von dem er Himmel und Erde überschaute, prangte Odin selbst, der Vorsteher dieses Gerichts, das über das Wohl der Götter und Menschen urteilte. Die Asen liebten den Krieg und ritterliche Spiele und besaßen ausgezeichnete Rosse, Asenpferde genannt; das schönste, namens Sleipnir, hatte Odin, es zählte acht Füße, von welchen vier abwechselnd ausruhten, so daß es niemals ermüdete. Wenn man diesen Göttern auch große Macht zuschrieb, so glaubte man doch, daß sie am Ende der Welt untergehen müßten; nur Alfadur, der als Urgott nicht zum Asengeschlecht gehörte, galt als unsterblich.
Dichtung: »Edda«, 7. bis 12. Jh.

Asgard (nord.), der Olymp des Nordens, die Asaburg, der himmlische Wohnsitz der Asen, eine prachtvolle weite Stadt, von immergrünen Hainen umgeben, in denen sich die Götter nach ihren Festmahlen und heiteren Kampfspielen erquickten. Asgard (der Garten der Asen) war die höchste Spitze des Weltalls, Helheim oder die Unterwelt die tiefste oder unterste Region, Midgard oder die Menschenwelt nahm die Mitte zwischen den beiden ein. Die übrigen Reiche, denn aus neun Welten bestand das gesamte All, lagen teils um sie her, teils zwischen ihnen. Die Weltesche → Ygdrasil erstreckte sich durch alle diese Welten hindurch, trug sie und hielt sie zusammen; ihr Wipfel überragte Asgard, und ihre drei Hauptwurzeln ruhten in Midgard, Niflheim und Jotunheim. An jeder der Wurzeln sprudelte ein wunderbarer Brunnen. Die Asen bauten eine wunderbare Straße, um das über der Weltmitte gelegene Himmelreich mit der Erde (Midgard) zu verknüpfen. Sie bestand aus einem dreifarbigen Regenbogen, nämlich aus grünem Wasser, blauer Luft und rotem Feuer, und war stark genug, die guten Götterwesen samt Wagen und Pferden zu tragen, jedoch zu schwach für die in → Muspelheim hausenden Feinde und für die gewaltigen → Hrymthussen, die Riesensöhne Jotunheims. Gegen diese war die Straße außerdem durch den immerwachen Gott Heimdal und durch die beständig lodernde Glut des dritten Farbenstreifens geschützt, die jeden nahenden Sterblichen augenblicklich zu Asche verzehrte.
Die Asen bauten ihre herrlichen goldenen Paläste, aus denen Asgard bestand, selbst. Im Walaskialf-Palast befand sich der Prunksaal, mit den Sitzen für die zwölf großen Asen, ferner der Thronsitz, genannt Hlidskialf, von dem man das ganze Weltall überschauen konnte. Er war für den Götterkönig Odin und dessen Gemahlin Frigga bestimmt. Ein zweiter Palast, in welchem der Friedensgott Forseti wohnte, hieß Glitner; ein dritter, den die Liebesgöttin Freia zum seligsten Aufenthaltsort machte, Folkwang; und ein vierter der Wohnsitz der Göttinnen Wingolf oder die Halle der

Freundschaft. Vor allen übrigen Palästen nahm die Walhalla, der Sammelplatz der in der Schlacht rühmlich gefallenen Krieger, der Einherier oder Heldengeister, eine besondere Stellung ein.

Asia (griech.), die Tochter des Okeanos und der Tethis, vermählt mit dem Titanen Iapetos, gebar den Prometheus, Atlas und andere Titanensprößlinge. Der Weltteil Asien bekam von ihr seinen Namen.

Asklepios (griech.), der Gott der Arzneikunst, ein Sohn des Apollon und der Koronis, welche Apollon (oder Artemis) aus Eifersucht tötete. Aus der Leiche entband Apollon mit Hilfe des Hermes das Knäblein. Von dem weisen Kentauren Cheiron lernte Asklepios die Heilkunst so gut, daß er imstande war, Verstorbene wieder ins Leben zurückzurufen. Pluton, welcher dadurch die Entvölkerung der Unterwelt fürchtete, beklagte sich bei Zeus. Zeus erschlug den gegen die Ordnung handelnden Asklepios durch einen Blitzstrahl. Die Schmieder des Blitzstrahls, die → Kyklopen, wurden hierauf von dem erzürnten Apollon getötet, wofür dieser seinerseits aus dem Reiche der Götter verbannt eine Zeitlang auf der Erde zubringen mußte.

Kopf des *Asklepios;* sogen. »Asklepios Blacas« aus Melos, Bryaxis (?), Original um 330 v. Chr., London, Brit. Mus.

Asklepios wurde in Griechenland wie auch später in Rom (Aesculapius) göttlich verehrt. Man weihte ihm Tempel, Haine, Bildsäulen und Feste. Gewöhnlich trug er einen schlangenumwundenen Stab, das Sinnbild der Selbstverjüngung, während der ihm geheiligte Hahn, den man ihm auch häufig zum Opfer darbrachte, die ärztliche Wachsamkeit andeuten sollte. Ferner gab man ihm eine Schale, zum Zeichen, daß er nützliche Heiltränke bereite. Genesende pflegten im Heiligtum ein Täfelchen aufzuhängen, worauf sie den Verlauf der Krankheit und die angewendeten Arzneimittel zum Nutzen für spätere Fälle verzeichneten. Hieraus entstand allmählich die wissenschaftliche Heilkunde. Von seinen zahlreichen Kindern feierte man besonders Hygieia, die Göttin der Gesundheit.

Dichtung: Homerischer Hymnos an Asklepios.

Asopos (griech.), ein Flußgott, von Okeanos und Tethis gezeugt; zu seinen vielen Kindern zählte auch Aigina, die von Zeus zur Stammutter der Aiakiden gemacht wurde, und Ismene, die Großmutter der Io.

Asoron (chald.), das erste aus dem Chaos Entspringende, das mit Kisara die drei Grundprinzipien Anos, Illinos und Aos zeugte.

Assarakos (griech.), Urenkel des Dardanos, des Ahnherrn der troischen Königsfamilie, Bruder des Ilos und des Ganymedes.

Astarte (semit.), eine uralte Göttin, die man als lebenzeugende, gebärende und befruchtende Schöpferin, vornehmlich zu Tyros in Phönizien und zu Karthago, anbetete, der ägyptischen Isis vergleichbar. Man stellte ihr als männliche Gottheit den Moloch oder Molech zur Seite, wie der mütterlichen Isis den Osiris. Die Griechen erkannten in der Astarte ihre Aphrodite wieder, verglich sie aber überdies bald mit Selene, bald mit Hera und bald mit Demeter. Die Römer, die Astarte später in Karthago hochverehrt antrafen, wußten ihr keinen besseren Namen zu geben als die Karthagische Juno und bezeichneten dadurch den Grad der göttlichen Würde, in der Astarte bei diesem Seevolk stand.

Asteria (griech.) → Titanen.

Astraia (griech.), Göttin der Gerechtigkeit, sie waltete so lange unter den Menschen, als diese fromm waren und das goldene Zeitalter blühte. Im silbernen Zeitalter stieg sie nur selten von den Gebirgen herab. Mit dem Beginn des Eisernen, als ein entartetes Geschlecht sich

Die Ermordung des *Astyanax;* Bauchamphora des Lydos, um 550 v. Chr., Berlin.

Waffen schmiedete, verließ sie die Erde ganz, um als Sternbild der Jungfrau oder als Astraia des Tierkreises am Himmel zu leuchten. Die übrigen Gottheiten waren schon früher entwichen, sie zog sich als letzte von der blutgetränkten Erde zurück, und die von Zeus gesandte Sintflut schwemmte die gottlose Sippschaft weg.

Astraios (griech.), Sohn des Titanen Krios, soll nicht nur mit der Tagesgöttin Hemera die Astraia gezeugt, sondern auch, als Gatte der Eos, die Windgötter Zephyros, Boreas und Notos, ferner den Morgenstern und die übrigen Gestirne hervorgebracht haben.

Astyanax (griech.), Sohn des → Hektor.

Astydameia (griech.), 1. Mutter des → Amphitryon.
2. → Peleus.

Asynien (nord.), die Göttinnen des Nordens, → Asen.

Atalante (griech.), eine kriegerische Heldenjungfrau, aus Arkadien stammend, Tochter des Königs Iasos und der Klymene. Sie wurde von ihrem Vater, der sich einen Sohn gewünscht hatte, im Waldgebirge Parthenion ausgesetzt, wo eine der Jungen beraubte Bärin das verlassene Kind fand und säugte. Atalante geriet unter die Jäger des Gebirges, deren Beschäftigung ihr gefiel, so daß sie bald eine vollendete Jägerin wurde. Sie erlangte Mut und männliche Stärke und vermochte einen Hirsch in seinem Laufe einzuholen. Zugleich erblühte sie zu großer Schönheit. Als sie einst von zwei Kentauren, Rhoikos und Hylaios, überfallen wurde, wand sie sich los und schoß sie mit Pfeilen nieder. Auch beteiligte sie sich an der Jagd auf den Kalydonischen Eber, welche → Meleagros, der Sohn des Oineus, veranstaltete; die Heldin versetzte dabei dem Ungetüm die erste Wunde. Später erlegte Meleagros das Tier und erhielt die Jagdtrophäen. Der Sieger liebte die reizende Atalante; deshalb schenkte er diese Ehrenzeichen der Jungfrau, um ihre Gegenliebe zu gewinnen, erregte aber damit den Neid seiner beiden Onkel Plexippos und Toxeus (→ Meleagros).
Ihrer Überlegenheit sicher, forderte sie ihre Freier zu einem Wettlauf heraus; der Bewerber mußte unbewaffnet beginnen, die Jungfrau folgte ihm mit der Lanze und durchbohrte ihn, sobald sie ihn eingeholt hatte. Nachdem schon mehrere Unglückliche auf diese Weise ihr Leben eingebüßt hatten, erschien Hippomenes (nach anderer Version Meilanion). Die Göttin Aphrodite hatte ihm drei prachtvolle goldene Äpfel geschenkt, die er beim Wettlauf nacheinander fallen ließ. Überrascht von dem Anblick der herrlichen Kleinodien bückte sich die nachstürmende Atalánte und raffte sie einzeln auf, versäumte aber so viel Zeit, daß der Freier glücklich das Ziel erreichte. Die durch diese List besiegte Jungfrau wurde nun die Gemahlin des Hippomenes. Atalante gebar ihm den Parthenopaios, der in dem Krieg »der Sieben gegen Theben« umkam. Hippomenes vergaß jedoch seiner Retterin, der Liebesgöttin, durch Opfer den gebührenden Dank abzustatten. Aphrodite rächte sich dadurch, daß sie das liebestrunkene Paar zur Entheiligung eines Haines der Göttin Kybele veranlaßte;

diese verwandelte sie hierauf zornig in ein Paar Löwen und spannte sie an ihren Wagen. Atalante soll auch beim Argonautenzug teilgenommen haben.

Atargatis (syr.), Göttin der Fische, oft mit Astarte identifiziert. Sie wurde mit dem Oberleib einer Frau und dem Unterleib eines Fisches dargestellt.

Ate (griech.), das Unheil, das den Menschen ins Verderben führt, sowie das Verderben selbst. Ate, eine Tochter des Zeus, galt auch als Personifikation des Unheils.

Atesch (pers.), das von den Persern angebetete heilige Feuer, dessen Flamme Ormuzd selbst anfachte. Das Gebet, das man fünfmal am Tag dabei hersagte, hieß Atesch-Behram, der Feuertempel Atesch-Kaneh und die brennenden Ölquellen, die mit Tempeln überbaut waren, Atesch-Kutta.

Athamas (griech.), einer der Söhne des Aiolos, König über einen Teil von Boiotien, vermählte sich mit Nephele, die ihm zwei Kinder gebar, → Phrixos und Helle. Athamas verstieß Nephele aus Liebe zu → Ino, einer Tochter des Kadmos, die er heiratete, während Nephele bald aus Gram starb. Ino schenkte ihrem Gemahl zwei Söhne, Learchos und Melikertes, erwies sich gegen die Kinder aus der ersten Ehe als böse Stiefmutter und sann auf allerlei Ränke, um dieselben aus dem Weg zu räumen. Sie verursachte eine Dürre im Lande, indem sie die Bäuerinnen überredete, das Saatgut zu vernichten, worauf man Boten an das Orakel abschickte, um Rat zu holen. Von Ino bestochen, brachten sie die Antwort zurück, die Kinder von Nephele müßten den Göttern geopfert werden, wenn das Übel weichen solle. Schon war der betrogene Athamas im Begriff, das Opfer vollstrecken zu lassen, als die bedrängten Geschwister ihre im Olympos weilende Mutter um Hilfe anriefen; Nephele sandte ihnen einen goldfelligen Widder zu, auf dessen Rücken Phrixos und Helle nachts unbemerkt die Heimat verließen; Helle hatte aber dabei das Unglück, in das Meer zu fallen und zu ertrinken. Zum Andenken an ihren Tod erhielt das Meer den Namen Hellespontos.

Athene (Athena, Pallas Athene) (griech.), die hohe Göttin der Weisheit, zu den zwölf großen Göttern gerechnet,

Kopf der *Athena* Lemnia, Bologna.

Rekonstruktion des *Parthenon* in Athen.

Tochter des Zeus. Man berichtet, daß sie von keinem Weibe geboren wurde, sondern aus dem Haupte des Zeus entsproß. Nachdem Zeus die Titanen besiegt hatte, erkor er Metis, die Göttin der Klugheit, zu seiner ersten Gemahlin. Als sie schwanger war, weissagte sie dem Gatten, daß das Kind ihn der Weltherrschaft berauben werde. Um die drohende Gefahr abzuwenden, habe er die Gemahlin samt dem ungeborenen Kind verschlungen. Bald befielen Zeus heftige Geburtswehen, er ließ schleunigst Hephaistos rufen und verlangte von dem Erstaunten, daß er ihm das geschwollene Haupt durch einen Beilschlag aufhauen sollte. Kaum war dies geschehen, als Athene in voller Waffenrüstung hervorsprang.

Ihrer wundervollen Geburt entsprachen die glänzenden Eigenschaften, die sie von ihrem Vater geerbt hatte: Als Göttin des Krieges und des Friedens vereinigte sie in sich Klugheit, Erfindsamkeit, Tatkraft, Scharfsinn und Mut. Ihre Aufgabe bestand darin, Glückseligkeit über den Staat zu verbreiten. Um sich diesem Zwecke ausschließlich widmen zu können, entsagte sie der Liebe und Ehe. Dennoch war sie stolz auf ihre Reize und machte sie gegen Hera und Aphrodite geltend, als sich der Wettstreit um den Schönheitsapfel unter den Göttinnen des Olympos ensponnen hatte, bei dem → Paris das bekannte Urteil fällte.

Pallas Athene war des Zeus Lieblingskind; ihr allein, keinem andern Gott, vertraute er sogar die furchtbare Waffe des Blitzes und des Donnerkeils an. Zunächst stand sie den Göttern im → Gigantenkampf bei. Sie jagte den riesigen Enkelados in die Flucht, schleuderte auf ihn die Insel Sizilien und zog dem geflügelten Pallas die Haut ab, die sie zur → Aegis benutzte. Später nahm sie am Troier Krieg teil, denn da sie von Paris den Preisapfel der Schönheit nicht erhalten hatte, wollte sie diese Beleidigung rächen. Während der Kriegsgott Ares das wilde Schlachtgetümmel nur um der Ergötzung willen aufsuchte, führte Athene den Krieg gezwungenermaßen und trat als Beschützerin der Städte und Staaten auf. Sie setzte sich stets in einem mit Besonnenheit geführten Krieg ein. Den → Perseus begleitete sie auf seinem gefährlichen Zuge gegen die Gorgonen, zeigte Bellerophon zur Besiegung der schrecklichen Chimaira die Zähmung des geflügelten Pegasos und faßte Achilleus an den Locken, um ihn von jähzorniger Übereilung zurückzuhalten. In Friedenszeiten förderte sie Wissenschaft und Poesie. Ihr Hauptwohnsitz war die Stadt Athen, um die sie, bevor sie die Herrin dieses Erdflecks wurde, mit Poseidon einen Wettstreit ausfocht. Die zu Schiedsrichtern eingesetzten Götter beschlossen, denjenigen von beiden zu bevorzugen, welcher für die Bewohner das nützlichste Geschenk brächte. Poseidon stieß demzufolge seinen Dreizack in die Erde, worauf eine salzige Quelle hervorsprang. Athene warf ihre Lanze aus, und an dem Orte, wo sie niederfiel, sproß der Ölbaum; eine Schöpfung, welche für so heilsam erachtet wurde, daß die Götter ihr den Preis zuerkannten.

Auch war Athene Urheberin des Handwerks, indem sie Nadel, Webstuhl und Spindel erfand. Für den Mann schuf sie Pflug und Rechen, lehrte Stiere anzujochen und Rosse zu zügeln. Von ihrer Erfindungskraft erzählt ein athenischer Mythos, daß nicht Hermes, sondern Athene es war, welche die erste Flöte schuf. Sie benutzte dazu die Knochenröhre vom Fuß eines Hirsches. Hoch-

Athena Lemnia; nach einem Original des Phidias um 450 v. Chr., Dresden.

erfreut darüber, führte sie ihre Erfindung den Göttern und Göttinnen vor, die jedoch nur spöttisch lächelten. Athene entwich zornig auf den schattigen Berg Ida, setzte sich an das blumige Ufer einer Silberquelle und blies die Flöte, um ihren Ärger zu zerstreuen. Da fiel ihr Blick zufällig auf die spiegelhelle Wasserfläche, und mit Erschrecken gewahrte sie die häßlichen Pausbacken, welche sie durch die Anstrengung des Blasens erhielt. Sie schleuderte die Flöte unwillig fort und belegte zugleich den künftigen Finder mit dem grausamsten Fluche (→ Marsyas).

Athene wurde besonders in Attika und hier in Athen verehrt. Unter den Festen hatten neben den kleinen, die man jährlich beging, die großen Panathenaien Bedeutung, ein Nationalfest, das alle vier Jahre Mitte August abgehalten wurde und vier Tage hindurch währte. Zuerst fanden die körperlichen und geistigen Wettkämpfe statt, wobei dem Sieger als Preis ein Kranz von Ölbaumzweigen winkte. Zum Schluß erfolgte der heilige Festopferschmaus und ein feierlicher Aufzug, bei dem ein von attischen Jungfrauen gewebter Peplos in den Tempel der Göttin auf die Akropolis gebracht wurde. Dieser Peplos war ein reichgeschmücktes Obergewand, dessen kunstvolle Stickereien sich auf die Taten der Athene bezogen. Der Athene war der Ölzweig geweiht; ferner war ihr die Nachteule geheiligt, das Symbol der Wachsamkeit, mit Beziehung auf den in der Dämmerung scharfen Blick dieses Vogels; schließlich das Gorgonenhaupt, welches ihr von Perseus geweiht wurde. Jenes zierte bald ihren Panzer, bald ihren furchtbaren Schild, die → Aegis.

Aus dem Altertum sind noch mehrere Standbilder der Pallas Athene erhalten geblieben, das schönste aber ist verlorengegangen, jenes von Phidias auf der Akropolis von Athen. Dort steht auch der heute nur noch teilweise erhaltene, ihr geweihte Tempel Parthenon.

Übrigens erzählen einige Sagen die Abstammung der Athene anders. Sie behaupten, daß sie die Tochter des Poseidon und der Nymphe Tritonis gewesen und in Libyen am Flusse und See Triton geboren und erzogen worden sei. Man führt überhaupt den ganzen Ursprung ihres Kults auf Ägypten, und zwar auf die Göttin Neith, zurück; auch nimmt man bald zwei, bald noch mehrere Göttinnen an, durch deren Verschmelzung die griechische Athene ihre vollendete und allgemein verehrte Gestalt nach und nach erlangt habe.

Dramatische Bearbeitung: »Pallas und Venus«, H. Sachs, 1530.

Dichtungen: Homerischer Hymnos an Athene; »Das Bad der Pallas«, Kallimachos, 1. Hälfte des 3. Jh.s v. Chr.

Oper: »Pallas Athene weint«, E. Krenek, 1955.

Atlantiden (griech.) → Pleiaden.

Atlantis (griech.), eine Insel, die nach ägyptischen Quellen hinter den Säulen des Herakles (Gibraltar) im Ozean lag. Dort blühte ein goldenes Zeitalter, bis durch die Lasterhaftigkeit der Bewohner ein Erdbeben ausbrach und der Ozean das gesamte Reich spurlos in der Tiefe begrub.

Atlas (griech.), ein Sohn des Titanen Iapetos und der Okeanide Klymene, Bruder des Prometheus, Träger des Himmelsgewölbes. Als die Titanen sich gegen die Götter empört hatten, von diesen besiegt und in den Tartaros hinabgeschleudert worden waren, legte Zeus Atlas zur Strafe für seine Teilnahme an diesem Aufruhr die Last des Himmels auf die Schultern. Er stand im nordwestlichen Afrika, wo man das eine Ende der Erdscheibe vermutete. In seiner Nähe befanden sich die berühmten Gärten der Hesperiden, seiner Töchter. Als Herakles neben anderen Abenteuern den Auftrag erhielt, die goldenen Äpfel aus diesen Gärten zu holen, ersuchte er Atlas, die Äpfel zu beschaffen, und erbot sich, inzwischen den Himmel zu tragen. Der Titane erfüllte seinen Wunsch. Er genoß die Freiheit so sehr, daß er sich nicht sofort wieder unter das alte Joch beugen wollte, als er mit den Äpfeln zurückkehrte. So schlug er vor, die Äpfel dem Eurystheus, der sie verlangt hatte, selbst nach Griechenland zu überbringen. Herakles fürchtete, er würde für immer ausbleiben, daher erklärte er sich einverstanden; nur sollte Atlas den Himmel für einen Augenblick halten, damit er ein Kissen auf seine Schulter legen und eine bequemere Stellung einnehmen könne. Sobald die schwere Bürde wieder auf dem Nacken des Titanen lag, ergriff Herakles die goldenen Äpfel und eilte davon.

Atreiden (griech.), die Söhne des → Atreus, namens Agamemnon und Menelaos, die in Mykenai und Sparta herrschten und Troia zerstörten.

Atreus (griech.), Enkel des → Tantalos und Sohn des → Pelops und der Hippodameia. Er erwarb mit seinem Bruder Thyestes das Königreich Mykenai, da beide aus Elis flüchten mußten, wo sie den Stiefbruder Chrysippos ermordet hatten, den Lieblingssohn des Pelops. Der Fluch ihres Stammes wurde durch das »Mahl des Thyestes« fortgepflanzt. Anfangs lebten sie friedlich, Atreus herrschte im Norden, Thyestes im Süden von Mykenai. Der letztere knüpfte mit der Gemahlin des Atreus, mit Aerope, bereits Mutter zweier Söhne, des Agamemnon und Menelaos, und einer Tochter, Anaxibia, ein sträfliches Liebesbündnis an. Sobald Atreus davon erfuhr, lud er Thyestes zu einem Festmal ein und gab Befehl, die beiden Söhne des Thyestes zu schlachten und gebraten auf die Tafel zu bringen. Nachdem der arglose Vater von dem gräßlichen Gericht genossen hatte, deckte Atreus eine bisher verhüllte Schüssel auf, worin sich Haupt und Füße der Erschlagenen befanden. Voll Schreck und Entsetzen verfluchte Thyestes den Bruder. Selbst die Sonne verbarg sich vor solch Greueltat und umnachtete das Reich mit Dunkel. Aigisthos, ein später gezeugter Sohn des Thyestes, rächte die unerhörte Freveltat; er erstach seinen Oheim Atreus, in dessen Gunst er sich einzuschleichen gewußt hatte, und häufte auch blutiges Verderben über dessen Sohn Agamemnon, welches wiederum an ihm selbst nicht ungerächt blieb. → Klytaimnestra und → Orestes.

Dramatische Bearbeitungen: »Thyestes«, L. A. Seneca; »Atrée et Thyeste«, P. Crébillon, 1707; »Atreus und Thyest«, J. J. Bodmer, 1768; »Thyestes«, H. Claus, 1967.

Atropos (griech.), die Unabwendbare, eine der drei → Moiren (Schicksalsgöttinnen), die den von ihren beiden Schwestern Klotho und Lachesis gesponnenen Lebensfaden unerbittlich abschnitt, sobald die vom Schicksal bestimmte Zeit verronnen war. Man stellte sie als ein altes Mütterchen mit einer Schere dar.

Atrytone (griech.), unerklärter Beiname der Athene, der jedoch von dem hohen Alter der Göttin zeugt.

Attis (phryg.), Geliebter der Großen Mutter, → Kybele.

Auge (griech.), Tochter eines Königspaares zu Tegea in Arkadien. Sie war durch Herakles schwanger geworden, obwohl sie als Priesterin im Dienste der Athene stand. Ihr Vater zürnte deshalb und übergab sie Nauplios, einem seiner Freunde, mit dem Auftrag, sie in das Meer zu werfen. Dieser ließ sich jedoch durch ihre Schönheit rühren und geleitete sie zum König Teuthras nach Mysien. Unterwegs gebar sie ein Knäblein, welches auf dem Berge Parthenios ausgesetzt wurde. Eine Hündin säugte den jungen Sohn des Herakles, bis Hirten ihn fanden und zu ihrem Herrn, dem König Korythos, brachten, der den Knaben zu einem wackeren Helden erzog. Als Telephos, so hatten ihn die Hirten benannt, erwachsen war, brach er auf, um seine Mutter zu suchen. Das Delphische Orakel zeigte ihm an, daß sie in Mysien zu finden sei. Teuthras, der König dieses Landes, welcher die verlassene Auge an Kindes Statt angenommen hatte, war bei der Ankunft des Jünglings eben in einen schweren Krieg verwickelt. Telephos half ihm, die Feinde zu schlagen, wofür ihn der gerettete Fürst zum Erben seines Reiches einsetzte und mit der Hand seiner Pflegetochter zu belohnen gedachte. So geriet Telephos in Gefahr, ohne sein Wissen die eigene Mutter zu heiraten; Auge widersetzte sich dieser Verbindung jedoch so standhaft, daß sie sogar nach einem Schwert griff, um den liebestrunkenen Verlobten, der sich in der

Attis mit einer Nymphe; Wandgemälde aus Pompeji.

Brautnacht nicht abweisen lassen wollte, gewaltsam zurückzuweisen oder zu töten. Während sie miteinander kämpften, fuhr plötzlich ein furchtbarer Drache zwischen sie, den die Götter in das Hochzeitsgemach geschickt hatten; Auge erschrak über das Ungetüm dermaßen, daß sie das Schwert fallen ließ, das nun der zornige Bräutigam ergriff und gegen die Braut richtete. In der Meinung, daß er sie ermorden wollte, rief Auge ihren geliebten Herakles um Hilfe; an diesem angstvollen Ausruf erkannte der Sohn die gesuchte Mutter. Freudig eilte Telephos mit dieser Entdeckung zum König; worauf ihn Teuthras mit seiner wirklichen Tochter Argiope vermählte.

Augeias (Augias) (griech.), König von Elis, Sohn des → Lapithen Phorbas und der Hyrmine; nach anderen Sagen ein Sohn des Helios oder auch des Poseidon und einer Nymphe. Bekannt wurde dieser König durch ein Abenteuer des Herakles. Denn nachdem Augeias am Argonautenzug teilgenommen hatte, ließ er sich in Elis nieder und gelangte durch Unterdrückung seiner Untertanen und durch Beraubung seiner Nachbarn zu Reichtum. Vor allem besaß er einen ungeheuren Stall mit dreitausend Rindern. Es schien nicht leicht, den Dünger aus diesem seit geraumer Zeit nicht gemisteten Gebäude hinauszuschaffen. → Eurystheus trug daher dem Herakles unter anderen schwierigen Aufgaben die Reinigung dieses Stalles binnen eines Tages auf. Anderen Sterblichen wäre es unmöglich gewesen, diesen Auftrag in so kurzer Zeit zu erledigen. Der königliche Besitzer des Stalles selbst hegte die Zuversicht, daß die Sache unausführbar sei; deshalb gestand er Herakles die Forderung nach dem zehnten Teil der Rinder für die vollbrachte Arbeit zu. Der Held bewältigte die Aufgabe, indem er die beiden benachbarten Flüsse Alpheios und Peneus durch die Stallräume leitete und so den Unrat hinausschwemmte. Der überraschte Augeias verweigerte aus Geiz die Auslieferung der versprochenen Rinder, obwohl sein eigener Sohn Phyleus, zum Schiedsrichter aufgerufen, für Herakles stimmte. Zornig jagte der König beide aus seinem Reich. Herakles kehrte später zurück, führte gegen den Wortbrüchigen Krieg, tötete ihn und setzte dessen redlichen Sohn als Herrscher ein.

Aurora (röm.), die Göttin der Morgenröte, → Eos.

Auster (röm.), römischer Name für → Notos.

Autochthonen (griech.), Erdgeborene, hießen diejenigen Fürsten und Stämme, die eine so alte Abkunft hatten, daß man nicht nachweisen konnte, wann und woher sie eingewandert waren (→ Aborigines).

Autolykos (griech.), Sohn des Hermes und der Chione, bekannt durch seine Schlauheit und seine Betrügereien. Er raubte die Herden des Sisyphos, die dieser jedoch, nicht minder listig, wieder zu erlangen wußte, ferner die Rinder des Iphitos und den berühmten Helm des Amyntor. Sein Wohnsitz war am Parnaß, man schrieb ihm sogar die Gabe zu, sowohl sich selbst als auch die gestohlenen Gegenstände verwandeln zu können. Der heranwachsende Herakles lernte von ihm die Kunstgriffe des Ringens.

Autonoe (griech.), Tochter des → Kadmos und der → Harmonia, Mutter des Aktaion.

Avernus (röm.), ein düsterer, mit alten Waldungen umschatteter und von steilen Ufern eingeschlossener See in der Nähe von Neapel, der als Ausbruch des unterirdischen → Acheron galt. Der See war den Göttern der Unterwelt heilig, und man holte sich dort Orakel. Zwar bewunderte man ihn wegen seiner Klarheit und Tiefe, hielt aber sein Wasser für so schwefelig, daß man glaubte, es könne kein Fisch darin leben, auch nahm man an, er dünste einen solchen, aus dem Totenreich heraufdampfenden Pesthauch aus, daß jeder Vogel, der über ihn fliege, getötet niederfalle. Die Römer setzten geradezu Avernus mit Unterwelt gleich und avernisch mit unterirdisch. Der See heißt heute Lago d'Averno.

B

Baal (kleinasiat.), wörtlich der Herr, der höchste Herr der Welt, des Himmels König und Gebieter, der Sonnengott der Phönizier, Karthager, Babylonier und Syrier. Man ehrte ihn durch Menschenopfer, am längsten zu Karthago, wo die Römer seinen Dienst erst mit der Zerstörung der Stadt beenden konnten. Ein Hauptsitz der Anbetung war Tyros, dessen Einfluß zeitweilig auch auf die benachbarten Israeliten übergriff. Ohne Zweifel gleichbedeutend mit dem in Phönizien ebenfalls angebeteten Moloch wurde der Baal als ein stierköpfiger Riese dargestellt, den man aus Erz fertigte, der im Innern aber hohl war und eine Öffnung in der Brust hatte. Wenn das Opfer stattfinden sollte, wurde das Standbild glühend gemacht, hierauf legte ein Priester in die vor die Brust gestreckten beiden Arme des Abgottes das dem Feuertod geweihte Kind. Umfangen von dem heißen Erz zuckte das hilflose Kleine hin und her, bis es infolge der eigenen Bewegung durch die Brust-

Bacchus; Wandgemälde aus Pompeji.

Bacchuszug.

öffnung in den glühenden Bauch des Götzen hinabrollte. Gesänge der in Purpurgewänder gehüllten Priester begleiteten die Zeremonie. Die Mutter des Kindes mußte nicht nur zugegen sein, sondern auch in das freudige Festlied einstimmen.

Dem männlichen Baal wurde eine weibliche Gottheit, Baaltis, die Herrin, die Himmelskönigin und Mondgöttin, zur Seite gesetzt. Sie hatte den Hauptsitz ihrer Verehrung in Byblos. Die Griechen kannten den babylonischen Baal unter der Benennung Belos und gaben ihm den Namen Zeus Belos, um den höchsten Gott jenes fremden Volkes zu bezeichnen.

Baaltis (kleinasiat.) → Baal.

Bacchanalien (röm.), dem Dionysos zu Ehren gefeierte Feste, auch Dionysien genannt (→ Dionysos).

Bacchus (röm.), der Gott des Weines, → Dionysos. Die Römer gaben ihm auch den altitalischen Namen Liber.

Bakchantinnen (griech.), das weibliche, Bakchen, das männliche Gefolge des Bacchus (Bakchos) oder Dionysos.

Baldur (Bald[e]r) (nord.), zweiter Sohn Odins und der Frigga, Gott der Güte, war wegen seiner außerordentlichen Schönheit stets von Licht und Sonne umstrahlt. Er wurde von dem schadenfrohen und tückischen Loki hinterlistig ermordet und von den trauernden Asen zusammen mit seiner lieblichen Gattin Nanna bestattet, die diesen Verlust nicht überlebte. Bald darauf versuchten die Asen, den Toten aus dem Reich der Hela, der Königin der Unterwelt, zurückzuholen; sein Bruder Hermode, ausgerüstet mit dem väterlichen Wunderpferd Sleipnir, ritt hinab und erlang-

Bacchus; Peter Paul Rubens (1577 bis 1640), Leningrad, Ermitage.

te von Hela das Versprechen, Baldur freizugeben, wenn wirklich die ganze Welt um ihn weine. Alsbald schickten die Götter Boten aus, um Erkundigungen einzuziehen; die Nachrichten lauteten günstig, Himmel und Erde mit allen Geschöpfen klagten um den Verlorenen, und selbst die Steine verrieten durch ihre feuchte Oberfläche, daß sie weinten. Schon glaubten die Asen, daß die Bedingung erfüllt sei, als der letzte Bote zurückkam und meldete, er hätte in einer abgelegenen Grotte ein Jotenweib (Riesin) angetroffen, das jedes Trauerzeichen versagt habe. Man schöpfte zwar Verdacht, daß der Mörder Loki sich die Gestalt dieses Weibes gegeben habe, um die Auferstehung des Gottes zu verhindern, aber Baldur muß weiter im Reich der Hela verweilen, bis die Götterdämmerung anbricht und sich auch die Pforten der Unterwelt öffnen werden; alsdann steigt er mit Nanna freudig empor, baut mit den andern Asen das neue Asgard und herrscht ewig in ihrer Gemeinschaft fort.

Balios (griech.) → Xanthos.

Barden (Skalden) (nord.), heilige Dichtersänger, sie spielten auf der Telyn (eine Art Leier).

Basilisk (griech.), ein Ungeheuer, das die Macht hatte, durch den bloßen Blick zu töten. Außerdem war es stark, giftig und unverwundbar. Es konnte nur durch einen Spiegel getötet werden. Das Tier entsetzte sich dergestalt über seine eigene Häßlichkeit, daß es auf der Stelle zerplatzte.

Baukis (griech.) und Philemon, ein phrygisches Ehepaar, dessen schlichter und rechtschaffener Wandel sprichwörtlich Ruhm erlangte. Einst kamen Zeus und Hermes nach Phrygien und suchten Obdach. Überall fanden sie die Pforten der Paläste und die Tore der Reichen verschlossen. Endlich pochten sie an die armselige Hütte, in der Philemon mit seiner Gattin Baukis wohnte. Die beiden redlichen Alten nahmen die Fremdlinge bereitwillig auf und trugen eifrig Speise und Trank herbei, ohne zu ahnen, daß sie Götter bewirteten. Als sie jedoch während der Mahlzeit bemerkten, daß sich der Becher immer wieder von selbst mit Wein füllte, erkannten sie die Gäste und schämten sich für ihren ärmlichen Empfang. Die Götter führten jedoch das Ehepaar hinaus auf einen Hügel, von wo die beiden Alten mit Schrecken sahen, daß eine gewaltige Sintflut die ganze Gegend überschwemmte und alles Leben verschlang. Ihre Hütte blieb stehen und verwandelte sich in einen goldgedeckten Tempel. Zeus zeigte ihnen, wie er dort die Frevler bestrafe, hier die Guten belohne; hierauf setzte er das fromme Paar zu Priestern des neuen Tempels ein und gewährte ihm die Bitte, einst gemeinsam aus dem Leben zu scheiden. Als Baukis und Philemon, gebeugt von der Last der Jahre, vor der Pforte ihres Tempels standen, fühlten sie sich auf einmal erstarrt; die Gattin war eine Linde, der Gatte eine Eiche geworden.

Bellerophon (Bellerophontes) (griech.), Deutung umstritten, war der Sohn des Königs Glaukos von Korinth und ein Enkel des Sisyphos. Durch unvorsätzlichen Brudermord befleckt, flüchtete er zum König Proitos von Argos, einem Verwandten, welcher ihn, nach alter Sitte, durch Sühneopfer von der Blutschuld reinigte und als Freund an seinem Hofe behielt. Unglücklicherweise aber wurde die Gemahlin des Königs, Anteia (Stheneboia), eine Tochter des lykischen Königs Iobates, von heftiger Liebe zu ihrem Vetter ergriffen. Bellerophon wies aus Scheu vor so schwerer Übertretung des Gastrechtes ihre Leidenschaft zurück. Verletzt, verleumdete sie nun den Gast bei ihrem Mann, der seiner Frau Glauben schenkte. Proitos erhob jedoch nicht selbst das Schwert gegen Bellerophon, sondern sandte ihn nach Lykien, um dem König Iobates ein Schreiben zu überbringen, worin der Empfänger aufgefordert wurde, den Jüngling sofort nach seiner Ankunft hinrichten zu lassen. In Lykien angelangt, übergab Bellerophon das Schreiben, dessen Siegel Iobates erst löste, als er den Überbringer nach gastfreundschaftlichem Heldenbrauch neun Tage lang festlich bewirtet hatte. Während dieser Zeit gewann der Fremdling die Gunst des lykischen Herrschers in so hohem Grade, daß sich dieser nicht entschließen konnte, einem solchen Mann das Leben zu rauben. So trug er dem Bellerophon auf, die → Chimaira zu töten, ein schreckliches Ungeheuer, welches Lykien verheerte. Er war überzeugt, daß auch der kühnste Held bei diesem Versuch umkommen müsse. Die Götter standen ihm jedoch bei. Athene schickte ihm Pegasos, das geflügelte Pferd der Musen, vom Himmel herab und lehrte ihn, dasselbe zu bändigen, indem sie ihm durch einen Traum den Nutzen des Zaumes offenbarte. Auf diesem wunderbaren Roß flog er durch die Lüfte und erlegte das gräßliche Ungetüm aus der Höhe mit einem Lanzenstoß. Iobates staunte über die Besiegung der Chimaira, er begnügte sich jedoch nicht mit dieser Heldentat, sondern befahl ihm noch, die kriegerischen Solymer und schließlich auch die furchtbaren Amazonen zum Kampfe herauszufordern.

Als Bellerophon auch von diesen Unternehmungen durch die Hilfe des Flügelrosses siegreich zurückkehrte, erkannte Iobates in ihm einen Liebling der Götter, dem er Genugtuung für seine Mühe schuldig sei. Er vermählte den Jüngling mit einer seiner Töchter und ernannte ihn zu seinem Nachfolger. Durch sein außergewöhnliches Glück übermütig geworden, kam Bellerophon auf den frevelhaften Gedanken, mit dem Pegasos in den Olymp zu fliegen. Doch die Götter stürzten ihn hinab. Teilweise gelähmt und trübsinnig irrte Bellerophon seitdem durch das Land.

Bellona (röm.) (lat. bellum = Krieg), Kriegsgöttin, gelegentlich auch als Gattin des Mars bezeichnet, unterschied sich von der Athene (Minerva) dadurch, daß sie einzig und allein dem Krieg vorstand. Sie hatte zu Rom einen berühmten Tempel, in dem sich der Senat häufig versammelte.

Belos, 1. (kleinasiat.), Herr, König, Gott; bei den Babyloniern der Sonnengott.

2. (griech.), Sohn des Poseidon und der Libye, Vater des Danaos und Aigyptos. Io, die Geliebte des Zeus, soll seine Stammutter gewesen sein.

Bendis (thrak.), alte Gottheit, die von den Griechen zur Zeit Perikles in Athen eingeführt wurde und der Artemis gleichgesetzt war. Als Staatsgöttin widmete man ihr ein bis in die Nacht hinein dauerndes Fest (Bendideia).

Berenike (griech.), eine ägyptische Königstochter, sie besiegte die Feinde ihres Vaters in einer blutigen Schlacht, die dieser selbst bereits verloren hatte. Durch diese Tat gewann sie die Liebe ihres Bruders Euergetes, der sich nach ägyptischer Sitte mit ihr vermählte. Gleich nach der Hochzeitsfeier mußte er aufs neue in den Krieg ziehen. Die junge Gattin gelobte den Göttern ihr schönes Haar, wenn sie den geliebten Gemahl bald und siegreich zurückführten. Dies geschah, und Berenike schnitt ihren prächtigen Lockenschmuck ab und hing ihn im Tempel der Aphrodite Zephyritis auf. Am anderen Tage war das Haar unauffindbar verschwunden. Der berühmte, aus Samos stammende Mathematiker und Astronom Konon erklärte, das schöne Haar der Königin sei von den Göttern unter die Sterne (Sternbild in der Nähe des Löwen) versetzt worden; er habe dasselbe bei seinen Beobachtungen am nördlichen Himmel wahrgenommen.

Berserker (nord.), wörtlich die Bärenhemdigen, die im Schlachtengetümmel die fehlende Leibesrüstung durch Wildheit und Stärke ersetzten. Der erste dieses streitsüchtigen Geschlechtes hieß Arngrim, ein Sprößling des achthändigen Riesen Starkadder und der Alfhilde. Arngrim selbst zeugte zwölf Söhne, die alle seine Stärke und Wut geerbt hatten und in ihrer Raserei so weit gingen, daß sie weder sich selbst noch ihre eigenen Genossen schonten. Aus Vorsicht zogen sie sich in Wälder und Gebirge zurück, um sich dort auf unschädliche Weise auszutoben. Dem Toben folgte ein Zustand allgemeiner Erschöpfung, in dem sie nicht stärker waren als gewöhnliche Menschen. Dieser Umstand führte den Untergang sämtlicher Berserker herbei. Einmal, als sie gegen den schwedischen König Zegbug ausrückten und dessen Heer schon fast niedergemetzelt hatten, erlahmte ihre Kampfraserei und wurden nun durch das übriggebliebene Häuflein der Schweden leicht überwältigt.

Bias (griech.), Sohn des Amythaon aus dem Geschlecht der Aioliden; Bruder des → Melampos.

Bifröstbrücke (nord.), der bebende Weg, eine Brücke, die das Himmelreich mit der Erde verbindet, ein dreifarbiger Regenbogen aus grünem Wasser, blauer Luft und rotem Feuer. Das Bauwerk ist stark genug, um die guten Götter samt Wagen und Pferden zu tragen, jedoch zu schwach für die in Muspelheim hausenden Feinde, die gewaltigen Hrymthussen. Der immerwache Gott Heimdal gibt acht, daß kein Ungebetener über die Brücke ins Himmelsreich eindringt. → Asgard.

Boiotos (griech.), der Bruder des jüngeren Aiolos und Sohn der Melanippe (→ Desmontes).

Boreas (griech.), der Nord(ost)wind, ein Sohn des Astraios und der Aurora, durch seinen Vater mit den Titanen verwandt. Er war einer der vier Hauptwinde, welcher den Griechen Regen, kühle Luft und rauhe, oft stürmische Witterung brachte. Die Athener bauten diesem Windgott einen Altar und weihten ihm Feste; seine Heimat aber verlegten die Griechen nach Thrakien, weil er aus diesem nordischen Lande herwehte. Seine Wohnung soll er in einer Höhle des Rhipäischen Gebirges aufgeschlagen haben. Die Sage erzählt, daß er die von ihm geliebte → Oreithyia, des attischen Königs → Erichthonios Tochter, gewaltsam in diese Grotte entführte. Die schöne Gemahlin schenkte ihm zwei Heldensöhne, Zetes und Kalais, nach dem Vater Boreaden genannt. Sie hatten Flügel wie dieser und nahmen am Argonautenzug teil. Dieser Ehe entstammten auch die zwei »sturmfüßigen« Töchter Chione und Kleopatra. Letztere hat sich mit Phineus, dem König von Salmydessos in Thrakien, vermählt und gebar ihm zwei Söhne, denen ein jammervolles Schicksal beschieden war. → Phineus.

Boreas hatte noch andere Liebesabenteuer, denen windschnelle Rosse entsprangen.

Die Entführung der Oreithyia war ein Stoff, den griechische Künstler häufig zu Darstellungen benutzten.

Braga (Bragi) (nord.), ein Sohn Odins und der Frigga, einer der vornehmsten Asen, Gott der Dichtkunst, Weisheit und Beredsamkeit, also der Apollon der nordischen Völker. Sein Vater Odin, der Besitzer aller Gaben, beschenkte ihn mit dieser Eigenschaft, so wie Thor von ihm die Stärke, Baldur die Schönheit und Freia die Liebe erhielt. Auf Bragas Zunge sind die Runen oder Buchstaben eingegraben. Er ist der vollkommenste Dichter, und seine Lippen sprechen nie geistlose Gedanken aus. Er regt auch die Menschen zu erhabenen Liedern und Reden an. Diejenigen, die er zu wirklichen Poeten machen will, läßt er vom Dichtermet trinken, den ihm → Odin geschenkt hatte und den der Götterkönig einst der schönen Wächterin Gunlöda mit List entlocken mußte. Bei dem Trinkhorn dieses Gottes, dem Bragafull, legte man die feierlichsten Gelübde ab; auch die nordischen Könige leerten diesen heiligen Becher, ehe sie den

Thron ihrer Väter bestiegen und sich mit vertrauenerweckenden Reden und Verheißungen an das Volk wandten. Braga ist der Gemahl der lieblichen Iduna, der Göttin der ewigen Jugend, die die den Asen unentbehrlichen Äpfel der Unsterblichkeit verwahrt.

Briareos (griech.) → Agaion.

Britomartis (griech.) → Diktynna.

Bromios (griech.) → Dionysos.

Brontes (griech.) → Kyklopen.

Brunhild (nord.), eine mit übermenschlicher Kraft und Kühnheit begabte Heldenjungfrau, Königin von Island. Sie vermählte sich mit dem burgundischen König Gunther, der zu Worms herrschte. Siegfried mußte sie zuerst für Gunther bezwingen, denn der zukünftige Gatte wäre ihr unterlegen gewesen. Aber auch Siegfried, der unverwundbare Held, vermochte sie nur mit Hilfe der Tarnkappe, die unsichtbar machte und siebenfache Kräfte verlieh, im Kampf zu besiegen. Zweitens mußte er die im Brautbett widerstehende Jungfrau bewältigen, nachdem König Gunther in der ersten Hochzeitsnacht eine schimpfliche Niederlage davongetragen hatte, an ihrem Gürtelbande aufgeknüpft und verspottet worden war. Siegfried entrang ihr in der folgenden Nacht wiederum mittels der Tarnkappe unerkannt den gefährlichen Gürtel, während Brunhild glaubte, Gunther selbst hätte sie überwunden. Brunhild ergab sich nunmehr arglos dem burgundischen König als »bescheidene Magd«. Die List, deren sich das Männerpaar gegen sie bedient hatte, wurde später durch den Gürtel, den Siegfried erobert und seiner Gattin Kriemhild geschenkt hatte, aufgedeckt. Die beleidigte Brunhild ließ ihren Bezwinger durch Hagen töten. Kriemhild nahm an den ruchlosen Mördern ihres Gemahles Rache (→ Siegfried).

Brynhildur (nord.), eine der Heldinnen und Schildjungfrauen, die man zu den Walküren zählt. Die alte Mythe über sie und den starken Sigurd scheint die Grundlage zum Nibelungenlied geliefert zu haben. Auf ähnliche Weise betrogen wie → Brunhild, führte sie die Ermordung Sigurds herbei; Gudrun, seine Gemahlin, erscheint in dieser Sage an Kriemhilds Stelle, während ein verhängnisvoller Ring statt des verräterischen Gürtels das Verderben auslöste.

Bubastis (ägypt.), eine hochgefeierte Göttin, die Tochter des Osiris und der Isis, von den Griechen mit Artemis verglichen. Sie hatte in der Stadt Bubastos einen prachtvollen Tempel. Man verehrte sie unter dem Bild der nachtwandelnden Katze, die das hieroglyphische Schriftzeichen des Mondes war, und verlieh ihrer Gestalt selber einen Katzenkopf. Unter großer Trauer pflegte man daher gestorbene Katzen im Tempel der Bubastis beizusetzen, nachdem sie einbalsamiert worden waren. Der Bubastis gaben die Ägypter eine Pflegemutter namens Buto, die gleichfalls große Verehrung genoß, besonders in der Stadt Butos, wo ihr schönster Tempel und ein Orakel stand. Von den Griechen wurde sie der Leto gleichgestellt. Der Buto war die Spitzmaus geheiligt.

Busiris (ägypt. und griech.), Sohn des

Poseidon, König von Ägypten, war seiner Grausamkeit wegen berüchtigt. Er ließ nämlich alle Fremdlinge, die sein Reich betraten, schlachten. Eine Hungersnot soll die Veranlassung dazu gewesen sein. Dieses Los sollte auch Herakles treffen, als er auf seinen Streifzügen nach Ägypten kam. Er ließ sich ohne Widerstand ergreifen, binden und, als Opfertier geschmückt, in der Hauptstadt umherführen. Als er jedoch vor den Altar geschleppt wurde, um unter dem Schlachtbeil zu fallen, zerriß er seine Bande und erwürgte nicht nur die umstehenden Priester und Henker, sondern bemächtigte sich auch des anwesenden Königs Busiris und brachte ihn sowie seinen Sohn Iphidamas dem Zeus zum Opfer. Herakles gebot sodann, daß dies das letzte der grausamen Menschenopfer sein solle, die in Ägypten vorgenommen wurden.

Butes (griech.), ein Sohn des Teleon und der Zeuxippe, war unter mehreren dieses Namens der berühmteste, weil er am Argonautenzug teilnahm. Als die Helden bei ihrer Rückkehr von Kolchis an der Küste Unteritaliens, wo die Sirenen hausten, vorübersegelten, ließ er sich trotz der süßen Lautenklänge, die Orpheus zur Rettung der Gefährten anschlug, durch deren Zaubergesang verlocken und sprang in das Meer, um zu ihnen hinzuschwimmen. Aphrodite indessen, die ihn liebte, verhinderte sein todbringendes Vorhaben. Sie versetzte ihn aus den Fluten nach Lilybaion, wo sie einen Sohn mit ihm zeugte, der Eryx genannt wurde und das Zepter über die Insel Sizilien erhielt. Der neue Fürst fand seinen Tod in einem Faustkampfe, den er mit Herakles einging.

Buto (ägypt.), Mutter der → Bubastis.

Byzas (griech.), ein König von Thrakien, der Sohn des Poseidon und einer Tochter der Io, herrschte um die Zeit des Argonautenzuges an der Küste des Schwarzen Meeres und erbaute die nach ihm benannte Stadt Byzanz.

C

Cabiren (röm.) → Kabeiren.

Cacus (röm.), ein Sohn des Vulcanus, lebte zur Zeit des → Herakles und war als einer der furchtbarsten Räuber Italiens berüchtigt. Er hauste auf dem Aventinischen Hügel, der damals noch bewaldet war, später aber einen Teil der Stadt Rom trug. Seine schreckliche Gestalt vereinigte Riesengröße mit Riesenkraft, er spie Feuer und lauerte den Nachbarn und den vorüberreisenden Fremden auf, um sie zu ermorden. Über dem Eingang seiner Wohnhöhle prangten die Köpfe und Gebeine der von ihm Erschlagenen; als Tor diente ihm ein gewaltiger Stein, welchen zwanzig Stiere nicht von der Stelle ziehen konnten. Herakles gelang es, den vom Raube lebenden Riesen zu überwältigen. Als er nämlich die Rinderherden des Geryoneus durch Italien trieb und an der Höhle vorüberkam, stahl ihm Cacus etliche Ochsen von der Weide, indem er sie an den Schwänzen in die Grotte zog, damit der Held ihre Spur nicht entdecken konnte. Als Herakles Verdacht schöpfte und ihn zur Rede stellte, leugnete er. Cacus hatte aber eine Schwester namens Caca, die in Liebe zu dem Fremdling entbrannte und deshalb ihren Bruder verriet. Einer anderen Sage nach entlarvte der kluge Göttersohn den Räuber dadurch, daß er die übrigen Ochsen seiner Herde vor die Höhle führte, wodurch die versteckten Rinder ihren Aufenthaltsort mit Gebrüll anzeigten. Zwischen den beiden begann ein fürchterlicher Kampf, in dem Herakles anfangs zu unterliegen schien, da er in die Höhle zurückgedrängt und eingesperrt wurde. Er wußte sich jedoch zu helfen, indem er mit seinen Schultern einen Teil des Felsengewölbes wegrückte und sich so aus dem Kerker befreite. Sodann erneuerte er unter verdoppelter Anstrengung das Gefecht, das mit ausgerissenen Baumstämmen und umherliegenden Steinblöcken ausgetragen wurde. Er ruhte nicht eher, bis er Cacus erschlagen hatte. Zum Dank für die Befreiung von diesem schrecklichen Ungeheuer stifteten die Bewohner der Umgebung Herakles einen göttlichen Opferdienst. Auch der Caca weihte man in Rom einen Tempel.

Etwa zu Beginn des 3. vorchristlichen Jahrhunderts bildete sich diese Legende, in der Herakles zum Gegner des altrömischen Gottes wurde. Dieser Kampf symbolisiert den Gegensatz zwischen Gut und Böse.

Cadmus (röm.) → Kadmos.

Calliope (griech.) → Kalliope, → Musen.

Canobos (ägypt.), einer der fruchtbarsten und segensreichsten Naturgötter. Er hatte die Gestalt eines Nilkruges. Das ist ein weitbauchiges Gefäß mit engem Hals, mit einem Menschenkopf darauf; am Boden waren kurze Füße angebracht. In dergleichen Krügen bewahrten und verschickten die Ägypter das heilige und wegen seiner nährenden Kraft berühmte Nilwasser. Einst siegte dieser Wasserkruggott über den Feuergott, den die Chaldäer anbeteten. Dabei ging man mit List vor. Als ein chaldäischer Priester behauptete, daß sein Gott der mächtigste sei, durchstach ein ägyptischer Priester heimlich einen mit Wasser angefüllten Canobos und verstopfte die siebartigen Öffnungen mit Wachs. Sodann wurde ein Feuer angezündet und der Krug über dasselbe gestellt. Das Wachs schmolz durch die Hitze, das Wasser strömte aus dem Gefäß heraus, und der Feuergott der Chaldäer wurde ausgelöscht.

Cassiopeia (Kassiepeia, Kassiopeia) → Andromeda.

Castor (röm.), (Kastor) (griech.) → Dioskuren.

Cecrops (röm.) → Kekrops.

Centauren (röm.) → Kentauren.

Cephalus (röm.) → Kephalos.

Cepheus (röm.) → Kepheus.

Cerberus (röm.) → Kerberos.

Ceres (röm.), Erdmutter, römische Göttin des Ackerbaus, Tochter des Saturnus und der Ops, Schwester des Jupiter und des Pluto, Mutter der Proserpina. Ceres entspricht der griechischen → Demeter. Ihr Kult wurde zu Beginn des 5. Jh.s v. Chr. in Rom übernommen. Der Tempel der Gottheiten Ceres, Liber und Libera stand auf dem Aventin. Das ihr von den Römern gewidmete Fest, die »Cerealia«, feierte man am 19. April durch Opfer, ritterliche Spiele, Chorgesänge und frohe Gelage. Auch die römische Dea Dia ist mit Ceres identisch.

Ceyx → Keyx.

Chalkiope (griech.), Gattin des → Phrixos.

Chaos (griech.), die verworrene, gestaltlose Urmasse, aus der allmählich die Welt, die Götter, Himmel, Luft, Erde, Meer und alle Bewohner gebildet wurden.

Ovid nennt dieses Urelement einen rohen und ungeordneten Klumpen, in welchem alles Feindselige durcheinander lag und sich gegenseitig bekämpfte, bis das Ganze durch Scheidung der mannigfaltigen Elemente entwirrt wurde.

Später führte man die Entstehung des Kosmos auf den alles schöpfenden und gestaltenden Gott Eros zurück.

Chariklo (griech.), Mutter des → Teiresias.

Chariten (griech.) oder (röm.) Grazien, die Göttinnen der Anmut, von welchen nach Pindar jede liebliche Gabe stammt. Sie waren die Töchter des Zeus und der Okeanide Eurynome und führten die Namen Euphrosyne (Frohsinn), Aglaia (Glanz) und Thalia (blühendes Glück). Anderen Berichten nach stammen sie von Helios und der Aigle oder von Dionysos und der Aphrodite ab. Homer beschreibt nur eine Grazie, die in der Ilias als Gattin des Hephaistos angeführt wird, während dieser Gott in der Odyssee als Gemahl der Aphrodite auftritt. Ihr Name besagte, daß sie erfreuende oder wonnespendende Gottheiten waren. Der von ihnen ausgehende Zauber drückte einer Sache den Stempel der Vollendung auf. Sie erschienen stets im Gefolge anderer Götter, hauptsächlich der Aphrodite, des Dionysos, des Apollon und der Musen.

Pindar legte ihnen alle Eigenschaften bei, die man sonst nur den neun Musen nachzurühmen pflegt. Auch waren sie Schirmherrinnen einer der vornehmsten Tugenden, der Dankbarkeit. Die eine von ihnen, heißt es, teilt die Wohltaten aus, die zweite empfängt sie, und die dritte vergilt sie oder erstattet sie wieder. In Griechenland besaßen die Chariten zahlreiche Tempel, teils für sich allein, teils mit jenen anderen Gottheiten zusammen, in deren Wirkungskreis sie gezogen wurden.

Charon (griech. und röm.), von einem ägyptischen Wort abgeleitet, der Fährmann der Unterwelt, ein greiser Diener des Hades, nach Vergil von häßlicher und abschreckender Gestalt. Er hielt am diesseitigen Ufer der das Schattenreich umströmenden Gewässer einen Kahn bereit, um die Seelen der Abgeschiedenen, die ihm von Hermes zugeführt wurden, aufzunehmen und über den Styx, Kokytos und Acheron an das jenseitige Ufer zu rudern. Dort konnten sie durch die von Kerberos bewachten Pforten in den eigentlichen Totenbezirk eintreten. Als Lohn für dieses Bemühen mußte ihm eine kleine Münze (Obolus oder Dareike) entrichtet werden, die man deshalb jedem Verstorbenen unter die Zunge zu legen pflegte. Übrigens durfte Charon nur diejenigen Schatten überführen, deren Leiber bereits auf der Oberwelt beerdigt waren; Unbegrabene mußten ein Jahrhundert lang um die Ufer des Styx schweben oder so lange warten, bis man ihre Körper bestattet hatte. Lebende durfte der Fährmann nur auf besondere Erlaubnis der Götter übersetzen, sie hielten zur Beglaubigung einen goldenen Zweig in der Hand. Daß Charon Herakles bei einer von dessen Unterweltsreisen ohne ein solches Zeichen übergeführt hat, büßte der Nachenführer mit einjähriger Kerkerhaft.

Charybdis (griech.) → Skylla.

Ch[e]iron (griech.), nach Pindar ein Sohn des Kronos und der Okeanide Philyra. Er war der berühmteste → Kentaur, nicht roh wie diese, sondern durch Weisheit ausgezeichnet und nach Homer der gerechteste aller seiner Stammesgenossen. Er bewohnte eine Höhle auf dem Berge Pelion in Thessalien und war mit Chariklo, einer Tochter des Apollon, vermählt. Sie gebar ihm einen Sohn, Karystos, und mehrere Töchter. Nach der ältesten Sage besaß er ebensowenig wie die übrigen Kentauren die Gestalt eines Halbrosses, die man ihm später nachsagte. Von Apollon und Artemis selbst unterrichtet, war Cheiron in der Gymnastik, der Jagd, der Musik, der Heilkunde und Weissagung in so hohem Grade erfahren, daß er viele Helden des Altertums unterrichtete. Pindar berichtet, daß ihm Apollon seinen eigenen Sohn Asklepios zur Unterweisung in der Heilwissenschaft anvertraute; ferner wurde er, der gleichen Quelle zufolge, der Pflegevater des Iason, endlich der Lehrmeister des jungen Achilleus, den er auch in Kräuterkunde und Lautenspiel unterrichtete. Weitere Schüler waren Telamon, Peleus, Theseus, Nestor, Meleagros, Odysseus, Machaon und die Dioskuren, selbst Aeneas und viele andere.

Dieser die Götter verehrende Weise, wie Pindar ihn bezeichnete, spielte im Altertum eine wichtige und vielseitige Rolle. Sein Tod beseitigte eine im Reiche der Götter entstandene Schwierigkeit. Zeus nämlich hatte geschworen, daß der an den Kaukasus geschmiedete Prometheus nicht eher von seinen unendlichen Qua-

Achilleus und *Cheiron;* Wandgemälde aus Pompeji, Neapel, NM.

len befreit werden solle, bis ein anderer Gott sich bereit erkläre, an seiner Stelle in die Unterwelt einzugehen. Ein solcher Stellvertreter fand sich endlich mit Cheiron. Er war von göttlicher Abstammung und unsterblich, hatte aber das Unglück, in dem zwischen Herakles und den Kentauren ausgebrochenen Streite durch einen vergifteten Pfeil des ersteren getroffen und unheilbar verwundet zu werden, als er auf dem Kampfplatze erschien, um Frieden zu stiften. Die Schmerzen, die er fortwährend litt, waren so heftig, daß er Zeus ersuchte, die Unsterblichkeit von ihm zu nehmen. So stieg denn Cheiron für Prometheus in das sonnenlose Schattenreich.
Roman: »The Centaur«, J. Updike, 1963.

Chelidon (Chelidonis) (griech.), die unglückliche Schwester der → Aedon, die in eine Schwalbe verwandelt wurde (auch → Prokne).

Chimaira (griech.), ein Ungeheuer, erzeugt von Typhon und der Echidna, aufgezogen von dem lykischen König Amisodaros. Es hatte, nach Homer, den Vorderleib eines Löwen, die Mitte einer Ziege und den Hinterleib eines Drachen und spie Feuer. Nach Hesiod hatte es die drei Köpfe der genannten Tiere. Die furchtbare Bestie hauste in einer Felsenschlucht des Gebirges Kragos und verheerte die Fluren von Lykien. → Bellerophon gelang es, mit Hilfe der Athene das Scheusal zu töten.

Chione (griech.), Tochter des Nord(ost)-windes → Boreas und der Oreithyia.

Chloris (griech.) oder (röm.) Flora, die Göttin der Blumen, nach alter Sage eine Nymphe, die die Geliebte des Zephyros war und von ihm das gesamte Blumenreich zum Brautgeschenk erhielt. Schon zur Zeit des Romulus wurde dieser lieblichen Göttin in der Stadt Rom ein Heiligtum errichtet; später führte man ihr zu Ehren besondere Feste ein, die Floralien, die gegen Ende April unter allgemeinem Frohsinn stattfanden. Durch solche heitere Ehrenfeier suchte man sich die Göttin, wie eine zweite mächtige Ceres, geneigt zu erhalten, damit sie Mißernten abwende und die Blüte der Natur segne.

Chrysaor (griech.). Als der Held Perseus auf seinem Zuge gegen die Gorgonen der schrecklichen Medusa das Haupt abgehauen hatte, sprang aus dem Rumpf der Getöteten nebst dem geflügelten Musenroß Pegasos der Riese Chrysaor hervor.

Chrysippos (griech.), Lieblingssohn des → Pelops, wurde von seinen Halbbrüdern Atreus und Thyestes ermordet.

Chrysomallos (griech.), der von Poseidon gezeugte Widder mit dem goldenen Fell, welches die → Argonauten aus Kolchis holten.

Chrysothemis (griech.), Schwester der Elektra.

Cneph oder Cnuphis (ägypt.), ein Weltschöpfer und guter Genius, den die Ägypter von Thebais als den einzigen wirklich unsterblichen Gott betrachteten. Seine Symbole waren das Ei, weil aus dem Mund dieses Gottes das Weltei hervorkam, aus dem alle Dinge entstanden, sowie die einen Ring bildende Schlange, zum Zeichen, daß er ewig sei.

Man findet ihn auf manchen ägyptischen Denkmälern als gekrümmte Schlange abgebildet, zwischen deren Kopf und Schwanz sich als Verbindung ein Ei befindet. Übrigens glaubte man, daß aus dem Ei des Cneph der Gott Phthas oder Ptah, ein Stadtgott von Memphis, geboren sei, andere hielten Cneph und Canobos für eine Person.

Coelus (röm.), römischer Name für Uranos.

Concordia (röm.), die Göttin der Eintracht, besaß zu Rom mehrere Tempel. Man stellte sie als eine Matrone mit einem Füllhorn in der Linken, mit einer Schale oder einem Ölzweig in der Rechten dar; zuweilen auch mit ineinander verschlungenen Händen.

Copia (röm.), die Göttin des Überflusses (→ Cornu).

Cornu Copia (röm.), das Horn des Überflusses, das berühmte Füllhorn (→ Amaltheia).

cumanische Sibylle (röm.), eine Wahrsagerin und Priesterin des Apollon in der Stadt Cumae (Kampanien). Von Aeneas um Rat gefragt, befahl sie ihm, durch den nahen See Avernus zur Unterwelt hinabzusteigen, und begleitete ihn selbst dahin. Sie soll Deïphobe oder Demo oder Demophile geheißen haben, bewohnte einen einsam gelegenen, prachtvollen Tempel, den der dankbare Daidalos einst Apollon erbaut hatte, als er mit seinen selbstangefertigten Wachsflügeln glücklich aus Griechenland dorthin gelangte.

Die cumanische Sibylle hinterließ dem König Tarquinius die bekannten Sibyllinischen Bücher der römischen Geschichte, eine Sammlung alter Weissagungen.

Cupido (röm.), der Gott des liebenden Verlangens, gleichbedeutend mit Amor, → Eros.

Cura (röm.), die Göttin der Sorgen. Die Sage berichtet, daß sie einst an den Ufern eines Stromes aus dem zu ihren Füßen liegenden Ton spielend und absichtslos eine feste Gestalt bildete. Als sie bemerkte, was sie zufällig zustande gebracht hatte, bat sie den allmächtigen Jupiter, der sich eben nahte, die tote Gestalt zu beleben. Der Gott erfüllte die Bitte, forderte jedoch, daß das neue Wesen ihm gehöre; die Göttin Cura verweigerte dies. Während sie miteinander haderten, erschien Tellus, die Göttin der Erde, und erhob ebenfalls Ansprüche auf das neue Geschöpf, da sie den Stoff dazu hergegeben hatte. Um den Zwist zu beenden, riefen die drei Streitenden Saturnus (Kronos) zum Schiedsrichter auf, und dieser sprach das Urteil: »Du, o Jupiter, gabst dem Geschöpf das Leben, so nimm dereinst, wenn es gestorben ist, seinen Leib; du, o Göttin Cura, hast es gebildet, so gehöre es dir im Leben an, und du, o Tellus, ließest es aus deinem Stoff bilden, aus Humus oder Erde, so gib ihm auch den Namen von diesem Stoff und nenne es Homo oder Mensch (Erdensohn).«

D

Daidalos (griech.), einer der frühesten und kunstfertigsten Bildhauer, Baukünstler und Steinschneider, der durch zahlreiche Erfindungen Ruhm erwarb: Axt, Richtwaage, Mastbäume, Segel u. a. Seine Bildsäulen aus Holz waren die ersten, welche die rumpfartige Gestalt der rohen → Hermen übertrafen und freie, von dem Körper abgesonderte Gliedmaßen hatten. Er war der Sohn des Metion, eines Sohnes des athenischen Königs Erechtheus, und der Iphinoe. Er lebte in Athen, mußte aber diese Stadt verlassen, weil er seinen Schüler und Schwestersohn Talos, der Töpferscheibe, Säge und Drechseleisen erfunden hatte, aus Künstlereifersucht heimtückisch von der Akropolis gestürzt hatte. Er floh nach Kreta zum König Minos, der ihn freundlich aufnahm. Auf dieser Insel vollendete er für die Königin Pasiphae die berüchtigte hölzerne Kuh, worin sie den stierhäuptigen Minotauros von einem göttlichen Stiere empfing; für den König das berühmte Labyrinth, damit der Minotauros dort festgehalten werden konnte, und für die Königstochter Ariadne eine Gruppe tanzender Figuren aus Marmor. Später fiel er beim König in Ungnade. Angeklagt, der Ariadne den Fadenknäuel gegeben zu haben, mit dem Theseus nach der Erlegung des schrecklichen Minotauros sich glücklich aus dem Labyrinth zurückrettete, wurde Daidalos samt seinem Sohne Ikaros von dem zornigen Minos darin eingekerkert. Doch der Künstler bereitete für sich und seinen Sohn mächtige Flügel aus Federn und Wachs, mit Hilfe derer die beiden aus dem Labyrinth entflohen; der Vater mit Vorsicht, der Sohn aber mit jugendlichem Übermut. Als Ikaros nämlich zu hoch flog und der Sonne zu nahe geriet, zerschmolz das Wachs seiner Flügel. Er stürzte ins Meer und ertrank.

Der Vater dagegen erreichte glücklich die Küste von Italien und erbaute zum Dank dem Apollon einen herrlichen Tempel. Bis zu seinem Tod verweilte er hierauf bei König Kokalos in Sizilien. An diesem Hofe fand er nicht nur gastfreundliche Aufnahme, sondern auch Schutz gegen den ihn verfolgenden Minos, der an der Spitze einer Flotte seine Auslieferung begehrte. Kokalos ließ den in die Residenz gelockten Minos im Bad ersticken; dafür beschenkte der Künstler den König mit vielen großartigen Bauwerken.

Daimon (griech.), ursprünglich jede Gottheit der Griechen, sodann ein unbestimmtes göttliches Wesen von geheimnisvoller Macht, das gut oder böse sein konnte wie der Genius der Römer. Allmählich verwendete man diese Bezeichnung ausschließlich im schlechten Sinne. Besonders als das Christentum auftrat, galt er als feindseliger, boshafter und finsterer Geist.

Damastes (griech.), ein Riese, in dessen Besitz zwei Betten waren, ein kurzes und ein langes. Große Wanderer zwang er, in dem kurzen Bett zu schlafen; da sie dort keinen Platz hatten, sägte er ihnen die Beine ab. Die kleinen Wande-

Danaë; Rembrandt Harmensz van Rijn, 1636, Leningrad, Ermitage.

rer mußten in das große Bett; ihnen klopfte bzw. zog er die Glieder lang. → Theseus tötete diesen Unhold.

Dämon (griech.) → Daimon.

Danaë (griech.), die schöne Tochter des Königs → Akrisios von Argos und der Euridyke, wurde von Zeus geliebt, der sich ihr in Gestalt eines goldenen Regens nahte. Mutter des → Perseus.

Danaiden (griech.), die fünfzig Töchter des Danaos, die sich wider Willen mit den fünfzig Söhnen ihres Onkels Aigyptos vermählen mußten. In der Brautnacht erdolchten sie ihre Gatten und wurden für diesen Frevel nach ihrem Tode in der Unterwelt hart bestraft, obgleich sie damit den Befehl ihres Vaters vollstreckt hatten. Sie wurden von den Schattenrichtern dazu verurteilt, in ein durchlöchertes Faß oder in ein Sieb bis in alle Ewigkeit Wasser zu schöpfen. Von dieser Strafe war nur Hypermnestra frei, die ihren Verlobten Lynkeus aus Liebe verschonte. Später bestieg sie mit ihm den Thron von Argos und begründete ein neues Königsgeschlecht.

Danaos (griech.), Vater der → Danaiden.

Daphne (griech.), eine Nymphe, die reizende Tochter des thessalischen Flußgottes Peneios. Sie wurde von Apollon geliebt, der jedoch ihre Gegenliebe nicht gewinnen konnte. Als sie von ihm verfolgt wurde, rief sie Zeus um Hilfe an. Dieser verwandelte sie augenblicklich in einen Lorbeerbaum. Seitdem bekränzte sich Apollon zum Andenken an die verlorene Geliebte mit Lorbeerzweigen.

Man betrachtete diesen Baum als ihm geheiligt und mit anregenden Kräften ausgestattet. Auch → Pythia mußte ein paar Blätter davon verschlingen, ehe sie den Dreifuß in Delphi bestieg, um zu weissagen.

Daphnis (griech.), ein Sohn des Hermes und einer Nymphe. Er war der Erfinder des sizilischen Hirtengesangs und weidete seine Herden bei lieblichem Flötenspiel in der Nähe des Ätna. Durch seine jugendliche Schönheit gewann er die

Apollon und *Daphne;* Skulptur von Lorenzo Bernini, um 1623 – 25, Rom, Gall. Borghese.

Liebe der Nymphe Echenais. Als er ihr untreu wurde, blendete sie ihn. Sein Vater entrückte ihn zu den Sternen.

Dardanos (griech.), Stammvater des troianischen Königshauses, ein Sohn des Zeus und der Pleiade Elektra.

Deïaneira (griech.), Gemahlin des → Herakles.

Deïdameia (griech.), Tochter des Königs Lykomedes, die → Achilleus den → Pyrrhos oder Neoptolemos gebar.

Deimos (griech.), Sohn des Ares, Gott des Grauens. Bruder des Phobos (Furcht) und der → Eris (Zwietracht). Die Geschwister begleiteten ihren Vater in jedes Schlachtengetümmel.

Deioneus (griech.) → Ixion.

Deïphobe (griech.) → cumanische Sibylle.

Deïphobos (griech.), nach dem Tode des Paris Gatte der Helena, bevor Menelaos diese befreite.

Deïpyle (griech.), Tochter des → Adrastos, Gattin des → Tydeus.

Delos (griech.), die Geburtsinsel des → Apollon und der → Artemis, sie erhob sich auf Zeus' Geheiß aus dem Meere, damit → Leto einen Zufluchtsort hatte, wo sie die Kinder zur Welt bringen konnte.

Delphisches Orakel (griech.), eine in der Tiefe sehr ausgehöhlte Grotte mit geringer Öffnung; aus ihr stieg ein sinnberauschender Dampf empor. Bei der Öffnung stand ein hoher Dreifuß, den die Priesterin des Apollon, Pythia, bestieg, den Dampf einatmete und weissagte.

Die Prosa dieser Weissagungen brachten einige dem Tempel dienstbare Dichter in ein Versmaß, gewöhnlich in Hexa-

Tholos in *Delphi;* um 370 – 360 v. Chr.

meter oder Distichen. Das Orakelsprechen geschah nicht jeden Tag, anfangs jährlich, später allmonatlich; der Tag mußte passend sein, aus dem vorher gebrachten Opfer mußten günstige Zeichen sichtbar gewesen sein. Erst dann setzte sich Pythia auf den Dreifuß, wo sie stöhnte, in Krämpfe verfiel und unzusammenhängende Worte hervorbrachte, welche dann durch die Priester, die sie in ihrem Rausche stützten, gedeutet und in Verse gesetzt wurden. Überhaupt bestanden alle Orakelsprüche der Griechen, auch die der Vogelstimmen, aus unbestimmten Lauten und Anrufungen, die ihre Erklärung erst durch eingeweihte Personen erhielten. Die Priester waren klug genug, durch zweideutige oder dunkle Fassungen der Sprüche ihre und des Gottes Würde zu wahren.

Der Tempel selbst und die Grotte bildeten nach griechischer Anschauung den Mittelpunkt oder den Nabel der damals bekannten Erde. Die Stadt Delphi lag an dem doppelzinnigen Berge Parnassos, dem Musenberg. Die heilige Quelle Kastalia floß unweit des Tempels aus dem Parnassos nieder.

Demeter (griech.), die Göttin der Saaten und der Fruchtbarkeit, eine Tochter des Kronos und der Rheia, teilte nach ihrer Geburt das Schicksal ihrer übrigen Geschwister, sie wurde nämlich sofort von ihrem Vater verschlungen, aber durch ihren jüngsten Bruder Zeus gerettet. Demeter empfing später von Zeus, der sie liebte, die Tochter Persephone.

Der Göttervater versprach sie ohne Wissen der Mutter seinem finsteren Bruder Hades. Eines Tages, als Persephone zur reifen Jungfrau erwachsen war, entführte sie Hades in sein unterirdisches Reich. Die Erde verschloß sich spurlos hinter ihnen. Demeter durchsuchte verzweifelt neun Tage und neun Nächte den ganzen Erdkreis, bis ihr der allsehende Helios das Vorgefallene berichtete. Von Zorn und Betrübnis ergriffen, sprach Demeter über die Erde den Fluch der Unfruchtbarkeit aus, zog sich von der Gesellschaft der olympischen Götter zurück und nahm die Gestalt eines armen, bejahrten Weibes an. Die Erde litt unter Mißwachs und Hungersnot. Demeter wies alle Boten des Zeus ab, bis Hermes in die Unterwelt ging, um die geraubte Tochter zurückzuholen. Hades wagte es nicht, sich dem Willen des vereinigten Götterchores entgegenzusetzen und gab daher Persephone, die er zu seiner Gemahlin gemacht hatte, die Erlaubnis zur Rückkehr; er bewog sie aber, vor ihrem Abschiede einen Granatapfel mit ihm zu teilen, ein Verlangen, das sie freudig erfüllte, da sie nicht wußte, daß sie durch den Genuß dieser unterweltlichen Frucht für immer an das Schattenreich gebunden blieb. Durch Vermittlung des Zeus wurde vereinbart, daß Persephone zwei Drittel des Jahres bei den Göttern im Olymp

Die eleusinischen Gottheiten *Demeter,* Kore und Triptolemos; sogen. »Eleusinisches Weiherelief«, um 440 v. Chr., Athen, NM.

zubringen sollte und ein Drittel in der Unterwelt. Die Fruchtbarkeit der Erde richtet sich danach.

Demeter, die auf der früheren Suche nach ihrer Tochter zu dem König Keleos von Eleusis gekommen war, wo sie von den Töchtern des Hauses freundlich aufgenommen wurde, beschloß, das Haus, das sie in ihrer Not so gastlich bewirtet hatte, zu belohnen. Sie gedachte, das jüngste Kind desselben unsterblich zu machen; doch die Ängstlichkeit der Königin Metaneira hinderte sie, an dem Knaben die göttliche Feuerläuterung zu vollziehen. Sie wählte daher einen anderen Sohn, den Triptolemos (Dreimalpflüger) zu ihrem Liebling; ihn lehrte sie nicht nur den Gebrauch des Ackerpfluges, sondern schenkte ihm auch den Samen des Weizens und einen mit geflügelten Drachen bespannten Luftwagen, auf welchem er über die Erde hinfuhr, um die fruchtreichen Saatkörner auszustreuen.

Jene, die sich der Einführung des Demeterkultes widersetzten, wurden bestraft. So verwandelte Demeter den König Lynkos von Skythien in einen Luchs, weil er den in sein Land gekommenen Sämann töten und sich selbst den Ruhm der neuen Erfindung aneignen wollte.

In Eleusis stiftete Demeter die Eleusinischen Mysterien, eines der wichtigsten Feste Griechenlands, welches in Verbindung mit dem Dionysosdienst und mit vielen geheimen religiösen Gebräuchen besonders von den Athenern gefeiert wurde. Es gab große und kleine Eleusinien; die letzteren beging man im Februar, die großen oder neuntägigen fanden im September statt. An diesen hielten die Bewohner von Attika besondere Festspiele ab, wobei ein Gerstenährenkranz den Siegespreis darstellte. Diesen Feierlichkeiten folgte ein zweites, nicht minder berühmtes Fest, die Thesmophorien oder Gesetzestage, die in den Oktober fielen und zur Verherrlichung der Gesetze dienten, als deren Urheberin man die Göttin Demeter betrachtete, da sie als Gründerin der auf Recht und Ordnung beruhenden Kultur galt. Sittenreine verheiratete Frauen aus jeder Gemeinde pflegten einen feierlichen Umgang zu halten und die überlieferten Gesetzestafeln auf dem Kopf umherzutragen. In Attika wurde Demeter mehr verehrt als bei den Spartanern, in deren Augen Apollon und Artemis den Vorrang einnahmen. Übrigens belegte Demeter die Erde auch noch ein zweites Mal mit dem Fluche der Unfruchtbarkeit. Um der nachstellenden Liebe des Poseidon auszuweichen, nahm sie die Gestalt einer Stute an; der Meeresgott indessen ließ nicht ab, verwandelte sich in einen Hengst und zeugte mit ihr das berühmte schnelle Roß Arion. Aus Verdruß über eine der Mutter so unähnliche Nachkommenschaft verbarg sie sich eine Zeitlang in einer arkadischen Grotte, wo sie der Landesgott Pan durch Zufall entdeckte. Sie ließ sich von ihm besänftigen. Zeus sandte die Moiren ab, welche die Gekränkte in den Olympos zurückholten.

Demeter von Knidos; nach einem Original des Bryaxis um 340 v. Chr., London, Brit. Mus.

Dramatische Bearbeitung: »Die gefangene Göttin Ceres«, H. Sachs, 1541.

Dichtungen: Homerischer Hymnus an Demeter, 7. Jh. v. Chr.; »Hymnos an Demeter«, Kallimachos, 3. Jh. v. Chr.; »Thalysia«, Theokrit, 3. Jh. v. Chr.; »Klage der Ceres«, F. Schiller, 1796; »Das Eleusinische Fest«, F. Schiller, 1798; »Demeter«, E. D. Hill, 1918.

Demo (röm.) → cumanische Sibylle.

Demodokos (griech.), blinder Sänger am Hofe des Phaiakenkönigs Alkinoos.

Demophile (röm.) → cumanische Sibylle.

Demophon (griech.), 1. → Phyllis, Sohn des → Theseus, Bruder des Akamas.
2. Sohn des Keleos, des Königs von Eleusis, den → Demeter unsterblich machten wollte.

Dendritis (griech.), Beiname der → Helena.

Deo (griech.), alter Name für → Demeter.

Derceto (syr.), Mutter des Semiranos, stammt aus dem ältesten assyrischen Geschlecht. Sie wurde als Symbol der empfangenden Naturkraft göttlich verehrt. Die Griechen erzählten sich von ihr die Geschichte, daß sie die Aphrodite beleidigt hätte, worauf diese sie zu sündiger Liebe mit einem jungen Syrer verleitete, aus der Semiranos entsproß. Nachdem sie sich ihrer Tat schämte, mordete sie den Geliebten, setzte das Kind aus und ertränkte sich selbst in einem See. An dieser Stelle erbauten ihr die Syrer einen Tempel und stellten sie als Jungfrau mit Fischleib dar.

Desmontes (griech.), der Vater der von Poseidon geliebten Melanippe, die dem Gott zwei Söhne gebar, Boiotos und Aiolos. Der hierüber erzürnte Desmontes ließ die Tochter blenden, einkerkern und ihre beiden Kinder aussetzen. Eine Kuh säugte die Ausgesetzten, bis sie von Hirten gefunden und Theano, der Gemahlin ihres kinderlosen Königs Metapontos, überbracht wurden. Diese gab die Knaben als die ihrigen aus, um sich die Liebe ihres Gatten zu sichern. Später aber bekam Theano selbst Söhne, und als diese erwachsen waren, wünschte sie sich der Findlinge wieder zu entledigen; sie trug daher ihren eigenen Sprößlingen auf, Boiotos und Aiolos bei der Jagd umzubringen. Poseidon half jedoch seinen Söhnen, die heimtückischen Mörder im Kampf zu überwinden und zu töten; zugleich gab er ihnen bekannt, wer ihre wirkliche Mutter sei. Sie machten sich auf, überfielen und erschlugen den Desmontes, ihren grausamen Großvater, befreiten die Mutter aus dem Gefängnis und kehrten zum König Metapontos zurück. Theano hatte sich mittlerweile aus Verzweiflung erhängt; der König, unterrichtet von ihrem Verrat, verzieh das Geschehene und vermählte sich mit Melanippe, die von Poseidon ihr Augenlicht zurückerhielt; das Söhnepaar des Gottes nahm er an Kindes Statt an.

Deukalion (griech.), 1. Sohn des Minos.
2. Sohn des Prometheus, Gemahl der Pyrrha, herrschte zu Phthia in Thessalien und wurde mit seiner Gemahlin der Begründer des neuen Menschengeschlechts. Zeus hatte beschlossen, die Menschen wegen ihrer Verderbnis von der Erde zu vertilgen. Anfangs wollte er das Feuer seiner Blitze dazu benutzen; weil er aber fürchtete, daß mit der Erde zugleich der Himmel in Brand geraten könne, wählte er eine große Wasserflut. Durch sie sollten alle Sterblichen verschlungen werden, ausgenommen Deukalion und seine Gattin.
Einer anderen Sage nach zeigte Prometheus seinem Sohn die Mittel zur Rettung; er gab ihm rechtzeitig den Rat, einen Nachen zu bauen, denselben mit Speisevorrat zu befrachten und dann mit Pyrrha einzusteigen. Neun Tage

und Nächte, so lange der Regen herabrauschte und die Erde ihre Tiefen öffnete, irrte der Nachen des Deukalion auf den Wellen. Als das Wasser sank, landete der Sohn des Prometheus mit seiner Gattin auf dem Gipfel des Parnassos. Betrübt über die einsame Wüste, zu welcher die Welt geworden war, kamen sie zum Tempel der weissagenden Themis, der damaligen Inhaberin des delphischen Seherherdes. Von ihr erfuhren sie die Antwort des Orakels: »Sie sollten mit verhüllten Häuptern die Gebeine der Großen Mutter hinter sich werfen.«
Lange dachten sie über den Sinn nach, bis sie glaubten, daß unter der Großen Mutter die Erde und unter ihren Gebeinen die Steine verstanden werden müßten. Tatsächlich verwandelten sich die von Deukalion über die Schulter geworfenen Steine in Männer, die von Pyrrha geworfenen Steine in Frauen.

Dews (pers.), die Geister des bösen Prinzips, von Ahriman geschaffen, um den Lichtgeistern des Ormuzd entgegenzuwirken und die heilsamen Schöpfungen derselben zu zerstören. An ihrer Spitze stehen sieben Erzdews, deren Aufgabe es ist, die sieben Amschaspands des Ormuzd zu bekämpfen; sie sind ebenso mächtig wie diese. Über-

Gruppe der *Diana;* aus dem Zeusaltar in Pergamon, um 180 v. Chr., Berlin-Ost, Staatl. Mus.

haupt gibt es ebenso viele Dämonen, die das Reich der Finsternis bilden, wie reine Geister, die das Licht beschützen.

Diana (röm.), Göttin der Jagd, der griechischen → Artemis gleichgestellt. Die Römer lernten den Kult der Artemis durch die Etrusker kennen. Ihr Tempel befand sich auf dem Aventin, zugleich ein Heiligtum des Latinischen Bundes, der seit Servius Tullius unter ihrem besonderen Schutz stand.

Dido (griech. u. röm.), die berühmte Gründerin von Karthago, von Vergil verherrlicht. Sie hieß eigentlich Elissa und war die schöne Geliebte des Aeneas. Nachdem ihr reicher Oheim und ihr zärtlich geliebter Gatte Sychaeus (Acerbas) von ihrem Bruder Pygmalion, dem König von Tyros (Syrien), getötet worden waren, flüchtete sie aus ihrem Vaterlande Phönizien. Da sich Pygmalion der Schätze der Ermordeten bemächtigen wollte, diese aber in sicherem Versteck lagen, geriet Dido selbst in Gefahr, von ihrem Bruder umgebracht zu werden. Sie floh daher samt den Schätzen Sychaeus' und segelte nach der Insel Kypros. Hier raubte sie eine Anzahl Jungfrauen für ihre männlichen Begleiter und landete an der Nordküste Afrikas. Die Bewohner dieser Gegend sagten ihr so viel Land zu, als man mit einer Ochsenhaut umspannen könne. Sie ließ dasselbe aber in viele tausend feine Riemen zerschneiden, wodurch sie ein langes Seil gewann, welches reichte, so viel Boden zu bekommen, daß sie Karthago darauf gründen konnte. Der neue Ort erhob sich in kurzem zu höchster Blüte, erregte bald den Neid des benachbarten Königs Iarbas, welcher die fremde Königin unter Kriegsdrohung zur Gemahlin begehrte. Vergebens versuchte Dido, die Forderung abzuweisen. Als ihre Ausflüchte erschöpft waren, verlangte sie eine dreimonatige Frist, bevor das Beilager stattfände. Während dieser Zeit opferte sie den Göttern und bestieg zuletzt selbst den für die Schlachttiere errichteten großen Scheiterhaufen, ein blankes Schwert in der Hand. Auf der Spitze des Holzstoßes erklärte sie den erstaunten Zuschauern, daß sie, um das Vaterland zu retten, beschlossen habe, zu ihrem Gemahl zu gehen, und stieß sich hierauf das Schwert durch den Busen. Das dankbare Volk ehrte sie, solange Karthago bestand, als Göttin. Vergil hat in der Aeneis (→ Aeneas) die Umstände ihres Todes verändert.

Dike (griech.), Göttin der Gerechtigkeit, eine Tochter des Zeus und der Themis. → Horen.

Diktynna (kret.), der griechischen Artemis gleichgesetzt. Sie konnte sich vor der Liebe des Minos nur durch einen Sprung ins Meer retten; Fischer fingen sie in ihren Netzen. In Kreta und Lakonien waren ihr Kultstätten geweiht.

Diktys (griech.) → Perseus.

Diomedes (griech.), Sohn des Tydeus und der Deipyle, einer Tochter des Königs Adrastos. Von Homer als einer der tapfersten Helden gepriesen, die vor Troia kämpften. Wie Odysseus war er ein Liebling der Göttin Athene; mit ihm bringt ihn die nachhomerische Sage durch viele gemeinsame Abenteuer in Verbindung.

Vermutlich war Diomedes ein alter argeischer Kriegsgott. In Argos wurde der Schild des Diomedes mit dem Kultbild der Athene zum Fluß Inachos getragen und dort gewaschen. In der Ilias zeigt er sich als ebenbürtiger Gegner im Kampf gegen Aphrodite und Ares.

Dione (griech.), Mutter der → Aphrodite.

Dionysos (griech.), auch Bakchos oder (röm.) Bacchus, der Gott des Weines. Er war der Sohn des Zeus und der schönen Semele, einer Tochter des Königs Kadmos von Theben. Die von dem Göttervater durch flammige Blitze tödlich getroffene → Semele trug im Schoß Dionysos, den Zeus in seine eigenen Hüften aufnahm und dort noch drei Monate lang reifen ließ. Nachdem Dionysos geboren war, wurde er von Nymphen erzogen. Einer Sage nach vertrat Ino, die Schwester der Semele, die Mutterstelle; die Rache der eifersüchtigen Hera ereilte jedoch diese Verwandte. An der Erziehung Dionysos' beteiligten sich außer den Bergnymphen noch die Musen, der Seilenos mit seiner Satyrnschar und die Panen. Diese waren später allesamt in seinem Gefolge vertreten, als der jugendliche Göttersohn begann, mit Lorbeer und Efeu bekränzt, die Wälder des Nysa jauchzend und singend zu durchstreifen. Dionysos pflanzte den bis dahin unbekannten Weinstock. Den Rang unter den Olympiern mußte er sich jedoch erst erwerben. Um sich der Menschheit im vollsten Glanze zu zeigen und die Herzen zu erobern, unternahm der göttliche Jüngling einen Festzug um die ganze Erde. Er ließ sich selbst bald

Dionysos; aus dem Ostgiebel des Parthenon in Athen, um 440 v. Chr., London, Brit. Mus.

in einem mit Kentauren oder Luchsen, Panthern oder Tigern bespannten Wagen führen, bald ritt er auf einem Löwen oder Tiger oder Elefanten. Nach einer Menge glücklich bestandener Abenteuer kehrte er triumphierend über Ägypten und Libyen nach Griechenland zurück. Wo er freundliche Aufnahme fand, belohnte der wundertätige Gott reichlich (→ Midas).

Dagegen strafte Dionysos den frevelhaften Widerstand sogar unter seinen nächsten Verwandten (→ Agaue und → Pentheus). Ein anderes Beispiel seiner Rache ist jenes mit den tyrrhenischen Schiffern, welche ihn einst nach Naxos überfahren sollten. Da sie aus seinem Purpurgewand schlossen, daß er ein reicher Königssohn sein müsse, kamen sie auf den ruchlosen Einfall, ihn nach Italien zu entführen und als Sklave zu verkaufen. Schon hatte der Gott sich fesseln lassen, als das schwimmende Fahrzeug plötzlich mitten im Meere feststand und aus dem Kiel des Schiffes grüne Reben und Efeuranken emporwuchsen und die Masten umschlangen. Dionysos selbst verwandelte sich in einen Löwen. Voll Entsetzen sprangen die Schiffer über Bord, ertranken aber nicht, sondern erhielten allesamt die Gestalt von Delphinen, mit Ausnahme des Steuermanns, der seine Genossen vergebens von ihrem gewinnsüchtigen Vorhaben abzubringen versucht hatte. Dieser brachte hierauf das Schiff allein nach Naxos und wurde dort der erste Priester des Weingottes.

Auf der Insel Naxos war es auch, wo Dionysos die schöne Ariadne fand, die

Dionysos und Satyr; röm. Kopie nach einem Original aus dem 4. Jh. v. Chr.

von Theseus eben treulos verlassen worden war. Er wählte sie zur rechtmäßigen Gemahlin und teilte seine Unsterblichkeit mit ihr. Seine Nachkommenschaft war zahlreich. Nachdem er seine Taten auf Erden vollendet hatte, holte er seine Mutter Semele aus der Unterwelt und wurde mit ihr im Olymp aufgenommen. Obwohl der Kult relativ spät entstand, schrieb man diesem Gott außerordentliche Macht zu. Die Griechen verehrten ihn mit üppigen Festen. Man widmete ihm die Dionysien sowie die heiligen Mysterien, die Anfang April stattfanden. Die Bewohner von Attika versammelten sich mit Veilchen, Rosen und

Triumph des *Dionysos;* Mosaik aus einem röm. Haus in Sonsse.

anderen Blumen des wiedergekehrten Frühlings bekränzt in ihrer Hauptstadt Athen. Eine Bildsäule des Gottes wurde feierlich durch die Gassen getragen, begleitet von Chören aus Knaben und Männern. Zugleich brachte man Dionysos Böcke zum Opfer, denn der Bock als gefräßiger Zerstörer des Weinstocks mußte ihm zur Sühne geschlachtet werden.

Die Großen Dionysien wurden zur Zeit der Weinlese gefeiert. Diesen Festen verdankt das griechische Schauspiel seinen Ursprung. Die Festgesänge wurden zu volkstümlichen Dichtungen erweitert, zu teils ernsten und teils lustigen Fabeln, die kunstvoll vorgetragen wurden. Die Darsteller, welche anfangs mit beweglichen Schaubühnen von Ort zu Ort zogen, empfingen zur Belohnung, wenn ihr Spiel gefallen hatte, den höchsten Preis des Festes, einen Bock, wie der Festgott selbst. Nachdem im Laufe der Zeit eine bestimmte Ordnung zwischen Erzählung und Chorgesang getroffen war, nannte man die ernsthaften Fabeln vorzugsweise Tragödien oder Bocksopfergesänge, die heiteren Stücke Komödien oder Lustreigen und die Szenen, worin Spaßmacher und Satyrn auftraten, Satyrspiele. An den beiden Schlußtagen der Großen Dionysien hielt man öffentliche Wettkämpfe zwischen den Poeten ab.

Dem göttlichen Freudenspender war nicht nur das Theater geweiht, sondern auch ein Gipfel des Musenbergs Parnassos bei Delphi, der zugleich Hauptsitz einer wilden Dionysosfeier war. Ihr Ursprung ist in Thrakien zu suchen. Alle drei Jahre, gegen die Zeit des kürzesten Tages, strömten dort Frauen und Jungfrauen, als → Bakchantinnen verkleidet, zusammen. Tanzend und schwärmend brachten diese Mänaden bei Wein und Brot mehrere Tage und Nächte zu. Auch anderenorts fanden dergleichen Aufzüge statt, denen sich Jünglinge und Männer anschlossen.

Die Römer ahmten die griechischen Taumelfeste in ihren → Bacchanalien nach, die jedoch zu solcher Zügellosigkeit ausarteten, daß sie zuletzt vom Senat untersagt wurden.

Der gehörnte Dionysos deutet auf einen Mythos hin, welcher ihn wie den bärtigen Dionysos Indiens nicht bloß als Verbreiter der Weinzucht, sondern auch als Urheber des Ackerbaues nennt, da er die ersten Stiere vor den Pflug gespannt habe.

Gewöhnlich rief man Dionysos als Freudenspender an, zuweilen aber auch als helfenden Gott; wie ihn z. B. Sophokles mehrmals herbeiwünscht, damit er Pest und sonstige Not wegschaffe. Er hatte unzählige Beinamen, die sich auf Geburt, Erziehung, Gefolge, Gestalt, Kleidung und Taten bezogen. Homer kennt Dionysos noch nicht als Olympier, der ionische Adel hatte für den volkstümlichen Gott und seine ekstatische Religion nichts übrig. Unter die zwölf Götter wurde Dionysos erst später aufgenommen.

Dramatische Bearbeitungen: »Bakchai«, Euripides, 406 v. Chr.; »Bacchus«, J. Cocteau, 1953.

Epos: »Dionysiaka«, Nonnos, 5. Jh. n. Chr.

Dichtung: Homerischer Hymnos auf Dionysos.

Symphonische Dichtung: »Bacchanal«, M. Reger, 1913.

Opern: »Dionysos«, C. Debussy, 1904; »Die Bakchantinnen«, E. Wellesz, 1931.

Ballett: »Bacchus et Ariane«, A. Hermant / A. Roussel, 1930.

Dioskuren (griech.), wörtlich »die Söhne des Zeus«, zwei Brüder namens Kastor und Polydeukes (röm. Castor und Pollux), sowohl durch ihre Heldentaten wie durch ihre Liebe und Freundschaft füreinander berühmt. Einer Sage nach wurden sie als Zwillinge geboren, nach anderen Angaben zugleich mit der schönen Helena als Drillinge. Ihre Mutter war Leda, die Tochter des Königs von Aitolien, Thestios, und Gemahlin des Königs Tyndareos zu Sparta. Diesem gebar sie die Klytaimnestra, die später die Gemahlin des Königs Agamemnon wurde. Die übrigen drei Kinder der Leda stammten von Zeus; der Gott nahte sich ihr in der Gestalt eines Schwanes. Nach Tyndareos, ihrem vermeintlichen Vater, führten die Dioskuren häufig den Namen Tyndariden. Sie wurden von dem Kentauren Cheiron zu tüchtigen Helden herangebildet und zeichneten sich in allen ritterlichen Fertigkeiten aus; Kastor tat sich als Rossebändiger hervor, Polydeukes als Faustkämpfer. Hera beschenkte sie mit zwei unübertrefflichen Streitrossen. Die erste Waffentat der Jünglinge war die Befreiung ihrer Schwester Helena, welche Theseus nach Attika entführt hatte; hierauf beteiligten sie sich am Argonautenzug, am Kampfe des Herakles mit den Amazonen und an der Jagd auf den Kalydonischen Eber. Gemeinsam zogen sie auch aus, um sich Gattinnen zu suchen. Sie raubten die beiden Töchter des Leukippos aus Messenien, Phoibe und Hilaeira, die bereits mit Idas und Lynkeus, den Söhnen des Königs Aphareus von Messenien, verlobt waren. Die Dioskuren, von welchen sich Polydeukes mit Phoibe, Kastor mit Hilaeira vermählte, wurden bald darauf durch die früheren Bräutigame angegriffen und in einen Krieg verwickelt, in dem Kastor sein Leben verlor. Nach Pindar entstand dieser Zwist nicht wegen dieses Raubes, sondern wegen der Teilung einer Rinderherde, die alle vier Helden gemeinschaftlich erobert hatten. Polydeukes rächte den Tod seines Bruders, indem er den Lynkeus mit seinen Pfeilen erschoß, während ein Blitzstrahl des Zeus den Idas zerschmetterte. Nichts vermochte ihn aber über den Verlust des Bruders zu trösten. Vergebens rief ihn Vater Zeus zum Olympos hinauf, damit er unter Götterwonnen das irdische Leid vergessen möchte. Polydeukes entsagte seiner Trauer erst, als ihm Zeus die Bitte gewährte, daß er an Kastor, der nicht mehr unsterblich gemacht werden konnte, die Hälfte seiner eigenen Unsterblichkeit abtreten durfte. Demnach brachten die Dioskuren jeweils gemeinsam einen Tag im Olympos, den anderen im Schattenreiche zu. Zeus belohnte die unübertroffene Bruderliebe dadurch, daß er ihnen das am Himmel prangende Zwillingsgestirn Castor und Pollux weihte. Sie erhielten als göttliches Amt den Auftrag, auf dem Meere umherzureiten und die von Ungewittern bedrohten Schiffe zu beschirmen und in einen Hafen zu führen. Man ehrte sie besonders in Hafenstädten. Die Römer errichteten dem göttlichen Zwillingspaar einen Tempel im Hafen von Ostia. Nach alter Sage standen ihnen die reitenden Dioskuren in einer Schlacht gegen die Latiner bei und brachten die erste Siegesnachricht schneller als es ein sterblicher Bote vermocht hätte.

Dirke (griech.) → Antiope.

Dis Pater (röm.), Gott der Unterwelt und des Reichtums, dem griechischen → Hades entsprechend.

Dolon (griech.), ein troianischer Kundschafter, der zusammen mit dem Thrakerkönig Rhesos und anderen bei einem nächtlichen Spähtruppunternehmen von Odysseus und Diomedes getötet wurde.

Doris (griech.), Gattin des Nereus.

Doros (griech.), → Hellen.

Druden (nord.), Hexen, die mit Hilfe böser Geister zu wirken pflegten. Der Drudenfuß ist ein aus fünf Dreiecken bestehendes Zeichen, das in einem Zug aus fünf Linien gemacht wird. Man glaubte, die Druden hätten Füße von dieser Form, und wo man den Abdruck dieses Zeichens sah, nahm man die Anwesenheit einer Hexe an. Die Figur sollte zugleich gegen Zauber schützen, weshalb man sie zum Schutze gegen Hexen aufzeichnete.

Druiden (nord.), keltische Priester Galliens und Britanniens, die Orakelsprüche verkündeten.

Dryaden (griech.), Gottheiten der

Bäume, dennoch sterbliche Wesen, → Nymphen.
Dryas (griech.), Vater des → Lykurgos.
Dymas (griech.), Vater der → Hekabe.
Dysen (Disen) (nord.), Schicksalsgöttinnen, die man namentlich bei schweren Geburten um Hilfe anflehte.

E

Echenais (griech.) → Daphnis.
Echidna (griech.), eine doppelgestaltige Nymphe, mit dem Oberleib einer schönen Jungfrau und dem Unterleib einer riesigen Schlange, von schrecklichem Aussehen. Nach einigen Überlieferungen eine Tochter des Tartaros und der Gaia, nach anderen die Tochter des Phorkys und der Keto. Sie hauste in einer Höhle Siziliens im Lande der Arimer und war mit dem Riesen Typhon vermählt. Dieser Verbindung entsprangen die verschiedensten Ungeheuer: Kerberos, Chimaira, die Sphinx, der Wächterhund Orthos, der scheußliche Adler, der Prometheus die Leber aushackte, u. a.
Echion (griech.), Vater des → Pentheus.
Echo (griech.), eine böotische Bergnymphe, die die Gabe der Rede in vollkommenstem Maße besaß. Sie war mit Zeus befreundet und pflegte durch ihr anmutiges Geplauder die eifersüchtige Hera jeweils so lange aufzuhalten, bis die Nymphen, mit denen der Gatte scherzte, entschwunden waren. Hera kam daher immer zu spät, wenn sie Zeus belauschen wollte, bis sie endlich die List merkte. Sie verbannte die freundliche Schwätzerin aus ihrer Nähe und nahm ihr den vollen Gebrauch ihrer beweglichen Zunge, so daß sie nur noch die letzten Worte der an sie gerichteten Frage wiederholen konnte. Die sonst so gesellige Echo verbarg sich hierauf in den Schatten der Wälder, aber ein neues Unglück wollte, daß sie Liebe für den schönen → Narkissos fühlte, die der eitle Jüngling nicht erwiderte. Aus Gram darüber schrumpfte ihr Leib, und es blieb nichts von ihr übrig als die schon geschmälerte Stimme, und selbst diese zog sich in die Schluchten, Klüfte und Wälder zurück, um darin als Nachhall fortzuleben.
Auf der Bühne erschien Echo bereits bei Euripides in der fragmentarisch erhaltenen Tragödie »Andromeda«.
Edda (nord.), zwei Sammlungen von Religions- und mythologischen Schriften Alt-Islands. Die ältere oder poetische Edda stammt aus dem 9. bis 12. Jh. und enthält alte überlieferte Volkslieder, die über Götter sowie über Leben und Taten nordischer Helden berichten. In dieser Sammlung ist auch der Sagenkreis enthalten, dem man im Nibelungenlied wieder begegnet.
In Prosa übertragen und mit Erläuterungen versehen sind diese Lieder in der jüngeren Edda von dem isländischen Geschichtsschreiber Snorri Sturluson um 1230 nochmals gesammelt worden.
Egeria (röm.), eine Nymphe, die Gelieb-

te und Ratgeberin des Königs Numa Pompilius, welcher seine Herrschaft ihrer Weisheit verdankte. Egeria geriet nach seinem Tode in solche Trostlosigkeit, daß sie von der Göttin Diana aus Mitleid in eine Quelle verwandelt wurde.

Kultstätten besaß sie in Aricia und in Rom an der Porta Capena, wo sie zusammen mit den Kamenen (Musen) verehrt wurde.

Walzer: »Egerien-Träume«, J. Strauß Vater, 1842.

Eidothea (griech.), Tochter des → Proteus.

Eileithyia (griech.), die Geburtsgöttin, des Zeus und der Hera Tochter, wurde neben ihrer Mutter und später auch Artemis von den in den Wehen liegenden Frauen angerufen, denen sie Schmerzen schickte, aber auch helfen konnte. (Der Name bedeutet »die [zu Hilfe] kommt«.) Besonders erschwerte sie auf das Gebot der eifersüchtigen Hera die Niederkunft der → Leto und der → Alkmene. Sie blieb jungfräulich wie Artemis.

Der Kult der Eileithyia war besonders in Kreta und Lakonien verbreitet. Artemis als Geburtsgöttin trug den Beinamen der Eileithyia.

Einherier (nord.), die vortrefflichsten Krieger, die Heldengeister in Walhalla, die Seelen aller Streiter, die auf der Erde tapfer gekämpft und einen ehrenvollen Schlachtentod gefunden haben. Es wurde angenommen, daß sie daselbst bis zum Untergang der Welt ihre Kämpfe fortsetzen. Sobald die Schlacht beendet ist, stehen die Gefallenen wieder auf, um mit den übrigen an Odins goldener Tafel zu speisen. Die Götter brauchen diese unermüdlichen Streiter, wenn die Söhne von → Muspelheim mit Feuerbränden hereinbrechen, um die Welt zu vernichten. Ein Teil der Einherier bewacht die von der Liebesgöttin Freia bewohnte Burg Folkwang, wo sie ein Leben führen, das noch wonnereicher ist als das ihrer Brüder in Walhalla.

Einhorn (nord.), ein Roß, das auf der Stirn ein langes, aus Elfenbein bestehendes Horn trägt. Wild, gewandt und schnell greift es die Menschen an, doch läßt es sich von einer Jungfrau wie ein zahmes Haustier leiten. Trinkbecher, aus dem Horn gefertigt, sollten vor Vergiftungen schützen.

Eirene (griech.), Tochter des Zeus und der Themis, der Göttin des Friedens, eine der drei Horen. In der Hand hält sie einen Wurfspeer ohne Spitze und einen Öl- oder Palmzweig. Auf dem Arm trägt sie den Knaben Plutos, den Gott des Reichtums. Aristophanes brachte sie in seinem Lustspiel »Der Frieden« als stumme Person auf die Bühne. Eirene wurde in Athen seit dem 5. Jh. v. Chr. verehrt. An dem ihr geweihten Feste Synoikia wurden ihr unblutige Opfer dargebracht.

Ekhart (nord.), auch getreuer Ekhart genannt, ein freundlicher Schutzgeist, der dem wütenden Heer des wilden Jägers vorausschwebte, um Wanderer zu warnen. Er war ein Knappe des wilden Jägers und ermahnte seinen Herrn schon bei Lebzeiten, dem frevelhaften Treiben zu entsagen, ohne jedoch Gehör zu finden; nach dem Tod setzte er seine Ermahnungen als Schutzgeist fort.

Elektra (griech.), 1. Tochter des Okeanos und der Tethys, zeugte mit dem Meergott Thaumas die Iris und die Harpyien.

2. Mutter des Dardanus, der das Reich von Troia gründete; sie war eine der sieben → Pleiaden, die, an den Himmel versetzt, im Sternbilde des Stieres glänzen.

3. Tochter des → Agamemnon und der → Klytaimnestra, Schwester des → Orestes.

Eirene mit dem Plutoskinde; um 370 v. Chr., München, Glypt.

Letztere spielt in den drei erhaltenen griechischen Tragödien die Hauptrolle: »Choephoren« von Aischylos und in den jeweils nach ihr benannten Werken des Sophokles und des Euripides.

Moderne dramatische Bearbeitungen: »Mourning becomes Elektra«, E. O'Neill, 1931; »Les mouches«, J. P. Sartre, 1943; »Elektra«, G. Hauptmann, 1947.

Oper: »Elektra«, R. Strauss, 1909 (Text: H. v. Hofmannsthal).

Film: »Elektra«, 1962, Regie: M. Kakojannis.

Elektryon (griech.), Sohn des Perseus und der Andromeda, vermählte sich mit Anaxo und wurde Vater der von Zeus geliebten Alkmene, die sich → Amphitryon zur Gattin erkämpfte. Dies gelang Amphitryon dadurch, daß er die von den Söhnen des Pterelaos geraubten Rinderherden zurückerobern half. Dabei verlor Elektryon durch einen unglücklichen Keulenwurf Amphitryons sein Leben.

Eleusinien (griech.) oder Eleusinische Mysterien, die großen, zu Eleusis gefeierten, mit vielen mystischen Gebräuchen verbundenen Feste, die ihren Ursprung der Göttin Demeter verdankten, doch auch der Persephone, ihrer Tochter, und dem später als Gott verehrten Dionysos galten.

Elfen (nord.), deutsch eigentlich Elben, altnordisch Alfr (Alfen) und angelsächsisch Alf, sind Wesen, die zwischen Göttern und Menschen stehen und deren Name vermutlich das Weiße und

Glänzende bezeichnet. Man unterschied die Lichtelfen, deren Reich Lichtalfheim war, und die Dunkelelfen, die in der finsteren Erde oder in Schwarzalfheim hausten, beide einander unähnlich in Aussehen, Charakter und Kräften. Die gutmütigen und gerechten Lichtelfen nahmen mit Göttern und Menschen freundschaftlichen Kontakt auf und zeigten sich in lauen Mondnächten bei lustigen Reigentänzen. Auf den Köpfen trugen die Männchen leichte Käppchen, denen sie ihre Unsichtbarkeit verdankten; fiel ihnen diese Bedeckung herab, so wurden sie sichtbar. Ein Mensch, der ein solches Käppchen fand, konnte ihren wonnigen Festspielen beiwohnen. Die Schwarzelfen dagegen mieden den Lichtglanz und kamen bei finsterer Nacht aus ihren unterirdischen Wohnungen hervor. Sie geboten über die unergründlichen Schätze der Erde, und ihren possierlichen, aber unschönen Zwerggestalten hätte man kaum angesehen, daß sie Zauberer und Künstler waren. Sie erbauten sich die herrlichsten Paläste, besonders in der Schmiedekunst leisteten sie Wunderdinge. Den Menschen fügten sie Schaden zu, ihre bloße Nähe brachte Gefahr, ihre Geschenke waren fluchbehaftet. Bei Morgenrot mußten sie ins Erdendunkel zurück. Der erste Sonnenstrahl hätte sie sofort versteinert.

Elissa (röm.), der eigentliche Name der berühmten → Dido, der Gründerin Karthagos.

Elivagar (nord.), die elf Höllenflüsse, aus denen die Welt entstand.

Elpis (griech.), die Göttin der Hoffnung, nach den Griechen die einzige Gottheit, die zum Trost der Gerechten auf der Erde zurückblieb, als sich die übrigen Götter wegen der Frevel der Menschen in den Himmel zurückzogen (→ Astraia). Die Römer bauten ihr mehrere Tempel außerhalb der alten Stadtmauern. Man stellte sie als schlanke, leichtfüßig einherschreitende Jungfrau dar, in der Rechten hält sie die Blüte eines Granatapfels vor sich, mit der Linken rafft sie zierlich das Gewand. Als besondere Hoffnung des Jahres trug sie in den Haaren einen Blumenkranz, in den Händen ein Füllhorn oder ein Ährenbüschel.

Elysium (griech. und röm.), der wonnige Aufenthaltsort der Seligen, durch die Phantasie der Dichter zum Paradies erhoben. Man stellte es sich bald als ein unterirdisches Reich vor, abseits des finsteren Tartaros, in dem Hades herrschte, und erleuchtet von einer eigenen Sonne und von eigenen Sternen. Das wonnevolle Gebiet umplätscherte der silberne Fluß Lethe, der Strom der Vergessenheit, aus dem die Neuankömmlinge tranken, um sich vom Erdenweh zu befreien. Die von → Charon über den Styx geruderten Schatten erblickten dieses Elysium auf der rechten Seite der Unterwelt.

Man hatte vom Elysium auch die Vorstellung eines am westlichen Ende der Erdscheibe gelegenen Eilandes, umwogt vom Okeanos. Nur die Lieblinge der Götter gelangten dahin, die Weisen, die Frommen und Tugendhaften, die das strenge Schattengericht für würdig befunden hatte.

Endymion und Selene; Wandgemälde aus Pompeji.

Empusa (griech.), Spukgestalt aus dem niederen Volksglauben. Der → Hekate nahestehend, mit großer Verwandlungsfähigkeit.

Enarete (griech.), Gattin des → Aiolos, des Stammvaters der Aiolier.

Endeis (griech.), Gattin des → Aiakos, Mutter des → Peleus.

Endymion (griech.), Sohn des Aethlios (oder des Zeus) und der Kalyke, ein reizender Jüngling, den die Mondgöttin Selene oder die später als Mondgöttin verehrte Artemis (röm.: Diana) durch ihre Liebe beglückte. Jede Nacht besuchte sie den blühenden Schläfer; hatte sie sich satt gesehen, küßte sie ihn auf die Lippen und setzte ihre Fahrt über den nächtlichen Himmel fort. Endymion schöpfte die höchste Seligkeit aus den Schlummer. Er bat daher Zeus um die Vergünstigung, ewig fortschlafen zu dürfen. Eine Bitte, welche ihm der Herrscher des Olympos nebst ewiger Jugend gewährte.

Dramatische Bearbeitung: »Endimione«, A. Loria, 1947.
Epos: »Endymion«, J. Keats, 1818.
Dichtung: »Endymion«, O. Wilde, 1881.
Opern: »Endimione«, M. Haydn, 1765; »Endimione«, J. Chr. Bach, 1774.
Ballett: »Endymion et Phoebe«, F. Thomé, 1906.

Enipeus (griech.), Flußgott, der von → Tyro geliebt wurde.

Enki (sumer.), Gott der Weisheit.

Enlil (sumer.), der Reichsgott, er belegte → Gilgamesch mit seinem Fluch, als dieser sumerische König auf einem seiner Abenteuer – auf dem Zug durch den Zedernwald – den Unhold Huwawa tötete.

Eos (griech.) oder (röm.) Aurora, die schöne Göttin der Morgenröte, eine Tochter des Titanen Hyperion und seiner Schwester Theia. Eos zog morgens dem aus dem Okeanos heraufsteigenden Sonnengotte Helios voraus. Helios war ihr Bruder; Selene, die Mondgöttin, ihre Schwester. Man glaubte, daß Eos, nachdem sie die Tageslaufbahn zurückgelegt hatte und mit ihrem Bruder durch das entgegengesetzte, am Atlas befindliche Tor des Himmelsgewölbes im westlichen Okeanos verschwunden war, mit ihm ein Schiff bestieg und auf der anderen Seite der »Erdscheibe« wieder nach Osten segelte. Außer dem Astraios, dem sie mehrere Windgötter und die Sterne ge-

Gruppe der *Eos;* aus dem Zeusaltar in Pergamon, um 180 v. Chr., Berlin-Ost, Staatl. Mus.

bar, liebte sie noch vier Sterbliche, Orion, Kleitos, Tithonos und Kephalos, schöne Jünglinge, die sie in ihr Reich entführte.

Epaphos (griech.), ein Sohn des Zeus und der → Io, geboren in Ägypten.

Epeios (griech.), der Erbauer des großen hölzernen Pferdes, in das sich die dreißig besten Kämpfer der Hellenen vor Troia einschließen ließen.

Ephialtes (griech.) → Aloaden.

Epigonen (griech.), die Söhne der vor Theben gefallenen sieben Helden, → Sieben gegen Theben.

Epimenides (griech.), ein Hirt auf der Insel Kreta, hütete eines Tages die reichen Herden seines Vaters und verlor ein Stück davon. Nach langem Suchen legte er sich müde in eine Höhle und versank in Schlaf. Wieder erwacht, suchte er weiter, aber wie staunte er, als er bemerkte, daß sich die Gegend verändert hatte. Mit Mühe entdeckte er endlich das Haus, in dem er wohnte; seine Verwunderung steigerte sich, als weder er die Bewohner kannte noch sie ihn. Letztlich erfuhr er, daß er in jener Höhle sechsundfünfzig Jahre geschlafen hatte, sein Vater war unterdessen gestorben, sein jüngerer Bruder ein Greis geworden und alles um ihn her verändert.

Sobald das seltsame Ereignis bekannt wurde, betrachtete jedermann den langen Schläfer als Liebling des Apollon. Er soll ein Alter von 150 oder 300 Jahren erreicht haben.

Epimetheus (griech.), wörtlich der Nachbedächtige, ein Bruder des → Prometheus oder des Vorbedächtigen, jener ein Tor, der nach der Tat überlegte, dieser ein Weiser, der vorher prüfte. Durch → Pandora brachte er Unglück über die Welt.

Epione (griech.), Gemahlin des → Asklepios.

Epopeus (griech.), Gatte der von Zeus geschwängerten → Antiope.

Erato (griech.), wörtlich die »Liebselige«, eine der neun → Musen. Meist hält sie im linken Arm die Leier und in der rechten Hand ein saitenschlagendes Stäbchen. Weil sie sich in der Nähe des Liebesgottes Eros aufhielt, bekam sie ihren Namen von ihm.

Erebos (griech.), die Unterwelt, auch Hades oder Aidoneus genannt, → Tartaros, → Pluton.

Erechtheus (griech.) → Erichthonios.

Erginos (griech.), König von Orchomenos, gegen ihn kämpfte der jugendliche Herakles und befreite die Thebaner von einem schweren Tribut. → Amphitryon fällt bei diesem Unternehmen.

Eriboia (griech.), Gattin des → Telamon.

Erichthonios (Erechtheus) (griech.), erdgeborener König von Athen. Als Hephaistos der jungfräulichen Athene nachstellte, entsproß aus seinem auf die Erde herabfließenden Samen der kleine Erichthonios, der von Athene erzogen wurde. Nach der Deukalionischen Flut war er nach → Kekrops der zweite Gründer des attischen Staates. Er war wie dieser halb Mensch, halb Schlange. Dramatische Bearbeitung: »Erechtheus«, A. Ch. Swinburne, 1876.

Eridanos (griech.), Fluß in der Unterwelt.

Erigone (griech.), 1. Tochter des Ikarios, Schwester der Penelope.
2. Tochter des Aigisthos und der Klytaimnestra.

Erin[n]yen (griech.), Furien (röm.), die unterirdischen Rachegöttinnen, gingen aus den Blutstropfen hervor, die → Gaia aufnahm, als → Uranos durch → Kronos verstümmelt wurde. Aischylos bezeichnet sie jedoch als Töchter der Nacht. Die zürnenden Rachegöttinnen straften das Böse, besonders Meineid, Verwandtenmord und Verletzung der Gastfreundschaft. Zuweilen dachte man sich bloß eine einzige Erinys, bald erwähnte man drei Schwestern mit den Namen Allekto, Teisiphone und Megaira, bald war es eine ganze Schar. Man sagte ihnen ein ungemein häßliches Aussehen nach. Sobald ein Verbrechen geschah, stiegen sie aus den nächtlichen Tiefen empor und jagten dem Frevler auf der Oberwelt nach. Vatermörder suchten sie in Wahnsinn und Tod zu treiben.
Ihr berühmtestes Opfer ist → Orestes, der durch die Vermittlung des Apollon und der Athene von der Schuld des Muttermordes freigesprochen und dem Strafamt der Erinnyen entrissen wurde. Ein hoher Gerichtshof, der Areopag, das erste Schwurgericht der Menschheit, trat an die Stelle der schrecklichen Verfolgerinnen, die darauf ihren Wohnort unter dem Fußboden des Richtersaales aufschlugen, um über die Gerechtigkeit zu wachen. Die Erinnyen wurden nun zu wohlwollenden Göttinnen, die den Namen Eumeniden oder die Gnadenreichen trugen.
Dramatische Bearbeitung: »Die Eumeniden«, Aischylos, 458 v. Chr.

Eriphyle (griech.), Mutter des → Alkmaion.

Eris (griech.), Göttin der Zwietracht, Schwester des Ares, eine Tochter der Nacht, berühmt durch den goldenen Apfel, den sie unter die Hochzeitsgäste des Peleus und der Thetis warf. Damit stiftete sie einen Streit, dessen Folge die Zerstörung von Troia war. → Paris.

Erlkönig (nord.), Beherrscher der guten Elfen, dargestellt als großer bärtiger Mann, mit glänzender Krone auf dem Haupt und langem Gewand, raubte gerne Kinder, während Erwachsene ihn nicht zu fürchten brauchten.
Dichtung: »Der Erlkönig«, J. W. v. Goethe, 1782.

Eros (griech.) oder (röm.) Amor, der bekannte schalkhafte Gott der Liebe, war ein Sohn der Aphrodite (röm.: Venus) und des Ares (röm.: Mars) und trotz seiner kleinen Gestalt der schönste unter den Göttern. Er wurde stets nackt und geflügelt abgebildet und trug gewöhnlich einen Bogen und Köcher mit Pfeilen. Diese schnitt er sich selbst und besetzte sie mit goldenen oder bleiernen Spitzen, je nachdem, ob er durch sie glückliche oder unglückliche Liebe erregen wollte. Nachdem er die Kraft seiner Geschosse zuerst an den Tieren erfolgreich versucht hatte, gelang es ihm auch, die Menschen zu verwunden und zu bezwingen, und zwar ohne Unterschied. So geschah es, daß auch die Götter seiner Macht unterlagen. Dem Zeus raubte er den Blitz, dem Apollon die Pfeile, dem Ares den Helm, dem Poseidon den Dreizack, dem Dionysos den Rebenstab und Merkur die Flügelschuhe, dem Herakles die Keule. Eros wurde der Besieger aller lebenden Wesen. Wo seine Geschicklichkeit mit Pfeil und Bogen nicht ausreichte, triumphierte er durch seine Schlauheit und Verstellungsgabe. Sophokles schildert in der »Antigone« die Allmacht des Liebesgottes, mit der er die Welt beherrschte. Er wurde geradezu als Schöpfer aller Dinge betrachtet. Von ihm selber berichtet die Sage eine zärtliche Verbindung mit Psyche, einer lieblichen Jungfrau, die ihm die Leiden und Freuden der Liebe in gleichem Maße gewährte wie er sie allen anderen bereitete.

Eros aus Centocelle; Original 4. Jh. v. Chr., Vatikan.

Epos: »Amor und Psyche«, R. Hamerling, 1882.

Dichtungen: »Amor und Psyche«, enthalten im Roman »Metamorphosen« des L. Apuleius, 2. Jh. n. Chr.

Ballett: »Amor und Psyche«, P. Hindemith, 1944.

Erymanthischer Eber (griech.) → Herakles, 4. Abenteuer.

Eryx (griech.), Sohn des → Butes.

Eteokles (griech.) von Theben, Sohn des Oidipus, Bruder des → Polyneikes.

Eteoklos (griech.), in der attischen Überlieferung »Doppelgänger« des Eteokles. Er gehört zu den Angreifern gegen Theben → »Sieben gegen Theben«.

Etzel (Attila) (nord.), Hunnenkönig, zweiter Gatte der → Kriemhild.

Euadne (griech.), Gattin des Kapaneus, einem der → »Sieben gegen Theben«.

Euandros (griech.) oder (röm.) Euander, ein Arkadier, der mit Landsleuten nach Italien auswanderte, eine Stadt auf dem später zu Rom gehörigen Mons Palatinus erbaute und dort die griechische Kultur verbreitete. Er soll ein Sohn des Hermes und der Nymphe Karmenta gewesen sein. Bevor Euandros noch Fuß fassen konnte, mußte er mit dem altrömischen Gott Cacus einen Kampf ausfechten. Dem Kampf zwischen Cacus und Euandros faßte man als den Gegensatz zwischen dem »schlechten« und dem »guten Mann« auf. Um seiner Verdienste willen verehrten die Römer

Euandros wie auch seine Mutter mit den ältesten Halbgöttern des Landes.

Eumelos (griech.), Sohn der → Alkestis.

Eumeniden (griech.), die Wohlwollenden oder Huldreichen, wie man die → Erinnyen aus heiliger Ehrfurcht nannte.

Eumolpos (griech.), thrakischer König, Sohn des Poseidon und der Chione, einer Tochter des Boreas, führte mit dem attischen König Erichthonios Krieg und gewann Ruhm, weil er die der Demeter bestimmten eleusinischen Feste zu Eleusis mitbegründete. Die Oberpriester, die den mystischen Gebräuchen bei dieser Feier vorstanden, hießen nach ihm Eumolpiden.

Eunomia (griech.), eine der drei → Horen, Vertreterin der Gesetzlichkeit und Wächterin über die menschlichen Rechtsordnungen.

Eupalamos (griech.), Vater des berühmten Baumeisters → Daidalos.

Euphemos (griech.), der Untersteuermann der Argonauten, ein Sohn des Poseidon, gefeiert durch die vierte pythische Ode des Pindar. Er war König zu Tainaros und wurde der Ahnherr des Battos, des Gründers von Kyrene in Libyen.

Eupheme (griech.), die von Zeus auserwählte Amme der Musen, Gattin des Flurengottes Pan.

Euphorion (griech.), Sohn des Achilleus und der Helene, welche nach dem Tode Achilleus' gemeinsam auf den Inseln der Seligen leben. Ihr mit übernatürlichen Kräften begabter Sohn hatte Flügel. Zeus war in Euphorion verliebt und verfolgte ihn. Der Knabe wollte jedoch nichts von dem Göttervater wissen und floh bis zur Insel Melos, wo ihn Zeus aus Rache mit einem Blitzstrahl tötete. Der zürnende Gott verwandelte selbst die Nymphen, die Euphorion bestatteten, in Frösche.

Euphrosyne (griech.), eine der drei → Chariten, der personifizierte Frohsinn.

Euploia (griech.), »die gute Fahrt verleiht«, Beiname der Aphrodite auf Grund ihrer Geburt aus dem Meer (→ Anadyomene). Man errichtete ihr Tempel an der Küste.

Europa (griech.), Tochter des phönizischen Königs Agenor und der Telephassa. Als Europa eines Tages am Meerestrand weilte, nahte sich ihr Zeus in der Gestalt eines weißen Stieres. Europa setzte sich aus Spaß auf den zahmen Stier, der sofort mit der schönen Last nach dem Meer stürzte und davonschwamm. Erst in Kreta ging er an Land. Dort legte Zeus seine Verwandlung ab und zeugte mit Europa drei Söhne, Minos, Rhadamanthys und Sarpedon. Später von Asterion, dem König Kretas, zur Gattin erwählt, genoß Europa so hohe Ehre, daß sie nach ihrem Tode auf der Insel göttlich verehrt wurde.

Dichtung: »Europa«, Moschos, 2. Jh. v. Chr.

Euros (griech.), der Ostwind oder Südostwind, ein für die Athener unfreundlicher Gott, denn sein Hauch brachte eine mit schweren Gewittern verbundene schwüle Regenluft. Bei den Römern hieß er Volturnus und war als heftiger Sturmwind gefürchtet.

Euryale (griech.), Mutter des → Orion.

Eurybie (griech.), Sohn der Erdgöttin Gaia und des Meeresgottes Pantos.

Eurydike (griech.), 1. Mutter der → Danaë.

2. Gattin des Kreon.

3. Gattin des → Orpheus. Eine Nymphe, die kurz nach ihrer Vermählung mit dem thrakischen Sänger Orpheus von einem Sohn des Apollon und der Nymphe Kyrene mit dem Namen Aristaios leidenschaftlich verfolgt wurde. Dabei trat sie auf eine giftige Schlange und erlag kurz darauf dem tödlichen Biß. Der untröstliche Orpheus wagte es, in den Hades hinabzusteigen, um die Geliebte aus dem Reich der Toten zurückzuholen. Dabei bediente er sich seiner Leier, durch deren betörende Töne er nicht nur den schrecklichen Kerberos und die sonst mitleidlosen Schatten besiegte, sondern auch Königin Persephone. Sie bat ihren ernsten Gemahl, Pluton, des Sängers Gattin wieder freizugeben. Eurydike erhielt die Erlaubnis, mit ihrem Befreier zur Oberwelt zurückzukehren; doch mußte Orpheus versprechen, sich nicht eher nach der Wiedergewonnenen umzuschauen, als bis sich das Tor der Unterwelt hinter beiden geschlossen habe. Schon war das Paar über den Styx gelangt, als sich Orpheus vergaß und einen Blick zurückwarf. Seine Ungeduld büßte er mit allem, was ihm lieb war – Pluton riß den Schatten Eurydikes über die Abgründe zurück. Trostlos gelangte Orpheus an die Oberwelt.

Eurykleia (griech.), die Amme des → Odysseus, die ihn, als er eben von der Irrfahrt heimgekehrt war, als Bettler verkleidet, bei der Fußwaschung an einer Narbe erkannte.

Eurylochos (griech.), Gefährte des → Odysseus; nachdem die beiden der gefährlichen Begegnung mit den Laistrygonen entkommen waren, landeten sie auf der Insel Aia. Hier wohnte die schöne Zauberin Kirke, die alle Fremden in Tiere zu verwandeln pflegte. Odysseus schickte die Hälfte seiner Leute unter Führung des Eurylochos auf die Insel. Kirke bewirtete sie und verwandelte sie mit einem Zaubermittel in Schweine, ausgenommen Eurylochos, der nichts von dem Zaubertrank zu sich genommen hatte und Odysseus Bericht erstattete.

Eurymede (griech.), Mutter des → Bellerophon.

Eurynome (griech.), Mutter der → Chariten.

Eurysakes (griech.), Sohn des → Aias, Enkel des Telamon, des Königs von Salamis.

Eurystheus (griech.) → Herakles.

Euryte (griech.) → Porthaon.

Eurythemis (griech.), Mutter der → Leda.

Eurytion (griech.), ein Kentaur, der sich in der Trunkenheit an der Braut des thessalischen Lapithenkönigs Hippodameia vergriff, weshalb es zum Kampf zwischen den Lapithen und Kentauren kam, der für letztere ungünstig ausging.

Eurytos (griech.), König von Oichalia, er versprach demjenigen die Hand seiner Tochter Iole, der ihn und seine Söhne im Bogenschießen übertreffe. → Herakles erfüllte die Bedingung, Iole wurde ihm jedoch verweigert, worauf er Iphitos, einen Sohn des Eurytos, vom Turm stürzte.

Euterpe (griech.), wörtlich die Erfreuende, eine der neun → Musen, die Göttin der lyrischen Dichtkunst. Weil die Griechen Gedichte stets in musikalischer Begleitung vortrugen, stellte man die Göttin häufig mit einer oder zwei Flöten dar. Nicht zu verwechseln mit Euterpes Schwester → Polyhymnia, die die Muse des von Musik begleiteten Gesanges war.

F

Fafnir (nord.), der »Schatzwerber«, ein Sohn des Bauern Hreidmar, der seinen Vater um eines Goldschatzes willen ermordete. In diesem Schatz befand sich ein fluchbehafteter Ring, der jedem Besitzer, so auch Fafnir, den Tod brachte. Nach dem Mord an seinem Vater wurde er in einen scheußlichen Drachen verwandelt und als solcher von seinem Bruder Regin getötet. Dieser wiederum kam durch Sigurd (→ Siegfried) um.

Fama (röm.), Personifikation des Gerüchtes, wohnte in einem Palast, der jeden Laut doppelt zurückwarf. Er war ganz aus klingendem Erz erbaut und besaß unzählige Gänge und Türen, die stets offenstanden.

Fama entstand nur durch das allegorisierende Denken römischer Dichtung. So schildert Vergil sie äußerst schnell, stark und ungemein groß; mit den Füßen auf der Erde wandelnd und den Scheitel in den Wolken verbergend.

Fames (röm.), Allegorie des Hungers, der griechischen Limos entsprechend.

Farbaute (nord.), Riese, Gatte der → Laufeja.

Fauna (altital.), weibliches Gegenstück des → Faunus, manchmal als seine Frau oder Schwester bezeichnet.

Faunus (Faun), altlatinischer Schutzgott des Ackerbaues und der Viehzucht, ein Enkel des Saturnus, Sohn des Picus und Vater des alten Latinus; er herrschte über Latium und lehrte sein Volk Ackerbau, Gesetz und Sitte und wurde deshalb nach seinem Tode als weissagender Gott des Waldes und der Feldflur verehrt. Später legte man ihm alle Eigenschaften des arkadischen Hirtengottes → Pan bei. So mußte er auch, wie dieser, ein Freund der Musik sein und die Leier spielen und sich in ein ganzes Geschlecht von Panen und Panisken vervielfältigen. Faunus soll diese jungen Faunen mit Fauna, die bald als seine Gattin, bald als seine Tochter oder Schwester gilt, in die Welt gesetzt haben. Wie die griechischen Panen, stellte man die Faunen als gehörnte, krummnasige, spitzohrige, geißschwänzige und bockfüßige Wesen dar, so daß sie teilweise den Satyrn glichen, den ausgelassenen Begleitern des Dionysos, und zuletzt vollständig mit ihnen verschmolzen.

Die Römer hatten, nach Horaz, Faunalien eingeführt, dem Faunus und den Faunen geweihte Feste, wobei man Opfer von Ziegen, jungen Böcken, Milch und Wein veranstaltete, die Herden ungehindert auf die Weide umherschweifen ließ und dem Gesinde erlaubte, den Tag tanzend und schmausend in Wäldern und Auen zu verbringen.

Faustulus (röm.) → Romulus.

Favonius (röm.) → Zephyros.

Fenris (Fenrir) (nord.), ein Ungeheuer in Wolfsgestalt, ein Sohn des bösen Loki und der Riesin Angrboda (Angstbotin). Um sich vor ihm zu schützen, hielten die Asen das schreckliche Untier durch ein von den Schwarzelfen verfertigtes Zauberband gefesselt; es konnte nur dadurch angelegt werden, daß sich der Ase Tyr die Hand abbeißen ließ. Man mußte zur List greifen: Die Asen schmiedeten zuerst selbst zwei metallene Bänder, äußerlich sehr verschieden an Stärke, das eine, genannt Läding (die Sitte), war ziemlich dick, das andere, genannt Dromi (das Gesetz), um die Hälfte dünner, doch ungleich fester als das erste. Darauf gaben die Götter scherzend vor, sie wollten einmal die Kräfte des Wolfes erproben. Dieser legte zunächst das dickere Band an und zerriß es mit Leichtigkeit. Nun sollte er das Band Dromi anlegen, und obgleich er merkte, daß dieses, trotz seiner Dünne, weit fester sei, ließ er sich doch abermals bereden, in der Hoffnung, neues Lob zu gewinnen und hochberühmt zu werden. Und wirklich zersprang, als er sich dehnte, auch das zweite Band. Die Asen, die das Gegenteil erwartet hatten, schickten dann Skirnir, den Diener des Gottes Freyr, nach Schwarzalfheim und bestellten bei den unterirdischen Zwergen eine dritte, unzerreißbare Fessel. Diese schmiedeten das Zauberband Gleipnir (das Gewissen) aus sechs verschiedenen Stoffen: aus dem Bart der Frauen, aus den Sehnen der Bären, aus dem Schall des Katzentrittes, aus dem Speichel der Vögel, aus der Stimme der Fische und aus den Wurzeln der Berge. Das Kunstwerk geriet und war so dünn und weich wie ein seidenes Bändchen. Die Götter riefen nun den Fenriswolf aufs neue herbei, damit er abermals an dieser Fessel seine Stärke versuche. Das Untier war eitel genug, zu kommen; als es aber das zierliche Bändchen erblickte, wurde es argwöhnisch und verlangte eine Bürgschaft dafür, daß man ihn auch wieder loslasse, falls er sich selbst nicht befreien könne. Einer der Asen solle ihm bis zur Entscheidung die rechte Hand in den offenen Rachen stecken. Der Gott Tyr opferte sich für die übrigen Asen. Nun wurde das Band angelegt, aber je heftiger der Riesenwolf sich schüttelte, streckte und wand, desto fester schnürte sich die Zauberfessel zu. Er war gefangen, die Götter zogen die Enden des Bandes durch zwei Felsen und knüpften sie zu einem Knoten zusammen; das Untier schäumte und heulte. Nur Tyr büßte für den Betrug. Dem damaligen Volksglauben nach liegt der Fenriswolf bis zum Anbruch der Götterdämmerung an der Kette, dann aber reißt er sich los und hilft den Söhnen von Muspelheim die Welt zu vernichten.

Feruer (Ferver) (pers.) Gedankenbilder oder Ideale der Schöpfung, eine im Himmel des Ormuzd oder in der reinen Lichtwelt der Seligen wohnende Klasse von guten Genien. Nach ihren Vorbildern wurden alle Dinge der wirklichen Welt in das Dasein gerufen. Jeder Mensch wie jedes Tier besitzt seinen Feruer oder sein reines Idealbild; das Geschöpf wird dem letzteren umso ähnlicher, je tugendhafter es ist und je mehr es sich von der niedrigen Natur zu befreien vermag, die ihm irdische Mängel aufgedrückt hat. Die Feruers sind die in eine geistige Wirklichkeit übergegangenen Gedanken, die der persische Urgott Zarvana Akarana faßte, als er die Welt zu schaffen beschloß. Man betet zu ihnen wie zu hilfreichen Schutzgeistern.

Fialar und **Galar** (nord.), Zwerge, die aus dem Blut des → Quaser den Dichtermet zubereiteten.

Flora; Rembrandt Harmensz van Rijn, 1634, Leningrad, Ermitage.

Flora, altitalische Frühlingsgöttin, Geliebte des Zephyros, erhielt von ihm das gesamte Blumenreich zum Brautgeschenk. Ihr Tempel stand in der Nähe des Circus maximus in Rom. Die Römer führten besondere Feste ein, die Floralien, die um die Blumenzeit, gegen Ende April, unter größter Heiterkeit vonstatten gingen. Unter die bekränzte Menge traten Hetären und warfen auf Wunsch der Menge die Kleider ab. Eine seltsame Ziegen- und Hasenhetze rundete das Fest ab.

Oper: »Flore et Zéphire«, J. F. E. Gautier, 1852.

Flußgott, der Gott eines Flusses, in welchem er, als in einem ihm angehörigen Gebiet, lebte und unbeschränkt herrschte. Es gab deren so viele als es Flüsse gab, und ein jeder wurde mit dem Namen seines Flusses bezeichnet. Bei den Griechen ist der wichtigste Flußgott Acheloios, bei den Römern Tiberinus.

Folkwang (Folkvang[r]) (nord.), wörtlich das Volksfest (Anger), der herrliche Palast der Liebesgöttin Freia in Asgard, mit schönem Garten und dem Saal Sesrumner (der Sitzräumige), worin die tugendhaften und edlen Frauen nach ihrem Tod ein wonneseliges Leben führen, und wo auch die Hälfte der gefallenen Helden aufgenommen werden.

Fornjoter (nord.), uralter Riese, Stammvater jener gleichnamigen früheren Götter, die durch → Odin verdrängt wurden.

Forseti (nord.), der Vorsitzende, der Gott des Friedens und Schlichtens,

Tempel der *Fortuna* Virilis; auf dem Forum Boarium in Rom, 1. Jh. v. Chr.

Sohn des schönen Balder und der Nanna. Sein Thron, der gerechteste Richterstuhl der Welt, stand in seinem Palast Glitnir (der Gleißende).

Fortuna (röm.), entsprach der griechischen → Tyche, sie wurde auch als Staatsgöttin – Fortuna populi Romani – verehrt.

Freia (Freyja) (nord.), die Göttin der Liebe, eine Tochter des dunklen Niörd und der schönen Skadi, also eigentlich eine Wanin (→ Wanen). Nach der Götterkönigin Frigga war sie die vornehmste unter den weiblichen Asen. Ihr Bruder war Gott Freyr. Wenn sie in Eile war, benutzte sie ein Paar Falkenflügel, die sie auch anderen Göttern borgte. Fuhr sie aus, spannte sie, so wie Frigga, vor ihren Wagen zwei Katzen. Mit diesem Gespann fuhr sie auch in das Schlachtgetümmel – und führte die Walküren an, die die Kämpfer umschwebten.

Der Ausdruck »freien« stammt von ihrem Namen ab; ebenso Freitag.

Sie war eine Freundin der Blumen und Elfen sowie der Liebenden und Liebesdichter. In der Walhalla versah sie mit den Walküren, deren Gebieterin sie war, den Dienst einer Mundschenkin. Sie war vermählt mit Od[ur] (Od oder Odur – wohl eine Abwandlung von Odin), dem sie zwei Töchter gebar: die Hnos[s], die verkörperte Schönheit, und die Gersemi (Gersimi), die vollendete Anmut. Entbrannt von Reiselust, verließ Odur einst die Seinen und kehrte nicht wieder. Freia machte sich auf die Suche nach ihm, jedoch vergebens. Sie weinte bittere Tränen, die auf die Erde niederperlten und zu Bernstein gerannen. Ihr Gram konnte auch nicht vom glückseligen Treiben in ihrem Palast Folkwang in Asgard verscheucht werden, wo die Hälfte der irdischen Helden versammelt war.

Freyr (Frey) (nord.), der Gott der Fruchtbarkeit, ein Sohn des Niörd und der Skadi, der Bruder der Liebesgöttin Freia. Freyr galt anfänglich als Sonnengott, späterhin aber als Gebieter über Regen und Sonnenschein. Er brachte den Frauen ihre Männer wieder, wenn sie im Krieg gefangen worden waren, und war ein Helfer in jeder Not. Er vermählte sich mit der anmutigen Gerdur, der Tochter des Bergriesen Gymer. Seine Liebe zu dieser Jungfrau brachte ihm viel Kummer, bevor sie seine Gemahlin wurde. Der Verliebte opferte für Gerdur sogar sein von Zwergen geschmiedetes Zauberschwert. Sein Diener Skirnir verlangte es, als er ausgesandt wurde, um Gerdur zu werben. Gott Freyr wird deshalb bei dem bevorstehenden Weltuntergang Ragnarokr in schlimme Verlegenheit geraten, wenn er sich gezwungen sieht, ohne Schwert gegen die Söhne von → Muspelheim zu kämpfen. Auch der von dem Zwerg Sindri geschenkte Eber Gullinborsti, dessen sich Freyr als Pferd bedient, noch das kunstreiche Wolkenschiff Skidbladnir werden ihm siegen helfen. Der Eber hat goldene Borsten, die solchen Glanz ausstrahlen, daß für den Reiter die Nacht zum Tag wird. Das Wolkenschiff, ebenfalls ein Geschenk der Zwerge, erfreut sich, wohin es auch seine Fahrt richtet, eines stets guten Windes und ist so groß und geräumig, um alle Asen in voller Waffenrüstung aufzunehmen, besteht aber aus so vielen Stücken, daß es zerlegt in die Tasche gesteckt werden kann.

Frigga (Frigg) (nord.), die Gemahlin des Götterkönigs Odin, eine Tochter des Joten Fiörgynur und die Mutter der bedeutendsten Asen, nämlich des Thor, Baldur, Braga, Hermod und Tyr. Beim Götterrat saß sie neben ihrem Gatten Odin auf dem Thron Hlidskialf. Sie sah den Tod ihres Sohnes Baldur voraus, bemühte sich, ihn abzuwenden, das ihr auch gelungen wäre, hätte Loki sie nicht getäuscht. Die von ihr einberufenen Versammlungen fanden im Palast Wingolf statt. Sie selbst bewohnte darin den Prunksaal Fensal[ir] (Meersaal), umgeben von einem glänzenden Hofe der ersten Asynien, unter ihnen die liebliche Fylla, die die Kleidung und den Juwelenschmuck ihrer Herrin besorgte und zugleich deren innigste Vertraute war; ferner die freundliche Hlyn, die ihres Befehles wartete, um mit Hilfe und Trost für Unglückliche hinwegzueilen, und die »jugendlich ungestüme« Gna, ihre eigentliche Botschafterin, die sie mit ihren Aufträgen zu Göttern und Menschen entsandte. Gna ritt auf dem Roß Hofwarpner, das sie schneller als der Wind durch Feuer, Luft und Wasser trug. Zu ihren eigenen Ausflügen bediente sich Frigga eines goldenen Wagens, vor den zwei Luchse gespannt waren.

Frithjof (nord.), der Sohn des freien Bauern Thorstens zu Framnäs; er bewarb sich um Ingeborg, die Tochter des verstorbenen Königs Beles von Syr-

strand, mit der er zusammen erzogen worden war. Da er nur ein Bauer war, schlugen Ingeborgs Brüder, Helge und Halfdan, seinen Antrag ab; Frithjof war so gekränkt, daß er Helge schwer beleidigte. Zur Strafe dafür mußte er unter schwierigen Umständen einen Schatz bergen. Später sah er sich genötigt, das Land zu verlassen, weil er den Brand von Baldurs Tempel verschuldet hatte; er begab sich an den Hof des greisen Königs Hring, wo er die geliebte Ingeborg antraf, die mittlerweile die Gemahlin dieses Fürsten geworden war. Frithjof blieb, bis der Fürst starb, der den Gast zum Erben von Gattin und Krone einsetzte. Dieser nahm jedoch die Herrschaft nicht an, sondern verwaltete nur einstweilen das Reich für dessen minderjährigen Sohn; er selbst kehrte an Ingeborgs Seite in die Heimat zurück und sühnte den Tempelbrand durch Errichtung eines neuen Heiligtums. Helge war inzwischen umgekommen, und Halfdan erkannte den früher verachteten Helden als seinen Schwager an.
Dichtung: »Frithjofssaga«, E. Tegnér, 1820–25.

Furien (röm.), den griech. → Erinnyen gleichgestellt.

G

Gaia (Ge) (griech.), die Mutter Erde, eine Tochter des Chaos, aus dem alles entstand. Bald nach ihrer Geburt zeugte sie → Uranos (Himmel), Pontos (Meer) und die hohen Gebirge. Darauf vermählte sie sich mit ihrem erstgeborenen Sohne, dem Uranos, und gebar von ihm die hunderthändigen Riesen, die → Hekatoncheiren, ferner die Kyklopen und die Titanen. Ihr jüngster Sohn Kronos entthronte den Vater, den Beherrscher des Weltalls. Aus den Blutstropfen, die Gaia bei der Verstümmelung des Uranos durch Kronos aufnimmt, entstehen die Erinnyen, die Giganten und die melischen Nymphen. Von Pontos gebiert sie Nereus, Thaumas, Phorkys, Keto und Eurybie. Die Urmutter Gaia behauptete, obwohl sie durch die späteren Götter in den Hintergrund gedrängt wurde, dennoch eine stets hohe Ehrenstellung; sie wurde besonders wegen ihrer weissagenden Kräfte verehrt. Aischylos erwähnt ausdrücklich, daß sie als Urprophetin das Delphische Orakel als erste besessen habe, welches dann ihrer Tochter Themis, hierauf einer zweiten Tochter Phoibe, der Leto und schließlich dem Sohn der letzteren, dem jungen Apollon, abgetreten worden sei.

Galar und **Fialar**, → Fialar und Galar.

Ganymedes (Ganymed) (griech.), nach Homer ein Sohn des Troierkönigs Tros und der Kallirrhoe, der Tochter des Skamandros. Ganymedes war der schönste sterbliche Jüngling, Zeus liebte ihn so heftig, daß er sich in die Gestalt eines Adlers verwandelte, ihn auf dem Berge Ida mit seinen Krallen umfaßte und in den Olymp entführte. Hier wurde er der Liebling und Mundschenk des höchsten Gottes. Um den in Troia trauernden Vater für seinen Verlust zu trösten, brachte ihm Zeus unter anderen als Geschenke die berühmten Rosse, die später in den Besitz des → Laomedon, Enkel des Tros, übergingen und Veranlassung zur ersten Zerstörung Troias gaben.

Der Raub des Ganymedes bot den bildenden Künstlern Stoff zu vielfachen Darstellungen.

Dichtung: »Ganymed«, J. W. v. Goethe, 1774.

Garmr (nord.) oder Managarm (Mondhund), bissiger Höllenhund, den die Söhne von Muspelheim gefesselt halten, aber beim Hereinbrechen der Götterdämmerung Ragnarokr gegen die Asen hetzen. Er ringt alsdann mit Tyr und tötet diesen mächtigen Gott, fällt aber selbst durch ihn (→ Hel).

Ge, Ga (griech.), → Gaia, die Mutter Erde.

Gefion (Gefjon) (nord.), die Gebende, auch das Meer, die Göttin der Unschuld, ähnlich der römischen Diana, eine jungfräuliche Asynie, die die Schicksale der Menschen mit gleichem Scharfblick wie Odin voraussieht. Die Sage erzählt, daß sie im Auftrag Odins die Insel Seeland von Schweden abtrennte, Odin sandte sie zum schwedischen König Gylfe, um ihn um ein Stück Land zu ersuchen. Ihr reizender Gesang lockte diesem Fürsten die Erlaubnis ab, so viel Land von seinem Gebiet zu nehmen, als sie binnen vierundzwanzig Stunden mit einem Ackerpfluge zu umgrenzen vermochte. So entstand Seeland. Zum Lohn für das Gelingen der Sendung wurde Gefion mit Skiöld vermählt, einem Sohn Odins, der sie zur Stammutter der dänischen Könige machte.

Geirröd (nord.), ein Riese, → Loki.

Genien (röm.), wie die → Daimonen der Griechen unsichtbare Schutzgeister oder höhere Wesen. Bald stellte man einem guten oder weißen Genius einen bösen oder schwarzen gegenüber. Jeder Mensch hatte seinen eigenen Genius, einen Naturgeist, der bei der Geburt des Individuums entstand, es in das Leben einführte und stets überwachend umgab. Beim Tod des Individuums floß der Genius in den allgemeinen Ozean der Geister zurück. Es gab stärkere und weise Genien, andere waren töricht und nachlässig; die von ihnen beschützten Menschen standen unter dem Einfluß ihrer Mängel wie auch ihrer Vorzüge. Man verehrte diese Götter durch allgemeine Feste und ein jeder für sich an seinem Geburtstage. Man stellte das Bildnis seines Genius neben dem Lar (→ Laren) oder Hausgott auf, brachte ihm Opfer, die aus Speisen, Getränken und Räucherwerk bestanden, und achtete sorgfältig auf die Zeichen, durch die der erhabene Schutzgeist seinen Willen auszudrücken schien. Man versuchte, durch Orakelsprüche sein zukünftiges Leben zu ändern, denn die Lebensweise hing sehr von dem Willen eines solch außerordentlichen Wesens ab.

Die Genien der Frauen hießen mit einem von der Königin der Götter abgeleiteten Namen Junonen. Die Römer gingen in ihrer Verehrung so weit, daß sie bei diesen Schutzgöttern zu schwören pflegten; die Sklaven schwuren bei dem Genius ihrer Herren, die Sklavinnen bei der Juno ihrer Frauen und das ganze römische Reich bei dem Genius des Augustus und seiner Nachfolger.

Geryoneus (griech.) → Herakles, 10. Abenteuer.

Giganten (griech.), wildes Geschlecht erdgeborener Riesen, die ihrer Größe wegen sprichwörtlich wurden, mit schrecklichen Gesichtern und, nach der späteren Annahme, auch mit geschuppten Drachenschwänzen statt der Füße ausgestattet. Sie wurden von Uranos mit der Göttin Gaia gezeugt, welche darüber erzürnt war, daß Zeus ihre Söhne, die Titanen, in den Tartaros geschleudert und zu ewiger Gefangenschaft verurteilt hatte. Die Giganten begannen aus diesem Grund den Kampf gegen die von Zeus angeführten Götter, indem sie den Himmel zu stürzen suchten, Berge aufeinanderschoben und Felsblöcke, zusammengebundene Eichenstämme und lodernde Brände gegen den Olymp warfen. Die Schlacht mit diesen Ungeheuern drohte den Göttern Verderben zu bringen. Ein alter Orakelspruch hatte ihnen nämlich kundgetan, daß sie dem Gigantenheere unterliegen würden, käme ihnen nicht ein Sterblicher zur Hilfe. Die zornige Göttin der Erde, Gaia, kannte diese Prophezeiung ebenfalls; sie suchte daher auf ihrer Oberfläche nach Zauberkräutern, welche die Kraft hätten, die Wunden zu heilen, die ihren Söhnen von den Waffen Sterblicher beigebracht würden. Doch Zeus kam ihr zuvor, er verbot den Gottheiten der Morgenröte, der Sonne und des Mondes zu leuchten und schnitt mittlerweile alle Zauberkräuter eigenhändig ab. Dann berief er den zur Rettung der Götter auserkorenen Sterblichen; seinen Sohn → Herakles. Er begann die Gigantenschlacht (Gigantomachie), indem er den gefährlichsten Widersacher, den Alkyoneus, durch einen Pfeilschuß erlegte. Sobald der Riese jedoch die mütterliche Erde berührte, erhob er sich mit neuer Kraft und Lebenswärme. Herakles folgte nun dem Rat der Athene und schleppte den Widererstandenen aus seinem Geburtslande Pallene hinweg. Ein zweiter Pfeilschuß auf fremdem Boden tötete jetzt den Giganten augenblicklich. Darauf griff ihn und Hera der Gigant Porphyrion an. Die Schönheit der Götterkönigin erregte in dem Angreifer den Wunsch, die Gattin des Zeus zu besitzen. Zeus betäubte den Frechen durch einen Donnerkeil, und Herakles streckte ihn mit einem tödlichen Geschoß nieder. Inzwischen erschlugen Hephaistos und Hekate den Giganten Klystios mit glühenden Metallstücken, Gott Dionysos mit dem spitzen Thyrsosstabe den Giganten Eurytos, Apollon schoß dem Ephialtes das rechte Auge aus, und ein Pfeil von Herakles raubte ihm das linke.

Die übrigen Giganten ergriffen die Flucht. Athene schleuderte dem Giganten Enkelados die Insel Sizilien nach, Polybotes wurde von Poseidon mit einem Teile der Insel Eos bedeckt, Hippolytos von Hermes, Gration von Diana durchbohrt, und Athene zog dem Giganten Pallas die unverwundbare Haut vom Leibe und hüllte sich selbst während der Schlacht in sie ein. Die

Moiren bliesen einigen hartnäckigen Widersachern das Lebenslicht aus. Den Rest der Giganten zerschmetterten die Blitze des Zeus und die unfehlbaren Geschosse des Herakles.

Dramatische Bearbeitung: »Il Gigante«, L. Santi, 1632.

Epos: »Gigantomachia«, Cl. Claudianus, um 370 – 404 n. Chr.

Oper: »La caduta dei Giganti«, Ch. W. Gluck, 1746.

Gilgamesch (sumer.), König der einst im Land Sumer zwischen Euphrat und Tigris gelegenen Doppelstadt Uruk-Kullab. Er lebte in der ersten Hälfte der sogenannten Frühdynastischen Zeit (2750 – 2350 v. Chr.). Um ihn rankt sich ein Kranz mythologischer Erzählungen, die davon berichten, wie er nach gewaltigen Heldentaten dem Schicksal aller Sterblichen zu entgehen sucht und sich bemüht, das ewige Leben zu gewinnen. → Utu, → Enlil, → Halub-Baum.

Gilgamesch kämpft mit dem Löwen; sumerisches Rollsiegel, 2. H. d. 3. Jahrtausends v. Chr., London, Brit. Mus.

Epos: »Gilgamesch«, erstes Großepos der Weltliteratur, entstanden im 2. Jahrtausend v. Chr.

Gimle (nord.), der höchste, eigentliche und unvergängliche Himmel, bewohnt von Alfadur, dem Urgott. Er bleibt verschont, wenn der große Weltuntergang Ragnarokr hereinbricht, der Asgard samt Walhalla und die übrigen Himmel verzehren wird, und nimmt alsdann die wiederbelebten Asen, die → Einherier und alle Frommen auf.

Glad[h]sheim (nord.), wörtlich die Glanzheimat, ein Gehöft in Asgard, in dem die große → Walhalla liegt.

Glauke (griech.), 1. Tochter des Königs Kreon von Korinth, → Medeia.

2. Tochter des Königs Kychreus von Salamis, → Telamon.

Glaukos (griech.), hilfreicher, niederer Meeresgott.

Gleipnir (nord.), das Gewissen, unzerreißbares Zauberband, von den Dunkelelfen gefertigt, → Fenrir.

Gna (nord.), Botin der → Frigga.

Gnomen (röm. u. griech.), eine Art Kobolde, Berggeister oder Bergmännchen, graue, steinalte Zwerglein, die die Erzgruben bewachen. Jedes Bergwerk steht unter der Obhut eines solchen Geistes.

Goldenes Vlies, → Medeia, → Argonauten.

Gorgonen (griech.), drei furchterregende Schwestern namens Stheno, Euryale und Medusa, Töchter des Phorkys und der Keto. Sie waren zunächst mit außerordentlicher Schönheit versehen, wurden aber, ihrer Eitelkeit wegen, von den Göttern in menschenhassende Ungeheuer verwandelt. Ihr Aussehen war so grauenhaft, daß der bloße Anblick reichte, den Betrachter zu versteinern. Sie wohnten, nach Hesiod, jenseits des Ozeans, hart an der Grenze der Nacht, bei den singenden Hesperiden. Dort suchte sie → Perseus auf, als er das gefährliche Abenteuer bestehen mußte, das Haupt der Medusa, der einzigen sterblichen von den drei Schwestern, zu holen. Als Perseus ihren Kopf abhieb, entsprangen ihrem Rumpf zwei Sprößlinge Poseidons, denn sie war, als sie noch ihre frühere Schönheit besessen hatte, die Geliebte des Meeresgottes gewesen. Die Sprößlinge waren der Heros Chrysaor, der später den dreileibigen Geryon erzeugte, und das geflügelte Roß → Pegasos. Perseus bediente sich des abgeschlagenen Kopfes zur Fortsetzung seiner Abenteuer als der furchtbarsten Waffe, bis er ihn der Göttin Athene schenkte, die ihn bald auf ihrem Schild, bald auf ihrem Brustharnisch trug.

Später schmückte man nicht nur den Schild sterblicher Kämpfer mit dem Grauenbild des Medusenhauptes, sondern setzte es auch als schreckende Maske auf Denkmäler.

Ballett: »Medusa«, G. v. Einem, 1957.

Graien (griech.), Schwestern der Gorgonen, Töchter des Phorkys und der Keto. Insgesamt waren es drei, ihr Aussehen war ebenso abschreckend und häßlich wie das der Gorgonen. Graien bedeutet wörtlich die Grauen; sie waren hochbejahrte Jungfrauen, grau schon von ihrer Geburt an, und hatten die Gestalt von Schwänen. Alle zusammen besaßen nur einen einzigen Zahn und ein einziges Auge, die sie sich wechselseitig borgten. Sie hausten an einer Stelle der westlichen Erdscheibe, wohin kein Strahl der Sonne reichte, und waren zu Hüterinnen des Weges eingesetzt, der zu den Gorgonen wie auch zu den Waffen führte, mit denen ihre schrecklichen Schwestern besiegt werden konnten. Daher mußte Perseus, als er das Haupt der Medusa zu holen gedachte, sie vorher unterjochen. Der Held überfiel sie im Schlafe und beraubte sie des Auges und des Zahnes, so daß sie ihm, um diese Dinge wieder zu erhalten, Mittel und Wege zur Bewältigung der Gorgonen angaben.

Gramur (nord.), berühmtes Schwert des Helden Sigurd, so scharf, daß es einen stählernen Amboß zerhieb und darauf, in den Fluß gelegt, eine leichte Wollflocke zerschnitt, die entgegenschwamm.

Grazien (röm.) → Chariten.

Greife (Gryps) (griech.), Fabelwesen, riesige Vögel, die Aischylos den scharfmündigen, heiseren Hundeschwarm des Zeus nennt. Sie bewachten Goldlager, die sich in einem fernen östlichen Land befanden, bis ihnen diese durch die einäugigen Arimaspen, die ihren Wohnsitz am goldsandführenden Pluton hatten, nach heftigem Kampfe entrissen wurden.

Gudrun; Figurine von Emil Doepler, 1876.

Gudrun (nord.), die Tochter des Königs Gjuki und der Grimhildur, Gattin Sigurds und seine Rächerin. Entspricht der Gestalt der Kriemhild im Nibelungenlied.

Gullinborsti (nord.), ein goldener Eber, → Freyr.

Gunlöde (Gunnlöd) (nord.), Tochter des Riesen Suttung, bewachte in dessen Auftrag den Dichtermet, gab aber Odin davon zu trinken. → Quaser und → Odin.

Gunnar (nord.), einer der kühnsten Helden, Bruder der schönen Gudrun, kam nach der Ermordung Sigurds am Hofe des Königs Atli jämmerlich um. Entspricht der Gestalt des Gunther im Nibelungenlied.

Guttormur (nord.), der Bruder Gunnars und Mörder des edlen Sigurd, seines Schwagers. Im Nibelungenlied führt Hagen diese Tat aus.

Gylfe (nord.), ein Schwedenkönig, berühmt durch ein in der prosaischen Edda aufgezeichnetes Gespräch, das er mit den Göttern in Asgard führte.

H

Hadding (nord.), berühmter dänischer Held, der göttliche Ehre erlangte. Odin schenkte ihm ein Roß, mit dem er über Land und Meer reiten konnte. Der Liebling der Götter mußte sich selbst entleiben, um in Walhalla aufgenommen zu werden. Der eigentliche Heldentot blieb ihm versagt, da er, seines Ruhmes wegen, keinen Widersacher fand.

Hades (röm.), Unterwelt, → Tartaros, auch Orkus, auch Name für den Gott der Unterwelt (Aidoneus, Pluto oder Pluton). Sohn des Kronos und der Rheia, Gemahl der Persephone.

Haimon (griech.) → Antigone und Kreon.

Halkyone oder Alkyone (griech.), die Tochter des Aiolos und der Aigiale, war vermählt mit Keyx, dem König zu Trachis. Die überaus glückliche Ehe trennte der Neid der Hera. Keyx unternahm eine Seereise, erlitt Schiffbruch und ertrank. Nichtsahnend opferte die Gattin täglich den Göttern für die Rückkehr des Geliebten. Wegen ihrer Frömmigkeit erlaubte Hades dem Schatten des Keyx der wartenden Gemahlin im Traume seinen Tod zu melden. Am nächsten Morgen warf die Flut den Leichnam des Keyx an Land. Aus Verzweiflung stürzte sich die Gattin in das Meer. Die Götter aber verwandelten aus Mitleid das umgekommene Ehepaar in Eisvögel (Halkyonen). Da während der Brutzeit der Eisvögel, besonders in den Gewässern Siziliens, vollkommene Windstille zu herrschen pflegt, entstand der sprichwörtliche Ausdruck »halkyonische Tage«, womit man glückliche Tage heiterer Ruhe bezeichnet.

Halub-Baum (sumer.), eine Art Eiche, den die Göttin → Inanna in ihrem Garten pflanzt, um sich später daraus Thron und Bett herstellen zu lassen. Aber an den Wurzeln des Baumes baute sich die Schlange ihr Nest, in die Krone setzte der Anzu-Adler sein Junges, und im Stamm baute sich das Lil-Mädchen eine Wohnung. Göttin Inanna, bestürzt über das Geschehen, wandte sich an ihren Bruder, den Sonnengott, der ihr aber nicht beistand. Dagegen war → Gilgamesch, dem die Göttin ihre Klage vortrug, sogleich zu helfen bereit. Er erschlug die Schlange, worauf der Anzu-Adler sein Junges fort ins Gebirge holte und das Lil-Mädchen in die Wüste entwich. Gilgamesch fällte den Baum und übergab ihn der Göttin. Zum Dank für die geleistete Hilfe läßt Inanna daraus einen Reifen zum Spielen und den dazu gehörenden Treibstecken herstellen. Mit diesen Geräten tyrannisierte Gilgamesch auf eine heute noch nicht geklärte Art und Weise die Bevölkerung von Uruk. Auf deren Klage fielen Reifen und Stecken in die Unterwelt.

Hamingior (nord.), gute Schutzgeister.

Hänir (Hönir) (nord.), ein schöner, doch geistloser Ase. Er wurde den → Wanen als Geisel ausgeliefert, nachdem die Asen mit diesen bis zum Weltuntergang Frieden geschlossen hatten.

Harmonia (griech.), Gattin des → Kadmos.

Harpokrates (ägypt.), Gottheit, die schwach, gebrechlich und lahm dargestellt wurde, meistens als ein Kind mit dem Daumen im Mund, das auf einer Lotosblume sitzt (→ Osiris). Bei den Römern wurde er als Gott des Schweigens angesehen.

Harpyien (griech.), die zwei oder drei räuberischen Töchter des Thaumas und der Okeanide Elektra. Selbst ihre wechselnden Namen Aello, Aellopus, Podarge, Okypete, Kelaino weisen auf den Sturmwind und die Schnelligkeit hin. Sie gefielen anfangs den Windgöttern Zephyros und Boreas. Der erstere zeugte mit einer von ihnen die göttlichen Rosse Xanthos und Balios, das Gespann des Achilleus vor Troia. Die spätere Sage dagegen entzog den Harpyien jegliche Anmut, wenn sie ihnen auch teilweise die weiblichen Formen ließ. Sie wurden nunmehr als Raubvögel mit jungfräulichen Gesichtern abgebildet, als gefräßige Unholdinnen mit Flügeln und als grauenhafte Gespenster. Nun galten sie als Rächerinnen, von den Göttern ausgesandt, um Übeltäter zu bestrafen.

Hartgrep (nord.), Gattin des dänischen Königs Hadding, der Zauberkünste mächtig, konnte jede beliebige Gestalt annehmen und auch andern verleihen.

Hebe (griech.), Göttin der Jugend, Tochter des Zeus und der Hera, Mundschenkin der Götter. Sie trat jedoch, ihrer erhabenen Abkunft gemäß, nur bei festlichen Gelagen auf, und dies auch nur so lange, bis Ganymedes sie ablöste. Als Herakles in den Himmel aufgenommen worden war, nahm er Hebe zur Gattin. Sie schenkte ihm zwei Söhne, den Alexiares (den Kampfstarken) und Aniketos (den Unbesiegbaren).

Oper: »Le nozze d'Ercole e d'Ebe«, Gluck, 1747.

Heidrun (nord.), »Erhalterin der Art«, metspendende Ziege der Asen. → Walhalla.

Heimdal[l] (nord.), wörtlich der Weltglänzer, ein Sohn des Odin, der scharfäugige und feinhörige Wächter der zu den Asen führenden Brücke. Wenn Feinde nahen, stößt er in das Giallarhorn, dessen Klang durch alle Welten dringt und die schlummernden Götter weckt. Dieser Sohn des Odin hatte neun Wellenmädchen zu Müttern, die aus dem Jotenstamme entsprossen und die Töchter des meerbeherrschenden Riesen Oegir und seiner Gemahlin Ran waren. Er besaß eine so helle Farbe, daß er der weiße Ase genannt wurde, was einer Auszeichnung gleichkam; ferner hatte er Zähne von Gold, weshalb er den Beinamen Gullintani (Goldzahn) erhielt. Zum Wächter der Bifröstbrücke, die von Midgard nach Asgard führte, eignet er sich vor allen andern Asen, weil er weniger Schlaf als ein Vogel braucht und die schärfsten Sinne hat. Denn er sieht sowohl bei Tag als bei Nacht und hört sogar das Gras in der Erde wachsen. Die Asen erbauten ihm das Gehöft Himinbiörg (der Himmelsberg) am obersten Ende der Bifröstbrücke, damit er von dort aus die nie ruhenden Tücken der Riesen und anderer Götterfeinde leichter beobachten konnte. Wenn er seinen Wachtposten an der Brücke versieht, reitet er das Roß Gulltopp (Goldschweif) und ergreift das Giallahorn (Gellhorn), das er in dem dichte Laube des über Asgard aufsteigenden Welteschenwipfels Läradh verbirgt. → Loki und Odin.

Hekabe (griech.) oder (lat.) Hecuba, die Tochter des phrygischen Königs Dymas und zweite Gemahlin des Königs Priamos von Troia, welchem sie neunzehn Söhne gebar, unter ihnen den edlen Hektor, aber auch den unseligen Zerstörer ihres Hauses und Reiches, Paris. Sie mußte mitansehen, wie alle ihre Söhne im Troianischen Krieg fielen, ihre Töchter Polyxena und Kassandra als Sklavinnen verschleppt und ihr Gemahl Priamos hingerichtet wurden. Sie selbst wurde von Odysseus aus der brennenden Stadt geführt. Hekabe floh an die Küste von Thrakien, wo Polymestor herrschte. Sie hoffte, dort mit ihrem jüngsten Sohn Polydoros Sicherheit zu finden, um wenigstens einen Sprößling des troianischen Königshauses zu retten. Doch am gleichen Tage, an dem ihre Tochter Polyxene am Grabe des Achilleus von den Griechen geopfert

wurde, entdeckte sie den Leichnam des Knaben. Er war, der ihm mitgegebenen Schätze wegen, von seinem Beschützer Polymestor getötet worden. Die Mutter lockte hierauf den Mörder mit seinen beiden Söhnen zu sich, brachte die letzteren um und riß dem treulosen Gastfreund die Augen aus. Sie selbst wurde darauf gesteinigt. Die Götter entrückten jedoch die Unglückliche ihren grausamen Verfolgern. Denn als man den Steinhaufen wegräumte, fand man die Leiche eines Hundes.
Dramatische Bearbeitung: »Hekabe«, Euripides, um 425 v. Chr.
Roman: »Töchter der Hekuba«, C. Viebig, 1917.

Hekate (griech.), die Tochter des Titanen Perses und der Asteria, die einzige Titanin, die dem Zeus in Gigantenkrieg beistand und dafür mit außerordentlicher Macht im Himmel, auf der Erde und in der Unterwelt belohnt wurde. Um diese dreifache Herrschaft anzudeuten, bildete man sie dreigestaltig ab, aus drei Leibern, mit zueinander gewendeten Rücken, in den Händen eine Fackel, einen Dolch und einen Schlüssel tragend. Man verehrte sie auf Weggabelungen, aber nicht sich kreuzenden Pfaden, den Hekate besaß die Schlüssel zu drei verschiedenen Wegen: sie konnte den Himmel öffnen, das Schattenreich aufschließen und zu einem glücklichen Leben auf der Erde geleiten. An dergleichen heiligen Straßen standen ihre Bilder und Altäre; es war Sitte, dort an jedem Neumond ein öffentliches Gastmahl anzustellen und Opferspeisen niederzulegen. Sie wurde oft mit Artemis, aber auch mit Selene und Persephone gleichgesetzt.

Hektor (griech.), der berühmte troianische Held, der von der Hand des Achilleus getötet wurde, des Königs Priamos von Troia und der Hekabe ältester Sohn und der Oberbefehlshaber der Streitkräfte gegen die Griechen. Von seinem Leben hing der Ausgang des Krieges ab. Homer machte ihn zum zweiten Haupthelden der Ilias. Seine Gattin war Andromache, Tochter des Eëtion, die ihm einen Sohn namens Astyanax schenkte. Nachdem Hektor den Patroklos vor den Toren Troias getötet hatte, fiel er selbst im Zweikampf mit Achilleus. Die Rache des Siegers war so grausam, daß er sogar den Leichnam des Feindes mißhandelte, mit den Füßen an seinen Wagen band und dreimal um die Mauern von Troia schleifte. Endlich jedoch wurden die entstellten Überreste auf die Bitten des greisen Priamos, der persönlich im Griechenlager erschien und sich vor Achilleus in den Staub niederwarf, der trauernden Vaterstadt ausgeliefert und nach damaligen Gebräuchen feierlich bestattet. Die Nachkommen ehrten Hektor als Halbgott.
Dichtung: »Hektors Abschied«, F. v. Schiller, 1780.

Hel (nord.), Göttin der Unterwelt, eine Tochter des bösen Asen Loki und der Riesin Angerbode, die Schwester des Wolfes Fenrir und der erdumfassenden Schlange Jörmungand. Sie wurde als eine halb fleischfarbene, halb schwarze oder blaue Riesin abgebildet, die sich vom Mark und Gehirn der Menschen nährte. Die Asen suchten deren Geschwister unschädlich zu machen und wiesen auch der Hel ein besonderes Reich an, Niflheim oder Helheim, das kalte Gebiet des Todes, der Nacht und des Elends unter dem Erdgrund, die neunte Welt. Der ungeheure Raum, über welchen sie gebot, umfaßte neun große Abteilungen und war durchströmt von zweiunddreißig Höllenflüssen, die aus der im Mittelpunkt des Ganzen befindlichen Quelle Hwergelmir entsprangen. Ein Strom, Gjöll genannt, umfloß das gesamte Unterreich und machte es zu einer weiten, von den übrigen Welten getrennten Insel. Die mit Gold belegte Gjöllerbrücke führte über diesen Grenzstrom, bewacht von der Riesenjungfrau Modgudr (der Seelenkampf), die nach Geschlecht und Namen der Ankömmlinge fragte und ihnen den Weg durch das hohe eiserne Gitter zeigte, das die zweite Scheidewand Niflheim bildete und das man durchschreiten mußte, um in die neunte Welt und zum Palast der Hel zu gelangen. Das rings von Flammen umloderte Haus der Göttin war von zwei Jungfrauen bewacht, die auf ewig schreienden Stühlen saßen und in ihren Adern eisernes Blut hatten, das, sobald es auf die Erde tröpfelte, unter den Menschen Krieg und Hader entfachte. Im Innern des Hauses harrten der Knecht Ganglate (Trägläufer) und die Magd Ganglöt (Trägläuferin) auf Hels Winke. Ihr Saal hieß Elend, ihre Schwelle Falltür, ihr von giftigem Gewürme triefendes Dekkengewölbe Lästerdach, ihr Tisch Hunger, ihr Messer Freßschneide und ihr Bett Kummer. Außerdem hauste in einer Höhle von Helheim der Hund Managarm (Mondhund), ein blutbeflecktes Ungeheuer, das sich vom Fleisch der Toten nährte und jedem Ankömmling mit klaffendem Rachen und Geheule entgegensprang; ferner die Schlange Nidhögur (Neidhard), die mit ihren unzähligen Kindern fortwährend an dem mächtigen Weltbaum, der Esche Ygdrasil, frißt, um sie zu zerstören.

Nach Helheim kamen jene Menschen, die nicht als tapfere Männer an Kampfwunden, sondern an Krankheit oder Altersschwäche gestorben waren. Das Gericht über Gut und Böse findet erst nach dem Weltuntergang Ragnarokr statt.

Helena (griech.), Tochter der mit dem Spartakönig Tyndareos vermählten → Leda, die Zwillingsschwester der beiden Dioskuren und die Stiefschwester der Klytaimnestra. Väterlicherseits stammte Helena von Zeus ab, welcher sich in einen Schwan verwandelt hatte, um die reizende Leda zu besuchen, die hierauf zwei Eier gebar. Aus dem einen ging Kastor, aus dem anderen Polydeukes und Helena hervor. Helena war von solcher Lieblichkeit, daß sie schon in jungen Jahren von Theseus nach Attika entführt wurde. Es gelang jedoch ihren Brüdern, die Geraubte zu befreien. Es erschienen eine Menge griechischer Fürsten, die sich um ihre Hand bewarben. Um den schlimmen Folgen auszuweichen, die aus der Rache der Abgewiesenen entstehen konnten, ließ Tyndareos auf den Rat des Odysseus sämtliche Freier einen Eidschwur leisten, den künftigen Gemahl, den Helena sich selbst unter ihnen aussuchen würde, gemeinschaftlich gegen feindliche Angriffe zu verteidigen. Sie wählte → Menelaos, den Bruder des Königs → Agamemnon von Mykenai. Aus der anfangs glücklichen Ehe gingen die Tochter Hermione und der Sohn Nikostratos hervor.

Doch ihre Schönheit beschwor bald Unheil herauf. → Paris, der Sohn des Königs Priamos von Troia, begab sich an den Hof des Menelaos. Er war von der Liebesgöttin Aphrodite begleitet, die ihm die schönste Sterbliche zur Gemahlin versprochen hatte, weil er in dem berühmten Wettstreit der Göttinnen Aphrodites Schönheit mit dem goldenen Preisapfel gekrönt hatte. Den Künsten des Eros und der Aphrodite unterliegend, ließ sich Helena von Paris nach Troia entführen. Darauf rief Menelaos alle einst durch den Eid verbundenen griechischen Fürsten zusammen und rückte gegen Troia aus. Der zehnjährige Krieg entbrannte, an der Spitze der Griechen stand Agamemnon. Zuletzt sank Troia in Staub und Asche. Die Gesänge des Homer haben diese Kämpfe verewigt.

Helena geriet in Gefangenschaft und folgte ihrem Gatten nach Sparta zurück. Ihre Schönheit bezauberte das Herz des Menelaos aufs neue, so daß sie straflos ausging.

Dramatische Bearbeitungen: »Helena«, Euripides, 412 v. Chr.; »Helena«, Ch. M. Wieland, 1805 (Übersetzung des Euripides); »Helena, klassisch-romantische Phantasmagorie, Zwischenspiel zu Faust«, J. W. v. Goethe, 1827.

Dichtung: »The new Helen«, O. Wilde, 1881.

Romane: »The private life of Helen of Troy«, J. Erskine, 1926 (deutsch 1952); »Skandal um Helena«, E. H. Hansen, 1955.

Opern: »Paride ed Elena«, Ch. W. Gluck, 1770; »Die schöne Helena«, J. Offenbach, 1864; »Die Ägyptische Helena«, R. Strauss, 1928 (Text von H. v. Hofmannsthal).

Helenos (griech.), Sohn des Priamos, troischer Seher, → Odysseus, → Palladion.

Helheim (nord.) → Hel.

Heliaden (griech.), Kinder des → Helios.

Helikon (griech.), der Musenberg in Boiotien.

Helikoniden (griech.), Name der Musen vom Berg Helikon in Boiotien, einem ihrer Hauptwohnsitze.

Helios (griech.), Sonnengott, Sohn des Titanen Hyperion und der Titanin Theia, Bruder der Mondgöttin Selene und der Morgenröte Eos. Er fuhr mit dem von vier feurigen Rossen gezogenen Sonnenwagen am Himmel, um der Welt den Tag zu bringen. Man stellte sich die Erde als Scheibe vor; auf der östlichen Seite hinter Kolchis und jenseits des Kaukasus stand der Palast des Helios. Von diesem trat er seine tägliche Reise an, ihm voraus zog die Schwester Eos, die mit ihren Rosenfingern die östlichen Sonnentore öffnete. Nach dem halben Weg senkte er das Viergespann hinab, bis er auf der entgegengesetzten Seite des Ozeans anlangte. Dort nahm er das ambrosische Mahl zu sich und

Helios; ein von Heinrich Schliemann gefundenes Relief vom Athenatempel in Troia, frühes 3. Jh. v. Chr., Berlin-Ost, Staatl. Mus.

schiffte dann mit Roß und Wagen in einem goldenen Nachen auf dem die Erde umringenden Strome westwärts, bis er wieder in seinem Morgenpalast eintraf.

Helios, der jeden Erdwinkel erleuchtete, alles wahrnahm, was sich auf der Erdoberfläche zutrug, wurde häufig als Allesschauender angerufen. Man glaubte auch, daß er im Osten und Westen, beim Aufsteigen und Niederfahren, wo er, nach der damaligen Vorstellung, der Erde am nächsten kam, eine größere Fruchtbarkeit bewirke und stärkere Zauberkräuter hervorbringe.

Auf dem Abendrande lagen die Wundergärten der Hesperiden, in der Morgengegend, in der Flur von Kolchis, lebte die von Helios abstammende Zauberfamilie, deren Haupt König Aietes war. Denn der Sonnengott war mit Perse vermählt, einer Tochter des Okeanos, welche ihm den König Aietes und die beiden Töchter Kirke und Pasiphae schenkte. Als Gemahlin galt auch Rhode oder Rhodos, eine Tochter des Poseidon und der Amphitrite, die Mutter von sieben Söhnen, welche Heliaden hießen, erfindungsreiche Seeschiffer waren und von ihrem göttlichen Erzeuger die Insel Rhodos zum Geschenk erhielten. Dort war auch der Hauptsitz der Verehrung Helios'. Über dem Hafen dieser Insel erhob sich seine riesige Bildsäule, der sogenannte Koloß von Rhodos, eines der Sieben Weltwunder.

Helios besaß als Lichtgott die Fähigkeit, Blinde zu heilen, aber auch Frevler mit Blindheit zu strafen. In der Orphik wurde Helios dem Gott Apollon gleichgesetzt.

Helle (griech.), Schwester des → Phrixos, Tochter des → Athamas.

Hellen (griech.), ein Sohn des Deukalion und der Pyrrha, berühmt als Ahnherr der nach ihm benannten Hellenen, zeugte mit der schönen Nymphe Orseis die drei Stammväter der griechischen Stämme, nämlich Doros, → Aiolos und → Xuthos. Von letzterem entsprossen wiederum die beiden Stammväter → Achaios und → Ion.

Hephaistos (griech.), der Schmiedegott oder der Gott des Feuers, ein Sohn des Zeus und der Hera, einer der zwölf großen Götter. Er war einer Sage nach von Geburt an lahm, einer anderen zufolge hatte er dieses Gebrechen, weil ihn sein Vater einst am Fuße gepackt und vom Himmel hinabgestürzt hatte, erzürnt, daß er die Mutter ungebührlich zu verteidigen wagte, als sie einmal mit ihrem Gatten haderte. Der Hinuntergeschleuderte fiel halb tot auf Lemnos auf, die das Eiland bewohnenden Sintier pflegten ihn soweit, daß er bis auf das hinkende Bein gesundete. Überhaupt sagte man ihm ein häßliches Aussehen nach, doch war er ein kunstreicher Gott, der die bewunderungswürdigsten Arbeiten verfertigte. Die Athener stellten ihn in

Hephaistos und die Kyklopen schmieden dem Achilleus einen neuen Schild.

bezug auf die Künste sogar ihrer Athene gleich. Nach Homer hatte er sich auf dem Olympos eigenhändig eine Werkstatt errichtet; dort baute er auch den übrigen Göttern ihre glänzenden Paläste. Anderen Quellen zufolge liegt seine Schmiede mit dem himmlischen Feuer bald auf Lemnos oder in den unterirdischen Gewölben der feuerspeienden Berge.

Die drei ältesten Kyklopen, Brontes, Steropes und Arges oder Pyrakmon, gingen ihm als Gehilfen zur Hand, als er für Zeus Zepter und Donnerkeil, für Ares die Rüstung, für Helios Palast und Wagen, die Pfeile des Eros, das Halsband der Harmonia, die verderbenbringende Büchse der → Pandora, die Waffen des Achilleus, die silbernen und goldenen Wächterhunde des Alkinoos usw. schmiedete.

Nach der Odyssee war die Liebesgöttin Aphrodite seine rechtmäßige Gemahlin, die ihn jedoch zeitweise mit → Ares betrog.

Hephaistos hatte als kleinasiatischer Gott in Lemnos seine Hauptkultstätte, wo offenbar das aus dem Boden hervorbrechende Erdfeuer Anlaß dazu gab. Im 6. Jh. v. Chr. faßte der Kult in Athen Fuß, nachdem die Insel Lemnos durch athenische Truppen erobert worden war.

Roman: »Der Schmied der Götter. Leben und Liebe des Hephaistos.« O. Völckers, 1939.

Ballett: »Vulkan«, Th. Schacht, 1789.

Hera (griech.), Königin der Götter, eine Tochter des Kronos und der Rhea, die Schwester und Gemahlin des Zeus. Berühmt wegen ihrer Schönheit, um die es auch in einem Wettstreit ging, an dem sie neben Aphrodite und Athene teilnahm und in dem → Paris das Urteil sprach. Die sonst gnädige Himmelsgöttin konnte ihr Zuwiderhandelnde aber auch mit unversöhnlichem Haß verfolgen. Als Paris ihr den Preis versagte, stürzte sie nicht nur das verhaßte Troia, wohin Paris Helena entführte hatte, sondern verfolgte auch Aeneas und die nach Italien aufbrechenden letzten Flüchtlinge aus dieser Stadt. Ihre Eifersucht dem Gemahl gegenüber kannte kaum Grenzen. Sie häufte Verderben auf diejenigen, deren Reize den Gatten zur Untreue verlockt hatten, → Leto, → Semele, → Io, → Herakles usw.

Hera entschleiert sich vor Zeus; Metope vom Heratempel in Selinunt, nach 466 v. Chr., Palermo, Arch. NM.

Die Vermählung mit Zeus fand auf folgende Weise statt: als Hera noch Jungfrau war, spazierte sie auf Samos. Zeus ließ über ihrem Haupte ein Gewitter entstehen, verwandelte sich in einen Kuckuck und umflatterte sie. Harmlos fing die Schwester des Götterkönigs den durchnäßten Vogel und erwärmte ihn unter Liebkosungen an ihrer Brust; darauf zeigte sich der Gott in wahrer Gestalt und veranstaltete auf der Insel Kreta eine feierliche Hochzeit. Die hohe Braut wurde von der Gaia mit dem Baume beschenkt, welcher die später von den → Hesperiden bewachten goldenen Äpfel trug. Die Verbindung des obersten Götterpaares war mit vier Kindern gesegnet, zwei Töchtern, der Hebe und Eileithyia, und zwei Söhnen, dem Ares und dem Hephaistos.
Obwohl diese Ehe häufig durch Wolken des Haders getrübt war, erhoben die Griechen Hera zur Göttin der Ehe und zur Ehestifterin. Außerdem wurde sie auch als Geburtshelferin angerufen. Schon seit den ältesten Zeiten ehrte man sie durch Feste, Opfer und Wettspiele, besonders zu Argos, Arkadien, Elis, Samos, Karthago und Kroton. Ihr berühmtester Tempel stand zwischen den Städten Argos und Mykenai, geschmückt mit ihrer kolossalen, aus Gold und Elfenbein verfertigten Bildsäule, einem Meisterwerk des Polyklet.
Oper: »Giunone placata«, J. J. Fux, 1725 (Text von I. Zanelli).
Herakl[e]iden (griech.), Nachkommen des Herakles, sie versuchten, den Peloponnes, die Heimat ihrer Vorfahren, zurückzuerobern. Des Herakles Sohn

Hera; röm. Kopie nach einem Werk aus der Schule des Phidias um 420 v. Chr.

Hyllos wird jedoch immer wieder von dem gehässigen Eurystheus, von jenem, in dessen Auftrag Herakles seine berühmten zwölf Arbeiten ausführen mußte, nach Attika zurückgeworfen. Erst der dritten Generation nach Hyllos, also Aristodemos, Temenos und Kresphontes, gelingt es, den Peloponnes zu erobern.
Dramatische Bearbeitung: »Die Herakleiden«, Euripides um 428 v. Chr.
Herakles (griech.) oder Herkules (röm.), der größte und tatenreichste aller griechischen Helden, ging als Halbgott in den Himmel ein, Sohn des Zeus und der schönen, mit dem König Amphitryon

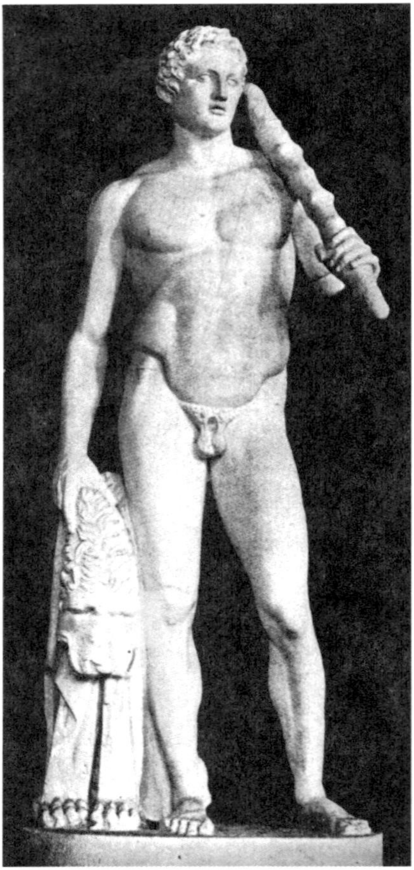

Sogen. »*Herakles* Lansdowne«; vermutlich eine Kopie nach Skopas, Malibu, Kalifornien, P. Getty Mus.

von Theben verlobten → Alkmene. Sein Zwillingsbruder → Iphikles, welchen die Mutter von Amphitryon empfing, schloß sich, so lange er lebte, getreulich dem Halbbruder an. Niemals aber war die immer wache Eifersucht der Hera heftiger entfacht worden als durch diesen Seitensprung ihres Gatten. Ihre Verfolgung dauerte von Herakles' Geburt bis zu seinem Tod. An Zeus selbst wagte sie ihren Groll nicht auszulassen, sie suchte ihn aber zu überlisten. Als der Tag kam, an dem Alkmene gebären sollte, gelobte der Götterkönig vor Freude, daß derjenige Nachkömmling aus dem Geschlecht des Perseus, dem Alkmene angehörte, welcher heute das Licht erblicken würde, über alle anderen Nachkömmlinge oder Vettern dieses Stammes unumschränkter Gebieter und Herr sein sollte. Kaum vernahm Hera jene Worte, als sie dem Gemahl einen feierlichen Schwur ablockte, diese Bevorrechtung des nächstgeborenen Sprosses des Perseus unter keiner Bedingung rückgängig zu machen. Darauf eilte sie nach Argos hinab, wo die mit Sthenelos, einem Sohn des Perseus, vermählte Königin Nikippe sofort einen Knaben gebären mußte, obwohl sie erst im siebenten Monat ihrer Schwangerschaft stand. Der Knabe war Eurystheus, ein Enkel des Perseus. Dagegen befahl Hera gleichzeitig der Geburtsgöttin Eileithyia, die Niederkunft der Alkmene zu erschweren, wodurch Zeus' Wunsch nicht in Erfüllung ging. Der geliebte Göttersohn war mit dem Fluche der Knechtschaft beladen, welche der früher geborene Vetter Eurystheus über ihn verhängen durfte.

Aber auch Hera wurde ein Streich gespielt. Alkmene setzte, besorgt vor der zürnenden Götterkönigin, den neugeborenen Herakles aus; Athene benutzte diesen Umstand und geleitete Hera wie durch Zufall in die Gegend, wo sie den Knaben antreffen mußte. Da diese das ihr gezeigte Kind nicht kannte, ließ sie sich leicht von Athene bereden, es an die Brust zu legen. Jenes sog aber so heftig, daß die Göttin es von ihrer Brust losriß. Ein Strom von Milch schoß dabei den Himmel entlang und bildete die Milchstraße. Dieser einzige Zug reichte aus, Herakles mit Götterstärke und Unsterblichkeit zu beschenken.

Dennoch setzte Hera die Verfolgung des Kindes fort. Als der wieder in das Elternhaus zurückgeholte Knabe nebst Iphikles in seiner Wiege lag, fuhren zwei gewaltige Schlangen in den Schlafsaal, die von Hera abgesandt worden waren. Bevor Alkmene noch helfend eingreifen konnte, hatte der junge Herakles die Schlangen bereits erwürgt. Amphitryon erkannte an diesem Wunder, daß ihm ein Göttersohn beschert sei, und ließ dem Knaben sogleich die sorgfältigste Ausbildung angedeihen. Die größten Männer jener Zeit wurden seine Lehrmeister. Von dem Pflegevater selbst lernte er die Kunst des Wagenlenkens, Autolykos unterwies ihn im Ringkampf, Eurytos im Bogenschießen, Kastor im Fechten und der treffliche Sänger Linos in der Musik. Als Linos seinen Schüler einmal zurechtwies, schlug ihm dieser die Leier so heftig an den Kopf, daß der Meister augenblicklich starb. Amphytrion fand es ratsam, den kräftigen Jüngling für einige Zeit als Hirten der königlichen Rinderherden aufs Land zu schicken. Dort bestand Herakles seine erste Probe; zwei Göttinnen, die Tugend und das Laster, wiesen ihm an einer Wegkreuzung den jeweils ihrer Meinung nach richtigen Weg. Herakles entschied sich für den steinigen Pfad der Tugend.

Als ein Löwe unter den Rinderherden des Amphitryon Verwüstungen anrichtete, erlegte ihn Herakles und zog ihm das undurchdringliche Fell ab. Es diente ihm künftighin als Panzer, die Kopfhaut als Helm. In der Zeit, in der er am Hofe des Thespios wohnte, führte ihm dieser jede seiner Töchter zu, damit eine kräftige Nachkommenschaft das Königreich erhalte. Insgesamt waren es zweiundfünfzig Söhne, die dort zur Welt kamen.

Kurz nach seiner Rückkehr nach Theben erlöste er die Bewohner dieser Stadt von einer aus hundert Rindern bestehenden Abgabe, die sie an den König Erginos von Orchonmenos entrichten mußten. In diesem Kampf fiel Amphitryon. Der neue König Kreon, der jetzt über Theben herrschte, vermählte den Sieger aus Dankbarkeit mit seiner Tochter Megara, sie schenkte Herakles mehrere Söhne. Die Göttin Hera sandte ihm jedoch von Zeit zu Zeit den Wahnsinn. In einem dieser plötzlichen Anfälle, hervorgerufen durch einen Befehl seines Neffen Eurystheus an ihn, brachte er seine Kinder um.

Seine Tat zutiefst bedauernd, verbannte er sich selbst aus Theben. Sein Freund Thespios reinigte ihn von der unvorsätzlichen Blutschuld. Erleichtert begab er sich hierauf nach Delphi, um das Orakel zu befragen, ob die Forderung des Eurystheus zu Recht bestehe. Pythia, die Priesterin des Apollon, erklärte ihm, er müsse dem Vetter so lange dienen, bis er zehn Abenteuer, die ihm dieser vorschreiben werde, vollendet habe. Danach würde er unter die Götter aufgenommen werden. Zugleich redete ihn die Seherin zum erstenmal mit seinem eigentlichen Namen Herakles an, in welchem die Bedeutung liegt, daß er seinen Ruhm der Verfolgung der Göttin Hera verdanke.

Herakles folgte dem Willen der Götter. Ausgestattet mit dem Schwert des Hermes, einem Panzerkleid von Athene, einem goldenen Köcher von Hephaistos, zu welchem Apollon eine Anzahl nie fehlender Pfeile hinzufügte, zog er aus, um die zehn von Eurystheus auferlegten Abenteuer zu bestehen. Die berühmte Keule schnitzte er sich selbst.

Das erste Abenteuer bestand darin, den Nemeïschen Löwen zu töten, einen Nachkommen des Typhon und der Echidna. Das Ungeheuer konnte durch keine Waffen verwundet und erlegt werden, wie Herakles bestätigt fand, als er die Pfeile des Apollon an dem unverletzlichen Fell und die Keule an der harten Stirn desselben erprobte. Darauf drängte er den Löwen in eine Höhle und befolgte den Rat des Hirten Molorchos, das Tier zu erwürgen, was ihm auch schnell gelang.

Die zweite Aufgabe lautete, die Hydra von Lerna zu vernichten. Diese neunköpfige Wasserschlange, gezeugt von Phorkys und Keto, war eine Landplage, sie überfiel Mensch und Vieh. Das Ungetüm, aus seinem Schlupfwinkel aufgescheucht, umrollte die Füße des Herakles, der ihr die Köpfe abhieb. Allein aus jedem gefallenen Haupt wuchsen zwei neue hervor. Gleichzeitig stieg aus dem Sumpfe ein riesiger Wasserkrebs, welcher Herakles in den Schenkel zwickte. Zunächst schaffte er sich diesen neuen Feind durch einen Schlag vom Leibe und schickte dann seinen Gefährten und Neffen Iolaos in den Wald und trug ihm auf, von dort glühende Baumstämme zu holen, mit denen er die Stellen der abgehauenen Köpfe sofort ausbrannte. Das letzte und unsterbliche Haupt begrub er unter einem mächtigen Felsblock, zerstückelte den Rumpf der Hydra und tauchte in ihre giftige Galle seine Pfeile, die künftighin unheilbare Wunden verursachten.

Die dritte Aufgabe bestand darin, die Kerynitische Hirschkuh lebendig einzufangen, eine der Göttin Artemis geweihte Hindin mit goldenem Geweih und ehernen Füßen. Sie besaß eine sol-

Herakles reinigt den Stall des Augeias; Metope von der Ostseite d. Cella d. Zeustempels zu Olympia, um 460 v. Chr.

che Schnelligkeit, daß Herakles sie ein ganzes Jahr verfolgen mußte. Erst am Ufer des Ladon gelang es ihm, das Wundertier durch einen Pfeilschuß an einem Bein zu lähmen und einzufangen.

Der vierte Aufgabe war, den Erymanthischen Eber lebendig einzufangen. Das Ungetüm verheerte Arkadien. Unterwegs nahm Herakles die Gastfreundschaft des Kentauren Pholos in Anspruch. Derselbe hatte vormals von Dionysos ein Faß Wein empfangen, mit dem Auftrag, es bis zur Ankunft des Herakles aufzubewahren. Als man es jetzt öffnete, lockte der Duft des Getränks die übrigen Kentauren herbei, die den Wein rauben und den Fremdling töten wollten. Dabei unterstützte Nephele, die Wolkenfrau, die Kentauren, indem sie während des Kampfes Regen niedersenkte und den Boden so schlüpfrig machte, daß zwar die vierfüßigen Kentauren noch sicher stehen konnten, Herakles aber alle Augenblicke ausglitt. Gleichwohl siegte dieser, indem er die meisten der Gegner durch Pfeilschüsse erlegte; sein Wirt Pholos und der weise Cheiron, welcher zur Schlichtung des Streites herbeigeeilt war, erhielten in der Verwirrung gegen die Absicht des Herakles ebenfalls tödliche Wunden. Nach dem blutigen Zwischenspiel begann die mühevolle Jagd nach dem Eber. Der Held trieb das Tier aus dem Walddickicht in ein mit tiefem Schnee bedecktes Feld, hetzte es darin bis zur Erschöpfung und lud es sodann auf seine Schulter.

Die fünfte Arbeit bestand in der Auf-

Herakles bringt der Athena die Stymphalischen Vögel; Metope von der Westseite d. Cella d. Zeustempels zu Olympia, um 460 v. Chr.

gabe, den Stall des → Augeias in einem Tage zu reinigen. Dies gelang ihm durch die Umleitung der Flüsse Alpheios und Peneus, die aus dem riesigen Stall allen Unrat wegschwemmten.

Der sechste Auftrag lautete, die Stymphalischen Vögel zu töten, einen Schwarm grimmiger Raubvögel, die zwar nur die Größe eines Kranichs, aber eiserne Federn hatten, die sie gleich Pfeilen abschossen und die selbst stärkste Panzer durchdrangen. Mit einer mächtigen Klapper von der Göttin Athene beschenkt, schreckte Herakles diese gefährlichen Tiere auf und erschoß sie mit seinen Pfeilen.

Das siebente Wagestück war, den Kretischen Stier zu zähmen und nach Mykenai zu bringen. Poseidon hatte ihn aus dem Meer heraufgeschickt, als ihn der König Minos von Kreta um ein schönes

Opfertier bat, das Tier aber dann zu einer wütenden Bestie gemacht, nachdem der wortbrüchige Fürst das Geschenk nicht als Opfer, sondern zur Veredlung seiner Herden benutzt hatte. Herakles fing den Stier, setzte ihn vor den Toren Mykenais ab und ließ ihn wieder laufen; die Verwüstung dauerte daher in Griechenland fort, bis das rasende Tier auf der Ebene von Marathon durch Theseus erschlagen wurde.

Als achtes Werk gebot Eurystheus, die menschenfressenden Rosse des Diomedes aus Thrakien zu entführen. Nachdem Herakles sich ihrer glücklich bemächtigt und sie bis an die Meeresküste geschafft hatte, wurde er von König Diomedes, einem Sohn des Ares, mit feindlichen Truppen eingeholt und zum Kampfe gestellt. Er übergab die Zügel der Pferde einstweilen seinem Liebling Abderus.

Während der Heros die Verfolger siegreich zurückschlug und den König tötete, hatten die vier wütenden Tiere mittlerweile ihren Wächter gefressen. Herakles baute ihm zum Andenken die Stadt Abdera, fing die Rosse wieder ein und brachte sie nach Mykenai.

Als neunte Verrichtung galt es, das Wehrgehenk der Amazonenkönigin Hippolyte herbeizuschaffen, einen kostbaren Schmuck, welchen Ares selbst der Königin verehrt hatte. Eurystheus' Tochter Admete wünschte ihn zu besitzen. Herakles segelte mit einer Schar von Begleitern nach Themiskyra, dem Sitz der Amazonen. Schon war die Königin bereit, dem Helden seine Forderung friedlich auszuhändigen, als Hera sich selbst die Gestalt einer Amazone gab und das kriegerische Frauenvolk zum Widerstand aufreizte. Der Kampf war hart, und in ihm fielen die tapfersten Anführerinnen samt der Königin.

Auf der Heimkehr kam Herakles nach Troia, dessen König Laomedon auf den Rat des Orakels soeben seine Tochter Hesione einem greulichen Meerungeheuer vorgeworfen hatte. Dieses war von Poseidon zur Strafe in das Land, das Apollon gleichzeitig durch eine Pest verheerte, geschickt worden. Beide Götter zürnten nämlich dem König, weil er sie um den Lohn für die von ihnen gebauten Mauern von Troia betrogen hatte. Wie einst Perseus die schöne Andromeda, befreite nun Herakles die an einen Felsen gebundene Tochter des Laomedon. Er fuhr mit einem Boot in den Bauch des heranschwimmenden Ungeheuers und arbeitete drei Tage lang, um das Tier von innen zu töten und durch den zerstückelten Rumpf wieder herauszukommen. Auch ihm verweigerte der treulose Fürst den versprochenen Lohn: das göttliche Stutenpaar, womit Zeus einst den Großvater Laomedons, den König Tros, zum Trost für den nach dem Olympos entführten Ganymedes beschenkt hatte. Herakles kehrte daher später, nachdem er dienstfrei geworden war, mit anderen Helden nach Troia zurück, zerstörte die Stadt und gab die gefangene Hesione seinem Kampfgenossen Telamon zur Gemahlin.

Nach mehreren Nebenabenteuern kehrte er mit dem Wehrgehenk der Hippolyte wohlbehalten zurück.

Die zehnte Großtat bestand darin, die Rinder des Geryoneus aus Spanien nach Mykenai zu treiben. Am westlichen Grenzpunkt der Erde errichtete er zwischen Europa und Afrika die nach ihm benannten Säulen (die Felsen von Gibraltar und Ceuta), indem er das Festland durchbrach und so das Mittelmeer mit dem atlantischen Ozean verband.

Darauf segelte er nach der unweit des heutigen Cadiz gelegenen Insel Erytheia, wo die Rinderherden weideten. Dort tötete er deren Wächter, den zweiköpfigen Hund Orthros und den Riesen Eurytion. Als sich Herakles der Herde bemächtigen wollte, stellte ihn Geryoneus, ein Sohn des aus der Gorgone Medusa hervorgesprungenen, von Poseidon gezeugten und mit der Okeanide Kallirrhoe vermählten Heros Chrysaor. Herakles besiegte auch diesen dreileibigen Riesen. Der Sieger führte die Herde fort, sie beständig gegen immer wieder auftauchende Feinde schützend. Bei Massilia (Marseille), gingen ihm sogar die Pfeile aus: So groß war die Menge der Feinde, an der Spitze zwei Söhne des Poseidon, die ihn angriffen. Aus dieser Verlegenheit befreite ihn Zeus dadurch, daß er rechtzeitig einen Hagel von Felsblöcken über die Gegend niedersandte. Man trifft dort noch heute eine Menge wild durcheinanderliegender Steinwürfel an. Bei Rom hatte er mit dem Räuber → Cacus, in Sizilien mit dem König Eryx, einem berühmten Faustkämpfer, und auf dem Isthmus von Korinth mit dem berghohen Riesen Alkyoneus zu kämpfen.

Nach der glücklichen Heimkehr sah sich Herakles gezwungen, die zehn Abenteuer, für die er acht Jahre gebraucht hatte, noch um zwei weitere zu vermehren.

Das elfte Heldenstück betraf die goldenen Äpfel aus den Gärten der Hesperides. Sie zu holen war eine seiner mühseligsten Abenteuer. Zuerst wußte er nicht einmal, wo die Hesperiden zu finden waren. Er irrte durch die griechischen Lande, bis er von illyrischen Nymphen, den Töchtern des Zeus und der Themis, an den Meeresgott Nereus gewiesen wurde, jenem Zauberer, den er im Schlaf überfallen und binden mußte, ehe er ihm das Geheimnis abnehmen konnte. Die Gärten lagen im fernsten Abendland, in der Nachbarschaft des Himmelsträgers → Atlas, behütet von einem hundertköpfigen Drachen. Um dahin zu gelangen, durchkreuzte er viele

Herakles stützt das Himmelsgewölbe; s. o.

Länder, in denen er wiederum mehrere Heldentaten vollbrachte. In Libyen erwürgte er den Riesen → Antaios, in Ägypten brachte er den König Busiris, den ruchlosen Fremdenschlächter, um. Hierauf schiffte er über den Okeanos an das Kaukasusgebirge, befreite dort den Titanen Prometheus von seiner tausendjährigen Qual, indem er jenen Adler erschoß, der dessen Leber fraß, und sandte den im Kentaurenkampfe verwundeten → Cheiron an der Stelle des Titanen in die Unterwelt. Diesen Großmut belohnte Prometheus dadurch, daß er ihm den Rat erteilte, nicht selbst in die Gärten zu dringen, sondern die Äpfel durch den → Atlas pflücken zu lassen. So geschah es auch, und der Held kam erfolgreich mit den goldenen Äpfeln nach Mykenai zurück, wo er sie der Göttin Athene weihte, die sie wieder in die Gärten zurückversetzte.

Das zwölfte und letzte Abenteuer bestand darin, den Höllenhund Kerberos aus der Unterwelt heraufzuholen. Herakles stieg in Lakonien, bei Kap Tainaron, durch eine Höhle in die Unterwelt hinab. Unweit der Pforten fand er das unglückliche Freundespaar → Theseus und Peirithoos, welches die Persephone entführen wollte. In sitzender Stellung waren sie an einen Felsen angewachsen. Den ersteren riß Herakles los, den Peirithoos konnte er nicht befreien, weil die Erde erbebte, als er ihn anrührte. Als Pluton von dem Auftrage in Kenntnis gesetzt wurde, erlaubte er Herakles die Entführung des Kerberos, soferne Herakles keine Waffe gebrauche. Nur in die Löwenhaut gehüllt, packte Herakles das Scheusal, drückte dessen drei Köpfe zwischen seine Beine und fesselte es, obgleich der Drache, aus welchem des Höllenhundes Schwanz bestand, wütend um sich biß. Als er mit dem Kerberos aus dem Schattenreiche trat, empfand das Ungeheuer beim ersten Strahl des Tageslichtes solche Abscheu, daß es aus allen drei Rachen Gift spie, woraus die bekannte Giftpflanze Akonitum entsproß. Herakles zeigte den Hund dem Eurystheus und brachte ihn sodann wieder in den Hades zurück.

Nach dieser letzten Tat war der Held von seiner Knechtschaft befreit. Er kehrte nach Theben zurück. Ungewiß ist, in welcher Reihenfolge seine weiteren Geschicke und Taten stattgefunden haben.

Einmal bewarb er sich um die schöne Deïaneira, die Tochter des Königs Oineus von Kalydon: Sie wurde seine zweite Gemahlin, nachdem er einen gefährlichen Nebenbuhler, den Flußgott Acheloios, im wilden Zweikampfe überwunden hatte. Eine Zeitlang verweilte er in der Nähe des Schwiegervaters; ein unvorsätzlicher Mord indessen veranlaßte ihn, sich freiwillig aus dem Reiche Oineus' zu verbannen und zum König Keyx nach Trachis zu wandern, begleitet von der jungen Gattin. Sie gelangten an den Fluß Euenos, wo der Kentaur Nessos die Reisenden gegen Fährlohn übersetzte. Als Nessos die Wanderer über den Fluß trug, versuchte er sich an Deïaneira zu vergreifen. Herakles traf den Kentauren tödlich mit seinem Pfeil. Nessos rächte sich jedoch arglistig. Er beredete insgeheim die Frau, das Blut seiner Wunde zu sammeln und aufzubewahren, weil es die Zauberkraft besitze, ihr die Liebe des Mannes zu sichern, falls er je Untreue im Sinne hätte. Deïaneira tat dies, folgte dem Gatten nach dem neuen Wohnsitz und gebar ihm vier Söhne, unter ihnen den Hyllos.

Auf einer anderen Wanderung kam Herakles einstmals zum König Eurytos, der in Oichalia auf Euboia herrschte, und gewann die dem besten Bogenschützen zum Kampfpreis ausgesetzte Tochter desselben namens Iole. Der Vater gab sie ihm jedoch nicht; er wußte, daß der Sieger schon vermählt war und daß er überdies die Kinder erster Ehe eigenhändig umgebracht hatte. Erzürnt und Rache schwörend, verließ dieser den Hof des Eurytos und betrat das Haus des Admetos, der sein Gastfreund war; hier stieg er zum zweiten Male in die Unterwelt und holte die eben gestorbene Alkestis, die liebevolle Gemahlin dieses Herrschers, aus dem Schattenreich zurück. Bald nachher besuchte ihn Iphitos, ein Sohn des Eurytos, welcher es mißbilligte, daß der Vater dem Helden seine Schwester Iole vorenthalten hatte. Unglücklicherweise schickte die grollende Hera in dieser Zeit abermals über den Helden einen Wahnsinnsanfall, währenddem er den harmlosen Freund hinterlistig von einem Turm stürzte. Zum Bewußtsein zurückgekehrt, verfiel er in eine schwere Krankheit; um geheilt zu werden, fragte er das Delphische Orakel, und da ihm dieses keine Antwort gab, stürmte er den Tempel, raubte den Dreifuß und geriet mit Apollon, der sein Heiligtum verteidigte, in einen so hitzigen Kampf, daß Zeus mit seinen Blitzen dazwischentreten mußte. Nachdem Herakles den Dreifuß zurückgegeben hatte, weissagte ihm die Pythia, er solle sich, um die Götter wegen des Mordes zu versöhnen, für einen bestimmten Zeitraum als Sklave verkaufen lassen und den Kaufpreis dem Eurytos zur Sühne auszahlen. Demzufolge unterzog sich Herakles einer zweiten Knechtschaft bei der Königin von Lydien, Omphale. Während dieser Zeit wurde er auch zum → Argonautenzug und zur Jagd des Kalydonischen Ebers abberufen. Nach seiner

Herakles führt Alkestis zurück; Sarkophag aus Velletri.

Dienstzeit bei der Königin, die ihm ihre volle Gunst und Liebe gewährte, überfiel er mit einem Heer den König Eurytos, vertilgte dessen Stamm und Herrschersitz Oichalia, nahm die ihm früher versagte Iole gefangen und schickte sie an seine Gemahlin Deïaneira, mit der Botschaft, daß er alles Ungemach glücklich überstanden hätte. Doch die Gattin erfaßte beim Anblick der schönen Gefangenen heftige Eifersucht. Daher kam sie auf den Einfall, ihrem Gemahl ein prächtiges Festgewand zu schicken, das sie heimlich mit dem Blute des Nessos gesalbt hatte, in der Hoffnung, sich die Treue des Gatten zu sichern. Als Herakles das festliche Kleid anlegte, verursachte es ihm die furchtbarsten Schmerzen. Der Versuch, es vom Leibe zu reißen, steigerte nur die Qualen; denn es war mit dem Fleische verwachsen. Die stündlich vermehrte Pein trieb ihn bis zur Raserei. Von Todesangst gefoltert, ließ er sich nach Trachis zu seiner Gattin rudern, die jedoch ihrem Leben selbst ein Ende setzte, als sie die Tücke des Kentauren erkannte. Sobald der Unglückliche ihren Mißgriff erfuhr und seine Rettungslosigkeit erkannte, gebot er seinem Sohne Hyllos, ihn auf den benachbarten, dem Zeus geweihten Berg Oite zu tragen und einen Scheiterhaufen zu errichten. Diesen bestieg der Kranke, doch fand sich unter den Umstehenden niemand, der ihn anzünden mochte. Endlich wagte es Philoktetes, den ein Zufall zu diesem traurigen Ereignis geführt hatte. Er erhielt für diesen Mitleidsdienst den berühmten Bogen des Sterbenden mit den unfehlbaren Pfeilen. Herakles wurde unter den Olympiern aufgenommen. Nachdem sich Hera mit ihm ausgesöhnt hatte, empfing der Halbgott deren Tochter Hebe, die Göttin der Jugend, von Zeus zur himmlischen Gemahlin.

Die Griechen brachten dem Vergötterten die mannigfaltigsten Opfer dar, weihten ihm besondere Feste, die Herakleen, und erbauten ihm an vielen Orten Tempel und Altäre, so daß sich sein Dienst über die verschiedensten Länder ausbreitete.

Der älteste Herkules-Kult kam in Italien vermutlich schon im 5. Jh. v. Chr. an der Porta Trigemina auf und verschmolz im 3. vorchristlichen Jahrhundert mit zwei anderen Heiligtümern, einem an der Ara maxima (auf dem Forum boarium) und in Tibur.

Der Held lieferte unzählige Motive für die darstellenden Künste. Nicht weniger häufig bediente sich die Dichtung des Sagenstoffes.

Dramatische Bearbeitungen: »Herakles«, Euripides, um 421 v. Chr.; »Die Trachinierinnen«, Sophokles, vor 416 v. Chr.; »Hercules«, Seneca (vor 65 n. Chr.); »Herkules am Scheideweg«, M. Dorpins, 1509; »Die Wahl des Herkules«, Ch. M. Wieland, 1773; »Herkules und der Stall des Augias«, F. Dürrenmatt, 1954; »Der trunkene Herkules«, C. Zuckmayer, 1958.

Romane: »Die Taten des Herakles«, F. Braun, 1927; »Die Memoiren des Herkules«, H. Hömberg, 1950; »Herakles«, K. Albrecht, 1959.

Oratorium: »Herakles«, G. F. Händel, 1744.

Kantate: »Herakles am Scheidewege«, J. S. Bach, 1733.
Opern: »Le nozze d'Ercole e d'Ebe«, Ch. W. Gluck, 1747; »Herakles«, Reisch, 1919 (Text von F. Wedekind).

Herkeios (griech.), Beiname des Zeus als Beschützer von Haus und Hof.

Herkules (röm.) → Herakles.

Hermaphroditos (griech.), ein Kind des Hermes und der Aphrodite, vereinigte in sich die Schönheit beider Eltern und war ein zwitterhaftes Geschöpf. Ovid erzählt, daß dieser Göttersohn als Fünfzehnjähriger von der karischen Nymphe Salmakis heftig geliebt wurde, welche, da sie keine Gegenliebe fand, die Götter anflehte, ihren Körper für immer mit dem seinigen zu verschmelzen. Der Quell dieser Nymphe, worin die Verwandlung stattfand, machte alle Sterblichen, die darin badeten, zu Hermaphroditen.

Hermen (griech.), Bildsäulen des Hermes, die an den Straßen standen. Viereckige Steine, oben breit, unten spitz zulaufend, obenauf mit weniger fein gehauenen Köpfen. Sie dienten auch als Wegweiser.

Hermes (griech.), einer der zwölf großen Götter, bekleidete mehrere Ämter. Er war ein Sohn des Zeus und der Nymphe Maja, einer Tochter des Atlas, welche in dem Hirtenlande Arkadien in der schattigen Grotte des Berges Kyllene wohnte. Hermes stahl schon in der vierten Stunde nach seiner Geburt seinem Bruder, dem Gott Apollon, eine Rinderherde. Dabei ging er listig vor; vorsich-

Hermaphroditos und Pan; Gemälde aus Pompeji.

Hermes von Praxiteles; 4. Jh. v. Chr., Olympia Mus.

tig trieb er sie rücklings weg, selbst die Schuhe band er verkehrt an seine Füße, um keinen Verdacht zu erregen. Die Rinderherde versteckte er in einer Höhle von Pylos; zwei Stück der Herde briet er sodann, um seinen Appetit zu stillen. Bei dieser Gelegenheit erfand er die Leier. Er fertigte aus den Därmen der geschlachteten Rinder Saiten und zog davon sieben über die durchlöcherte Schale einer Schildkröte. Zornig erschien Apollon, der auf Grund seiner Sehergabe den Urheber des Diebstahls entdeckt hatte. Als Apollon die Leier gewahrte, war er von den Tönen derselben so entzückt, daß er augenblicklich einverstanden war, das Instrument gegen die gestohlene Herde einzutauschen.

Auch die Flöte dachte sich der junge Gott aus, die Apollon ebenfalls von dem Erfinder erwarb, und zwar um den Preis des goldenen Zauberstabs, jenes Heroldzeichens, das Hermes fernerhin beständig trug.

Zunächst stand Hermes besonders im Geburtslande Arkadien bei den alten Pelasgern, einem Hirtenvolke, als Schäfergott in Ehre. Apollon, der früher die Herden selbst mit jenem Stabe hütete, hatte ihm gleichsam das Amt abgetreten. Hermes kam mit den zahlreichen Nymphen des Waldes und der Triften zusammen. Mit einer derselben, mit Dryope, zeugte er den eigentlichen arkadischen Hirtengott Pan, mit einer anderen den sizilianischen Schäfer Daphnis. Außerdem wurde er noch Vater mehrerer Kinder, doch an eine rechtmäßige Ehe dachte er nicht.

Die Götter wußten seine Wachsamkeit und Klugheit zu schätzen, und so erhoben sie ihn zum olympischen Botschafter. Eines der wichtigsten Geschäfte war die ihm anbefohlene Tötung des → Argos, welcher die in eine Kuh verwandelte Io bewachte. Hermes war aber auch der Bote der unterirdischen

Götter. Als solcher hatte er das beschwerliche Amt eines Schattengeleiters und hieß Psychopompos (Seelengeleiter). Es war sein Beruf, die Seelen der Sterbenden in Empfang zu nehmen, aus der Oberwelt in den Tartaros hinabzubringen und dem Fährmann Charon zu überantworten, der sie auf dem Acheron in einem Kahn erwartete, um sie nach dem Reiche des Pluton zu befördern. Hermes zeigte ihnen mithin den Weg zur Unterwelt; und so galt er denn überhaupt als Begleiter. Ihm zu Ehren stellte man an den Straßen → Hermen auf, die als Wegweiser dienten.

Wegen seiner List war er auch der Schutzgott des Handels. Denn der Gebrauch von Maß und Gewicht rührte von ihm her, ebenso der Gewinn bei jedem Geschäft. Weil es vom gewinnträchtigen Handel nur ein Schritt weiter ist zum Betrug, erklärte man ihn auch zum Gott der Diebe. Es heißt sogar, daß Hermes den Göttern Kleinodien raubte und Apollon noch ein zweites Mal um Köcher und Bogen prellte, worauf dieser ihm das Versprechen abnahm, sich künftighin von seiner Wohnung fernzuhalten.

Hermes' Scharfsinn schreibt man auch die Erfindung der Zeiteinteilung, die Arithmetik und Geometrie zu, ferner die Einführung der Gesetze, Götterdienste und Opfer, ebenso die Astronomie und Astrologie nebst der Traumdeutung sowie das Würfelspiel. Auch erfand er die Buchstabenschrift, indem er die Formen der Kraniche in ihrem Fluge nachahmte und die Grammatik hinzufügte.

Auf ihn gehen Körperübung und Ringkunst zurück, er trat daher auch als himmlischer Schutzhort der Gymnastik auf.

Es konnte nicht ausbleiben, daß ein Gott von so vielseitiger Wirksamkeit fast in allen Städten des griechischen und römischen Gebietes Tempel hatte, wenn er auch hauptsächlich im heimischen Arkadien geehrt wurde. Allein in Rom besaß er fünf Tempel. Beide Völker weihten ihm besondere Feste, die Römer eines am 15. Mai, besonders gefeiert von den Kaufleuten. Der Monat Mai soll überdies seinen Namen von Hermes' Mutter, Maja, empfangen haben.

Hermes aus Herculaneum; in Anlehnung an ein Werk des Lysipp, Neapel, NM.

Die Kennzeichen des Gottes sind erstens der goldene Heroldstab, der ihm auch als Zauberstab diente, dessen Berührung Schlummer bewirkte und wieder löste; gewöhnlich mit einem Schlangenpaar, dem Sinnbild der Klugheit, umwunden. Zweitens die Flügel an den Knöcheln, an den Sohlen oder Schläfen, um die Schnelligkeit des Götterboten anzudeuten; aus demselben Grund verlieh man ihm auch häufig einen geflügelten Reisehut. Drittens wurde ihm als Symbol des Handels ein Beutel in die Hand gegeben. Eine Schildkröte sollte die Erfindung der Leier, eine Flöte die der Musik, ein Kranich die der Buchstaben, ein Sichelschwert die Tötung des Argos, ein Hund oder ein Hahn seine Aufmerksamkeit bezeichnen.

Übrigens verglich man Hermes seinem Grundwesen nach mit dem Thoth der Ägypter, und als Götterbote und Schattenführer hatte er in dem Hermod der nordischen Völker einen ihm ähnlichen Gefährten. – Die Römer setzten Hermes mit Merkur gleich.

Dramatische Bearbeitung: »Merkur, ein Gott der Kaufleute«, H. Sachs, 1526.

Hermione (griech.), Tochter des Menelaos und der schönen Helena.

Hermod (Hermodr) (nord.), wörtlich der Heermutige, der Bote der Götter, dem Hermes der Griechen gleich, ein Sohn des Odin. Er unternahm die berühmte Reise nach Helheim, um den getöteten Asen Baldur zurückzuholen. Bei dieser Gelegenheit ritt er Odins achtfüßiges Wunderpferd Gleipnir, mit dem er über das um Helheim gezogene Eisengitter setzte. → Baldur.

Hero (griech.), Geliebte des → Leander.

Herse (griech.), eine der drei Töchter des Kekrops, des ältesten Königs von Attika. Sie und ihre Schwestern Aglauros und Pandrosos waren den Horen und Nymphen verwandte Gottheiten, die den Feldern und Wiesen den Tau spendeten. Hermes, der ihren Reigen anführte, zeugte mit Herse den Kephalos.

Von Athene erhielten die drei Schwestern eine verschlossene Kiste, in der sich der kleine → Erichthonios befand. Als sie gegen das ausdrückliche Verbot der Göttin die Kiste öffneten, wurden sie wahnsinnig und stürzten sich von der Akropolis hinab.

Oper: »Die drei Töchter Cecrops«, M. A. v. Königsmark, 1680.

Hesione (griech.), Tochter des → Laomedon.

Hesperiden (griech.), Töchter des Atlas und der Hesperie, der Zahl nach drei, oft auch vier oder sieben. In einem unweit des Atlasgebirges gelegenen Garten der → Hera bewachten sie die goldenen Äpfel eines Baumes, welchen die Gaia aus ihrem Schoße hervorsprießen ließ, um Hera zu ihrer Vermählung mit Zeus ein kostbares Hochzeitsgeschenk darzubringen. Zur größeren Sicherheit bestellte Hera noch einen zweiten Wächter, den hundertköpfigen Drachen Ladon, einen Nachkommen des Typhon und der Echidna. Herakles erschlug dieses Scheusal, als er von Eurystheus abgeschickt wurde, drei der goldenen Äpfeln zu holen. Nach einer anderen Sage ließ er sie durch → Atlas pflücken.

Dichtung: »Hesperide«, A. Tennyson, 1833.
Symphonische Dichtung: »Herakles im Garten der Hesperiden«, H. P. Busser (um 1900).
Oper: »Alcide negli orti Esperidi«, F. Majo, 1764.

Hesperos (griech.), Vater der Hesperie, Bruder und Schwiegervater des Atlas. Ihm zu Ehren gab man dem Abendstern seinen Namen.

Hestia (griech.), die jungfräuliche Göttin des Herdes. Des Kronos und der Rhea erstgeborene Tochter, zu den zwölf großen Göttern zählend. Sie war das erste Kind, das Kronos verschlang. Sie war nicht nur Hausbeschützerin, sondern waltete auch über den Staat, dessen Gründung und Bestand auf Haus und Herd beruht. Sie vermählte sich nie, denn als Poseidon und Apollon sich um sie bewarben, legte sie bei dem Haupte ihres Bruders Zeus den Eid ewiger Jungfräulichkeit ab. Die Anzahl ihrer Tempel war gering, noch seltener setzte man ihre Bildsäulen hinein; denn statt der letzteren betrachtete man den Altar und das sogenannte »ewige Feuer«, welches man auf demselben unterhielt, als eigentliches Bild dieser Göttin. Bei allen Brandopfern wurde ihrer zuerst gedacht. Sowohl der Herd in der Mitte der Privathäuser als auch die gemeinsamen heiligen Feuerstellen in der Mitte der Städte standen unter ihrer segnenden Obhut. Bei den Griechen wurde das dort immer brennende Feuer von Witwen genährt; erlosch es zufällig, so durfte man von keinem anderen Herd Feuer herbeiholen, sondern mußte es durch Reibung von Hölzern oder auch durch Brennspiegel wieder anfachen. Kolonisten pflegten aus der Heimat von ihrer heiligen Flamme einen Feuerfunken mitzunehmen.

Hierodulen (griech.), Tempeldiener, weibliche Priesterinnen.

Hieroglyphen (griech.), »heilige Bildzeichen«, die geheime Bilderschrift der Ägypter, die nur die Priester entziffern konnten und die daher als heilig galt. Da diese uralte Zeichensprache mehrere Jahrtausende hindurch unverständlich war, gebrauchte man den Ausdruck Hieroglyphe sprichwörtlich für rätselhafte Dinge, deren Entzifferung äußerst schwierig ist. Die Entzifferung der Hieroglyphen gelang dem Franzosen Jean François Champollion in 14jähriger Arbeit.

Hiketas (griech.), die Schutzsuchenden, deren Schutzgott Zeus war, auch Beiname des Zeus.

Hildur (Hildr = Krieg) (nord.), die schöne Tochter des Königs Högni. Zwischen ihrem Gemahl Hedin, der sie entführt hatte, und ihrem erzürnten Vater, der die Tochter zurückbegehrte, entbrannte ein Kampf, der bis zum Weltuntergang fortdauert, da Hildur durch ihre Zauberkraft die am Tag gefallenen Krieger beider Heere während der Nacht wieder aufweckt.

Himmel (nord.) → Gimle.

Hippios (griech.), Beiname des Poseidon. Die ritterliche Gesellschaft der mykenischen Zeit, die den Streitwagen aus Ägypten einführte, machte aus dem roßgestaltigen Poseidon Hippos den Poseidon Hippios, einen menschengestaltigen Streitwagenfahrer und Gott der Pferde. Damit wurde Poseidon zum Schutzherrn der Rennbahnen.

Hippodameia (griech.), 1. Gattin des → Pelops.
2. Gattin des → Peirithoos.

Hippokoon (griech.), er vertrieb seinen Halbbruder Tyndareos, den König von Sparta; Herakles vernichtete Hippokoon samt seinen Söhnen und setzte Tyndareos wieder als rechtmäßigen Herrscher ein.

Hippolyte (griech.), Königin der → Amazonen, → 9. Abenteuer des Herakles.

Hippolytos (griech.), der Sohn des Theseus und der gefangenen Amazone Hippolyte. Er wurde von seiner Stiefmutter Phaidra geliebt. Da der Jüngling als begeisterter Jäger nur dem Dienst der jungfräulichen Göttin Artemis huldigte und von Aphrodite, der Liebesgöttin, nichts wissen wollte, verleumdete ihn Phaidra aus Rachsucht bei seinem Vater. Zornig bat dieser Poseidon, seinem Sohne den Tod zu geben. Der Gott erhörte ihn und sandte aus dem Meere, an dessen Ufer Hippolytos eben im Wagen hinfuhr, ein Ungeheuer. Durch dessen Anblick wurden die Rosse scheu und schleiften den Jüngling zu Tode. Als Phaidra davon Nachricht erhielt, erhängte sie sich. Artemis offenbarte Theseus die Unschuld des Zerschmetterten. Dramatische Bearbeitungen: »Hippolytos«, Euripides, 428 v. Chr.; »Pheadra«, Seneca, vor 65 n. Chr.; »Phèdre«, J. B. Racine, 1677; »Phaedra«, F. Schiller, 1804 (Übersetzung des Racine). Oper: »Fedra«, Ch. W. Gluck, 1744. Film: »Phèdre«, J. Cocteau, 1949.

Hippomedon (griech.), einer der »Sieben gegen Theben«. → Adrostos.

Hippomenes (griech.) → Atalante.

Hippukrene (griech.), wörtlich die »Roßquelle«, die berühmte Musenquelle auf dem Berg Helikon in Boiotien, entstanden durch einen Hufschlag des Rosses Pegasos. Dem Wasser, das Musen und Apollon heilig war, sagte man geistfördernde Eigenschaften nach.

Hlidskialf (nord.), Thron des Götterkönigs, → Frigga und Odin.

Hlyn (nord.), Dienerin der → Frigga.

Höder (nord.) oder Hödhr (der Kämpfer), ein Sohn Odins und Friggas, ein Ase von außerordentlicher Stärke, aber blind. Getäuscht durch Loki, erschlug er seinen Bruder Baldur mit der Pflanze Misteltein, → Baldur.

Holda (Holla) (german.), im Volksglauben Frau Holle genannt, ursprünglich eine gnadenreiche, gute und holde Göttin, nach Einführung des Christentums aber ein unheimlicher Spukgeist, der den wilden Jäger an der Spitze des wütenden Heeres begleitet und eine abschreckend häßliche Gestalt besitzt. Andermals badet sie als eine schöne weiße Frau oft in Brunnen und Seegewässern, auf deren Grund sie wohnt. Als Frau Holle verursacht sie durch Aufschütteln ihres Federbettes Schneegestöber. Sie beaufsichtigt die Spinnerinnen, hilft den Fleißigen und verbrennt den Faulen die Röcke. Unter Holden verstand man Dämonen.

Höllenflüsse (nord.) → Hwergelmir.

Holzweibel (Holzweibchen) (german.), Waldfrauen, ältlich, grau, haarig, win-

Pylon des großen *Horos*-Tempels in Edfu; Ptolemäerzeit.

1. Hof des *Horos*-Tempels in Edfu.

zig von Gestalt und in Moos gekleidet, daher auch Moosweibchen genannt. Sie nahen den in der Waldung beschäftigten Holzbauern, bitten sich von diesen etwas Speise aus oder plündern auch bisweilen unbemerkt ihre mitgebrachten Eßtöpfe. Doch erweisen sie sich durch Geschenke und gute Ratschläge dankbar.

Hom (pers.), das Schöpfungswort, aus dem das Urwort Honover hervorgeht, das drei Schöpfungsmomente auslöst: 1. die Substanz wird geschaffen, 2. der Gnadenbaum Hom (→ Amerdad) entsteht als Bild des ewigen Segens und Gedeihens, und 3. der Prophet Hom entsteht als Mensch und Verkünder dieses Wortes.

Statue des *Hor*-Priesters; römerzeitlich, aus Alexandria, Kairo, Ägypt. Mus.

Honover (pers.), das Schöpfungswort, mit dem Ormuzd alles durch das bloße Aussprechen hervorbrachte, gleich den biblischen Worten: »Es werde Licht und es ward Licht.«

Horen (griech.), die Göttinnen der Jahreszeiten, Töchter des Zeus und der Themis. Anfangs gab es nur eine für die Blüte und eine für die Frucht (Frühling und Herbst); die erstere hieß Thallo, die zweite Karpo. Sie finden sich schon am Throne des Zeus zu Olympia. Man rechnete sie zu den Göttinnen des Schönen. Sie schmückten alles und standen in engster Verbindung mit den Chariten. Die Redensart »den Horen und Chariten opfern« bedeutete, ein Geschäft rechtzeitig und anständig zu verrichten. Später nahm man ihrer auch drei an; namens Eunomia (Gesetzlichkeit), Dike (Gerechtigkeit) und Eirene (Friede). Noch später vermehrte man ihre Zahl bedeutend.

Horkios (griech.), Beiname des Zeus als Schwurgott.

Horos (Hor) (ägypt.) → Osiris. Auch Horus genannt. Die ihm heiligen Tiere waren der Sperber und der Falke, deshalb wurde er häufig mit einem Sperber- oder Falkenkopf dargestellt. Diodor schrieb, daß Horus der letzte Gott war, der als König über Ägypten herrschte. Die Griechen hielten ihn für gleichbedeutend mit ihrem Apollon.

Horus (ägypt.) → Horos.

Hreidhmar (nord.), Bauer, Zauberer und Vater dreier Söhne: Otter, Fafnir und Regin. Die Edda erzählt über ihn eine in viele andere Sagen eingreifende Geschichte. → Siegfried.

Hrugner (nord.), der stärkste unter allen Riesen in Jotunheim, forderte den Donnergott Thor, den nach Odin mächtigsten Asen, zum Zweikampf heraus und wurde durch den Hammer des Donnergottes zerschmettert. Wie Schild und Keule waren auch Kopf und Herz dieses Riesen von Stein.

Hrymthussen (nord.), die Reif- oder Frostriesen, auch Hrimthursen genannt, ein gewaltiges Riesengeschlecht, das, von dem Urriesen Ymir entsprossen, mit den Asen teilweise in freundlichem Verkehr, gewöhnlich aber in bitterster Feindschaft lebte und am Weltende hilft, sie zu stürzen.

Hwergelmir (nord.), der Brunnen in Niflheim, der die aus dem Geweih des in Walhalla stehenden Hirsches Äjkthyrner entströmenden Tropfen aufnimmt und mehr als dreißig, nach anderen Angaben zwölf Ströme erzeugt. → Niflheim.

Hyaden (griech.), Regensterne, die fünf Sterne auf dem Haupte des Stieres, deren Aufgang Regen brachte. Sie sind die von den Göttern in Sterne verwandelten Töchter des Atlas und der Pleione.

Hyakinthos (griech.), der schöne Jüngling, war ein Liebling des Apollon. Einmal beim Diskuswerfen trieb Zephyros (Westwind), der den Jüngling ebenfalls liebte und schon lange eifersüchtig war, die Scheibe auf des Hyakinthos Haupt, so daß dieser augenblicklich starb. Aus dem Blut ließ Apollon die Blume Hyazinthe erstehen. Schon viel früher war Hyakinthos ein Vegetationsgott, dessen Kult in dorischen Gebieten mehrfach bezeugt ist.

Symphonische Dichtung: »Apoll und Hyazinth«, H. W. Henze, 1949.

Oper: »Apollo et Hyacinthus«, W. A. Mozart, 1767.

Hybris (griech.), personifiziert als Überheblichkeit, welche den Unwillen der Götter hervorruft.

Hydra von Lerna (griech.) → Herakles, 2. Abenteuer.

Hygieia (griech.), die Göttin der Gesundheit, Tochter des Asklepios, wurde mit ihrem Vater zumeist in demselben Tempel, aber auch mit Apollon und Athene gleichzeitig verehrt.

Hylaios (griech.), Kentaur, → Atalante.

Hylas (griech.), Sohn des Theiodamas, Liebling des Herakles. Als die → Argonauten in Mysien anlegten, wurde Hylas zum Wasserholen ausgesandt. Herakles suchte nach dem von Quellennymphen entführten Hylos und versäumte dabei die Abfahrt der Argonauten.

Dichtung: »Hylas«, Theokrit, 3. Jh. v. Chr.

Hyllos (griech.), Sohn des → Herakles, → Herakleiden.

Hymen (Hymenaios) (griech.), Gott der Ehe und der Hochzeit, gehörte zum Gefolge der Aphrodite und wurde bei jeder Vermählung als Ehestifter feierlich angerufen. Der Brautgesang, mit welchem man den Segen des Gottes erbat, führte den Namen Hymenaios. Die Ehen wurden in seinem Tempel geschlossen. Als Eltern nannte man Apollon und die Kalliope oder eine andere Muse, aber auch Dionysos und Aphrodite.

Die Sage gab ihm jedoch nicht einen solchen göttlichen Ursprung, sondern machte ihn zu einem schönen athenischen Jüngling, welcher ein reiches Mädchen liebte, während er das Unglück hatte, arm zu sein. Er mischte sich daher einstmals in weiblicher Tracht unter die jungen Athenerinnen, welche zu Eleusis das Fest der Demeter begingen, um sich der Nähe der Holden zu erfreuen. Seeräuber verschleppten ihn und die Mädchen auf eine wüste Insel. Dort gelang es ihm, die Räuber zu töten und die Mädchen sicher nach Athen zurückzubringen. Er durfte seine Geliebte heiraten. Die Ehe fiel so glücklich aus, daß man zunächst in allen Brautgesängen seiner gedachte, bis die Veranlassung vergessen und der Angerufene vergöttert wurde.

Hymir (nord.) → Ymer.

Hyperboreer (griech.), ein fabelhaftes, wegen seines langen Lebens, seiner Weisheit, Tugend und Glückseligkeit gepriesenes Volk, wohnhaft im hohen Norden, jenseits der ripäischen Bergkette (hyperboreisch bedeutet überaus glücklich).

Hyperion (griech.), einer der von Uranos und Gaia erzeugten → Titanen, vermählte sich mit seiner Schwester Theia und wurde Vater des Helios (Sonnengottes), der Selene (Mondgöttin) und der Eos (Morgenröte).

Hypermnestra (griech.) Sie war die älteste Tochter des Danaos. → Danaiden.

Hypnos (griech.) oder (röm.) Somnus, der Gott des Schlafes, ein Sohn der Nacht (Nyx) und der Zwillingsbruder des Todes (Thanatos), wohnte mit letz-

Kopf des *Hypnos;* Bronze, römisch, London, Brit. Mus.

terem und der Mutter im Vorhofe des → Tartaros, wohin kein Sonnenstrahl reichte. Er war eine der mächtigsten Gottheiten; denn Sterbliche wie Götter beugten sich seiner Gewalt. Dem Hypnos zur Seite stand auch seine Zwillingsschwester Lethe, die Vergessenheit. Von seinen Kindern erwähnte man namentlich vier, die Traumgötter Morpheus, Ikelos, Phobetor und Phantasos, die den Menschen bald düstere, bald heitere Träume brachten, je nachdem, ob sie aus den dunklen oder aus den hellen Pforten ihres väterlichen Palastes auszogen.
Man stellte sich den Schlafgott meistens als einen schlafenden Knaben oder als Jüngling von schöner Gestalt vor, beflügelt, mit Mohn bekränzt und mit einem Horn in der Hand, aus welchem er den Schlummer ausgoß und die Träume schüttete. Oft wurde er zusammen mit seinem Bruder, dem Tod, oder dem schlafenden Endymion dargestellt.

Hypsipyle (griech.), die Königin der Amazonen, welche von den Argonauten auf der Insel Lemnos angetroffen wurde. Sie empfing von Iason zwei Söhne. Als die Lemnierinnen alle Männer der Insel erschlugen, rettete Hypsipyle ihren greisen Vater Thoas insgeheim nach Tauris; weshalb sie später vertrieben wurde.

I

Iakchos (griech.), Gott der Eleusinischen Mysterien, von Demeter oder Persephone abstammend, manchmal auch als Gatte der Demeter angesehen. Iakchos ist die Personifikation des von den Gläubigen beim eleusinischen Festzug ausgerufenen »Iakche«! Man sieht in ihm einen wiedergeborenen Zagreus, ein Vegetationsdämon, der von den Titanen auf Anstiften Heras zerrissen wurde. Das noch zuckende Herz verschlang Zeus. Der barbarisch anmutende Zug dürfte aus vorgriechischem Bereich kommen. Der aus Athen stammende Ritus deutet auf eine Verbindung des Dionysoskultes mit den Eleusinischen Mysterien hin.

Iapetos (griech.), einer der Titanen, Urahne des Menschengeschlechts, weil er den Prometheus erzeugte, welcher den Menschen ein menschliches Dasein gewährte. Seine Gattin Klymene, eine Okeanide, gebar ihm außerdem Epimetheus, Atlas und Menoitios.

Iasion (griech.), ein Sohn des Zeus, wurde von seinem eifersüchtigen Vater mit dem Blitz erschlagen, weil er mit der Göttin Demeter den Plutos (Gott des Reichtumes) gezeugt hatte.

Iason (griech.), der Sohn des Aison und der Polymede oder Alkimede, ein Aiolide, berühmt als Urheber des Argonautenzugs, der nach dem Goldenen Vlies ausschiffte (→ Argonauten und Medeia).

Ibis (ägypt.), ein heiliger Vogel, der dem Gott Thoth, dem ägyptischen Hermes, geweiht war und göttliche Verehrung genoß. Er gehörte zur Gattung der Störche und hatte einen langen Schnabel, mit dem er sich selbst Klistiere gab und dadurch die Menschen veranlaßte, in Fällen der Verstopfung zu diesem Mittel zu greifen. Auf das Töten dieser Vögel stand die Todesstrafe; es hieß nämlich, daß sie die aus Arabien kommenden geflügelten Schlangen umbrächten. Sie wurden daher in den Tempeln gepflegt, und wenn sie starben, von den Priestern so kunstvoll wie Menschen einbalsamiert.

Ida (griech.), 1. Berg auf Kreta.
2. Berg bei Troia.

Idas (griech.), der Bruder des scharfsichtigen Lynkeus und der Sohn des Königs Aphareus, ein wilder und tapferer Held, welcher mit Apollon um die schöne Marpessa kämpfte. Aus der Verbindung des Idas mit Marpessa ging Kleopatra, die Gattin des → Meleagros, hervor.

Dramatische Bearbeitung: »Idas und Marpissa«, J. Perinet, 1807.

Oper: »Idas und Marpissa«, I. Seyfried, 1807.

Iduna (röm.), (Idun), die nord. Göttin der ewigen Jugend und Unsterblichkeit, die lieblichste unter den Asynien, war mit Bragi vermählt, dem Gott der Dichtkunst. Sie verwahrte in einer goldenen Truhe die elf Äpfel des Lebens, die die Kraft der ewigen Verjüngung besaßen, weshalb die Götter selbst täglich davon speisen mußten, um sich ihre Jugend bis zum allgemeinen Weltuntergang zu erhalten. Daher trachteten die Riesen von Jotunheim ständig, Iduna zu fangen. Einstmals geschah es auch, daß sie samt diesem unersetzlichen Schatz von dem zauberkundigen Riesen Thjazi (Thiassi) in seine feste Königsburg entführt wurde. Der Ase Loki hatte sich gezwungen gesehen, ihm bei dem Raub heimlichen Beistand zu leisten; doch bot er auch wieder die Hand zu ihrer Befreiung. Bis dahin wurden die Götter matt, alt und schwerfällig. Als Iduna jedoch nach Asgard zurückgekehrt war, kehrten mit dem neuerlichen Genuß der köstlichen Äpfel auch Jugendglanz, Kraft und Schönheit zurück. Nach dem Ende des goldenen Weltalters der Götter sinkt sie plötzlich von einem grünen Zweig der Weltesche Ygdrasil in die Welt der Hel hinab, die keines ihrer Opfer zurückgibt.

Ikaros (griech.) → Daidalos.

Ilion (griech.) → Troia, bei Homer Ilios.

Ilos (griech.), ein Sohn des Königs Tros, der Erbauer von Ilion.

Inachos (griech.), Vater der → Io.

Inanna (sumer.), Schwester des Sonnengottes → Utu, → Halub-Baum, → Gilgamesch.

Ino (griech.), Tochter des Kadmos und der Harmonia, fand ein trauriges Ende, weil sie ihre Stiefkinder Phrixos und Helle töten wollte. Sie war die zweite Gemahlin des → Athamas, des Königs von Theben. Nach einer anderen Sage jedoch zog sich Ino ohne ihr Verschulden den Zorn der Hera dadurch zu, daß sie den jungen Dionysos säugte, den Sohn ihrer bereits schwer bestraften Schwester Semele und des Zeus, der ihr von Hermes überbracht wurde. Aus Rache habe die eifersüchtige Göttin über Athamas Raserei verhängt, der seinen und der Ino Sohn, Learchos, erschoß. Dann selbst vom Gatten verfolgt, stürzte sie sich mit ihrem jüngeren Sohne Melikertes von einem Felsen des Isthmus ins Meer. Poseidon machte sie auf Fürbitte des Dionysos beide zu Meeresgöttern. Melikertes erhielt als solcher den Namen Palaimon, und Ino wurde in die schützende Göttin Leukothea verwandelt, welche den Schiffbrüchigen einen Schleier oder Gürtel zuwirft, mit dessen Hilfe sie schwimmend das Land erreichen können. So rettete sie auch, wie Homer berichtet, den mit den Fluten ringenden Odysseus aus Todesgefahr.

Sie wurde von allen Seefahrern verehrt und hatte viele Tempel. Ihr mit Blutschuld beladener Gatte Athamas irrte lange Zeit umher, bis er in dem nach ihm benannten Lande Athamantia eine Niederlassung gründete und sich nochmals vermählte, und zwar mit Themisto, einer Tochter des Lapithenkönigs Hypseus.

Das Schicksal der Ino wird in vielen Sagen abgeändert berichtet.

Kantate: »Ino«, Joh. Chr. Fr. Bach, 1786.

Oper: »Ino«, G. Donizetti, 1828.

Io (griech.), Tochter des Inachos, des Königs von Argos, die durch des Zeus Liebe unglücklich wurde. Vergebens suchte sie Zeus auszuweichen; der Gott zwang jedoch den Vater durch Orakelsprüche, sie aus dem Elternhause zu stoßen, worauf er sich mit ihr in eine Wolke hüllte, um seine Umarmung vor der stets eifersüchtigen Hera zu verbergen. Diese schöpfte dennoch Verdacht, als sie den Gemahl weder im Olymp noch auf der Erde erblickte. Sie näherte sich dem ihr auffällig erscheinenden Gewölk so plötzlich, daß Zeus gerade noch Zeit hatte, die Geliebte in eine Kuh zu verwandeln. Die Göttin schöpfte Argwohn und bat sich das weiße Tier zum Geschenk aus, was Zeus nicht abschlagen konnte, ohne alles zu verraten. Mißtrauisch bestellte Hera der Kuh einen schlummerlosen Wächter, den hundertäugigen → Argos, der sie in einem Hain von Mykenai bewachte. Später ließ Zeus durch Hermes die verwandelte Io befreien. Doch Hera schickte nunmehr ein Insekt aus, welches die befreite Kuh immer wieder stach, bis zum Wahnsinn reizte und von Land zu Land jagte. Die thrakische Meerenge, die sie durchschwimmen mußte, erhielt von ihr den Namen Bosporos (Rindsfurt). Sie gelangte bis an den Kaukasus, wo sie Prometheus an einer Felswand angeschmiedet sah. Von ihm erfuhr Io den Grund ihrer Leiden. Nachdem sie Europa und Asien durchstürmt hatte, betrat sie zuletzt Ägypten, wo sie am Nil niedersinkend Zeus um Rettung anflehte. Zeus berührte sie dann auch mit gnadenreicher Hand, worauf sie ihre vorige Gestalt wieder erhielt und den Epaphos gebar. Er war der Urgroßvater des Königs Danaos von Ägypten, welcher in der Folge mit seinen fünfzig Töchtern nach Argos zurückkehrte und dem alten Stammlande der Io ein neues Herrschergeschlecht schenkte, das mit Lynkeus und Hypermnestra begann. Im dreizehnten Gliede stammte von ihr auch Herakles ab. Nach ihrem Tode wurde

Die Ankunft der *Io* in Ägypten; Wandgemälde aus Pompeji.

sie göttlich verehrt und von den Ägyptern, wie die griechische Sage lautet, für die mit dem Kuhschädel geschmückte Isis gehalten.

Dichtung: »Io in Egypt«, R. Garnett, 1859.

Oper: »Jupiter e Io«, G. A. Bontempi, 1673.

Iobates (griech.) → Bellerophon.

Iokaste (griech.), Gattin des Königs Laios, Mutter und Gattin des → Oidipus.

Iolaos (griech.), Neffe des → Herakles.

Iole (griech.), die schöne Tochter des Königs Eurytos; sie sollte demjenigen gehören, der Vater und Brüder im Bogenschießen übertreffe. → Herakles erfüllte diese Bedingung, die Hand Ioles wurde ihm jedoch verweigert.

Ion (griech.), ein Sohn des Apollon und der Kreusa, einer Tochter des Königs Erechtheus von Athen. Die Mutter bat den Gott, für den heimlich geborenen Knaben zu sorgen. Apollon ließ ihn durch Hermes nach Delphi bringen und durch die Priesterin Pythia aufziehen. Unterdessen vermählte sich die Mutter mit dem peloponnesischen König Xuthos, einem Sohne des Hellen. Da die Ehe kinderlos blieb, gingen beide nach Delphi, um den Rat des Orakels einzuholen. Dieses gab zur Antwort, Xuthos habe bereits einen Sohn; wer ihm beim Heraustreten aus dem Tempel zuerst begegnen werde, sei es. Auf der Schwelle trat ihm dann Ion entgegen, der von seinem angeblichen Vater herzlich willkommen geheißen, von Kreusa aber mit Abneigung aufgenommen wurde. Sie ließ sogar einen Giftbecher vorbereiten, doch Apollon vereitelte das schlimme Vorhaben. Als Ion entdeckte, welcher Gefahr er entronnen sei, wollte er die unerkannte Mutter ermorden. Da zeigte Pythia das Kästchen, worin der Knabe ausgesetzt worden war, und die Mutter erkannte nun ihren Sohn. Alle Zwietracht hörte auf, Xuthos führte Ion in sein Haus; dieser wurde der Führer jener griechischen Völker, die sich nach ihm Ionier nannten.

Dramatische Bearbeitungen: »Ion«, Euripides, um 420 v. Chr.; »Ion«, A. W. Schlegel (Übertragung des Euripides), 1803.

Epos: »Kreusa«, J. J. Bodmer, 1777.

Iphianassa (griech.), Tochter des Agamemnon. → Iphigeneia

Iphigeneia (Iphigenie) (griech.), eine Tochter des Königs → Agamemnon von Mykenai und der → Klytaimnestra, Schwester des Orestes, der Elektra und Chrysothemis. Unter dem Vorwande, daß sie mit dem tapferen Achilleus vermählt werden solle, ließ ihr Vater sie nach der Bucht von Aulis holen, wo die nach Troia bestimmte Flotte der Griechen tatenlos vor Anker lag. Agamemnon hatte die Göttin Artemis beleidigt, und diese hielt deshalb die Schiffe durch Windstille fest. Der Seher Kalchas riet den Heerführern, die Göttin durch das Opfer der schönen Iphigeneia zu versöhnen; Agamemnon sah sich genötigt, zu gehorchen, und die Tochter traf aus Argos ein. Doch Artemis erbarmte sich der schuldlosen Jungfrau. Sie schob an ihrer Stelle eine Hirschkuh unter das Opfermesser und entrückte Iphigeneia aus Aulis nach einem Tempel, den sie im fernen Tauris hatte. Die Griechen bemerkten nichts von diesem Vorgang und vollbrachten das Opfer, worauf sie die Heerfahrt nach Troia fortsetzten. In Tauris fand Iphigeneia zwar eine heilige Freistätte, aber ein zweites grausames Schicksal. Als Priesterin mußte sie, den dortigen Gebräuchen zufolge, auf dem Altar der Artemis alle Fremdlinge, die ein trauriges Geschick an diese ungastlichen Gestade führte, mit dem Opferbeil schlachten, ihre Landsleute, die Griechen, nicht ausgenommen. So verbrachte sie lange Jahre in tiefer Bekümmernis, bis endlich ihr Bruder Orestes, wie ihm ein Orakel befohlen hatte, an der Küste von Tauris erschien, um die Schwester nach Griechenland zu geleiten. Auch ihn hätte sie, gleich anderen Fremden, dem Tode überliefern sollen. Der König Thoas, welcher darüber wachte, daß Iphigeneia ihr Amt getreulich vollbringe, wurde von ihnen hintergangen, sobald Bruder und Schwester

einander erkannt hatten. → Orestes gelang die Erlösung seiner Schwester.
Dramatische Bearbeitungen: »Iphigenie in Aulis«, Euripides, 406 v. Chr.; »Iphigenie bei den Taurern«, Euripides, um 412 v. Chr.; »Iphigenie«, J. B. Racine, 1674; »Iphigenie in Aulis«, J. Ch. Gottsched, 1734; »Die Geschwister in Taurien«, J. E. Schlegel, 1737; »Iphigenie auf Tauris«, J. W. v. Goethe, 1779; »Iphigenie in Delphi«, G. Hauptmann, 1941; »Iphigenie in Aulis«, G. Hauptmann, 1943; »Iphigenie kehrt heim«, I. Langer, 1948.
Opern: »Iphigénie en Tauride«, Ch. W. Gluck, 1779; »Ifigenia in Aulide«, L. Cherubini, 1788.
Ballett: »Iphigénie en Aulide«, J.-G. Noverre, um 1789.

Iphikles (griech.), Zwillingsbruder des → Herakles. Ihn empfing die Mutter → Alkmene von Amphitryon, dem König von Theben.

Iphimedeia (griech.), Mutter der → Aloaden.

Iphitos (griech.), Sohn des Königs Eurytos, den → Herakles in einer Sinnesverwirrung vom Turm stürzte.

Iris (griech.), Göttin des Regenbogens, eine Tochter des Meeresgottes Thaumas

Isis beschützt Osiris; Theben, Ende der 26. Dynastie.

Szene aus dem *Isis*-Kult; Wandgemälde aus Herculaneum.

Der *Isis*-Tempel in Philae; Ptolemäerzeit.

und der Okeanide Elektra, die Schwester der Harpyien. Sie war die goldgeflügelte, windschnelle Botin der Götter, vornehmlich des Zeus und der Hera. So trug sie die vor Troia verwundete Aphrodite aus dem Schlachtgetümmel und schnitt, auf Befehl der Hera, der sterbenden Dido das goldene Haar ab. Auch den Regenbogen selbst nannte man Iris.

Später übernahm ihre Aufgaben der Götterbote Hermes.

Iros (griech.), ein durch die Odyssee bekannter Bettler auf Ithaka.

Ischys (griech.), ein Sterblicher, mit dem Koronis Apollon betrog. Dieser oder Artemis erschoß die Treulose, obwohl sie schon den → Asklepios unter dem Herzen trug.

Isis (ägypt.), die große Naturmutter, stete Begleiterin des → Osiris.

Opern: »Isis«, Lully, 1677 (Text von Quinault); »Die Zauberflöte«, W. A. Mozart, 1791; »Isis«, J. Klein, 1918.

Ismene (griech.), Schwester der Antigone, → Oidipus.

Itys (Itylos) (griech.) → Prokne, → Aedon.

Iulus (röm.) → Ascanius.

Ixion (griech.), thessalischer Lapithenkönig, Sohn des Fürsten Phlegyas. Er ermordete seinen Schwiegervater Deioneus (Eioneus), als dieser zu ihm kam, um die Brautgabe für seine Tochter zu fordern. Er stürzte ihn hinterlistig in eine mit glühenden Kohlen gefüllte Grube. Kein Sterblicher wagte, dem schweren Verbrecher zu vergeben. Zeus selbst erbarmte sich endlich seiner; dabei fand er an dem Reuigen solches Wohlgefallen, daß er ihn mehr als jeden anderen Sterblichen begünstigte und an

Der *Isis*-Tempel in Pompeji.

der olympischen Göttertafel speisen ließ. Ixion aber lohnte soviel Huld mit Undank, er strebte nach Heras Liebe, die ihn bei ihrem Gemahl Zeus verklagte. Dieser verzieh dem Frevler anfangs und schuf eine der Hera gleichende Wolkengestalt, die Nephele, welche der getäuschte Liebhaber nunmehr umarmte; aus dieser seltsamen Verbindung sollen die Kentauren hervorgegangen sein. Ixion prahlte jedoch mit der Gunst, die ihm, wie er glaubte, von der Götterkönigin zuteil geworden sei; da stieß Zeus ihn aus dem Himmel in die Unterwelt; dort wurde er mit Händen und Füßen auf ein windgewirbeltes, ewig rollendes Rad aufgespannt und festgeheftet und mußte sich noch außerdem von den Furien geißeln lassen.

Iynx (griech.), ein Zaubervogel der Liebe. Man spannte ihn mit Flügeln und Füßen auf ein vierspeichiges Rädchen, drehte es und hoffte, durch diese Schwingung das kalte oder spröde Herz des geliebten Wesens in den Taumel der Liebe zu versetzen. Wie Pindar berichtet, bediente sich Medeia dieses Kunstmittels, um in Iason, den sie liebte, Gegenliebe zu entzünden. Iynx war, der Sage nach, die schöne Tochter des Pan und der Echo. Begabt mit Zauberkräften, stand sie im Dienst der Io und lockte den Zeus zu dieser Jungfrau hin. Dafür wurde sie von der zornigen Hera in den genannten Vogel verwandelt, in dem die Zauberkräfte fortlebten und eine ähnliche Wirkung hatten wie sie der bekannte Wundergürtel der Aphrodite hervorbrachte.

Izeds (pers.), eine Schar guter Geister

oder Genien, die unter den sieben Amschaspands stehen. Ihre Anzahl beläuft sich auf achtundzwanzig; sie liegen mit Ahriman und seinen bösen Geistern in ewigem Streit und gebieten über alle Elemente und Urkräfte.

J

Jactus Veneris (röm.), der Wurf der → Venus, der glücklichste Treffer im Würfelspiel.

Janus (röm.), Gott des Ursprungs aller Dinge, Hüter des Weltalls, der die Schlüssel zu den Pforten des Himmels und der Erde besaß, alle Ein- und Ausgänge vor feindlichen Dämonen bewachte und das Jahr, die Monate und Jahreszeiten lenkte. Man benannte nach ihm den ersten Monat des Jahres, am Neujahrstag fand sein Hauptfest statt, an dem man unblutige Opfer darbrachte, einen mit Honig und Milch bereiteten Kuchen und geröstetes, mit Salz bestreutes Korn. Ferner war ihm der erste Tag jedes Monats, ebenso die Morgenfrühe jeden Tages geheiligt. Man rief ihn bei jeder Unternehmung um Segen an.

Seine Verehrung begründete vornehmlich der König Numa durch einen eigentümlichen Tempel, der zwei Türen hatte, die zur Zeit des Friedens geschlossen, zur Zeit des Krieges geöffnet waren, so daß er einen unfehlbaren Anzeiger für Krieg und Frieden darstellte. Dieses Heiligtum blieb nur unter dem friedlichen Numa ungeöffnet, von Numa bis zum Kaiser Augustus, also in einem siebenhundertjährigen Zeitraume, stand bis auf einmal die Tür immer offen, da die Römer ständig Krieg führten.

Man bildete den Janus mit zwei Gesichtern ab, eines blickte vorwärts, das andere rückwärts. Er schaute somit in die Zukunft und in die Vergangenheit. Zuweilen findet man Janus auch mit einem vierfachen Gesicht dargestellt, das man bald mit den vier Jahreszeiten, bald mit den vier Weltgegenden gedeutet hat.

Der Sage nach war Janus ein uralter König, welcher zu Rom auf dem nach ihm benannten Berge Janiculus herrschte, den nach Italien kommenden Gott Saturnus (Kronos) aufnahm, das Zepter mit ihm teilte und jede Art von Kultur einführte. Unter ihm herrschte ein goldenes Zeitalter. Er selbst sei gleichfalls aus Griechenland eingewandert und ein Sohn des Uranos und der Hekate oder des Apollon und der Kreusa, einer Tochter des attischen Königs Erechtheus, oder gar ein Sohn des genannten Saturnus gewesen. Auf griechischen Ursprung weist indessen seine spätere Vergötterung nicht zurück; die Griechen hatten, wie schon Ovid bemerkt, keinen Gott, den sie dem Janus an die Seite setzen konnten.

Jarnsaxa (nord.), zweite Gattin des → Thor.

Jocus (röm.), der Gott des Scherzes.

Jörmungand (nord.), eine ungeheure Schlange, von Loki und der Riesin Angerbode gezeugt, auch Midgardschlange genannt. Sie wurde von den Asen in das Weltmeer geschleudert und wuchs darin zu so ungeheurer Größe, daß sie mit ihrem Leibe, den Schwanz im Maul haltend, die ganze Erde umspannt. Sie erzeugt Ebbe und Flut, wenn sie trinkt oder das Wasser wieder von sich speit. Beim Weltuntergang steigt sie aus den Abgründen des Meeres hervor und kämpft gegen die Götter; Thor erschlägt sie zwar mit seinem Hammer, ertrinkt aber in ihren Giftströmen.

Jöten (nord.), ungeheure Riesen und Zauberer aus dem Reich Jötunheim. Sie lebten in ewiger Feindschaft mit den Asen. Ihre Wohnsitze waren finstere Höhlen und Felsenschluchten, nach der Edda an den Küsten des großen Weltmeeres gelegen; reißende Bergströme galten als ihre Söhne, sanfte Wiesenbäche dagegen als ihre Töchter. Sie waren Jungfrauen von solcher Schönheit, daß mehrere Asen, die angestammte Zwietracht vergessend, sich mit ihnen vermählten (→ Odin, Heimdal und Asgard).

Juno (röm.), altitalischen Ursprungs, der griechischen → Hera gleichgestellt. In Rom besaß sie sieben verschiedene Tempel, man nannte sie Retterin (Juno sosopita), und sie wurde zugleich mit Jupiter und Minerva als eine der hohen schützenden Gottheiten dieser Stadt auf dem Kapitol verehrt. Außer allen ersten Monatstagen weihten die Römer ihr auch den ganzen Monat Junius. Eine Anzahl schöner Nymphen gehört zu ihrem Gefolge. Die römischen Hausfrauen feierten zu Ehren der Juno Lucina am ersten März das Familienfest der Matronalien. Juno war ursprünglich auch der dem männlichen Genius entsprechende weibliche Schutzgeist, der jede Frau durch das Leben begleitet.

Jupiter (röm.), lateinischer Name des indogermanischen Licht- und Himmels-

Jupiter; Terrakottastatue aus Pompeji, freie Umbildung eines griech. Originals.

Im Tempel des *Jupiter*-Stator.

gottes, wurde im Laufe der Zeit dem griechischen → Zeus gleichgestellt. Abgesehen von jenem ägyptischen Jupiter Ammon, der in einer Oase der Libyschen Wüste herrschte, war er als Jupiter Capitolinus der am höchsten verehrte Gott. Er thronte, wie sein Name sagt, auf dem Kapitol der Stadt Rom, und zwar als der Allgütige und Allmächtige. Er war der donnergewaltige Schutzgott der Hauptstadt, wie auch des ganzen Römerreichs. Bei seinem Heiligtum auf dem Hügel des Kapitols geschah, begleitet von Festopfern, alles, was für das Wohl und Wehe des Staates entscheidend war. Dort sprach der Redner, der sich an das Volk wandte, dorthin richtete der Betende sein Antlitz, legte der heimgekehrte Feldherr den glänzenden Lorbeerzweig nieder, und dort wurden die Sibyllinischen Bücher aufbewahrt, wenn der Staat die Zukunft durch ein Orakel erhellen wollte. Jupiter waren alle Iden (Vollmondtage) heilig, er war also nicht nur Gott des Tageshimmels, sondern auch des nächtlichen Lichtes.

Juventas (Juventus) (röm.), Göttin der Jugend, der griechischen → Hebe gleichgesetzt.

K

Kabeiren (Kabiren) (ägypt. und griech.), der Name mehrerer geheimnisvoller Götterwesen, deren mystischer Dienst aus dem Orient, zunächst aus Ägypten und Phönizien, auf die ältesten Bewohner Griechenlands überging. Besonders auf den Inseln Lemnos und Samothrake erhielt er sich auch dann noch, als sich die allgemeine griechische Religion mit ihrem Götterkreis längst verbreitet hatte. Man zählte sieben Kabeiren, mit dem ägyptischen Phthas acht. Der letztere wurde als ihr Stammvater betrachtet und dem griechischen Hephaistos an die Seite gesetzt. Der Sage nach hat Hephaistos mit Kabeira, einer Tochter des Meergottes Proteus, die nach ihrer Mutter benannten Kabeiren erzeugt.

Kadmos (griech.), ein Sohn des Agenor, des Königs der Phönizier, und der Telephassa, wurde nebst seinen drei Brüdern vom Vater ausgesandt, seine von Zeus entführte schöne Schwester Europa zu suchen. Ohne sie gefunden zu haben, durften die vier Brüder nicht nach Hause zurückkehren. Lange Zeit forschte Kadmos vergeblich nach und ließ sich später mit seiner Mutter, die ihn begleitete, in Thrakien nieder. Nach dem Tode derselben brach er jedoch wieder auf und zog nach Delphi, um das Orakel nach dem Aufenthalt der Europa zu befragen. Die Antwort war, er solle sich keine weitere Mühe um die Verlorene geben, sondern einer Kuh folgen, die ihm begegnen werde, und an der Stelle, wo sie sich ermüdet niederlege, seinen Wohnort nehmen. Kadmos gehorchte und traf das ihm zum Führer bestimmte Rind in Phokis; er folgte ihm nach Boiotien, wo es sich niederließ. Nun am Ziel angelangt, beschloß Kadmos, die gottgesandte Kuh der Athene zu opfern. Er schickte daher einige seiner Gefährten nach Wasser. Diese fanden auch in der Nähe eine Quelle, sie lag aber, ohne daß sie es wußten, in einem Ares geweihten Haine, den niemand betreten durfte. Bewacht wurde dieser Platz von einem furchtbaren Drachen, der überdies ein Sohn des Ares selbst war. Fast alle büßten ihre Unvorsichtigkeit mit dem Leben. Der über dieses Mißgeschick erzürnte Kadmos machte sich jetzt selbst auf und erlegte, mit dem Beistand der Athene, das Untier durch Steinwürfe; hierauf brach er ihm, auf den Rat der Athene, die Zähne aus dem Rachen und säte sie in ein Stück Acker. Kaum war dies geschehen, als geharnischte Männer aus dem Erdreich hervorwuchsen, die sich sofort mit wütender Kampferbitterung angriffen und wechselseitig töteten. Nur fünf von diesen blieben am Leben, sie warfen die Waffen weg und schlossen Frieden; dann stellten sie sich unter den Oberbefehl des Kadmos und halfen ihm, eine Niederlassung zu gründen, welche anfangs die Stadt des Kadmos, später Theben hieß. Nachdem es Kadmos gelungen war, auch den Zorn des Ares zu versöhnen, ehrte ihn der besänftigte Gott durch die Vermählung mit seiner eigenen Tochter. Sie hieß → Harmonia und war ein Sprößling der liebreizenden Aphrodite. Alle Götter des Olympos erschienen persönlich bei der Hochzeitsfeier, auch Hephaistos, der Gatte der Aphrodite. Er grollte aber darüber, daß der Harmonia, die ihre Geburt nur einer Untreue verdankte, deren seine Gemahlin sich mit Ares gegen ihn schuldig gemacht hatte, solche Ehre widerfuhr. Er mischte daher unter die glückspendenden Festgaben heimlich ein Paar unheilvolle Geschenke, ein kunstreiches Halsband und einen prächtigen Frauenmantel. Diese Kostbarkeiten übten ihren verderblichen Zauber nicht sofort aus; sie gingen aber an die Nachkommen der Harmonia über, gerieten in den Besitz eines der letzten Nachkommen ihres Geschlechts, des → Polyneikes, und häuften durch diesen auf das Haus des argivischen Sehers → Amphiaraos unsäglichen Jammer. Die zwischen Kadmos und Harmonia geschlossene Ehe blieb ungetrübt. Sie zeugten einen Sohn, Polydoros, und vier Töchter, Autonoe, Ino, Semele und Agaue, deren Schicksale sehr unerfreulich waren. Die erste, → Autonoe, wurde die Mutter des berühmten thebischen Jägers → Aktaion, welcher von seinen eigenen Hunden zerrissen wurde. Ino, die Stiefmutter des Phrixos und der Helle, raubte sich selber das Leben; Semele, die Geliebte des Zeus und die Mutter des Dionysos, fand ihren Untergang durch die Blitze des Gottes, und Agaue endlich zerfleischte ihren eigenen Sohn Pentheus, welchen sie für ein wildes Tier angesehen hatte. Polydoros dagegen erbte die Herrschaft seines Vaters und erfreute sich ungestörten Glücks, wie auch sein Sohn Labdakos, der dritte König von Theben. Mit diesem hörte der Segen der Götter auf. Die späteren Nachkommen des von Kadmos gegründeten Herrscherhauses, → Laios und → Oidipus mit Söhnen und Töchtern, kamen durch eine Reihe verschiedener Verhängnisse um, deren berühmtestes Opfer der unglückselige Oidipus war.

Eine Sage berichtet, daß Kadmos in hohem Alter sein Reich verlassen habe, um den Schmerz über das Unheil zu vergessen, das seine erwachsenen Töchter heimgesucht hatte; eine andere Sage berichtet, er sei von Dionysos aus Theben vertrieben worden, weil er ebensowenig wie seine Tochter Agaue und deren Sohn Pentheus den göttlichen Dionysos anerkennen wollte.

Kadmos soll sich an der Seite seiner Gemahlin den Thron von Illyrien erobert haben. Harmonia gebar ihm noch einen Sohn, dem er den Namen dieses Landes gab, den Illyrios. Die Ehegatten starben gleichzeitig. Sie wurden nach Ovid von den Göttern in Schlangen verwandelt; nach Pindar trug sie ein mit Drachen bespannter Wagen in die Unterwelt, wo Kadmos die Ehre erlangte, neben dem Aiakos und anderen gerechten Königen als Schattenrichter fortzuherrschen.

Die Griechen verehrten in ihm einen ihrer berühmtesten Stammhelden. Kadmos galt nicht nur als Erfinder verschiedener Waffen und Ackergeräte, man schrieb ihm auch allgemein den Verdienst zu, die Buchstabenschrift als erster nach Griechenland gebracht zu haben.

Kaikias (griech.), der Nordostwind, brachte den Griechen wie der Nordwind Kälte, Schnee, Gewitter und Schloßen. Die Athener gaben daher seiner Gestalt ernste Züge, flatternden feuchten Bart und fliegendes weites Gewand. In beiden Händen hält er eine Wanne, aus der Hagel niederflutet.

Kaineus (griech.), ein riesiger → Lapithe.

Kajomorts (pers.), der heilige Urmensch, Mann und Weib zugleich, entsprossen aus dem von Ahriman getöteten Urstier Abudad. Auch dieses Wesen wollte der Gott der Finsternis durch die Scharen seiner bösen Geister umbringen lassen, um die Belebung der Erde doch noch zu verhindern. Allerdings erlag Kajomorts nach dreißigjährigem Widerstand gegen die ungeheure Übermacht. Aus seinen die Erde befruchtenden Säften erwuchs im Verlauf von vierzig Jahren ein mächtiger und doppelstämmiger, wie ein Menschenpaar gestalteter Baum, der statt der Früchte zehn Menschenpaare hervortrieb, von denen eines unsere Stammeltern waren. Ahriman verführte sie jedoch zur Sünde, weshalb sie des ewigen Lebens verlustig gingen und bis zur Auferstehung zu büßen haben.

Kalais (griech.), einer der Söhne des Windgottes Boreas. Er und sein Bruder Zetes, die beide mächtige Purpurschwingen hatten, nahmen am Argonautenzug teil. Die bekannteste Tat, die beide Helden dabei vollführten, war, daß sie die scheußlichen Harpyien von der Tafel des Königs Phineus verjagten. Nach ihrer Rückkehr von Kolchis aber wurden beide Brüder von Herakles umgebracht; er gab ihnen die Schuld, daß ihn die Argonauten unterwegs in Mysien zurückgelassen hatten.

Kalchas (griech.), ein berühmter Wahrsager, Sohn des Thestor, bekannt durch Homer. Er nennt ihn den weisesten Vogelschauer, dessen Blick Vergangenheit, Gegenwart und Zukunft durchdringe. Seinen Sehersprüchen mußte selbst der oberste Heerführer → Agamemnon gehorchen, der durch ihn sogar genötigt wurde, seine eigene Tochter Iphigeneia im Hafen von Aulis zu opfern, als die griechische Flotte nach Troia schiffte. Er prophezeite unter anderem die zehnjährige Dauer des gegen diese Stadt unternommenen Krieges, entdeckte die Ursache der später im Belagerungsheer ausgebrochenen Pest und verkündigte Aeneas, daß er berufen sei, ein neues Reich in Italien zu gründen. Ihm selbst jedoch war vorausgesagt worden, daß er sterben müsse, sobald er mit einem Seher zusammentreffe, dessen Weisheit größer sei. Nach Beendigung des Troianischen Krieges stieß er in Kolophon auf den Seher Mopsos, einen Enkel des blinden Teiresias. Es kam zu einem Rätselwettstreit, den Kalchas verlor. Aus Gram darüber starb er.

Kalliope (griech.), die Schönstimmige, eine der → Musen, die Schutzgöttin des Heldengesanges oder der epischen Poesie. Sie war die älteste unter den Töchtern des Zeus und der Mnemosyne. Mit dem thrakischen König Oiagros zeugte sie den Orpheus. Daneben ging sie noch mehrere Verbindungen ein, denen unter anderen auch die Sirenen entsprungen sein sollen.

Kallirrhoe (griech.), die Tochter des Flußgottes Acheloios, vermählt mit dem unglücklichen → Alkmaion, dessen Tod sie verschuldete.

Kallisto (griech.), Tochter des ruchlosen Königs Lykaon, die schönste der Jungfrauen Arkadiens, war die Freundin der Göttin Artemis und zog an ihrer Seite häufig auf die Jagd. Als sie einmal ermüdet im Walde ruhte, nahte sich ihr Zeus in der Gestalt der Artemis; sie gebar hierauf einen Sohn, den Arkas, der ebenfalls ein mutiger Jäger wurde. Die Eifersucht Heras stürzte aber Mutter und Kind ins Verderben. Sie stieg zornig vom Olympos herab, faßte Kallisto an ihrem Lockenhaar, schleuderte sie zur Erde und verwandelte sie in eine Bärin. Jahrelang durchstreifte sie in dieser Gestalt die Wälder und geriet eines Tages in Gefahr, von ihrem mittlerweile erwachsenen Sohne mit dem Bogen erlegt zu werden. Zeus wendete das Unheil ab, er versetzte beide als Gestirne an den nördlichen Himmel, wo sie seitdem als Großer und Kleiner Bär prangen. Der Grimm Heras beruhigte sich noch immer nicht. Sie stieg nochmals hernieder und bewirkte durch ein Gespräch mit den Meeresgöttern Okeanos und Tethys, daß ihnen die Erlaubnis versagt wurde, nach Vollendung der Himmelsbahn in den Fluten des Meeres zu baden. Deshalb gehen diese beiden Sternbilder niemals unter.

Kalydonischer Eber (griech.), ein Ungeheuer, das auf den Fluren Kalydons großen Schaden anrichtete. König Oineus, der mit seiner Gattin Althaia dort herrschte, brachte einstmals den Göttern ein feierliches Erntefestopfer, versäumte es aber, der Artemis zu gedenken. Die mißachtete Göttin schickte hierauf ein grimmiges Tier in das Land, welches die Gestalt eines Ebers, aber die Größe des gewaltigsten Stieres hatte, Borsten wie Pfeile, Hauer wie Elefantenzähne besaß und Feuer spie. → Meleagros, der Sohn des Oineus, trat als Retter auf. Er beschloß, zur Erlegung des Ungetüms eine große Treibjagd zu veranstalten und die Helden ganz Griechenlands zur Teilnahme einzuladen, ähnlich dem Argonautenzug. Als Siegespreis wurde die Haut und der Kopf des Ebers festgesetzt. Es beteiligten sich die beiden Oheime mütterlicherseits Plexippos und Toxeus, die Dioskuren Kastor und Polydeukes, die Apharetiden Idas und Lynkeus, Theseus, Peirithoos, Admetos, Iason, Iphikles, Telamon, Peleus, Amphiaraos, die kühne Jägerin Atalante u. a. Nachdem die Jagd schon einige Opfer unter den Teilnehmern gefordert hatte, gelang es der Jungfrau → Atalante mit ihrem gefiederten Pfeil das rasende Untier zu verletzen. Wieder ereigneten sich eine Reihe von unglücklichen Zwischenfällen, so durchbohrte Peleus in blinder Hitze seinen eigenen Schwiegervater Eurytion, da sein Stoß gegen den vorbeistürmenden Eber fehlging. Endlich versetzte ihm Meleagros den tödlichen Stoß. Die Jagdgenossen feierten Meleagros als Sieger. Dieser, in Liebe zu Atalante entflammt, erkannte ihr den Preis zu, weil es ihr gelungen sei, den Eber zuerst zu verwunden. Die mütterlichen Oheime fühlten sich zurückgesetzt und entrissen Atalante die beiden Ehrenzeichen. Meleagros hingegen verteidigte die Sache seiner Geliebten und erschlug Plexippos und Toxeus in dem Krieg, der sich daraus entspann. Diese Tat reizte seine eigene Mutter → Althaia zu solchem Jähzorn, daß sie dem Sohne auf die qualvollste Weise das Leben raubte. Die um ihren Gatten trauernde Atalante weihte das zurückerkämpfte Siegeskleinod der Göttin Artemis.

Kalypso (griech.), Tochter des Atlas. Sie war eine Nymphe und bewohnte auf der reizvollen Insel Ogygia ein prachtvolles Zauberschloß. Dort nahm sie den gefeierten Helden Odysseus gastlich auf, nachdem er durch Schiffbruch auf die Insel verschlagen worden war. Er verbrachte sieben Jahre bei der schönen Göttin, die nicht mit Verlockungen sparte, um den von Troia heimkehrenden geliebten Fremdling sein Vaterland vergessen zu lassen. Umsonst versprach sie ihm Unsterblichkeit und ewige Jugend, wie sie sie selbst genoß, wenn er sich entschließen könne, für immer in ihrem Wonnepalast zu bleiben. Doch Odysseus dachte mit solcher Sehnsucht an seine Heimat und seine Frau, daß er aus Schwermut den Tod herbeisehnte. Nun griff Athene ein und ermöglichte Odysseus, sich ein Schiff zu bauen, mit dem er seine Fahrt nach Ithaka fortsetzte.

Kamenen oder Camenae (altital.), italische Quellengottheiten, den griechischen Musen gleichgesetzt. In Rom befand sich ihr Heiligtum nahe der Porta Capena.

Kassandra (griech.), berühmte Seherin zu Troia, Tochter des Königs Priamos und der Hekabe. Apollon liebte sie, und sie versprach ihm Gegenliebe, wenn er ihr die Gabe der Weissagung verleihe. Der Gott erfüllte die Bedingung, Kassandra hingegen weigerte sich, ihren Eid zu halten. Apollon bewirkte aus Rache, daß man sie allgemein für wahnsinnig betrachtete und ihren Prophezeiungen keinen Glauben schenkte. Umsonst verkündigte sie daher den Untergang ihrer Vaterstadt Troia, ihres Stammes und ihrer Eltern. Als Troia in Flammen stand, flüchtete Kassandra aus dem Turm, in welchen sie ihre Eltern in der Meinung, sie sei wahnsinnig, eingekerkert hatten, schutzsuchend in den Tempel der Athene. Von der Bildsäule der Göttin riß Aias, des Oileus Sohn, sie mit roher Hand an den Haaren fort, entehrte die heilige Seherin und schleifte sie grausam zu dem Troß der übrigen gefangenen Troierinnen. Die zürnende Athene bestrafte den ruchlosen Griechen für diese Entweihung ihres Tempels; er erlitt bei seiner Heimkehr Schiffbruch und kam im Meer um. Kassandra fiel bei der Verteilung der Siegesbeute dem König Agamemnon zu, folgte ihm als Sklavin nach Argos und teilte hier sein bitteres Schicksal. Sie wurden beide von Klytaimnestra, seiner Gemahlin, im Palast ermordet. Die Seherin hatte auch dieses Ereignis prophezeit, doch hatte man ihr nicht geglaubt.

Epos: »Alexandra«, Lykophron, um 295 v. Chr.

Dichtung: »Kassandra«, F. v. Schiller, 1802.

Roman: »Nächte mit Kassandra«, F. Wolter, 1952.
Erzählung: »Die Seherin«, E. Mitterer, 1942.
Kantate: »Kassandra«, J. C. F. Bach, 1786.

Kassiopeia (Kassiepeia) (griech.) → Andromeda.

Kastalia (griech.), die Musenquelle am Berge Parnaß bei Delphi, ein dem Apollon und den Musen geheiligter Brunnen, welcher seinen Namen der Nymphe Kastalia, einer Tochter des Flußgottes Acheloios, verdankte. Wie diese Sage erzählt, habe sie sich, als sie von Apollon geliebt und verfolgt wurde, in jenen Brunnen gerettet. Der Gott habe hierauf die Stelle zu seinem Lieblingsaufenthalt gewählt und dem Wasser geiststärkende Kraft verliehen. Wer davon genoß, empfing die Gabe der Dichtkunst.
Auch wuschen sich darin die Tempeldiener die Haare, bevor sie das Apollonheiligtum betraten.

Kastor (griech.) → Dioskuren.

Katreus (griech.), Sohn des → Minos.

Kekrops (griech.), ältester König Attikas, der als Erdgeborener einen doppelgestaltigen Körper hatte, den Oberleib eines Mannes und den Unterleib einer Schlange oder auch eines Weibes. Er riß die Bewohner dieses Landstriches aus ihrem einfachen, kulturlosen Leben und war der Gründer Athens. Unter seiner friedlichen und auf weise Gesetze gebauten Herrschaft stritten → Athene und Poseidon um den Besitz der Stadt, wobei Kekrops als Schiedsrichter auftrat.
In dem Glauben, der den Toten in einer Schlange fortleben ließ, erhielt Kekrops seine Schlangengestalt.

Kentauren (griech.), ungeschlachte Fabelwesen, halb Mensch, halb Pferd, die sich in den Gebirgen Thessaliens angesiedelt hatten. Ihr Stammvater soll ein Sohn des Ixion und der Nephele sein, jenes der Hera ähnlichen Wolkenweibes, welches von Zeus geschaffen wurde, um den Ixion zu täuschen, der sich in die stolze Hera verliebt hatte. Der aus dieser Verbindung entsprossene Kentauros wurde von den Göttern verabscheut. Er ließ sich in Thessalien nieder und zeugte mit Stuten, welche in der Nachbarschaft weideten, die nach ihm benannten Mischgestalten von Mensch und Roß. Die Abstammung wird in anderen Sagen unterschiedlich berichtet. So wurde der weise Kentaur Cheiron als Sohn des Kronos und der Okenanide Philyra ausgegeben, auch später noch, als die nachhomerische Fabel auch ihm einen Roßleib andichtete.
Die Kentauren waren wegen Frauenraubes und ihrer Liebe zum Wein berüchtigt. Letztere machte sie zu frühzeitigen Verehrern des Dionysos, sie zogen in Indien seinen Triumphwagen. Die ungestüme Sinnenlust gab Anlaß zu ihrer baldigen Ausrottung. Sie kamen teilweise unter den Geschossen des → Herakles um, teilweise in dem Streit, welchen sie bei der Hochzeit des Peirithoos mit den Lapithen angesponnen hatten, in dem → Theseus den Sieg über sie davontrug. Die restlichen Kentauren entkamen einer alten Sage nach auf die Inseln der Sirenen, wo sie, bezaubert durch den Gesang derselben, verhungerten.

Dichtungen: »Le Centaure«, M. de Guérin, um 1835, deutsch von R. M. Rilke; »Zentaur mit verwundeter Frau am Rand eines Flusses«, H. v. Hofmannsthal, 1911.
Roman: »Kentaurenschlacht«, M. Babits, 1922.

Kephalos (griech.), Sohn des Hermes und der Herse, einer Tochter des Kekrops, den eines Tages die heitere Göttin Eos umgarnte, obwohl Kephalos bereits mit der schönen Prokris, einer Tochter des athenischen Königs Erechtheus, vermählt war und sie innig liebte. Selbst in den Armen der Göttin sehnte er sich nach Prokris zurück. Eos entließ ihn mit dem Rat, die Treue seiner Gattin zu prüfen. Deshalb näherte sich Kephalos Prokris unter verändertem Aussehen. Es gelang ihm, sie zu täuschen, zu rühren und ihren beharrlichen Widerstand durch Überreichung eines glänzenden Schmuckes zu besiegen. Sobald ihre Untreue erwiesen war, legte der Gatte seine Maske ab; worauf die beschämte Prokris die Flucht ergriff und sich nach Kreta an König → Minos wandte, der sie ehrenvoll aufnahm. Mit zwei kostbaren Geschenken warb er um ihre Neigung: durch einen nie fehlenden Wurfspieß und einen Jagdhund. Indessen versöhnte sich Kephalos mit seiner Gemahlin wieder. Lange Zeit führten sie ein glückliches Leben. Eines Tages schlich Prokris ihrem der Jagd frönenden Manne nach, da sie wissen wollte, ob er sich nicht doch mit der Göttin Eos treffe. Sie versteckte sich, ihn beobachtend, in einem Gebüsch. Kephalos, der dort ein wildes Tier vermeinte, warf den von Prokris ausgeborgten, nie verfehlenden Speer und durchbohrte seine Gattin. Um seine Trauer zu beschwichtigen, entfernte sich Kephalos aus der Heimat und suchte kriegerische Abenteuer. Die Sage meldet, daß er vom König Amphitryon für die Teilnahme an seinen Kämpfen die Insel Kephalonia zum Geschenk erhielt und dort das fürstliche Haus des Odysseus gründete.
Dramatische Bearbeitungen: »Cefalo y Procris«, P. Calderon; »Prokris und Cephalus«, J. E. Schlegel, 1767; »Kephalos und Prokris«, H. Lange, 1948.

Kepheus (griech.), ein Sohn des ägyptischen Königs Belos, er wurde später König in Äthiopien. Vater der → Andromeda.

Kerberos (griech.), der Höllenhund, gezeugt von Typhon und der Schlange Echidna. Ein Ungeheuer, das die Pforten der Unterwelt bewachte und am jenseitigen Ufer des → Styx hauste, wohin → Charon die Schatten der Verstorbenen mit seinem Nachen brachte. Der Sage nach hatte er drei Köpfe, die statt der Haare mit hundert Schlangen bedeckt waren; einige Dichter beschreiben ihn außerdem mit einem Drachenschwanz, bald fünfzig, bald hundert Köpfen, giftigem Atem und tödlichem Geifer. Das Scheusal ließ jeden in das Totenreich eintreten, jedoch niemanden heraus. Nur wenigen Personen gelang es, ihn zu überlisten, → Orpheus durch Leiertöne, anderen durch den einschläfernden Zauberstab des Hermes. → Herakles durch seine Stärke.

Kere (griech.), eine Tochter der Nacht (Nyx), die verderbliche Göttin des To-

desgeschicks, später gab es mehrere Keren. Sie bringen das den Tod auslösende Verhängnis. Kere in der Einzahl bedeutet häufig den Tod selbst; ihm kann man entrinnen, wenn er bloß von Menschenhand angedroht wird. Die Göttinnen dagegen sind unbeirrbar, sie treffen stets das ausgesuchte Opfer.
Hesiod gibt ihnen schwarze Gestalt, düstere Augen und gewaltige Krallen, womit sie die Verwundeten umklammern, um ihnen, unter dem Knirschen ihrer Zähne, das Blut auszusaugen; zugleich nennt er sie unnahbar, blutbesprengt und so gierig, daß sie sich um die Opfer zanken.

Kerkopen (griech. Kerkopes), zwei affenähnliche Kobolde, die → Herakles während seiner Dienstzeit bei der lydischen Königin Omphale überwältigte und fesselte.

Kerynitische Hirschkuh, drittes Abenteuer des → Herakles.

Keyx (griech.), Sohn des Hesperos und der Nymphe Philonis, König zu Trachis, ein Gastfreund des Herakles. Er war mit → Halkyone vermählt, der ein tragisches Schicksal beschieden war.

Kikonen (griech.), auf der Heimfahrt von Troia steuerte Odysseus mit seinen zwölf Schiffen zunächst der thrakischen Küste zu, wo er im Kampf mit den Kikonen zwar die Stadt Ismaros stürmte, bei einem Überfall der Thraker jedoch 72 Mann verlor.

Kilix (griech.), Sohn des → Agenor, Bruder des → Kadmos, der → Europa und des → Phoinix.

Kirke (griech.), Tochter des Sonnengottes Helios und der Okeanide Perse (Perseis), Schwester des kolchischen Königs Aietes. Wie dieser und seine Familie war auch sie der Zauberkünste mächtig. Sie bewohnte die an der südlichen Küste Italiens gelegene Insel Aiaie, wohin sie der Vater auf seinem Sonnenwagen aus Kolchis gebracht hatte. Mit Hilfe ihrer Zauberkräfte machte sie diesen Aufenthaltsort zu einem kleinen Paradies und erbaute sich in einem lieblichen Tale einen prächtigen Palast, den gezähmte Löwen und Wölfe bewachten. Darin ließ sich die schöne Zauberin, die eine melodische Stimme besaß, von goldlockigen Nymphen bedienen, die ebenso wie sie selbst unsterblich waren. Fremdlinge bewirtete sie mit täuschender Freundlichkeit, verwandelte sie aber durch die mit Kräutern gemischten Speisen und durch den Schlag einer magischen Rute in Tiere. Homer erzählt, wie Odysseus auf seiner Irrfahrt mit Kirke zusammentraf, wie er sich und seine Gefährten, die schon zur Hälfte in Schweine verwandelt waren, vor ihren Zaubereien schützte und ein Jahr lang an den Freuden des Palastes teilnahm, bis Kirke dem geprüften Helden zur Fortsetzung seiner Reise verhalf. Denn trotz ihrer Verlockung sehnte er sich nach Ithaka, seinem geliebten Vaterland, zurück.
Kirke ist neben Medeia die zweite große Zauberin des griechischen Mythos.

Kisara (chald.), das zweite, dem Chaos entspringende unerschaffene Wesen, das zusammen mit → Asoron die drei Urkräfte Anos, Aos und Illinos zeugte.

Kleopatra (griech.),
1. Gattin des → Phineus;

2. Gattin des → Meleagros.

Klio (röm.), Kleio (griech.), die ernste Muse der Geschichte, welche die Taten vergangener Zeiten lehrt. Wie alle → Musen war sie eine Tochter des Zeus und der Mnemosyne. Einer Sage nach waren Klio und ein gewisser Pieris die Eltern des von Apollon geliebten Hyakinthos.

Klotho (griech.), eine der drei Schicksalsgöttinnen, sie entspann den Lebensfaden, → Moiren.

Klymene (griech.), 1. eine Okeanide, die Gemahlin des Titanen Iapetos, dem sie den Prometheus, Atlas und Epimetheus gebar.

2. Die Mutter der → Atalante.

3. Die Mutter des Phaëton, eine Tochter des Okeanos.

Klytaimnestra (griech.), Gemahlin und Mörderin des Königs Agamemnon. Sie war die Tochter des spartanischen Königs Tyndareos und der schönen von Zeus geliebten Leda und gehörte somit einem der berühmtesten Geschlechter an. Die beiden Dioskuren waren ihre Brüder, Helena, die von Paris entführte Gattin des Menelaos, ihre Schwester. Sie gebar dem Agamemnon mehrere Kinder, Iphigeneia, Elektra, Chrysothemis und einen Sohn Orestes. Die anfangs glückliche Ehe wurde von dem über dem Hause ihres Gatten liegenden Fluch überschattet. → Agamemnon zog an der Spitze des Griechenheeres nach Troia. Unterwegs in Aulis opferte er seine älteste Tochter Iphigeneia der Göttin Artemis. Damit beschwor er sich zugleich den Haß der Klytaimnestra herauf. Aigisthos, ein Vetter des Hauses, nützte den Ehezwist zur Verführung der Königin. Während der zehnjährigen Belagerung Troias, welche den König von Mykenai fernhielt, lebten Klytaimnestra und Aigisthos in ungetrübter Gemeinschaft. Als Agamemnon siegbekränzt zurückkehrte, ermordete die Gattin ihn und die Seherin Kassandra, die ihm als Sklavin von Troia her gefolgt war. Hierauf herrschte sie an der Seite ihres Verführers so lange straflos über das Reich von Mykenai und Argos, bis Orestes zum Jüngling herangewachsen war. Diesen hatte seine Schwester Elektra, sobald sie Kunde von dem Mord erhalten hatte, durch einen treuen Diener heimlich zu König Strophios, ihrem Oheim, nach Phokis in Sicherheit gebracht. Mit dessen Sohn Pylades kehrte → Orestes nach Mykenai zurück, wo Elektra trauernd wartete. Das Delphische Orakel befahl Orestes, seine Mutter und den tückischen Aigisthos mit List zu überraschen und zu töten. Die beiden Jünglinge gehorchten diesem Auftrag.

Kokalos (griech.) → Daidalos.

Kokytos (griech.), der in der Unterwelt fließende Strom der Wehklage, nach Homer ein Arm des bekannteren Styx, der das Schattenreich neunmal umwindet. Ein schlammiges Gewässer, worin der Kahn des Charon die Seelen der Toten fortruderte.

Koronis (griech.), die Tochter des thessalischen Königs Phlegyas, Schwester des Ixion. Sie war die schönste Jungfrau in ihrer Heimat und zog die Aufmerksamkeit Apollons auf sich. Da sie jedoch den Arkadier Ischys liebte, geriet der Gott in so heftige Eifersucht, daß er die Ungetreue mit seinen Pfeilen erschoß, obwohl sie bereits von ihm schwanger war. Seine Tat reute ihn jedoch, so rettete er wenigstens das Kind aus dem Leibe der sterbenden Mutter. Es war ein Knabe, der später zum Gott erhobene Asklepios, den der weise Kentaur Cheiron erzog. Nach Pindar war es Artemis, die den tödlichen Schuß auf Koronis absandte.

Korybanten (griech.), Priester der Rheia oder Kybele, die ihren Dienst an der Göttin mit lärmenden und von Geschrei begleiteten Waffentänzen verrichteten, wodurch sie angeblich ihrer Trauer um den Tod des Attis, des Geliebten dieser Göttin, Ausdruck gaben. Ihren Namen sollen sie von Korybas erhalten haben, der bald als Sohn der Kybele, bald als befruchtender Gott oder König der Erde galt und den man in Asien ebenfalls verehrte. Die → Kureten und idaeischen Daktylen waren ähnliche Priesterklassen, die häufig mit den Korybanten verwechselt wurden.

Der ekstatische Kult kam etwa im 7. Jh. v. Chr. aus Kleinasien nach Griechenland.

Kotys (griech.), eine thrakische Göttin, deren Dienst sich über Griechenland und Italien verbreitete und wegen der nächtlichen Orgien und Ausschweifungen, die damit verbunden waren, schon von dem attischen Komödiendichter Eupolis in seinem Werk »Baptai« angegriffen wurde.

Kreios (griech.), ein → Titan.

Kreon (griech.), 1. ein Fürst von Theben, bekannt durch die Sage von Oidipus. Sohn des Menoikeus und der Bruder der Königin Iokaste, die des Oidipus Mutter und Gemahlin wurde. Schon früher in die jammervollen Geschicke des Regentenhauses verwickelt, erbte er das königliche Zepter, nachdem Oidipus ebenso wie seine beiden Söhne, die sich über die Herrschaft entzweit hatten, gefallen waren. Seine eigene Regierung offenbarte ihn als einen harten, machtgierigen Tyrannen (→ Oidipus und Antigone).

2. (griech.), König von Korinth, → Medeia.

Kresphontes (griech.), Nachfahre des Herakles, → Herakleiden, → Aristodemos.

Kretheus (griech.), ein Sohn des Königs Aiolos und der Enarete, erbaute die Stadt Iolkos in Thessalien und vermählte sich mit Tyro, der Tochter seines Bruders Salmoneus, die ihm drei Söhne, Aison, Amythaon und Pheres, gebar. Außerdem erhielt Tyro von Poseidon, der sich ihre Liebe zu erwerben gewußt hatte, die Zwillinge Pelias und Neleus. Nach dem Tod des Kretheus gerieten die Söhne in Zwist über das Zepter (→ Argonauten).

Kreusa (griech.), 1. eine Tochter des troianischen Königs Priamos und der Hekabe, Gattin des berühmten Helden Aeneas und Mutter des Askanios (oder Ascanius). Als Troia in Flammen stand und Aeneas aus der Stadt flüchtete, seinen gelähmten Vater Anchises auf dem Rücken und seinen Sohn an der Hand, verlor sich Kreusa. Aeneas mochte jedoch auch seine Gattin nicht im Stich lassen. Er kehrte daher zurück und

Kriemhild bei Siegfrieds Leiche; Julius Schnorr von Carolsfeld.

Kriemhildens Tod; Federzeichnung von Julius Schnorr von Carolsfeld (1794 – 1872).

suchte überall. Endlich erschien ihm Kreusa als ein Schattenbild und erklärte, sie sei von Göttern lebendig in den Olympos aufgenommen worden, damit sie nicht in ein fremdes Land ziehen müsse.
2. Die Tochter des attischen Königs Erechtheus und die Geliebte des Apollon, der mit ihr den Ion zeugte (→ Ion).
3. Die Tochter des Königs Kreon von Korinth (→ Medeia).

Kriemhild (nord.), Gattin Siegfrieds und seine Rächerin, nachdem der Held von Hagen meuchlings ermordet worden war. Sie tritt im Nibelungenlied als bedeutendste weibliche Figur auf. Um das Rachewerk vollstrecken zu können, vermählte sie sich mit Etzel – wahrscheinlich Attila, König der Hunnen (→ Siegfried).

Kronos (griech.), der zweite Weltlenker und König des griechischen Götterhimmels, ein Sohn des Uranos (Himmel) und der Gaia (Erde), die das gesamte All als erste beherrschten. Kronos gehörte den Titanen an, er war das jüngste und zugleich das listigste Kind. Vor ihm hatte Gaia ihrem Gatten die drei hunderthändigen Riesen (Hekatoncheiren oder Kentimanen) und die drei blitzeschmiedenden Kyklopen geboren, die der Vater wegen ihrer furchtbaren Gestalt ängstlich in den Tartaros sperrte. Deshalb zürnte ihm Gaia. Sie stachelte die nachkommenden Kinder auf, die schuldlos eingekerkerten Brüder zu rächen. Kronos ging auf die Ränke der Gaia ein. Als der Himmelsgott Uranos eines Nachts die Erdgöttin besuchte und sich liebend über die Gemahlin ausbreitete, sprang der jüngste Titane aus dem Hinterhalt und entmannte den Vater. Kronos nahm unter dem Beifall der übrigen Titanen die Stelle des Abgesetzten ein, befreite die gefangenen Brüder aus ihrer unterirdischen Haft und vermählte sich mit seiner Schwester Rheia. Geraume Zeit beherrschte der zweite Weltherr das Reich, doch nicht ohne Sorge. Denn sein Vater hatte, als er hinsank, den Fluch über ihn ausgesprochen, dem undankbaren Sohne möge ein gleiches Schicksal widerfahren. Aus Vorsicht fraß daher Kronos seine Kinder sofort nach der Geburt; auch stieß er die kaum befreiten Brüder aus Angst,

Kronos; Kalksteinfragment im Vatikan.

daß sie ihm den Thron streitig machen könnten, wieder in den Tartaros zurück. Rheia aber sah ebensowenig wie einst Gaia dem Schicksal ihrer Leibesfrüchte gleichgültig zu. Bereits fünf Söhne und Töchter hatte der Gemahl verschlungen: Hades, Hestia, Demeter, Poseidon und Hera. Rheia rettete → Zeus vor dem Schlunde des Kronos, indem sie seine Niederkunft verheimlichte. Zeus erfüllte nun den Fluch des Uranos; er gab zunächst seinem Vater ein Brechmittel ein, durch welches die Geschwister aus dem Bauch ausgespieen wurden, stürzte und entmannte sodann den greisen Tyrannen, setzte sich selbst auf den Götterthron und holte die hunderthändigen Riesen und die mächtigen Kyklopen, seine Oheime, aus dem Kerker. Mit ihnen und seinen fünf Geschwistern vereinigt, schlug er nunmehr die Titanen aus dem Felde, strafte sie hart und warf sie in denselben Kerker, indem ihre älteren Brüder so lange geschmachtet hatten. Zugleich stellte er die hunderthändigen Riesen als Wächter vor den Eingang.

Der unglückliche Kronos empfing später für alle Zeiten das Zepter über die Seeleninsel Elysium.

Das in letzter Zeit entdeckte churritisch-hethitische Kumarbi-Epos, das sich bis gegen die Mitte des zweiten vorchristlichen Jahrtausends zurückverfolgen läßt, weist mit seinen Göttergenerationen Alalu, Anu, Kumarbi, Wettergott, von denen die letzten drei Uranos, Kronos, Zeus entsprechen, selbst in Einzelmotiven auffallende Ähnlichkeiten auf. Kronos spielte als uralter Weltenlenker im hellenischen Kult keine bedeutsame Rolle mehr; nur je ein Tempel und eine Statue haben sich erhalten. In den Schriften des Aristoteles findet sich erstmals die Bezeichnung des Planeten Kronos (= röm. Saturnus).

Kureten (griech.), eine Priesterschaft des Zeus auf der Insel Kreta. Sie waren bewaffnet und führten zu Ehren des höchsten Gottes feierliche Waffentänze auf. Ihr Dienst soll daher stammen, daß Rheia, die Mutter des Zeus, eine Anzahl Jünglinge auswählte, die vor der diktäischen Grotte zu Kreta, wo Zeus geboren wurde, mit den Waffen zusammenschlagen, Tänze anstellen und durch Trommeln, Hörner und Pfeifen ein möglichst lautes Geräusch hervorbringen mußten, damit das Geschrei des Neugeborenen von Kronos nicht gehört werden konnte, der alle seine Kinder zu verschlingen pflegte. Die ersten Kureten waren also gleichermaßen Wächter und Gespielen des jungen Zeus. Später wurden die Korybanten in Phrygien und die idäischen Daktylen, deren Hauptdienst in ähnlich wilden Waffentänzen bestand, mit den Kureten verwechselt oder traten überhaupt an ihre Stelle.

Kybele (griech.), eine phrygische Berg- und Naturgöttin, schon in der grauesten Vorzeit verehrt. Sie wurde die große Göttermutter genannt und später von den Griechen für ebenso bedeutend gehalten wie Rheia, von den Römern wie Ops, die Gemahlin des römischen Saturnus. Einer Ausgabe nach war sie die Tochter des phrygischen Königs Meon und der Dindyma; der Vater aber ließ das neugeborene Kind, weil es kein

Knabe war, auf dem Berge Kybelos aussetzen, woher auch ihr Name stammt. Anfangs von Panthern und Löwen gesäugt, dann von Hirtenfrauen aufgezogen, machte sie sich durch unzählige Wohltaten um die benachbarten Landleute so verdient, daß diese ihr den Namen »gute Gebirgsmutter« gaben. Wegen ihrer Schönheit wurde sie von den Eltern erkannt und als Tochter wieder aufgenommen. Sie hatte jedoch einen Geliebten, namens Attis, den schönen Sohn der Nana, der Tochter des Flußgottes Sangarios in Phrygien; diesen zu ihrem Priester erwählten Jüngling verlor Kybele nach einigen Quellen durch ihre eigene Schuld, nach anderen Angaben, weil Attis das Gelübde der Keuschheit gebrochen hatte, das alle Priester der Kybele ablegen mußten, oder weil die stolzen Eltern, die ihn nicht zum Schwiegersohn haben wollten, seinen Tod herbeiführten. Alle Sagen stimmen darin überein, daß er entmannt wurde bzw. sich selbst entmannte und starb; an diesen Umstand knüpfte sich der Eunuchendienst, den man der Göttin schon in ältester Zeit stiftete. Der Verlust des schönen Jünglings betrübte Kybele so sehr, daß sie voll Schmerz, wie im Wahnsinn, unter dem Lärm der von ihr erfundenen Trommeln und Pfeifen von Land zu Land zog. Mittlerweile brach in Phrygien die Pest aus. Auf den Rat des Apollon erwies man daher Kybele und Attis göttliche Ehre und feierte ihnen Feste. Kybele pries man als oberste Landesgöttin, Tempel und Altäre wurden ihr errichtet. Die Priester hießen nach den Waffentänzen → Korybanten. Das Bild der Kybele, ein schwarzer, kunstloser Stein, soll vom Himmel gefallen und in einem prachtvollen Tempel zu Pessinus aufgestellt worden sein. Diesen baute der phrygische König Midas, das darin befindliche heilige Bildnis holte man zwei Jahrhunderte vor Christus nach Rom, wo sich ihr Kultus ebenfalls ausgebreitet hatte und forterhielt, nachdem sie einmal mit der griechischen Göttermutter Rheia verwechselt worden und zu höchstem Ansehen gelangt war.

Kyklopen (griech.), wörtlich die Rundäugigen. Sie sind zunächst aus einer von Homer erzählten Fabel bekannt, nach der sie an der westlichen Gebirgsküste Siziliens wohnten. Diese gewaltigen Riesen hatten ein einziges Auge mitten auf der Stirn, fraßen Menschenfleisch und kümmerten sich nicht um die Götter. Da sie weder Schiffahrt noch Ackerbau und Weinzucht kannten, lebten sie als Hirten vom Ertrag ihrer Viehherden. Jeder hauste für sich einsam in einer Höhle. Durch Homer wurde vornehmlich einer von ihnen berühmt, nämlich Polyphemos, der Sohn des Poseidon. Der Dichter berichtet, wie Odysseus auf seiner Irrfahrt die Gastfreundschaft dieses Ungetüms in Anspruch nahm, aber mit seinen zwölf Gefährten in Lebensgefahr geriet. Schon hatte der Kyklop die Hälfte der in seiner Höhle gefangenen Ankömmlinge aufgefressen, als es dem klugen und erfinderischen Griechen gelang, sich mit dem Rest seiner Kameraden auf das unentdeckt gebliebene Schiff zu retten. Dem Polyphemos hatte er zuvor mittels eines mächtigen

Pfahles das Auge seiner Stirne ausgestochen und ausgebrannt.

Nach Hesiod gab es ursprünglich drei Kyklopen, welche die Söhne des Uranos und der Gaia und die älteren Brüder der Titanen waren. Sie führten die Namen der Wetterstrahlen und hießen »Arges«, der Leuchtende, »Steropes«, der Blitz, und »Brontes«, der Donner. Sie wurden von ihrem eigenen Vater, der sie ihrer Riesenhaftigkeit, Stärke und Kühnheit wegen fürchtete, in den → Tartaros geworfen und von ihrem jüngeren Bruder Kronos zwar befreit, später aber wieder hineingeschleudert. Zeus befreite sie wieder aus ihrer Gefangenschaft, denn er brauchte ihrer Hilfe, um seinen Vater Kronos zu überwältigen. Sie dienten ihm dankbar, indem sie ihm die für seine Macht notwendigen Donnerkeile verfertigten. Als sie jedoch auch den Blitzstrahl geschmiedet hatten, mit dem Zeus den Asklepios, den Sohn des Apollon, zerschmetterte, weil dieser durch seine Heilkunst so viele Sterbliche wieder lebendig machte, rächte sich Apollon dafür an den Kyklopen und tötete sie mit seinen Pfeilen. Für diese Tat wurde der Gott von seinem Vater Zeus vorübergehend auf die Erde verbannt. Obwohl Apollon die Kyklopen vernichtete, erscheinen sie nach späteren Sagen in dem von Zeus regierten Götterstaat aufs neue und in vermehrter Anzahl. Man machte sie zu Schmiedegesellen des Hephaistos, die ihre Werkstätte im Schoße des Ätna hatten oder auf der Insel Lipara hausten. Wenn sie den Ambos schlugen, dröhnte es ringsum wie Donner, und wenn sie den Blasebalg traten, schien es zu stürmen.

Nach anderen Sagen gab es auch Kyklopen, die große Baumeister waren. Sie sollen die Ringmauern von Tiryus und Mykenai aufgeführt haben.

Kyknos (griech.), ein Sohn des Apollon und der libyschen Nymphe Thyria, betrübte sich über den Verlust seines geliebten Freundes dermaßen, daß er sich von einem Felsen in den See Konope stürzte. Von Schmerz überwältigt folgte die Mutter seinem Beispiel. Apollon indessen verwandelte beide während des Fallens in Schwäne und wählte künftighin den Schwan zu seinem Lieblingsvogel.

Kyparissos (griech.), ein Sohn des Telephos und Liebling des Apollon, erschoß einen zahmen Hirsch, den ihm dieser geschenkt hatte, und grämte sich über diese Unvorsichtigkeit so sehr, daß er sich das Leben nehmen wollte. Apollon kam ihm zuvor und verwandelte ihn in die trauernde Zypresse.

Kypris (griech.) → Aphrodite.

Kyrene (griech.), eine wegen ihrer Schönheit berühmte Geliebte des Apollon. Sie wurde von ihm auf einem mit Schwänen bespannten Luftwagen an die blühende Küste Libyens entführt und mit der Unsterblichkeit beschenkt. Er zeugte mit ihr einen Sohn Aristaios. Die Stadt Kyrene verdankte ihr den Namen.

Kythereia (griech.) → Aphrodite.

L

Labdakos (griech.), Großvater des → Oidipus, → Kadmos.

Labyrinth (griech.) → Daidalos, → Minos.

Lachesis (griech.), eine der drei Schicksalsgöttinnen, → Moiren.

Ladon (griech.), 1. Drache im Garten der Hesperiden.
2. Flußgott, Vater der → Daphne.

Laërtes (griech.), Vater des → Odysseus.

Laga (nord.), Göttin der Flüsse und Quellen, Freundin des Odin, der täglich in ihrem unter den Fluten befindlichen Silberpalast Erfrischung suchte.

Laïos (griech.), Sohn des Labdakos, Vater des → Oidipus, König von Theben.

Laistrygonen (griech.), ein Riesenvolk an der Nordwestküste Siziliens, menschenfressend wie die Kyklopen.

Lamia (griech.), weibliches, menschenfeindliches, kinderraubendes Gespenst.

Laokoon (griech.), ein Priester des Apollon zu Troia. Als die Troier das von den Griechen zurückgelassene hölzerne Riesenpferd, in dessen Bauch sich die vornehmsten griechischen Helden listig verborgen hatten, in die Stadt zogen, ahnte Laokoon die Gefahr. Damit er den Plan der Griechen nicht durchkreuzte, sandte Athene ein riesiges Schlangenpaar an den Strand, wo Laokoon eben mit seinen beiden Söhnen Poseidon ein Opfer darbrachte. Die Ungeheuer überfielen den Priester und erwürgten ihn und seine Söhne. Hierauf krochen die Tiere in den Tempel der Athene und suchten unter dem Schilde der Göttin Schutz. Die Troier erblickten darin eine gerechte Strafe der Götter für den Unglauben des Laokoon, das hölzerne Pferd nicht als ein Heiligtum der Athene anzuerkennen. Arglos schritten sie somit ihrem Untergang entgegen.
Plastik: Laokoon-Gruppe, Original von den Künstlern Hagesandros, Athenodoros und Polydoros aus dem 1. Jh. v. Chr., 1506 in Rom ausgegraben, jetzt im Vatikan.
Dramatische Bearbeitungen: »Laokoon«, G. C. Braun, 1824; »Laokoon«, E. Maydolf, 1925.
Essay: »Laokoon«, G. E. Lessing, 1766.

Die *Laokoongruppe;* Werk der Bildhauer Hagesander, Polydoros und Athenadoros, Mitte 1. Jh. v. Chr., Vatikan.

Laomedon (griech.), der vorletzte König von Troia, der Vater des Priamos und der schönen Hesione, führte durch seine Wortbrüchigkeit die erste Zerstörung der Stadt herbei. Er band seine Tochter Hesione an einen Felsen, um durch dieses Opfer das Land von der Pest und einem Meerungeheuer zu befreien. Poseidon und Apollon hatten sich mit diesen Plagen gerächt, weil der König ihnen den für die Erbauung der troianischen Mauern ausbedungenen Lohn vorenthielt. Herakles versprach, Hesione um den Preis der göttlichen Rosse, die Zeus dem König Tros, dem Großvater des Laomedon, als Trost für den zum Olymp entführten → Ganymedes geschenkt hatte, zu retten. Der bedrängte Fürst sagte dies zu, Herakles vertilgte das Ungeheuer und forderte seinen Lohn; aber auch diesmal hielt Laomedon sein Wort nicht. Später kehrte Herakles zurück und trug zum Untergang Troias bei. Die schöne Hesione geriet mit Priamos in Gefangenschaft und wurde mit Herakles' Kampfgenossen, dem tapferen Telamon, verheiratet, dem sie den Teukros gebar.

Lapithen (griech.), ein wildes Volk Thessaliens, den Kentauren ähnlich, es stammte von Lapithes, einem Sohn des Apollon und der Stilbe, einer Tochter des Peneus, ab. Sie lebten in ewigen Kriegen mit den Kentauren. Unter ihrem König Peirithoos wurde jener berühmte möderische Kampf ausgetragen, der für die Kentauren so verderbensvoll ausging, weil die Lapithen durch Theseus unterstützt wurden.

Laren (röm.), häusliche Schutzgötter, deren Bilder aus Stein, Metall oder Holz am Herd, zuweilen auch in den Schlafzimmern aufgestellt wurden. Von ihnen hing Sicherheit, Ruhe und Frieden des Hauses ab. Außer vielen anderen Ehrenbezeugungen brachte man den Laren bei wichtigen Angelegenheiten ein Kalb, ein Ferkel oder Lamm; sonst opferte man ihnen Weintrauben, Kuchen und Honig, auch weihte man ihnen von jeder Mahlzeit einen Teil der Speise. Doch gab es nicht bloß häusliche (familiares), sondern auch öffentliche (publici) Laren, welche über den Segen der Stadt und des Reiches wachten. Cäsar und Augustus wurden als Laren vergöttert. Man unterschied ferner eine höhere und niedere Gattung. Gewöhnlich stellte man sie paarweise auf, jener Sage zufolge, nach welcher Merkur mit der Nymphe Lara Zwillingssöhne zeugte, die von ihrer Mutter den Namen Laren erhielten. Als solche Schutzgötter waren sie den → Penaten (den Göttern des Lebens) sehr ähnlich. Doch die Laren hatten größeren Einfluß als die Penaten; sie beschützten die Reisenden zu Land und zu Wasser, wendeten von den Kreuzungen, wo man in rohen Zeiten der unterirdischen Göttin Mania in ihren Kapellen sogar Kinderopfer darbrachte, die Gefahren eines zufälligen Zusammenstoßes ab und behüteten schließlich auch die Fruchtfelder.

Latinus (röm.) → Aeneas.

Latona (röm.) oder (griech.) → Leto.

Laufeja (nord.), die Mutter des bösen Loki, ein mit dem Riesen Farbaute vermähltes Jotenweib, auch Nal genannt.

Kentaur und *Lapithe;* Metope von der Südseite des Parthenon, um 445 v. Chr., London, Brit. Mus.

Lavinia (röm.) → Aeneas.

Leander (griech.), ein Jüngling aus Abydos am Hellespont, berühmt geworden durch seine Liebe zu Hero, einer Priesterin der Venus. Allnächtlich schwamm Leander durch die Meeresenge, um bis zum Morgengrauen bei der Geliebten zu verweilen. Eine von Hero auf der Turmzinne des Tempels ausgesteckte brennende Fackel wies ihm stets den Weg. Eines Nachts wartete sie vergebens. Morgens fand man Leanders Leiche am Ufer. Ein Sturmwind hatte die Fackel ausgelöscht, als er sich bereits in der Mitte der Meerenge befand. Aus Verzweiflung stürzte sich Hero von dem Turm.

Musaios (5. bis 6. Jh. n. Chr.) hinterließ in dem kleinen Epos »Hero und Leandros« eine ausführliche Darstellung der Geschichte.

Dramatische Bearbeitung: »Des Meeres und der Liebe Wellen«, F. Grillparzer, 1831.

Gedicht: »Hero und Leandros«, F. v. Schiller, 1801.
Opern: »Il Leandro«, F. A. Pistocchi, 1679; »Ero«, S. Nasolini, 1797; »Hero«, J. Brandl, 1833; »Hero«, L. Schytte, 1898; »Hero und Leander«, G. Bialas, 1965 (Text von E. Spieß nach F. Grillparzer).
Ballett: »Hero und Leander«, G. Wimberger, 1963.

Learchos (griech.), Sohn der → Ino.

Leda (griech.), Tochter des aitolischen Königs Thestios und der Eurythemis und Gemahlin des Tyndareos von Sparta.
Leda besaß solche Reize, daß sie das Herz des Zeus rührte, welcher sich in einen Schwan verwandelte und sie während des Bades überraschte. Hierauf gebar sie zwei Eier, aus welchen die schöne → Helena und die beiden Dioskuren, Kastor und Polydeukes (Pollux), hervorgingen. Nach einer anderen Version sind nur Helena und Polydeukes Kinder des Zeus, während Kastor und Klytaimnestra von Tyndareos stammen.
Dichtung: »Leda«, A. Huxley, 1920.

Lemuren (Lemures) (röm.), im Gegensatz zu den Laren und → Manen die bösen Geister Verstorbener, welche zur Strafe auf der Erde weiterspuken mußten. Sie waren als schlimme Gespenster gefürchtet. Man suchte sie an Festtagen, Lemuria, am 9., 11. und 13. Mai, unter eigentümlichen Gebräuchen aus den Häusern auszutreiben und das Dach von ihrer Anwesenheit zu reinigen.

Lethe (griech.), der in der Unterwelt oder um die Insel der Seligen fließende Strom der Vergessenheit, aus welchem die Schatten tranken, sobald sie dorthin gelangt waren. Das Wasser hatte die Eigenschaft, die Erinnerung an alles auf der Erde Erlebte aus der Seele zu vertilgen.

Leto (griech.) oder (röm.) Latona, Tochter des Titanen Koios und der Phoibe, eine freundliche und sanfte Göttin des Himmelsdunkels. Von Zeus geliebt, wurde sie die von den Griechen hochverehrte Mutter des Apollon und der Artemis. Obgleich sie selbst von uralter göttlicher Abkunft war, sah sie sich doch dem grimmigsten Haß der

Statue der *Leda* aus Kyrene, London, Brit. Mus.

Hera ausgesetzt. Sobald die Götterkönigin Letos Schwangerschaft entdeckte, nahm sie der Gaia das Versprechen ab, diese nirgends gebären zu lassen; außerdem hetzte sie den furchtbaren Drachen Python auf die Unglückliche. So irrte Leto lange auf der Erde umher, erst auf der Insel Delos, die bis dahin unstet im Meer geschwommen war und sich nun über den Wasserspiegel erhob, fand sie Ruhe. Sogleich errichtete Poseidon vier mächtige Säulen als feste Verbindung mit dem Meeresgrund. Doch selbst jetzt ruhte die Eifersucht der Hera noch nicht; sie verbot ihrer Tochter Eileithyia, der Geburtsgöttin, der Schwangeren Hilfe zu leisten. Die Wehen der Leto dauerten daher neun Tage. Da entwand sich Artemis ihrem Schoße; kaum aber war sie geboren, half sie der Mutter schon bei ihrer weiteren Entbindung, und Apollon erblickte das Licht. Ein göttlicher Jüngling, der schon am fünften Tage nach seiner Geburt den Drachen Python bei Delphi erschoß. Die Kinder schützten die Mutter gegen die geringste Beleidigung; selbst → Niobe, eine Freundin, von der sie gekränkt worden war, büßte schrecklich unter den Pfeilen des rächenden Geschwisterpaares.

Leukippos (griech.) → Dioskuren.

Leukothea (griech.) → Ino.

Levana (röm.), wörtlich die »Empornehmerin«, eine Göttin, unter deren Obhut die neugeborenen Kinder bei den Römern standen. Der Hausvater brauchte nicht alle seine Kinder anzuerkennen; der neue Sprößling wurde vor ihn auf die Erde gelegt, und hob der Vater ihn auf, so war es ein Zeichen, daß er ihn behalten und im Hause aufziehen lassen wollte. Ließ er dagegen das Kind auf dem Boden liegen, so wurde es ausgesetzt. Levana konnte jedoch den Vater zur Empornahme veranlassen.

Liber (altital.), dem griechischen Dionysos entsprechend.

Libera (röm.), (→ Persephone, Proserpina), Tochter der Ceres, Schwester des Liber. Ceres, Liber und Libera wurden in Rom als Dreiheit verehrt.

Libertas (röm.), Göttin der Freiheit, eine Tochter des Jupiter und der Juno. Sie hatte in Rom mehrere prachtvolle Tempel und wurde häufig auf Münzen dargestellt. Da die römischen Sklaven mit unbedecktem Kopfe gehen mußten, gab man ihr als eigentümliches Kennzeichen einen Hut, den sie entweder in der Hand oder auf dem Haupte trug.

Libitina (röm.), die Leichengöttin, in deren Tempel und Hain alles zur Bestattung und Totenfeier notwendige Gerät aufgehoben wurde.

Libs (griech.), Gott des Südwestwindes, wörtlich der Träufler, weil er Nässe brachte. In Athen wurde er als Jüngling abgebildet, welchen ein leichter Mantel bedeckte und der in den Händen mehrere Schiffstrümmer hielt. Durch ihn sollen nämlich nach der Schlacht von Salamis die Reste der persischen Schiffe als Siegeszeichen an die attischen Gestade geworfen worden sein. Die Römer nannten diesen Wind Africus.

Libye (griech.), die Enkelin der Io und die Tochter des Epaphos, des Königs von Ägypten. Libyen erhielt von ihr den

Namen. Sie zeugte mit Poseidon Agenor und Belos, die Stammväter neuer Königsgeschlechter.

Lichas (griech.), Herold des Herakles. Er überbrachte ihm von dessen Gattin Deïaneira das feurige Nesselgewand und wurde von dem wütenden Herakles an einem Felsen zerschmettert und dann ins Meer geschleudert.

Limos (griech.), Göttin des Hungers, erscheint bei Hesiod unter den Kindern der Eris.

Linos (griech.), berühmter thrakischer Sänger, Sohn des Apollon und der Psamathe. Er übertraf alle seine Vorfahren und Zeitgenossen in der Kunst des Gesanges. Weil er sich aber mit Apollon selbst in einen Wettstreit einzulassen gewagt hatte, wurde er von diesem getötet. Nach einer anderen Sage erschlug ihn sein Zögling Herakles, den er wegen einer Ungeschicklichkeit züchtigte und dadurch erzürnte. In beiden Versionen starb er eines traurigen Todes, und so nannte man nach ihm später jeden Klagegesang einen Linos.

Lofn (Löffa) (nord.), die Erlaubende, die Göttin der Ehe, die durch ihren Einfluß die Verbindung der Gatten förderte.

Loki (nord.), der Ender oder Beschließer, einer der ältesten Asen, der auf Schaden und Unheil sann. Die Asen anerkannten ihn nicht als einen Bruder Odins und als einen der Ihrigen; auch hatte er kein eigenes Gehöft, weder in Asgard noch in einer der übrigen Welten. Doch als uralter Verwandter des Götterkönigs Odin hatte er mit diesem selbst Blut gemischt und Todesbrüderschaft getrunken. Loki lebte anfangs mit den edlen Asen freundschaftlich verbunden, bis er bei einem Gastmahle des Meergottes Ägir alle Götter mit Schmähreden überschüttete. Seine Kinder waren ihm würdige Nachfolger. Er vermählte sich nämlich mit der Riesin Angerbode (Angstbotin) und zeugte die Ungeheuer → Fenris, → Jormungand und → Hel, ein Kleeblatt, von dem sich die Asen, nicht ohne Mühe, wenigstens bis zum Ragnarokr (Weltuntergang) befreien werden. Als Loki durch seine tückischen Anschläge den Donnergott Thor in gefährlichste Abenteuer mit dem Riesen Geirröd verwickelte und die Jugendgöttin Iduna samt ihren für die guten Götter unentbehrlichen Äpfeln in die Gewalt des Zauberers Thiassi nach Jotunheim brachte, den Tod des Balder, des Schönsten der Götter, herbeiführte und bei jenem Trauermahle alle Asen schmähte, da beschloß man unerbittlich seine Bestrafung. Umsonst verbarg sich Loki in der Gestalt eines Lachses mitten in dem mächtigen Wasserfall des Frananger. Die Asen fingen ihn mit dem vom weisen Quaser angefertigten Netz. Hierauf wurde er rücklings auf drei vorspringende Felsklippen gelegt, auf eine mit den Schultern, auf die zweite mit den Hüften und auf die dritte mit den Kniekehlen; in dieser Stellung fesselten die Asen ihn lebend an. Dazu bedienten sie sich der Gedärme seines Sohnes Narwi, den ihm seine zweite Gattin Sigyn nebst einem weiteren Sohn Wali geboren hatte. Diesen verwandelten jetzt die Götter in einen Wolf, der sofort seinen eigenen Bruder Narwi zerriß.

Außerdem hing man über sein Antlitz eine Schlange, aus deren Rachen Gift träufelte; dieses fängt zwar die Gattin Sigyn in einer Schale auf, doch da sie die Schale von Zeit zu Zeit ausleeren muß, kann sie nicht verhindern, daß mittlerweile ein Gifttropfen der Schlange auf Lokis Gesicht fällt, und dieser verursacht ihm die fürchterlichsten Qualen. Loki krümmt und windet sich, vergeblich bemüht, aus seinen Banden loszukommen; die ganze Erde erzittert davon und bringt die von den Menschen Erdbeben genannte Bewegung hervor. So muß der Verbrecher gebunden liegen, bis die unvermeidliche Stunde des Weltunterganges erscheint. Alsdann streift er die Fesseln ab, vereinigt sich mit dem Fenriswolf, der Riesenschlangentochter Jormungand und allen Söhnen der Hel und nimmt an der großen Schlacht gegen die Asen teil. In manchen Mythen wird dieser Gott Logi genannt – das Feuer. Als ein solcher Elementargott galt er als Sohn des uralten Riesen Fornjoter, des Stammvaters der durch Odin verdrängten früheren Götter, und war vermählt mit der Elementargöttin Glöd (Glut), deren Kinder Eisa (Kohle) und Einmyria (Asche) hießen.

Loxias (griech.), der Geheimnisvolle, ein Beiname des Apollon, da seine Weissagungen durch die Priesterin Pythia zumeist rätselhaft waren.

Lucifer (röm.) → Phosphoros.

Lucina (röm.), wörtlich die »Lichtbringerin«, die Geburtsgöttin, aber nicht der griechischen Eileithyia gleichgestellt, sondern Juno und Diana selbst, die dieses Amt ausübten.

Luna (röm.), der griechischen Mondgöttin → Selene gleichgesetzt und wie diese mit → Diana und → Hekate vermischt.

Lupercus (röm.), dem → Pan der Griechen gleichgestellt.

Lyaios (griech.), wörtlich der »Sorgenlöser«, womit man → Dionysos bezeichnete.

Lykaon (griech.), Sohn des Pelasgos und der Okeanide Meliboia, König von Arkadien, berühmt durch seine mit verschiedenen Frauen gezeugten 50 grausamen Söhne.

Um das verruchte Menschengeschlecht zu prüfen, stieg Zeus auf die Erde nieder und besuchte diesen König, der in seinem Hohne so weit ging, dem göttlichen Gaste das Fleisch eines geschlachteten Knaben zum Mahl aufzutischen. Zornig tötete Zeus die Nachkommen Lykaons mit dem Blitz und verwandelte ihn selbst in einen Wolf, der fortan die Wälder heulend durchstreifte. Zeus fand das entartete Menschengeschlecht zur Vertilgung reif und schickte die große Flut; → Deukalion.

Lykeios (griech.), Beiname des Apollon, darauf hinweisend, daß er die Herden vor Wölfen schützte.

Lykomedes (griech.), König von Skyros, → Pyrrhos.

Lykurgos (griech.), Sohn des Dryas, König der Edonier in Thrakien, zuerst ein Freund des Dionysos, sobald er aber das Verderben des übermäßigen Weingenusses erkannt hatte, dessen erbitterter Feind. Er rottete daher nicht nur in seinem Reiche alle Reben aus, sondern fiel auch den Gott selbst feindselig an,

als dieser auf seinen Zügen nach Thrakien kam. Der an den Meeresstrand geflüchtete Dionysos verhängte den Wahnsinn über ihn; in einem Taumel hieb der Rasende seinen eigenen Sohn nieder, sich selbst schlug er die Beine ab, in der Meinung, gegen Weinreben zu wüten.
Dann schickte Dionysos die Pest in das Land. Als das Volk durch ein Orakel erfuhr, das Übel werde so lange im Lande herrschen als Lykurgos lebe, erhob es sich gegen den König, nahm ihn gefangen und ließ ihn von Pferden zerreißen.

Lynkeus (griech.), 1. Sohn des Aigyptos, → Hypermnestra, → Danaiden.
2. Sohn des Aphareus und der Arene, Bruder des Idas, berühmt durch die seltene Schärfe seines Blickes, weshalb er von den → Argonauten zum Steuermann erwählt wurde. Auch an der Jagd des → Kalidonischen Ebers nahm der Held teil. Sein Auge war so scharf, daß er die Metalle in der Erde erkennen und durch Baumstämme sehen konnte.

M

Ma, kappadokische Gottheit, die große Mutter, ähnlich der allgemeinen Weltmutter in Indien, die mit Wischnu vermählte Lakschmi; der aus Phrygien stammenden Rheia oder Kybele; der Magna mater bei den Römern. Ihr orgiastischer Kult, der von Sulla in Rom eingeführt wurde, übertraf an Wildheit noch den der Kybele. Auch wurde sie wegen ihres kriegerischen Charakters von den Römern als »Bellona« bezeichnet.

Machaon (griech.), Sohn des Asklepios, Arzt und Held vor Troia. Er pflanzte das heilkundige Geschlecht durch mehrere Söhne fort und wurde nach seinem Tode in Messenien wie sein Vater als großer Wundertäter göttlich verehrt. In enger Beziehung zur Schlacht (= ›mache‹) deutet der Name auf die Heilung von Kampfeswunden hin.

Magier (pers.), eine gelehrte, aber betrügerische Priesterkaste von medischer Abkunft. Sie gewann durch ihre Kenntnisse unbeschränkten Einfluß auf Staat und Regierung, suchte aber das Volk in Unwissenheit zu halten, um es leichter durch Wunder überraschen und täuschen zu können. Später wurden sie als Gaukler entlarvt.

Magna mater (röm.), Weltmutter, → Kybele, → Ma.

Magni (nord.), Sohn des → Thor.

Maia (griech.), eine Bergnymphe, Tochter des Atlas und der Pleïone, eine der Plejaden. Auf dem arkadischen Berg Kyllene vermählte sie sich mit Zeus und wurde Mutter des Hermes.

Malachbelos (syr.), der Gott des Mondes, → Aglibolos.

Mänaden (griech.) → Dionysos.

Managarm (nord.) → Garmr.

Manen (röm.), die guten Geister der Verstorbenen, die als Schutzgötter angebetet und durch Totenopfer geehrt wurden. Man weihte ihnen statt Altären

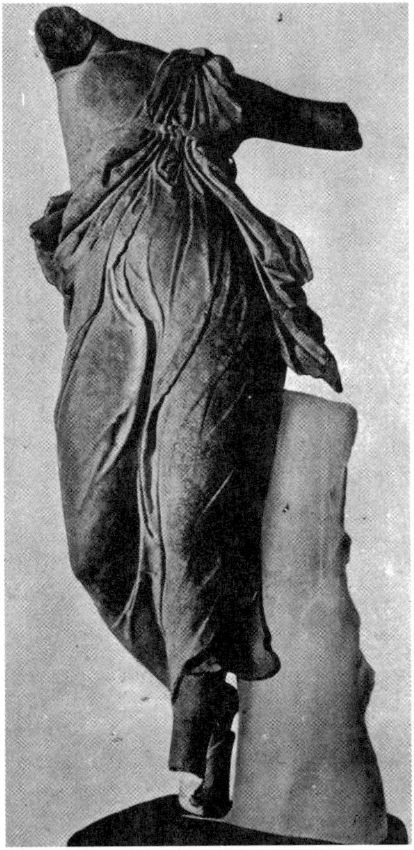

Tanzende *Mänade;* 3. V. d. 2. Jh.s v. Chr., Berlin.

Schwärmende *Mänade;* Marmorrelief vom Esquilin, Ende 2. Jh., Rom, Konservatorenpalast.

schattige Bäume, festliche Grabhügel, auf die man Blumen, Laubkränze und allerlei Schmuck legte, und andere Denkmäler.

Manto (griech.), die Tochter des blinden Sehers Teiresias aus Theben, selbst eine Seherin und Mutter des Sehers → Mopsos.

Maron (griech.), Apollonpriester in Ismaros.

Mars (röm.), Gott des Krieges, → Ares.

Marsyas (griech.), ein Satyr oder Silen, der es auf der von Athene weggeworfenen Flöte zu solcher Spielfertigkeit brachte, daß er Apollon selbst, den Gott der Harmonie, zu einem Wettkampf herausforderte. Die Gegner kamen überein, die Musen als Schiedsrichterinnen zu bestellen. Anfangs schien wirklich der stärkere Flötenton die sanftklingende Laute des Gottes zu übertreffen, so daß die Musen schon mehr auf der Seite des Sterblichen standen. Da wendete Apollon sein Instrument, spielte mit umgekehrter Leier und fügte überdies die Töne seines vollendeten Gesanges hinzu. So ungerecht dies war, Marsyas vermochte es doch nicht nachzutun und wurde deshalb, trotz seiner Einwendungen, für besiegt erklärt. Der stolze Gott strafte ihn furchtbar, er zog dem Unterlegenen unbarmherzig die Haut vom Körper. Durch diesen qualvollen Tod erfüllte sich der Fluch, welchen Athene aussprach, als sie die Flöte unwillig wegwarf.

Essay: »Dialog vom Marsyas«, H. Bahr, 1905.

Ballett: »Marsyas«, A. v. Milloss, 1942.

Medeia (Medea) (griech.), Tochter des Königs Aietes von Kolchis, Nichte der Kirke und Schwester des Absyrtos, Angehörige der berühmten, von dem Sonnengott Helios stammenden kolchischen Zaubererfamilie. Sie verhalf → Iason, der mit den → Argonauten in ihre Heimat kam, zum Goldenen Vlies. Sie unterstützte ihn auch auf dem Rachezug gegen den Thronräuber Pelias, der Iasons Eltern ermordet hatte. Als alte Frau verkleidet begab sich Medeia in die Stadt, gewann des Königs Pelias Vertrauen und beredete ihn, sich von ihr verjüngen zu lassen. Zum Beweis, daß sie dies vermöge, trat sie einen Augenblick zur Seite, tilgte ihr künstliches Alter und erschien vor ihm in ihrer jugendlichen Schönheit. Nicht länger an ihrer Kunst zweifelnd, befahl Pelias seinen Töchtern, alles an seinem Körper vorzunehmen, wozu die göttliche Fremde sie auffordern werde. Medeia gebot ihnen, den König im

Medeia; Wandgemälde aus Herculaneum.

Schlafe zu töten und zu zerstückeln, damit sie seinen Leib kochen könne, was zur Verjüngung nötig sei. Um ihrem Ansinnen Nachdruck zu verleihen und das Mißtrauen der Königskinder zu zerstreuen, zerlegte sie einen alten Widder und ließ aus dem Kessel durch ein Blendwerk die Gestalt eines jungen Lammes emporsteigen. Nur die zärtliche Alkestis verweigerte die Teilnahme an dem Zauberwerk. Die drei anderen Töchter, Pisidike, Pelopea und Hippothoe, vollzogen den Mord und begleiteten anschließend Medeia auf das höchste Dach des Palastes, um, wie Medeia vorgab, zur Vollendung des Zaubers Gebete an die Mondgöttin zu verrichten. Die arglosen Königstöchter folgten ihr wunschgemäß mit brennenden Fackeln. Dies war das verabredete Zeichen für die Argonauten, die Stadt zu stürmen. Nach der Eroberung setzte Iason Akastos, des Pelias Sohn, als Herrscher über Iolkos ein, er selber zog mit Medeia nach Korinth. Zehn Jahre lang war ihre Ehe glücklich und mit zwei Söhnen gesegnet. Dann wandte sich Iason von ihr ab und schenkte seine Zuneigung der jüngsten Tochter des Königs Kreon von Korinth, Glauke. Vergebens erinnerte Medeia ihn an seine heiligen Schwüre, dennoch wurde die Hochzeit festgesetzt und die Verbannung Medeias ausgesprochen. Medeia

»*Medusa* Rondanini«; 5. Jh. v. Chr., München, Glypt.

Der Sieg über die *Medusa;* Peter Paul Rubens, Leningrad, Ermitage.

beschloß, sich zu rächen und gab ihrer Nebenbuhlerin als Brautgeschenk ein kostbares Gewand. Kaum hatte sich diese damit geschmückt, als sich ein unauslöschliches Feuer entzündete, dem die ganze Familie samt dem Palast zum Opfer fiel. Iason tötete sich aus Verzweiflung darüber selbst, während Medeia ihr Rachewerk fortsetzte; sie nahm ihren mit Iason gezeugten Söhnen das Leben. Darauf verschwand sie mit einem drachenbespannten Wagen durch die Lüfte aus Korinth.

Dramatische Bearbeitungen: »Medeia«, Euripides, 431 v. Chr.; »Medea«, Seneca, um 50 n. Chr.; »Medea«, L. Tieck, 1789; »Medea«, F. Grillparzer, 1822; »Médée«, J. Anouilh, 1946.

Epos: »Argonautika«, Apollonios Rhodios, 3. Jh. v. Chr.

Novelle: »Medea«, P. Heyse, 1896.

Oper: »Medea«, L. Cherubini, 1797.

Ballett: »Medea und Jason«, J. G. Noverre, 1776.

Medusa (griech.) → Gorgonen.

Megaira (griech.) → Erinnyen.

Megara (griech.), Gattin des → Herakles.

Melampos (griech.), ein berühmter Wahrsager, der Sohn der Amythaon und Bruder des Bias. Es heißt, daß er sich auf die Sprache der Tiere verstand, nachdem ihm Schlangen im Schlaf die Ohren ausleckten. In den Besitz tiefer Weisheit gelangte er durch eine Unterredung mit Apollon selbst, die er vornehmlich für seinen Bruder führte. Bias wünschte sich nämlich mit Pero, der schönen Tochter des Neleus, zu vermählen, sollte aber seinem Schwiegervater zuvor die Rinderherden des Iphikles verschaffen. Melampos, der die Aufgabe übernahm, geriet, wie er selbst vorausgesagt hatte, bei dem Versuche, die Rinder zu rauben, in Gefangenschaft. Im Gefängnis hörte er von den im Gebälk nagenden Holzwürmern, daß der Kerker schon dergestalt durchfressen sei, daß der Einsturz bevorstünde. Augenblicklich berichtete er dies Iphikles und verlangte, in ein anderes Gebäude gebracht zu werden. Kaum war dies geschehen, als der frühere Kerker zusammenstürzte. Erstaunt über solche göttliche Voraussicht, schenkte Iphikles Melampos seine Freiheit und die Rinder, nachdem der Seher ihn noch von seiner bisherigen Kinderlosigkeit geheilt hatte.

Melanippe (griech.) → Desmontes.

Meleagros (griech.), Meleager (röm.), Sohn des Oineus, des Königs von Kalydon, und der Althaia, berühmt als Sieger über den → Kalydonischen Eber und durch seinen tragischen Tod. Als er sieben Tage alt war, traten plötzlich die drei Moiren vor das Wochenbett der Mutter, um das Schicksal des Kindes vorherzusagen. Klotho verhieß ihm Tugend und Edelmut, Lachesis Stärke und Tapferkeit; Atropos fügte hinzu, der Knabe werde nur so lange wie das jetzt im Herdfeuer liegende und verbrennende Holzscheit leben. Augenblicklich sprang die Mutter hin, riß das Holzscheit aus der Flamme, löschte es und bewahrte es sorgfältig auf. Meleagros wuchs zu einem schönen und herrlichen Helden heran. Schon mit jungen Jahren nahm er am Argonautenzug teil und erwarb sich bei der Erlegung des Kalydonischen Ebers unsterblichen Ruhm. Weil er den Siegespreis seiner Mitstreiterin und späteren Gattin Atalante zuerkannte, kam es zu einer bewaffneten Auseinandersetzung mit den mütterlichen Oheimen, die er dabei tötete. Als seine Mutter Althaia erfuhr, wer ihre Brüder erschlagen habe, warf sie das seither fürsorglich aufbewahrte Scheit, an dem das Leben ihres Sohnes hing, jähzornig ins Feuer. Sofort starb Meleagros unter den schrecklichsten Qualen. Die Mutter erhängte sich. Ihre grau-

Meleagros; nach Skopas um 340 v. Chr., Vatikan.

same Handlung wurde von Sophokles und Euripides in Tragödien dargestellt. Daß Althaia bedenkenlos die Pflicht der Blutrache über die Mutterliebe stellt, ist wahrscheinlich auf alte mutterrechtliche Verhältnisse zurückzuführen.

Dramatische Bearbeitung: »Meleagros«, P. Heyse, 1854.

Melikertes (griech.), Sohn der → Ino.

Melkarth (phöniz.), der König des Himmels, ein mächtiger Gott, der am glänzendsten zu Tyros und zugleich mit dem Gott Baal durch große Tempelgebäude und reiche Geschenke verehrt wurde. Auch Menschen opferte man ihm. Man vermutet in ihm den tyrischen Herakles.

Melpomene (griech.), wörtlich die »Singende«, eine der Musen, ihrem Namen nach die Göttin des Gesanges überhaupt, insbesondere aber die Beschützerin der tragischen Dichtkunst. Sie wurde verschleiert abgebildet, in der Linken die ernste Maske der Tragödie haltend, mit der Rechten sich auf eine Keule stützend und mit einem Weinlaubkranz geschmückt. Ihre Aufgabe war es, im Gegensatz zu der heiteren Thalia, die Herzen durch tragische Töne feierlich und traurig zu stimmen.

Memnon (griech.), Sohn der Eos und des Tithonos, Fürst der Aithioper, kam den Troiern zu Hilfe, fiel aber im Kampf gegen Achilleus. Berühmt durch das ihm gesetzte Standbild, den sogenannten Memnonsäulen, kolossale Steinfiguren in sitzender Stellung. Von diesem Denkmal, das heute noch bei Theben zu sehen ist, erzählten Griechen und Römer die Merkwürdigkeit, daß der nördlichere Koloß bei Sonnenaufgang einen klingenden Ton von sich gäbe. Sie deuteten das Wunder dahin, daß Memnon jeden Morgen seiner Mutter Eos (Aurora) einen wehmütigen Gruß darbringe.

Das Tönen jener Sitzfigur konnte man aber auf natürliche Weise erklären. Die obere Hälfte dieses Steinbildes war durch ein Erdbeben abgebrochen worden und lag auf dem Boden; ein Luftzug, von dem Wechsel der Kälte und Wärme in der Morgendämmerung veranlaßt, durchstrich die geöffneten Steinporen und brachte jenes Klingen hervor, welches denn auch verstummte,

Die *Memnonskolosse;* aus der Regierungszeit Amenophis' III., 18. Dynastie, vor dem Totentempel des Königs.

als der römische Kaiser Septimius Severus die beiden Stücke der Bildsäule wieder zusammenfügen ließ.
Lied: »Memnon«, F. Schubert (Text von J. Mayrhofer).

Mendes (ägypt.), eines der ältesten Götterwesen, eine zeugende Naturgottheit, verglichen mit dem viel jüngeren griechischen Pan und wie dieser bockfüßig und ziegenköpfig. Er gehörte zu den acht großen Gottheiten der Planeten.

Menelaos (griech.), Sohn des Atreus und der Aerope, Bruder → Agamemnons, Gatte der → Helena.

Mentor (griech.), Freund des Odysseus, von diesem während seiner Abwesenheit zum Hüter des Hauses bestellt. In der Odyssee wird berichtet, daß Athene seine Gestalt annahm und den jungen Telemachos auf der Seereise nach Pylos schützend begleitete.
Sein Name wurde durch F. Fénelon sprichwörtlich. Dieser Autor vereinigte in seinem »Télémaque« (1699) so viele treffliche Eigenschaften in ihm, daß seitdem jeder kluge Führer und Ratgeber ein weiser Mentor genannt wird.

Mercurius (röm.) (Merkur), Gott des Handels, dem griechischen → Hermes entsprechend.

Merope (griech.), Gattin des Herakleiden Kresphontes, Königs von Messene.

Meschia und **Meschiane** (pers.), das Urelternpaar des Menschengeschlechts, dessen Schicksal mit der Geschichte von Adam und Eva zusammenfällt (→ Kajomorts).

Mestor (griech.), Sohn des → Perseus.

Metapontos (griech.) → Desmontes.

Metis (griech.), die Göttin der Klugheit,

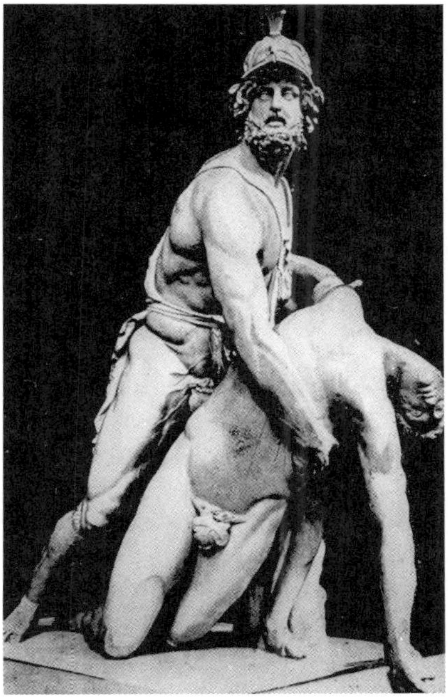

Menelaos mit der Leiche des Patroklos; nach einem Original d. 2. H. d. 3. Jh.s v. Chr., Florenz, Loggia dei Lanzi.

eine Tochter des Okeanos, war die Freundin des → Zeus und gab ihm das für → Kronos bestimmte Brechmittel, welches weitreichende Folgen hatte.

Midas (griech.), König von Phrygien, Sohn des Gordios und der Kybele, bekannt durch seine Torheit. Als Dionysos auf seinem Weltzug nach Phrygien kam, blieb aus seinem Gefolge der lustige Silen in den königlichen Rosengärten berauscht zurück. Er wurde gefunden und in Fesseln vor Midas gebracht. Dieser nahm den Gefangenen nicht nur freundlich auf, sondern schickte ihn auch, sobald er hörte, wer der Fremdling sei, bereitwillig an Dionysos zurück. Der Gott erschien nun selbst an dem Hofe des Königs und wurde gastlich bewirtet. Zur Belohnung durfte sich Midas einen Wunsch ausbitten. Der gierige Fürst verlangte, daß alles, was er berühre, sich in Gold verwandeln solle. Der Wunsch wurde ihm gewährt, doch lief Midas dabei Gefahr, zu verhungern, da sich auch Speise und Trank, von der Zunge berührt, augenblicklich in Gold verwandelten. Auf das Flehen des Unglücklichen schrieb Dionysos ihm vor, er solle sich im Flusse Paktolos baden, um den an seinem Körper haftenden Zauber abzuspülen. Seitdem führt der Fluß Goldsand.

Ein andermal wurde Midas zum Kampfrichter in einem Wettstreite erwählt, welcher zwischen Apollon auf der Laute und Pan auf der Flöte abgehalten wurde. Dabei bewies der Fürst einen solchen Mangel an Urteilskraft, daß er zugunsten des ländlichen Flötenbläsers entschied. Zornig ließ Apollon dem übelhörigen Kunstrichter ein Paar Eselsohren wachsen, die jener unter einer phrygischen Mütze eine Zeitlang verbergen konnte. Des Herrschers Barbier war der erste, der das Geheimnis unter der Mütze entdeckte. Er spürte den Drang, es auszusprechen, doch aus Angst, der König könnte sich deshalb an ihm rächen, getraute er sich nur die Worte »König Midas hat Eselsohren« in eine aufgeworfene sumpfige Grube am Ufer eines Sees auszusprechen und diese dann sofort wieder zuzuschütten. Doch schon im nächsten Jahr wuchs Schilfrohr über der Stelle, welches bei jedem Windhauche die Worte des Barbiers säuselte.

Dramatische Bearbeitungen: »Midas«, J. Lyly, 1589 (Komödie). »Die Ohren des Midas«, J. Tardieu, um 1960.

Roman: »König Midas«, Z. Ambrus, 1906.

Oper: »Die Liebe der Danae«, R. Strauss, 1944.

Midgard (nord.), die Menschenwelt, → Asgard.

Midgardschlange (nord.) → Jormungand.

Mimer (Mimir) (nord.), einer der Asen, dem die in Jotunheim entspringende Quelle der Weisheit gehörte, der sogenannte Mimisbrunnen. Jeden Morgen trank er daraus und war deshalb der Weiseste. Auch Odin begehrte einst von der Quelle zu kosten, mußte jedoch ein Auge dafür hingeben. Als die Asen sich mit den → Wanen vertrugen, wurde den letzteren der schöne, aber geistlose Ase Hänir als Geisel ausgeliefert, und Mimer erhielt Befehl, den Gefangenen zu begleiten und mit seinem Rat zu unterstützen. Die Wanen indessen schlugen den weisen Gott tot und sandten sein Haupt den Asen. Nachdem Odin dasselbe einbalsamiert und durch Zaubersprüche wiederbelebt hatte, weissagte es ihm alle verborgenen Dinge.

Minerva (röm.), altitalische Göttin des Handwerks, die im südlichen Etrurien verehrt und seit dem Ende des 3. Jh.s v. Chr. der griechischen → Athene gleichgesetzt wurde. Die Römer betrachteten sie späterhin als eine der Hauptschutzgottheiten der Weltstadt, indem sie zu den Bildsäulen des Jupiter und der Juno im kapitolinischen Tempel die ihre hinzufügten. Man feierte außer den kleinen Festen im Monat März das große fünftägige Fest Quinquatrus. Während dieses Festes, an dem vor allem Künstler und Handwerker teilnahmen, wurde den Lehrern ihr Jahreshonorar ausgezahlt, und die Schüler hatten Ferien.

Minos (griech.), Sohn des Zeus und der Europa, König von Kreta, Bruder des Rhadamanthys und des Sarpedon, ein berühmter Gesetzgeber. Zeus selbst würdigte ihn eines neunjährigen Umganges. Der Sohn ging zum Vater in eine heilige Grotte, wo ihm dieser die auf Freiheitsliebe, Tapferkeit und Eintracht abzielenden Vorschriften diktierte, mit welchen er sein Volk beglückte und die später auch Lykurgos für die Gesetzgebung Spartas übernahm. Minos' und Rhadamantys' Liebe zur Gerechtigkeit war so groß, daß sie nach ihrem Ableben als Richter im Hades gewählt wurden.

Die Herrschaft über die Insel Kreta erbte zunächst Lykastos, der Sohn des Minos, gezeugt mit Itone, einer Tochter des Kreters Lyktios. Aus der Ehe des Lykastos mit Ida, einer Tochter des Korybas, entsproß sodann ein Sohn, welcher von der Sage häufig mit dem Großvater verwechselt worden ist, weil er ebenfalls Minos hieß. Dieser zweite König war von kriegerischer Natur; er säuberte das Meer von Seeräubern, doch das Volk machte ihm den Thron streitig, weshalb er sein Anrecht durch ein Wunder beweisen wollte. Er bat Poseidon, ihm einen Stier zu schenken, damit er dem Gott ein würdiges Opfer bereiten könne; wirklich ließ ihm dieser ein herrliches Rind aus den Fluten des Meeres steigen, die Kreter erstaunten und verliehen ihm nun die Krone. Der jetzt unumstrittene Herrscher betrog jedoch den Meeresgott um das Opfer; er gesellte den schönen Stier eigennützig seinen Herden zu, um diese zu veredeln. Dieser Frevel hatte die unseligsten Folgen.

Minos war mit Pasiphae, einer Tochter des Helios, vermählt und hatte mit ihr mehrere Kinder. Poseidon rächte an der Gattin die Schuld des Gatten; auf seinen Wunsch erregte Aphrodite, die ohnehin

Minos, Stierkopf aus Kreta; um 1500 v. Chr., Heraklion.

dem ganzen Geschlecht des Helios zürnte, weil dieser einst mit seinem allsehenden Auge das (von Homer geschilderte) Stelldichein zwischen ihr und Ares verraten hatte, in dem Herzen der Königin eine unnatürliche Liebe zu jenem Wunderstier. Durch die Kunst des an den Hof des Minos geflüchteten → Daidalos empfing Pasiphae von dem vierfüßigen Geschöpf den Minotauros. Darauf machte Poseidon das Tier rasend, so daß es verheerend durch die Insel stürmte, bis es endlich von Herakles eingefangen wurde.

Der von Pasiphae geborene Minotauros war eine schreckliche Menschenfigur mit einem Stierkopf. Auf Befehl des Königs mußte der Künstler Daidalos eigens das sogenannte Labyrinth anlegen, wohin man das Ungeheuer, welches sich nur von Menschenfleisch nährte, sperrte.

Minos unterjochte die Athener, nachdem sein Sohn Androgeos in Attika ums Leben kam, und legte ihnen einen hohen Tribut auf. Alljährlich mußten sieben Knaben und sieben Mädchen dem Minotaurus geopfert werden, bis → Theseus Athen von dieser schweren Last befreite. Minos, der dem nach Sizilien geflüchteten → Daidalos gefolgt war und dessen Auslieferung verlangte, wurde dort getötet.

Roman: »Minos oder die Geburt Europas«, F. Spunda, 1931.

Ballett: »The Minotaur«, J. Taras, 1946.

Minotauros (griech.) → Minos.

Minyer (griech.), ein Beiname der Argonauten, weil die meisten von ihnen von den Minyern abstammten, einem Volk, das nach Minyas, einem Sohn des Poseidon, benannt war und seinen Wohnsitz in Orchomenos und Iolkos hatte.

Miölner (Miöllnir) (nord.), Waffe des → Thor.

Mithras (röm.-griech.) oder Mithra (pers.), Licht- oder Sonnengott, dessen Dienst im ganzen römischen Weltreich Wurzel faßte. Er wurde nach den sieben → Amschaspands der ersten Rangstufe zu den guten Geistern zweiten Ranges gerechnet und zumeist als Mann mit Löwenkopf und Strahlenkrone dargestellt.

Ferner vertrat Mithras Reinheit und Keuschheit, und jeder, der sich dem Kult anschloß, mußte wie ein Rekrut einen Eid ablegen und in Gehorsam, Treue und Wahrhaftigkeit dem Gott als »Soldat« dienen. Als Lohn für den Kampf gegen die bösen Geister des → Ahriman auf dieser Welt wurde dem dienenden »Kämpfer« nach seinem Tode für seine Seele ein gnädiges Gericht und am Ende der Welt auch für seinen Leib die Unsterblichkeit versprochen.

Der Mythos unterlag kaum dem griechischen Einfluß, wie auch Mithras-Denkmäler in Griechenland nur äußerst selten anzutreffen sind. Starke Verbreitung fand der Kult durch die römischen Soldaten an der Donau und am Rhein. Die Kaiser Diokletian, Galerius und Licinius ließen im 4. Jh. n. Chr. in Carnuntum Mithras, dem Beschützer ihres Reiches, sein gut ausgestattetes Heiligtum renovieren.

Literatur: »Mithras«, Geschichte eines

Drei *Musen;* Relief einer Statuenbasis aus Mantinea, 330 v. Chr., Athen, NM.

Kultes, M. J. Vermaseren, Stuttgart 1965.

Mnemosyne (griech.) → Musen.

Modi (nord.), Sohn des → Thor.

Moiren (griech.) oder (röm.) Parzen, Schicksalsgöttinnen, zumeist drei Schwestern, waren die Töchter der Nyx (Nachtgöttin) und des Erebos (Unterwelt), nach anderen Quellen Kinder des Zeus und der Themis.

Bei Homer haben sie noch keine bestimmte Zahl und keine festen Namen. Sie bestimmten das unwandelbare Los, das den Menschen bei ihrer Geburt zufällt (röm. = Fatum). Auch setzten sie das Schicksal der Götter fest, wobei sie hart und streng, aber doch gerecht und weise verfuhren. Die erste, Klotho, spann den Lebensfaden, Lachesis erhielt den Lebensfaden durch alle Zufälligkeiten, und Atropos, die Unabwendbare, durchschnitt ihn.

Nach einer anderen Angabe schrieb Atropos die Vergangenheit, Lachesis sprach die Zukunft, und Klotho spann den Faden ab, indem sie die Gegenwart beherrschte.

Unter ihrer Aufsicht standen vor allem Anfang und Ende des menschlichen Lebens. Als Töchter der Nacht wurden sie unfreundlich geschildert, wohnten im Hades und zwangen selbst dem Göttervater Zeus ihren Willen auf. Als Töchter des Zeus hingegen wurden sie als edel und schön und ihrem Vater untertänig dargestellt.

Holzschnitt: »Die Parzen«, H. Baldung gen. Grien, 1513.

Gedicht: »Lied der Parzen«, J. W. v. Goethe (aus Iphigenie), 1787.

Konzertkantate: »Gesang der Parzen«, J. Brahms, 1882.
Literatur: »Der Faden der Schicksalsgottheiten«, E. Steinbach, Leipzig 1931.

Molioniden oder **Aktorione** (griech.), die beiden Söhne des Aktor (oder des Poseidon) und der Molione. Sie hießen Eurytos und Kteatos, sollen aus einem Ei hervorgegangen sein und besaßen gleich siamesischen Zwillingen zusammengewachsene Körper. Schon als Kinder standen sie dem von väterlicher Seite mit ihnen verwandten Augeias im Kriege gegen Herakles bei, in dem sie aber von dem Helden erschlagen wurden.

Molossos (griech.), Sohn des Neoptolemos (Pyrrhos).

Momos (griech.), Gott des Tadels, ein Sohn der Nacht, der die Götter im Olymp verspottete.

Der Dichter Vergil und die *Musen* Klio und Melpomene; aus Hadrumetum, 3. Jh. n. Chr.

Mond, → Selene.

Mopsos (griech.), berühmter Seher, der die Argonauten begleitete und auf ihrem Zuge umkam. Trat mit → Kalchas in Wettstreit.

Morpheus (griech.), der sanfte Gott der Träume, Sohn des Schlafes (Hypnos) und Bruder des Thanatos und Ikelos. War der letztere mehr ein Gott des Schreckens, der sich in allerlei Tiergestalten kleidete, so erschien Morpheus freundlicher, indem er sich den Schlummernden nur in menschlicher Form zeigte, die er allerdings in jeder beliebigen Weise anzunehmen vermochte. Er wurde zumeist geflügelt dargestellt.

Mors (röm.), der Tod, dem griechischen → Thanatos gleichgestellt.

Musagetes (griech.) → Apollon, als Begleiter und Führer der → Musen.

Musen (griech.), die Göttinnen der schönen Künste, Begleiterinnen des Apollon, der als ihr Führer »Musagetes« genannt wird. Sie sind Töchter des Zeus und der Mnemosyne, der Göttin des Gedächtnisses, einer Tochter des Uranos und der Gaia. Zur Amme der Musen wählte Zeus die Eupheme, die Gattin des Flurengottes Pan.

Insgesamt waren es neun Schwestern, die nach ihrer Mutter Mnemoniden hießen; nach dem Lande Pierien, wo sie geboren wurden, Pïeriden; nach dem Berge Helikon, wo sie wohnten, Helikoniden; nach dem Brunnen Kastalia, wo sie spielten, Kastaliden, und nach dem Gebiet Aonien, wo man sie besonders verehrte, Aoniden. Sie waren freundlich gesinnte Wesen, belehrend und zu allem Guten bereit, vornehmlich aber den Dichtern hold, welche ihren Beistand anzurufen pflegten. Jede von ihnen hatte einen besonderen Wirkungskreis: Kalliope – Heldengedicht; Melpomene – Trauerspiel; Thalia – Lustspiel; Euterpe – Lyrik und Musik; Erato – Minnelied und Mimik; Polyhymnia – Musik und Festgesang; Terpsichore – Tanzkunst; Klio – Geschichte; und Urania – Astronomie.

Andere Berichte nennen nur drei Musen: Melete – Erfindung; Mneme – Gedächtnis; und Aoide – Gesang. Die Dreierzahl gilt als älteste, dann vermehrte sie sich auf vier, fünf und sieben bis zu jener Neunerzahl.

Von den Höhen des Heimatlandes Pierien in Thrakien wurde der Dienst der Musen durch den thrakischen Sänger Orpheus in Aonien und im übrigen Griechenland verbreitet. Ihr wichtigster Wohnsitz war auf dem Parnassos bei Delphi, wo sie im fröhlichen Festreigen lebten, angeführt von Apollon, dem Meister des Gesanges und der Musik. Obwohl ihnen die Jungfräulichkeit stets heilig war, weshalb man sie bekleidet und nie mit entblößter Brust darstellte, erfreuten sich doch mehrere Götter und Sterbliche ihrer Gunst, vor allem Apollon. Er soll mit Kalliope das berühmte Sängerpaar Linos und Orpheus, einer anderen Sage nach auch den Ehegott Hymen gezeugt haben.

Von Melpomene und dem Flußgott Acheloios sollen die geflügelten Sirenen abstammen; weshalb die ausgezeichneten Sängerinnen mit den Musen in einen Wettstreit gerieten, in dem sie jedoch unterlagen und hart bestraft wurden. Die Musen rupften ihnen die Federn aus den Flügeln und machten sich Kränze daraus. Auch Sterbliche traten mit den Musen in Wettstreit, wobei sie jedoch immer unterlagen. So wurden die neun kunstfertigen Töchter des Königs Pieros von Emathia von den Musen in Vögel verwandelt, und dem Sänger Thamyris raubten sie die Gabe des Gesangs und das Augenlicht.

Dichtung: »Mnemosyne«, F. Hölderlin.
Oper: »Terpsichore«, F. Händel, 1734.
Ballett: »Das Opfer der Muse«, Lanz, 1786.
Literatur: »Die Musensarkophage«, M. Wegner, Berlin 1966.

Muspelheim (nord.), die lichte und brennende Feuerwelt, bewohnt von den ewigen Feinden der Asen, den sogenannten Muspelsöhnen, deren König Surtur heißt, an der Grenze thront und das Reich mit einem flammenden Schwert bewacht. Muspelheim umfaßt den südlichen Teil der Welt; die darin herrschende Glut und Hitze ertragen nur diejenigen, die dort hausen. Oft brechen sie hervor, um den Sitz der Asen in Brand zu stecken, die deshalb beständig auf der Hut sein müssen, zuletzt aber, wenn die Götterdämmerung Ragnarokr hereinbricht, doch unterliegen werden. Alsdann werden die von Surtur angeführten Söhne von Muspelheim über die Bifröstbrücke reiten, Loki wird sich mit den Hrymthussen und dem ganzen Gefolge der Hel anschließen. Sie werden mit dem größten Schiff der Welt, dem Naglfar, das aus den Finger- und Zehennägeln verstorbener Menschen gebaut ist, ankommen. Der Weltkampf wird beginnen und endet zum Vorteil der brandtragenden Angreifer, wie tapfer sich auch die Asen, unterstützt von allen Helden Walhallas, wehren werden. Die Reiche der Götter wie der Erde werden in Feuer aufgehen (→ Walhalla). Den Gegensatz zu Muspelheim bildet Niflheim, das eiskalte und stets umnebelte Gebiet, das im Dunkel des Nordens liegt.

Myrtilos (griech.) → Pelops.

N

Naenia (röm.), die Göttin der Trauer, die den Leichengesängen und Klageliedern ihren Namen gab.

Naglfar (nord.), das größte Schiff der Welt, aus den Finger- und Zehennägeln der Toten gebaut. Es wird zum Zeitpunkt des Weltunterganges fertiggestellt sein. In ihm wird Loki mit den Hrymthussen gegen Asgard segeln, wo der Weltkampf beginnt. Dabei werden die Reiche der Götter wie auch der Erde in Feuer aufgehen.

Naiaden (griech.) → Nymphen.

Nanna (nord.), wörtlich die Kühne, Frau des → Baldur, des Gottes der Güte.

Narkissos (griech.), Sohn des Flußgottes Kephissos und der Nymphe Leiriope. Die Nymphe Echo verliebte sich in den holden, aber spröden Jüngling, der sie mit solcher Herzlosigkeit von sich stieß, daß die Göttin Nemesis (oder auch Aphrodite) für die Verschmähte Rache nahm. Sie strafte ihn mit unstillbarer Selbstliebe. Als er wieder einmal durstig von der Jagd heimkehrte und sich über eine Quelle beugte, deren klarer Spiegel ihm sein eigenes Bild reizend zurückwarf, verliebte sich der Jüngling in sich selbst. Wie → Echo sich früher in Liebe verzehrt hatte, so geschah dies nun auch mit Narkissos, bis er allmählich zum Schatten hinschwand und von den Göttern aus Mitleid in die nach ihm benannte Narzisse verwandelt wurde.

Dramatische Bearbeitungen: »Eco y Narciso«, P. Calderon, 1658; »Narziß«, A. P. Sumarokov, um 1750; »Narcisse«, J. J. Rousseau, 1750; »Narziß«, W. Riemerschmied, 1955.

Dichtungen: »Narkissos«, E. Carpenter, 1873; »Narcisse parle«, P. Valéry, 1902; »Fragmentes du Narcisse«, P. Valéry, 1922; »Narcisse«, J. Grasquet, 1931.

Oper: »Eco e Narcisso«, Ch. W. Gluck, 1779.

Narwi (nord.), Sohn des → Loki.

Nauplios (griech.), 1. Sohn des Poseidon und der Danaide Amymone, → Auge, → Amymone.

2. König von Euboia, ihm übergab Katreus von Kreta, der Sohn und Thronerbe des jüngeren Minos, seine beiden Töchter unter der Bedingung, sie in ferne Länder zu verkaufen, weil ihm ein Orakel verkündigt hatte, er werde durch seine Kinder umkommen (→ Althaimenes). Eine der Töchter, Aerope, überließ Nauplios an → Atreus, so daß sie in

das grauenvolle Schicksal des Königshauses von Mykenai verwickelt wurde. Die zweite Tochter des Katreus, Klymene, wählte Nauplios zur Gemahlin, und sie gebar ihm außer mehreren anderen Kindern den Palamedes, der mit dem Griechenheer nach Troia zog. Von Odysseus gehaßt und fälschlich angeklagt, wurde der junge Held vor Troia unschuldig hingerichtet. Vergebens suchte Nauplios für das an seinem Sohne begangene Unrecht Genugtuung, indem er sich selbst in das Lager begab. Von Troia zurückgekehrt, ließ er aus Rache durch Oax, seinen zweiten Sohn, überall das Gerücht verbreiten, die abwesenden Feldherren und Könige gedächten ihre daheim verweilenden Gemahlinnen zu verstoßen und sich andere Frauen mitzubringen. Ferner ließ er verkünden, dieser oder jener Fürst sei bereits im Kampfe gegen die Troier gefallen. Die falschen Nachrichten hatten schlimmste Folgen. Die erzürnten Gattinnen rächten sich teils durch Untreue, teils durch Ermordung der Heimgekehrten. Manche schlossen neue Ehebündnisse; Antikleia, die Mutter des Odysseus, erhängte sich aus Verzweiflung, während sich Penelope, die treue Gemahlin desselben, in das Meer stürzte, jedoch gerettet wurde.

Noch immer war Nauplios' Rache nicht gestillt. Als die Heerführer nach der Eroberung Troias der Heimat zusteuerten und an Euboia vorübersegelten, gebot er, an den gefährlichsten Küstenstellen Leuchtfeuer anzuzünden, wodurch viele Schiffe irregeleitet auf Klippen gerieten und sanken. Den überlebenden Schiffbrüchigen wurden von Nauplios und den Seinigen aufgelauert und erbarmungslos niedergemetzelt.

Nausikaa (griech.), Tochter des Alkinoos, des Königs der Phaiaken; sie nahm den schiffbrüchigen Odysseus auf und begleitete ihn an den gastlichen Hof ihres Vaters. Reichbeschenkt kehrte Odysseus von dort nach Ithaka zurück. Homer schildert die Schätze des Alkinoos, den Glanz seines Hofes und die Schönheit seiner Gartenanlagen, die sprichwörtlichen Ruhm erlangten.

Berühmt war die heute verlorene Tragödie »Nausikaa« des Sophokles, in der der Dichter selbst in der Rolle der Nausikaa als elegante Ballspielerin auftrat.

Dramatische Bearbeitungen: »Nausikaa«, J. W. v. Goethe (Fragment), 1786 bis 1788; »Odysseus auf Scheria«, H. Helge, 1907; »Nausikaa«, E. Peterich, 1943.

Epen: »Telemach und Nausikaa«, J. J. Bodmer, 1776; »Nausikaa«, K. Grassberger, 1930.

Romane: »Nausikaa«, S. Berger, 1941; »Homer's daughter«, R. Graves, 1955 (deutsch 1956).

Literatur: »Odysseus und Nausikaa«, ein Beitrag zur Tiefenpsychologie der Geschlechter, F. Neumeyer, 1951.

Nebelkappe (Tarnkappe), durch Aufsetzen der Kappe wurde der Träger unsichtbar. → Siegfried und Elfen.

Neidhard (Nidhögur, Nidhögg) (nord.), die böse Schlange, die in Helheim wohnt (→ Hel).

Neilos (Nilus) (ägypt. und griech.), der Stromgott, dem Ägypten seine Fruchtbarkeit verdankte. Die Wasser desselben müssen sechzehn Ellen steigen, um die Ufer segnend zu überfluten; weshalb man ihn oft mit sechzehn Genien umringt abbildete. Von den Ägyptern wurde Osiris, der zugleich der belebende Sonnengott war, als der eigentliche Nilgott verehrt. Die Griechen verglichen ihn mit ihrem Zeus-Kronion, doch häufig galt er auch als Sohn des Okeanos und der Tethis. Auch machten sie ihn zum Vater der mit dem König Epaphos vermählten Memphis, der Mutter der Libye, von der das Land Libyen seinen Namen erhielt.

Neit[h] (ägypt.), eine Göttin, die zu Sais in Unterägypten ihren Haupttempel hatte, worin ihr verschleiertes Bild stand. Sie galt als eine vielseitig wirkende Naturgottheit, erfahren in Wissenschaften und Künsten. Ihre Priester genossen den höchsten Ruf der Weisheit, so daß auch Griechen zur Ausbildung kamen. Von Platon wurde Neith mit der Athene der Griechen gleichgestellt.

Nektar (griech.), der balsamische Göttertrank, neunmal süßer als Honig, von den olympischen Göttern statt des Weines genossen. Er verlieh wie die Götterspeise Ambrosia ewige Jugend.

Neleus (griech.), der Zwillingsbruder des Pelias, gezeugt von Tyro, einer Tochter des Aioliden Salmoneus und dem Meeresgott Poseidon. Von seinem Bruder aus Iolkos vertrieben, wandte sich Neleus nach Messenien, erbaute die Stadt Pylos und vermählte sich mit Chloris, einer Tochter des Amphion, welche ihm zwölf Söhne und eine Tochter namens Pero, das schönste Mädchen ihres Zeitalters, schenkte. Letztere gewann Bias mit Hilfe seines Bruders, des Sehers Melampos, zur Gemahlin. Die Söhne wurden von Herakles in einem Krieg erschlagen, der ausgebrochen war, weil Neleus Herakles nicht von dem Morde des Iphitos reinigen wollte. Nur der Sohn Nestor entkam dem Tod, weil er zufällig abwesend war.

Nemeïscher Löwe (griech.) → Herakles.

Nemesis (griech.), eine Göttin der Gerechtigkeit, die erhabene Vergelterin, die den durch übermäßiges Glück entstandenen Übermut der Sterblichen wie auch jeden anderen Frevel bestrafte. Die Nemesis war der Adrasteia, der troisch-phrygischen Schicksalsgottheit, gleichgestellt. Sie war eine Tochter der Nacht und des Erebos (Dunkels) oder auch der Dike und des Okeanos. Häufig wurde sie mit den Flügeln der Nike dargestellt, mit Schale und Schlange der Hygieia (Gesundheit) und dem Rad der Tyche (Glücksgöttin), um anzudeuten, daß sie an würdige Menschen Sieg, Gesundheit und Gaben des Reichtums austeilte.

Nach dem Bezirk Rhamnus in Attika hieß sie auch Rhamnusia. Sie hatte dort auf einem Hügel einen Tempel mit einer prächtigen Bildsäule von einem Schüler des Phidias.

Nach einer Sage gilt Nemesis als Mutter der Helena, Zeus als deren Vater. In Gestalt eines Schwanes und einer Gans feierten die beiden Götter Hochzeit.

Literatur: »Die Geburt der Helena«, K. Kerenyi, Zürich 1945.

Neoptolemos (griech.) → Pyrrhos.

Nephele (griech.) → Athamas und → Phrixos.

Nephthys (ägypt.), Schwester des → Osiris.

Neptun[us] (röm.), Gott des Meeres, dem griechischen → Poseidon gleichgestellt. Sein Fest wurde am 23. Juli gefeiert. Als Gott der Pferde errichtete man ihm einen Tempel an der Rennbahn in Rom.

Nereiden (griech.), die fünfzig Töchter des Nereus und seiner Stammschwester Doris, die in dem prunkvollen Palast ihrer Eltern auf dem Grunde des Ägäischen Meeres wohnten. Eine der berühmtesten unter ihnen war Thetis, die Mutter des Achilleus. Tanzend begleiteten sie König Poseidon oder schaukelten mit den Delphinen auf den Wellen. Nach ihrer Mutter Doris, einer Tochter des Okeanos und der Thetis, werden sie manchmal auch Doriden genannt. Ihr Vater Nereus war ein Sohn des Pontos und der Gaia, ein greiser Meeresgott von heiterem und freundlichem Wesen, welcher, gleich dem zauberkundigen Proteus, die Fähigkeit besaß, sich in jede beliebige Gestalt zu verwandeln, das Verborgenste zu durchschauen und die Zukunft zu weissagen,

Die *Nike* des Paionios von Mende; um 420 v. Chr., Olympia Mus.

Nike von der Balustrade des Athena-Nike-Tempels in Athen, um 410 v. Chr., Athen, Akropolis-Mus.

weshalb sich Herakles an ihn wandte, als er die Gärten der Hesperiden suchte.

Nereus (griech.), Sohn des Pontos und der Gaia, Vater der 50 → Nereiden.

Nessos (griech.), Kentaur, → Herakles.

Nestor (griech.), König von Pylos, der älteste und klügste Ratgeber des Griechenheeres vor Troia, der wegen seiner auch von Homer gepriesenen Weisheit Berühmtheit erlangte. Nestor war ein Sohn des → Neleus und der Chloris und hatte elf Brüder, die alle von Herakles erschlagen wurden. Er allein entging dem Blutbad, da er sich zufällig auswärts in Messenien aufhielt. Vor Troia verlor er einen seiner Söhne, den Antilochos, der von der Hand des Memnon fiel. Er selbst kehrte als einer der wenigen Griechen hochbetagt in seine Heimat zurück.

Nidhögur (nord.) → Neidhard, → Hel.

Niflheim (nord.), wörtlich »die Nebelheimat«, das eiskalte, im Norden gelegene Reich des Todes und Elends, war eine der neun Welten und nächst Muspelheim, der ältesten, gelegen. Anfangs gab es nichts als eine Leere, das Ginnungagap (die gähnende Leere). Zunächst bildete sich im Süden die Feuerwelt, im Norden Niflheim. Inmitten von Niflheim befand sich der Brunnen Hwergelmir, aus dem zwölf Ströme Elivagar (Kesselbrauser) entsprangen, aber bald zu Eis erstarrten.

Nike (griech.), dem Homerischen Epos noch unbekannt, bei Hesiod Tochter des Titanen Pallas und der Styx. Die Siegesgöttin war demnach eine Schwester des Kraftgottes Kratos, der Gewaltgöttin Bia und des Eifergottes Zelos. Sie wurde meist geflügelt, mit Palmenzwei-

Stiergott und Göttin *Ninchursanga;* aus Susa, 2. H. d. 2. Jt.s v. Chr., Paris.

gen, Kränzen und anderen symbolischen Zeichen ihrer Wirksamkeit als eine der Athene ähnliche heitere Jungfrau abgebildet. Auf der athenischen Akropolis erbaute man ihr einen Tempel.
Mehrere Gottheiten sind mit einer kleinen Nike auf der rechten Hand dargestellt, wie der von Phidias geschaffene Zeus, Ares, die Aphrodite und Athene. Nike besaß in der griechischen Religion keinen eigenen Kult, doch wurden ihr Statuen als Weihegeschenk für einen militärischen oder sportlichen Sieg geschaffen. Auch auf Münzen wurde sie vielfach dargestellt. Von den Römern wurde sie Viktoria (Victoria) benannt.
Plastik: »Nike von Samothrake«, Louvre, Paris.
Nikippe (griech.), Mutter des Eurystheus, jenes Königs, dem → Herakles jahrelang zu dienen verpflichtet war.
Ninchursanga (sumer.), »Herrin des Gebirges«, Name einer in Mesopotamien verehrten Muttergöttin.
Niobe (griech.), die wegen ihres tragischen Schicksales bekannte Gemahlin des Amphion. Sie war die Tochter des Königs Tantalos von Phrygien und der Dione, einer Tochter des Atlas.
Ihr Gemahl hatte mit seinem Zwillingsbruder Zethos das Königszepter von Theben erobert, und sie selbst vervollständigte diesen äußeren Glanz noch mit sieben schönen Söhnen und sieben wohlgestalteten Töchtern. Niobes Stolz auf die Nachkommenschaft weckte den Neid ihrer Schwägerin Aedon, die den Entschluß faßte, einen von den Söhnen der Niobe heimlich umzubringen; ihre

Niobide (Tochter der → Niobe); nach einem Original um 430 v. Chr., Rom, NM.

schändliche Absicht erfüllte sich jedoch nicht. Aedon tötete irrtümlicherweise ihren eigenen Sohn Itylos, worauf sie von den Göttern, teils zur Strafe für ihre Ruchlosigkeit, teils aus Mitleid, in die ewig klagende Nachtigall verwandelt wurde. Das gnädig abgewendete Unheil machte Niobe übermütig, und sie rühmte sich, daß sie mehr Ehre verdiene als die Göttin Leto, welche nur zwei Kinder, Apollon und Artemis, geboren habe. Letos Kinder rächten ihre Mutter bitter. Die unfehlbaren Pfeile der Götter streckten die ganze Nachkommenschaft der Niobe nieder. Neun Tage hindurch lagen die Leichname unbestattet in ihrem Blute, am zehnten wurden sie von den unsterblichen Göttern begraben, denn die Menschen getrauten sich nicht, die Opfer einer so beispiellosen Rache anzurühren. Die verzweifelte Niobe irrte in ihrem Schmerz durch das Land, bis sie auf dem zwischen Lydien und Magnesien gelegenen Berge Sipylos versteinert wurde und die Gestalt eines stets weinenden Felsen erhielt. Ihr Gatte Amphion dagegen, von gleicher Verzweiflung ergriffen, stürmte in Begleitung seines Bruders Zethos das Heiligtum des Apollon zu Delphi; der Gott aber streckte die Rasenden durch seine Geschosse nieder.

Die vor dem Zorn des Apollon fliehende Tochter der *Niobe;* sogen. »Niobide Chiramonti« von einer hellenistischen Niobidengruppe, Vatikan.

Plastiken: »Getroffene Niobide«, 2. Hälfte d. 5. Jh.s v. Chr., Kopie: Rom, Thermen-Museum; »Niobe und die Niobiden beim Angriff des Apollon und der Artemis«, Praxiteles oder Skopas, 4. Jh. v. Chr., Kopien: Florenz, Uffizien.

Dramatische Bearbeitungen: Sowohl Aischylos wie Sophokles schrieben eine Tragödie »Niobe«; von der »Niobe« des Aischylos fanden sich 1932 neue Papyrusfragmente; »Nioba, die Königin zu Theba«, H. Sachs, 1557; »Niobe«, K. J. Körner, 1819.

Dichtung: »Niobe«, R. Huch.

Niörd (Njördr) (nord.), ein schöner Jüngling, ein Wane, der den Asen von seinen Stammesbrüdern als Geisel übergeben wurde, als beide Geschlechter Weltfrieden schlossen. Seine zwei Kinder wurden unter die Asen aufgenommen: der leuchtende Gott Freyr und die holde Göttin Freia. Sie waren die Früchte der Ehe, die Niörd mit der schönen Skadi, einer Tochter des Riesen Thiassi, geschlossen hatte. So gewann der Fremdling die angesehenste Stellung; er wohnte in Noatun am Strand des Meeres und war der mächtige Beherrscher des Windstromes und der Seeschiffahrt, eine segensreiche Naturgottheit, die über das Wetter gebot. Seine Gattin Skadi indessen fühlte sich nicht heimisch bei ihm; das Geschrei der Möwen störten ihren Schlummer, und sie verweilte lieber auf den Gebirgsketten von Thrymheim, wo sie geboren war. Dahin wollte ihr wiederum der Gemahl nicht gerne folgen, er fand das Geheul der Wölfe in diesen Felsengegenden unerträglich und sehnte sich nach der See zurück, wo die Schwäne sangen. Da sich ihre entgegengesetzten Wünsche und Gewohnheiten nicht vereinigen ließen, trennten sie sich.

Nisos (griech.), Sohn des Pandion, eines Königs, der zuerst über Athen, dann über Megara herrschte und mehrere Söhne hatte, aber Nisos das Zepter vererbte. Eines Tages wurde Megara von König Minos dem Zweiten von Kreta belagert. Der Sieg hing von einem goldenen Haar ab, welches der König Nisos auf seinem Scheitel trug, ein Geschenk der Götter, das ihn unsterblich machte, so lange es seinen Kopf zierte. Nur Skylla, seine Tochter, kannte es und wußte um das Geheimnis. Sie verliebte sich in den feindlichen Heerführer, den sie vor der belagerten Stadtmauer häufig sah. Minos benutzte diesen Umstand zur Bestechung der Jungfrau. Skylla schnitt des Nachts dem Vater das goldene Haar vom Haupt, der darauf augenblicklich starb. Der Feind eroberte Megara; die verräterische Tochter eilte dem Sieger entgegen. Doch Minos stieß die Vatermörderin mit Verachtung von sich, und anstatt sie mit nach Kreta wegzuführen, befahl er, sie zu ertränken. Die Sterbende wurde von den Göttern in einen Seevogel verwandelt.

Niutu (sumer.), einer der Namen der »Muttergöttin«.

Nixen (german.), männliche und weibliche Wassergeister, halb Menschen, halb sündige Dämonen, die auf ihre Erlösung warten. Sie leben in Flüssen, Bächen und Brunnen. Den Elfen gleichen sie darin, daß sie Gesang, Musik und Tanz lieben und diese Künste mit Geschick ausüben. Es geschieht häufig, daß sie schöne Jünglinge, die den lieblichen Tönen am Rand des Wassers lauschen, zu sich in die Tiefe locken, um sie zu ihren Gatten zu machen und nicht wieder aus ihren Armen zu lassen. Was die männlichen Nixen betrifft, so werden sie bald als wilde Knaben, die auf dem Haupt eine rote Mütze tragen, bald als ältliche Männergestalten geschildert, deren Kopf mit einem wassergrünen

Die Göttin *Niutu;* Terrakottarelief aus dem Anfang d. 2. Jahrtausends v. Chr., Bagdad.

Nornen; gezeichnet von Emil Doepler, nach einer Wagner-Aufführung in Bayreuth, 1876.

Hut bedeckt ist. Sie töten jeden Menschen, den sie in ihre Gewalt bekommen, strafen aber auch mit unerbittlicher Härte diejenigen ihrer Untergebenen, die den Menschen heimliche Besuche abstatten.

Nornen (nord.), die drei weisen Schicksalsgöttinnen, den Parzen der Griechen ähnlich, schöne, nie alternde Jungfrauen, deren Aussprüche unabänderlich bleiben und deren Willen selbst die Götter zu erforschen suchen, denn sie lenken den Lauf aller Dinge. Sie heißen Urd (die Vergangenheit), Waranda (Verdandi) (die Gegenwart) und Skuld (die Zukunft). Ihre Wohnung ist ein schöner Göttersaal unter der Esche Ygdrasil, dem großen Weltbaum, dessen ewige Dauer durch ihre unermüdliche Pflege gesichert ist. In der Nähe befindet sich der Urdarborn, der Brunnen der Urzeit oder der Quell der Vergangenheit, aus dessen klaren Fluten die Nornen selbst täglich trinken und auch die Wurzeln jenes Baumes damit benetzen, damit sie nicht verdorren.

Notos (griech.) oder (röm.) Auster, der Südwind, ein Sohn des Astraios und der Eos, einer der vier Hauptwinde, welcher häufig Regen bringt, jedoch warm ist. Deshalb stellte man ihn zumeist als einen leichtbekleideten Jüngling mit einem umgestürzten Krug dar.

Ovid dagegen schildert den Auster farbenreicher und gibt ihm ein scheußliches, in pechschwarzes Dunkel gehülltes Haupt, zerzauste Haare, rußgeschwärzten Bart, umwölkte Stirn, tauigen Busen, triefende Schwingen und breite Hände, aus denen Wolken niederhängen, die unter dem Druck seiner Fäuste donnern.

Nox (röm.), Göttin der Nacht, der griechischen → Nyx gleichgestellt.

Numitor (röm.), Vater der Rhea Silvia (→ Romulus).

Nykteus (griech.), Vater der → Antiope.

Nymphen (griech.). Für die Griechen lebten die Nymphen nicht nur auf den Bergen und in Grotten (Oreaden), sondern auch im Meer (Nereiden, Okeaniden), in Quellen (Naiaden) und auf Bäumen (Dryaden). Ihre männlichen Partner im Gefolge des Dionysos waren die Satyrn und Silenen. Die Nymphen nahmen einen Rang zwischen Göttern und

Menschen ein und wurden zu den Versammlungen der Götter auf dem Olympos als hilfreiche Diener zugelassen. Sie ernährten sich mit der Götterspeise Ambrosia, erfreuten sich stets frischer Jugend, waren aber keineswegs unsterblich. Hesiod hat ihr Leben auf zehn Phönixalter geschätzt.

Nyx (griech.), Göttin der Nacht, Tochter des Chaos, war vermählt mit ihrem Bruder Erebos (Dunkel), dem sie eine zahlreiche Nachkommenschaft gebar: Thanatos (Tod), Hypnos (Schlaf), die Traumgötter Morpheus und Ikelos, die Zwietrachtsgöttin Eris, die Nemesis (Vergeltung), die Moiren (Schicksal) u. a. m., mit denen sie gemeinsam im Tartaros wohnte. Sie bändigte Götter und Menschen, zähmte den Braus der Leidenschaften und wiegte alles in Ruhe ein.

O

Odin (nord.), Oberhaupt der Asen, jener neuen Götter, die das alte fornjotnische Riesengeschlecht aus der Herrschaft verdrängten. Odin war der höchste Gebieter des Himmels und der Erde, ein Gott des Geistes, allmächtig, weise, Meister der Kriegskunst und der Zauberei kundig. Er thronte in Asgard, ihm zur Seite die Götterkönigin Frigga, die ihm Baldur, Höder, Braga, Hermod, Thor und Tyr gebar; er hatte aber auch von anderen Frauen Kinder. Auch gilt er als Erschaffer des Menschengeschlechts. Zwar gab man ihm häufig den Namen Alfadur (Allvater), doch kommt dieser nur dem ewigen und unveränderlichen Urwesen zu, während Odin ein vergänglicher Gott ist. Er wurde geboren und muß deshalb auch sterben. Die Sagensammlung Edda schildert seinen Ursprung. Die Kuh Audumbla (→ Ymir) leckte aus dem Felsen ihres Heimatlandes den göttlichen Riesen Buri hervor, der wiederum den Riesen Bör zeugte. Dieser vermählte sich mit der Jotenjungfrau Bestla, einer Tochter des Baulthorn, und wurde Vater des Odin, Wile und We, dreier Söhne, die gegen den Urriesen Ymir auszogen und ihn erschlugen. Das Blut des Ungeheuers überschwemmte die damalige Welt, alles ertrank, der Bergriese Bergelmer ausgenommen, der sich mit seinem Weib in einem Nachen rettete. Aus dem Leichnam des Riesen schufen Odin und seine Brüder hierauf das heutige Weltall, aus dem Gerippe Berge und Felsen, aus dem Fleisch die Erde, aus dem aufgefangenen Blute das Meer und aus der Hirnschale den weitgewölbten Himmelsbogen (→ Ymir). Odin erlangte das Zepter über die Schöpfung, die durch die Erschaffung der Menschen vervollständigt wurde. Er belebte zwei Holzstücke und blies ihnen Atem und Leben ein; Wile stattete sie mit Geist und Beweglichkeit aus, und We krönte das Werk, indem er Blut, Gesicht, Gehör, Sprache und Schönheit gab. Den Mann hießen die Götter Ask (Esche), das Weib Embla (Erle).

Das der Überschwemmung entgangene

Riesenpaar aus dem Stamm der Hrymthussen pflanzte sich fort, und es dauerte nicht lange, bis sie sich gegen Götter und das Gute auflehnten. Dem damaligen Glauben nach können sie allein aber nicht siegen, schon deswegen nicht, weil die von → Heimdal bewachte → Bifröstbrücke, ein dreifarbiger Regenbogen, der die Erde mit dem Himmel verbindet, zu schwach ist, um die schweren Leiber böser Geister zu tragen. Sie werden aber den Göttern gefährlich, wenn die Zeit des großen Weltunterganges (Ragnarokr) naht, wenn sich diese Riesen mit den feurigen Söhnen von Muspelheim und den übrigen Widersachern der Asen zum entscheidenden Schlag vereinigen. In diesem letzten Streit wird auch Odin erliegen; der → Fenriswolf mit seinem ungeheuren Rachen verschlingt ihn, die Sonne und das Weltall, wenn nicht Alfadur, das gute und ewige Urwesen, dazwischen tritt. Bis dahin jedoch waltet der Götterkönig unbesiegt in Asgard. Er besitzt Weisheit, die ihm jedoch nicht angeboren war, sondern er tauschte sie mit einem Auge ein – → Mimer.

Odin verstand es, sich auf verschiedene Art Kenntnis von der Welt zu verschaffen. Er konnte sich in totenähnlichen Schlaf versenken und dabei in der Gestalt eines Fisches, Vogels, Wurmes oder sonstigen Geschöpfes die Reiche der Erde durchstreifen. Zu gleichem Zweck bediente er sich zweier abgerichteter Raben, namens Hugin (der Gedanke) und Munin (die Erinnerung); täglich ließ er sie die Welt umfliegen und gegen die Mittagszeit zurückkehren. Dann setzten sie sich auf seine Schultern und berichteten ihm. Deshalb hieß Odin auch der Rabengott (Hrafnagud).

Er wurde auch der König der Dichter genannt, weil es ihm gelungen war, sich in den Besitz des kostbaren Dichtermets zu setzen, eines Getränkes, das von den Zwergen Fialar und Galar aus dem Blut des weisen Quaser bereitet worden war. Die edle Flüssigkeit aber hatten die Verfertiger bald an den Riesen Suttung abtreten müssen, der sie in seiner unzugänglichen Felsbehausung verschloß. Seine Tochter, die schöne Gunlöde, bestellte er zur Wächterin. Odin verwandelte sich in die Schlange Ofnir und schlüpfte heimlich, während der Riese abwesend war, durch eine Spalte in die Schatzkammer. Hierauf nahm er seine wahre Gestalt an und wußte durch Liebenswürdigkeit die jungfräuliche Hüterin zu bezaubern. Drei Tage und drei Nächte beherbergte sie den Götterkönig und gab ihm vom Met zu trinken. Nachdem Odin alles ausgetrunken hatte, verwandelte er sich in einen Adler und flog davon. Der hintergegangene, eben heimkehrende Suttung machte sich gleichfalls zum Adler, indem er die Federhaut eines solchen umwarf, und verfolgte den flüchtigen Räuber durch die Lüfte. Odin hatte einen geringen Vorsprung und befürchtete, von dem Riesen eingeholt zu werden. In seiner Bedrängnis entflossen seinem Schnabel etliche Tropfen des Wundertrankes, die auf die Erde fielen. Diesem Umstand ist die Existenz der Dichter zu verdanken.

Zuletzt erreichte Odin doch das himmlische Asgard.
Bei der Verteilung, die dort stattfand, wurde → Braga, der Gott der Dichtkunst, am reichlichsten bedacht.
Drei Paläste in Asgard standen dem Götterkönig zur Verfügung; sie hießen Gladsheim, Walaskialf und Walhalla. Im ersten fanden die Ratsversammlungen statt, im zweiten die Gerichtssitzungen der vornehmsten Asen; nach anderen Angaben standen die Richterstühle der zwölf Asen jedoch in der Walhalla, wo zugleich für Odin ein Hochsitz, namens Hlidskialf, errichtet war (→ Walhalla).
Odin selbst war sowohl ein Freund des Zechens wie des Kämpfens; daher bewirtete er einerseits beständig fröhliche Gäste an seiner Tafel, doch er begleitete auch die kampfmutigen Helden frühmorgens auf das Schlachtfeld und kämpfte auf seinem achtfüßigen Streitroß Sleipnir (der Gleitende), seinen nie fehlenden Wurfspeer Gungnir (der Kriegerische) schwingend, in den Reihen der Einherier. Diese fortwährenden Morgengefechte brachten keinem der Teilnehmer den Tod, waren vielmehr Kampfübungen für die große Schlacht, die ihrer und der Götter harrt, wenn zur Zeit des Weltendes Ragnarokr die Scharen der bösen Geister gegen Asgard ziehen.
Das Schicksal hat aber vorausbestimmt, daß die Götter unterliegen. Odin wird von dem Fenriswolf verschlungen, Thor schlägt die Midgardschlange mit der Waffe Miölner (Alleszermalmende) tot, doch ertränken ihn ihre Giftströme, die sie sterbend ausspeit. Freyr wird von Surtur umso leichter getötet, als er unbesonnenerweise sein gutes Schwert zuvor verschenkt hat. Tyr und der Hund Garmr morden einander, ebenso Heimdal und Loki. Zuletzt entzündet Surtur einen Brand, in dem das irdische Weltall untergeht. Die Guten und Frommen werden in den eigentlichen Himmel Gimle aufgenommen, wohin keine Flamme zu dringen vermocht hat, die Bösen müssen nach Nastrond, dem Ort der Verdammten, entweichen. Widar, ein Sohn des Odin, zerreißt endlich den Fenriswolf in Stücke. Er vermag es, den Vater zu rächen, weil er die stärkste Waffe besitzt; er trägt nämlich an seinem Fuß einen Schuh, der aus den Lederstreifen besteht, die die Menschen von ihren Schuhen geschnitten haben. Diese alten Fetzen werden für den einstigen Sieg der Asen bis zu dem Weltuntergang gesammelt, wie die Feinde die Finger- und Zehennägel der Toten für das Schiff → Naglfar sammeln. Diesen ungeheueren Schuh stößt Widar dem Fenriswolf in den Rachen und zerreißt ihm die Kiefern. Aus dem Ozean ersteht nun eine schönere Erde, bevölkert mit Menschen.

Odysseus (griech.), Sohn des Laërtes und der Antikleia, König von Ithaka, einer Insel im Ionischen Meer. Er gehörte zu den zahlreichen Freiern der schönen Helena, deren Vater, der König Tyndareus von Sparta, wegen der Wahl eines Schwiegersohnes in große Verlegenheit geriet. Odysseus gab ihm den Rat, alle Bewerber schwören zu lassen, seine Tochter selbst einen Gemahl aus ihrer Mitte wählen zu lassen, den Gewählten zu schützen und nichts Feindseliges gegen ihn und sein Haus zu unternehmen. Helena entschied sich für König Menelaos. Der Ratgeber hatte sich indessen ausbedungen, daß, falls Helena ihn nicht wähle, Tyndareus seine Nichte Penelope bewegen solle, ihm die Hand zu reichen. Der Fürst erfüllte die Bedingung, und Penelope begleitete ihren Gatten Odysseus nach Ithaka, wo sie eine glückliche Ehe führten. Sie hatte den Knaben Telemachos geboren, als der Troianer Paris die schöne Helena aus Sparta raubte. Alle früheren Freier der Helena wurden aufgefordert, ihrem Eid Folge zu leisten, so auch Odysseus, der dazu aber keine Lust hatte. Als Abgeordnete in Ithaka ankamen, täuschte er Wahnsinn vor, um sich so der Aufforderung zu entziehen. Er spannte ein Pferd und einen Ochsen vor den Pflug und streute statt Getreide Salz in die frischen Furchen. Doch der Abgesandte Palamedes durchschaute die List und überführte Odysseus. Er legte den kleinen Telemachos auf den Acker, worauf der Vater, an die Stelle gelangt, den Pflug über das Kind hinwegtrug. Diese Vorsicht verriet, daß Odysseus bei gesundem Verstande war. Widerwillig rüstete Odysseus nun zwölf Schiffe und brach nach Troia auf. Schon unterwegs nützte er den Griechen durch seine Klugheit, indem er → Achilleus aus seinem Versteck und seiner Frauenkleidung holte. Seine Gewandtheit nützte der Belagerer mehr als seine persönliche Tapferkeit, von der er aber ebenfalls glänzende Proben lieferte. Zuletzt schlug er den Bau des hölzernen Riesenpferdes vor, in dessen Bauch er selbst mutig hineinstieg. Die Waffen des Achilleus, auf welche Aiax Ansprüche erhob, wußte er durch Beredsamkeit an sich zu reißen. Er nahm den troischen Seher Helenos gefangen, der den Feinden die Bedingungen nannte, unter denen sie die Stadt erobern konnten. Den Raub des Bildes der Göttin Athene, an dessen Besitz die Eroberung Troias geknüpft war, führte er gemeinsam mit Diomedes durch.

Auf der Heimfahrt von Troia, die zehn Jahre dauerte, hatte Odysseus die verschiedensten Abenteuer zu bestehen. Stürmische Winde verschlugen seine Schiffe, nachdem er das Vorgebirge Malea in Lakonien erreicht hatte.

Vergebens suchte er die Richtung gegen Nordost einzuhalten, wo die heimatliche Insel lag, doch es trieb ihn fernab nach Sizilien, zu den Kyklopen. Dort fand die gefährliche Begegnung mit dem einäugigen Riesen → Polyphemos statt, dem er das Auge ausstechen mußte. Da dieses Ungeheuer ein Sohn des Poseidon war, zog er sich den unversöhnlichen Zorn des Meeresgottes zu. Zwar gelangte Odysseus bald darauf an das schwimmende Eiland des Windkönigs → Aiolos, welcher ihm die widrigen Winde in einen Schlauch gebunden auf das Schiff mitgab, so daß er schon in der zehnten Nacht die Wachtfeuer des ersehnten Ithaka erblickte. Die Torheit seiner Mannschaft, welche den Schlauch öffnete, während Odysseus schlief, lieferte ihn aber neuerlich der Gewalt ihm schlecht gesinnter Mächte aus. Er geriet an das nordwestliche, von den wilden Laistrygonen bewohnte Ufer Siziliens. Darauf brachte er ein Jahr bei der Zauberin → Kirke auf der Insel Aia zu, mußte sodann in den erdumströmenden Okeanos segeln, den Tartaros aufschließen, um den Geist des Sehers Teiresias um Rat zu fragen. Jener hieß ihn die Rinder des Sonnengottes Helios nicht anzutasten, wenn das Mißgeschick ihn wieder an die sizilische Küste werfe. Nachdem er glücklich an den am Strande von Unteritalien lauernden Sirenen vorbeigeschifft und den beiden in der Meerenge zwischen Kalabrien und Sizilien befindlichen Wasserungeheuern → Skylla und Charybdis entronnen war, vergriffen sich die Schiffsgenossen an der heiligen Herde des Sonnengottes, als er in der Nähe ihres Weideplatzes übernachten mußte. Dieser Frevel stürzte ihn und die Seinen in ein neuerliches Unheil: Die Fahrzeuge wurden vom Sturm zertrümmert, alle Gefährten ertranken, und nur mit Mühe rettete sich der schiffbrüchige Held auf die Insel Ogygia, wo die Nymphe → Kalypso herrschte. Diese entließ ihn erst nach sieben Jahren, auf ausdrücklichen Befehl der Götter, aus ihrem Zauberreich. Ein Floß, das er sich gezimmert hatte, trug den Irrenden unter lauem Südwestwind achtzehn Tage lang weiter; schon hoffte er, auf der Insel Scheria zu landen, die er von ferne sah, als der zornige Poseidon dem dürftigen Fahrzeug einen Orkan sandte und es zerschmetterte. Zwei Tage schwamm Odysseus im Meer und erreichte am dritten das Ufer der Insel, der Heimat der Phaiaken, beherrscht von König Alkinoos. Die Tochter desselben, die holde → Nausikaa, fand ihn, und der Fürst nahm ihn gastlich auf. Hochgeehrt und mit kostbaren Kleinodien reichlich beschenkt, stieg er auf ein von den seekundigen Phaiaken geleitetes Schiff, welches ihn, nach der kurzen Fahrt von einer Nacht, endlich der vielersehnten Heimat zuführte.

Während der zehnjährigen (nach anderen Berichten auch zwanzigjährigen) Irrfahrt war das Haus des Odysseus Schauplatz unseliger Verwirrungen. Mehr als hundert schwelgender Gäste, die sich seiner treuen Gemahlin als Freier aufdrängten, waren zugegen. Sie

Odysseus; röm. Kopie eines griech. Originals aus dem 3. Jh. v. Chr., Vatikan.

wollten die schöne Penelope, die als Witwe angesehen wurde, nötigen, einen von ihnen zum Gatten zu nehmen. Die lange Abwesenheit des Königs erweckte den Anschein, er sei in dem blutigen Kriege umgekommen; aus Gram über sein Ausbleiben erhängte sich Antikleia, seine Mutter, und Laërtes, sein Vater, zog sich in ländliche Einsamkeit zurück. Die stets hoffende Penelope suchte anfangs allerlei Ausflüchte, und als man sie drängte, versprach sie, einen aus der Schar zum Gemahl zu nehmen, sobald das Gewebe, das sie als Leinengewand für ihren alten Schwiegervater Laërtes zu weben angefangen habe, fertig wäre. Bei Nacht aber trennte sie jedesmal das Stück der Tagesarbeit wieder auf. So verstand sie es, die ruchlosen Freier hinzuhalten. Der herangewachsene Telemachos unternahm eine Reise nach Sparta, um sich nach dem verlorenen Vater zu erkundigen.

So fand Odysseus den Zustand der Dinge auf Ithaka vor. Seine göttliche Beschützerin Athene machte ihn unkenntlich, indem sie ihn in einen Greis verwandelte; er hüllte sich in die Lumpen eines Bettlers, betrat den Palast, gab sich seinem zurückgekehrten Sohne sowie den Erprobten unter seinen Dienern zu erkennen und zeigte der froh überraschten Penelope an, daß ihr Gatte noch lebe. Sodann erschoß er, unter Beihilfe jener Knechte und des Telemachos, sämtliche Freier schonungslos mit einem Bogen, den nur seine Hand zu spannen vermochte. Nach dieser Vollstreckung stellte er die Rechte seiner Herrschaft wieder her.

Die Sage berichtet weiter, daß Telegonos, der Sohn des Odysseus und der Kirke, sich auf die Suche nach seinem Vater machte und schließlich nach Ithaka gelangte. Dort tötete er Odysseus, ohne ihn erkannt zu haben, mit einem Rochenstachel, der an seinem Speer befestigt war.

Der Stoff der Odyssee erfreute sich in der bildenden Kunst sowie in der Weltliteratur großer Beliebtheit.

Dramatische Bearbeitungen: »Die Irrfahrt Ulissi«, H. Sachs, 1555; »El golfo de las sirenas«, P. Calderon, 1657; »Der Bogen des Odysseus«, G. Hauptmann, 1914; »Odysseus muß wieder reisen«, K. Klinger, 1954.

Epen: »Odysseus«, Homer, 8. Jh. v. Chr.

Dichtungen: »Odysseus«, F. v. Schiller, 1795; »Die Herde des Helios«, Gunert, 1955.

Romane: »Ulysses«, Joyce, 1921; »Penelope's man«, J. Erskine, 1928; »Die Irrfahrten des Elpenor«, J. Giraudoux, 1938 (deutsch 1960); »Odysseus und die Schweine«, L. Feuchtwanger, 1948; »Bericht für Telemachos«, H. Ch. Kirsch, 1964.

Opern: »Il ritorno d'Ulisse in patria«, Monteverdi, 1641; »Ulysse«, Ch. Gounod, 1852; »Penelope«, R. Liebermann, 1954.

Ballett: »Die Irrfahrten des Odysseus«, Eder, 1965.

Literatur: »Die Erzählungen der Odyssee«, L. Radermacher, Wien 1915; »Die Irrfahrten des Odysseus«, A. Herrmann, Berlin 1927.

Oedipus (griech.) → Oidipus.

Oiagros (griech.), thrakischer Flußgott, Vater des Orpheus.

Oidipus (Oedipus) (griech.), Sohn des Laïos und der Iokaste, Held des thebanischen Sagenkreises. Die Ehe des Königs Laïos war kinderlos, weshalb er nach Delphi ging und das Orakel des Apollon befragte. Dieses gab ihm zur Antwort, das Schicksal wolle nicht, daß er Kinder zeuge; wenn er wider den Willen der Götter einen Sprößling erhalte, werde jener den Vater töten und sich mit der Mutter vermählen. Der König mißachtete die göttliche Warnung, und Iokaste schenkte ihm bald einen Sohn. Aus Angst vor dem Orakelspruch beschlossen sie jedoch, das Knäblein zu töten. Sie durchstachen ihm die Knöchel, zogen Bänder hindurch und übergaben das Kind einem treuen Diener, der die königlichen Herden beaufsichtigte, mit dem Befehl, es auf den Berg Kithairon zu bringen und in einer öden Schlucht an einem Baum aufzuhängen. Der Diener vertraute das Kind aus Mitleid einem Hirten an, der versprach, es nach dem fernen Korinth zu schaffen. Dort schenkte er das Knäblein dem kinderlosen Königspaar Polybos und Merope.

Der Kleine wurde freudig angenommen, gepflegt und zum Andenken an die Narben Oidipus (Schwellfuß) genannt. Er wuchs zu einem kräftigen und stolzen Jüngling heran. Eines Tages kränkte ihn die Behauptung eines seiner Tafelgenossen, er sei bloß ein untergeschobener Sohn ihres Fürsten. Vergebens suchten ihn die Pflegeeltern zu beruhigen; doch er brach heimlich auf, um das Orakel in Delphi zu befragen. Dort erfuhr er jedoch nur, daß er die Heimat meiden solle, denn sonst werde er seinen Vater töten, seine Mutter heiraten und mit ihr ein blutschänderisches Geschlecht zeugen. So kehrte Oidipus Korinth den Rücken und wanderte nach Theben. An einer Kreuzung konnte er einem Fuhrwerk nicht ausweichen. Oidipus schlug auf den Wagenlenker ein, der ihn in den Abgrund zu drängen schien. In die Auseinandersetzung mischte sich auch der edle Reisende auf dem Wagen. Oidipus beendete den Streit, indem er den Lenker, den Reisenden und dessen Begleitung mit Ausnahme eines Dieners, der entkommen konnte, erschlug. Er setzte seine Wanderung nach Theben fort, ohne zu ahnen, daß er seinen Vater Laïos getötet hatte. Als er in seiner Geburtsstadt eintraf, befand sich diese durch ein Unglück in größter Aufregung. Die Göttin Hera haßte Theben, jene Geburtsstadt der von Zeus geliebten Semele, welche den Dionysos geboren hatte. Um sich an allen Stammverwandten jener Frau zu rächen, schickte sie die Sphinx nach Theben, jene furchtbare Tochter des Typhon und der Echidna, die oben wie eine Jungfrau, unten wie eine Löwin gestaltet war und an den Schultern gewaltige Adlerflügel besaß.

Sie trug ein Rätsel vor, von dessen Deutung Leben und Tod abhing: »Welches Wesen es sei, das eine Stimme habe und morgens auf vier, Mittags auf zwei und abends auf drei Füßen wandle.«

Unzählige Opfer waren bereits hingerafft, viele Bewohner geflüchtet, die

Fluren verödet. In dieser Not erließ der Thronverwalter Kreon die Bekanntmachung, die Herrschaft des Reichs samt der Hand der verwitweten Königin Iokaste solle demjenigen zuteil werden, der die Sphinx vernichte. Oidipus nahm die Herausforderung an und antwortete der erstaunten Sphinx: »Jenes redekundige Wesen sei der Mensch: am Morgen des Lebens krieche er auf vier Füßen, zur Mittagshöhe richte er sich auf, um auf zwei Füßen zu gehen, und zur Zeit des Abends oder im Greisenalter müsse er einen Stab als dritten Fuß gebrauchen.« Das blutrünstige Ungeheuer war daraufhin vernichtet, und Oidipus gewann Iokaste und den Thron. Er zeugte nun mit seiner Mutter vier Kinder, zwei Söhne, Eteokles und Polyneikes, und zwei Töchter, Antigone und Ismene. Das Land blühte unter seiner weisen Regentschaft auf.

Als nach Jahren eine grimmige Pest Theben heimsuchte, erwartete man von dem einstigen Retter Hilfe, doch was auch immer Oidipus versuchte, war nun erfolglos. Endlich schickte er, auf den Rat des Sehers Teiresias, seinen Schwager Kreon nach Delphi. Der Bote brachte die Meldung zurück, daß die Pest eine Strafe der Götter sei, welche zürnten, daß die einstige Ermordung des Königs Laïos ungerächt geblieben war. Es wurden sorgfältige Nachforschungen angestellt. Der kluge Seher Teiresias gab den ersten Schlüssel zur Entdeckung des schauervollen Geheimnisses von Oidipus' Herkunft; die beiden Rinderhirten vom Berge Kithairon, die bei seiner Aussetzung und Rettung beteiligt gewesen waren, lebten noch und traten als Zeugen auf. Vergebens suchte Iokaste, die den Zusammenhang der Dinge früher ahnte, ihren Gemahl und Sohn von der gänzlichen Lüftung des Schleiers zurückzuhalten und erhängte sich aus Verzweiflung. Als Oidipus die volle Wahrheit erfuhr, stach er sich selbst die Augen aus, um sich für seine Schuld zu strafen und seinen Frevel nicht weiterhin sehen zu müssen. Seine Söhne Eteokles und Polyneikes jagten den blinden Vater aus Theben, nur das Töchterpaar erbarmte sich seiner. Antigone folgte ihm auf seinen Irrwegen durch Griechenland, während Ismene vermittelnde Botschafterin zwischen ihnen und der Heimatstadt war.

Zornig verhängte Oidipus über seine undankbaren Söhne den Vaterfluch, der sich auch bald erfüllte. Die Brüder gerieten wegen der Regentschaft in Streit. Polyneikes mußte fliehen und fand am Hofe des Königs Adrastos von Argos Zuflucht. Er heiratete dessen Tochter Argia und überredete seinen Schwiegervater, an der Spitze eines mächtigen Heeres gegen Theben auszurücken.

Inzwischen war Oidipus an den Ort Kolonos bei Athen gelangt. Eine innere Stimme sagte ihm, daß er hier bald sterben werde. Ein delphischer Orakelspruch wies ihm den benachbarten Hain der Erinnyen, den kein menschlicher Fuß betreten durfte, als letzte Ruhestätte zu. König Theseus von Attika gewährte dem ärmsten Bettler großmütig gastfreundlichen Schutz. Oidipus erklärte, diese Wohltat werde seiner neuen Heimat den größten Segen bringen.

Die Thebaner, von Adrastos und seiner Heldenschar bedroht, schickten nun Kreon ab, um Oidipus zurückzuholen, damit er die Bedrohung abwende oder in ihrem Land sterbe und so der Segen des Todgeweihten auf Theben falle. Ebenso machte sich Polyneikes auf, um den Vater für sich zu gewinnen. Oidipus wiederholte aber seinen früheren Fluch: die Söhne sollten, zu ewigem Hader verdammt, das von ihren Ahnen ererbte Reich mit dem Schlachtschwert unter sich teilen und beide zugrunde gehen. Die Erinnyen erhörten diese Zornesäußerung und erfüllten sie. Oidipus starb, während der unheilvolle Krieg näherrückte.

Adrastos' Hilfe für Polyneikes hatte folgenden Hintergrund. Durch einen alten Orakelspruch war König Adrastos befohlen worden, seine Töchter an einen Löwen und an einen Eber zu vermählen. Mit dem umherirrenden Sohn des Oidipus kam auch noch ein zweiter Flüchtling an den Hof des Adrastos. Es war Tydeus, Sohn des Königs Oineus von Kalydon, der Stiefbruder Meleagros', der flüchtig war, weil er die Söhne seines Oheims Melas auf einer Jagd hinterlistig getötet hatte, da sie, wie er wußte, nach dem Leben seines Vaters trachteten. Adrastos gewahrte, daß Tydeus, als Teilnehmer an der kalydonischen Jagd, auf seinem Helm einen Eberkopf trug. Polyneikes führte auf seinem Schild zu Ehren des Herakles ein Löwenhaupt. Diese Verzierungen erinnerten ihn an jenen seltsamen Orakelspruch, dessen Bedeutung ihm plötzlich einleuchtete. Er machte daher die Ankömmlinge zu seinen Schwiegersöhnen, indem er dem Tydeus seine Tochter Deipyle und Polyneikes Argeia zur Ehe gab, und faßte den Entschluß, beide wieder in ihre Erbstaaten einzusetzen.

Man wählte zum Kampf gegen Theben noch mehrere tapfere Helden: Parthenopaios, einen Sohn der Jägerin Atalante; Kapaneus und Hippomedon, zwei Männer fürstlichen Ranges. Diese drei Kämpfer, wegen ihrer Tapferkeit gefürchtet, zeigten sich für dieses Kriegsabenteuer bereit. Der letzte Held, den man berief, der Seher Amphiaraos, versagte aus zwei Gründen seine Teilnahme. Er sah sowohl den unglücklichen Ausgang der Sache voraus wie auch den Umstand, daß er sein eigenes Leben dabei einbüßen werde. Deshalb verbarg er sich vor den Abgesandten, die mit der Kampfesaufforderung in seinem Hause erschienen. Amphiaraos war mit der dritten Tochter des Königs Adrastos, mit Eriphyle, verheiratet. Polyneikes bestach die prunksüchtige Frau durch das goldene Halsband der Harmonia, ein kostbares Kleinod, das er aus Theben mitgenommen hatte. Eriphyle verriet daraufhin den Schlupfwinkel ihres Gatten, der nun gezwungen war, sich dem verhängnisvollen Unternehmen anzuschließen. Bald schien es, als ob Theben fallen würde. Auch der Seher Teiresias weissagte der Stadt den Untergang, wenn sich nicht jemand fände, der sein Leben freiwillig für ihr Heil opfere. Daraufhin stürzte sich Menoikeus, ein Sohn des alten Kreon, von der Stadtmauer. Die so angefeuerten Thebaner schlugen die Feinde zurück.

Im Zweikampf fielen, gemäß dem Vaterfluch, die beiden Söhne Oidipus'. Kapaneus wurde durch einen Blitz des Zeus niedergeschmettert, als er bereits die Stadtmauer triumphierend erstiegen hatte. Außer Adrastos, den die Schnelligkeit seines göttlichen Wunderpferdes Arion vor den Verfolgern rettete, fielen die übrigen Hauptkämpfer mit dem größten Teil ihrer Truppen auf der Flucht. Dem mutigen Tydeus versagte seine Beschützerin Athene wegen einer Barbarei, die er an einem seiner Feinde beging, ihre Hilfe. Er war im Kampf verwundet worden, und Amphiaraos brachte ihm den Kopf des Thebaners Melanippos, der ihn hingestreckt hatte. In grenzenloser Erbitterung trank Tydeus das Gehirn aus dem zerschmetterten Schädel. Als dies Athene sah, wandte sie sich voll Abscheu weg, und Tydeus mußte an der Wunde, die sie zu heilen gedacht hatte, sterben. Amphiaraos fuhr vor den Augen seiner Feinde in eine klaffende Erdspalte, aus der er nicht mehr herauskam. Seine Weissagung hatte sich somit erfüllt.

In Theben ergriff nun Kreon als rechtmäßiger Erbe das Zepter. Er verbot Antigone, den Leichnam ihres Bruders Polyneikes zu begraben, während er Eteokles ein ruhmvolles Grab versprach. Diesem Gebot widersetzte sich Antigone, denn sie liebte beide Brüder gleich. Sie stellte die Vorschriften der Religion höher als die willkürlichen Befehle eines Tyrannen. Als sie die schimpflich hingeworfenen Überreste des Polyneikes mit Erde bedeckte und dem Bruder Opferspenden darbrachte, wurde sie von den Wächtern des Kreon ertappt und gefangengenommen. Kreon verurteilte die Jungfrau zum Tode, ohne Rücksicht darauf, daß sie die nahe Anverwandte seines Hauses und die Braut seines eigenen Sohnes Haimon war. Antigone wurde bei lebendigem Leibe eingemauert. Nun trat der blinde Seher Teiresias vor den König und forderte ihn auf, sein Urteil zu widerrufen, um der Götter Zorn zu vermeiden. Kreon glaubte dem Seher, da dieser bisher Thebens Zukunft untrüglich vorausgesagt hatte. Man eilte zur eingemauerten Antigone, doch man fand die Verzweifelte an ihrem Schleier aufgehängt. Ihrem Beispiel folgend, durchbohrte sich ihr Verlobter, Kreons Sohn, mit seinem eigenen Schwert. Das war die erste bittere Frucht, die der König für sein Verbrechen erntete. Die Königin entleibte sich ebenfalls auf die Schreckensbotschaft vom Selbstmord ihres Sohnes.

Zehn Jahre später, als die Söhne der geschlagenen sieben Heerführer waffenfähig geworden waren, führten sie einen zweiten Krieg gegen das unglückliche Theben, den Zug der Epigonen.

Polyneikes hatte Thersandros zum Sohn; Tydeus den Diomedes; Kapaneus den Stheneulus; Parthenopaios den Promachos; Amphiaraos' Söhne waren Alkmaion und Amphilochos; und Adrastos besaß Agilaeus. Noch lebte Eriphyle, die Gattin des Sehers Amphiaraos, und da ihr Sohn Alkmaion keine Lust zeigte, einen Krieg zu erneuern, der schon das Leben des Vaters gekostet hatte, beging sie eine zweite Treulosigkeit. Wieder ließ sie sich bestechen, diesmal durch Thersandros, welcher ihr ein zweites Erbstück schenkte, den von seinem Vater überkommenen Prachtmantel der Harmonia; worauf sie, unbekümmert um die Folgen, nicht eher ruhte, bis der Sohn sich zum Anschluß bereit erklärte (→ Alkmaion).

Die Epigonen kehrten sieg- und beutereich zurück. Thersandros, der Enkel Oidipus', bemächtigte sich nun der Herrschaft über Theben. Später kämpfte er im großen Griechenheer vor Troia, fiel jedoch in einem Gefecht mit Telephos in Mysien und wurde von Diomedes, seinem alten Waffengefährten, bestattet. So ging der letzte Sprößling des Hauses unter.

Dramatische Bearbeitungen: »Oidipus Tyrannos«, Sophokles, um 428 v. Chr.; »Oidipus auf Kolonos«, Sophokles, um 428 v. Chr.; »Oidipus«, Seneca, vor 65 n. Chr.; »Die unglückhafftig Königin Jocasta«, H. Sachs, 1550; »Oedipe«, F. M. Voltaire, 1659; »Oedipe«, A. de la Motte, 1730; »Oidipus«, J. J. Bodmer, 1761; »König Oedipus«, F. Hölderlin, 1804 (Übertragung des Sophokles); »Der romantische Oedipus«, A. Platen, 1828; »Oedipus und die Sphinx«, H. v. Hofmannsthal, 1906; »Oedipe-Roi«, J. Cocteau, 1928; »Oedipe«, A. Gide, 1931; »La Machine infernale«, J. Cocteau, 1936.

Vertonung: G. Rossini, 1815/16; F. Mendelssohn-Bartholdy, 1845.

Opern: »Edipo Re«, R. Leoncavallo, 1815 bis 1818; »Oedipus Rex«, I. Strawinsky, 1928; »Oidipus«, G. Enescu, 1936; »Oidipus der Tyrann«, C. Orff, 1959.

Film: »Oedipus«, J. Cocteau, 1953.

Literatur: »Oidipus«, C. Robert, 2 Bände, Berlin 1915.

Oineus (griech.), ein Sohn des aitolischen Königs Portheus oder Porthaon und der Euryte, einer Enkelin des Flußgottes Acheloios. Er war der Nachfolger seines Vaters in der Regierung von Kalydon und Pleuron. Bei der Jagd auf den Kalydonischen Eber erlangte er Ruhm. Seine berühmten Kinder waren Meleagros und Deïaneira. Einige Sagen behaupten, daß Althaia, seine Gemahlin, Umgang mit Göttern gehabt habe. Jener Sohn stamme von Ares, die Tochter von Dionysos. Letzterer soll dem König aus Dankbarkeit für die ihm an dessen Hof zuteil gewordene Gastfreundschaft die erste Weinrebe geschenkt haben, das Getränk selbst wurde nach Oineus Oinos (Wein) benannt. Eine zweite Gattin, Periboia, gebar König Oineus den Helden Tydeus, Vater des tapferen Diomedes, der später eine wichtige Rolle bei der Eroberung Troias spielte.

Oinomaos (griech.) → Pelops.

Oinone (griech.), Gattin des → Paris.

Okeanos (griech.), Sohn des Uranos und der Gaia, der älteste Bruder des Kronos, somit der älteste der Titanen, Vater der nach ihm benannten Okeaniden. Er vermählte sich mit seiner Schwester, der Titanin Tethis, welche ihm zunächst die Götter und Göttinnen sämtlicher süß schmeckenden Quellen, Bäche, Flüsse, Ströme und Seen gebar.

Zusammen mit den Salzfluten ist Okeanos der große Weltstrom, der wie ein lebendiger Ring die Erde umrauscht, die man sich als riesige Scheibe dachte. Hinter diesem Flutgürtel neigt sich von allen Seiten der Himmelsbogen senkrecht nieder, um die Welt abzuschließen. An der westlichsten Stelle der Scheibe, wo der Strom entspringt, hat Okeanos seine Wohnung aufgeschlagen; hier beginnt das Dunkel, und die Unterwelt öffnet ihre finsteren Pforten.

Außerdem beschenkte Tethis ihren Gatten mit dreitausend Töchtern, den Okeaniden, die in den Meeren lebten. Okeanos war übrigens auch der Vater der Klugheitsgöttin Metis. Er nahm deshalb nicht am Titanenkampf teil und blieb von der Strafe verschont, wie seine Brüder in den Tartaros geschleudert zu werden.

Literatur: »Der Kosmos des Okeanos«, P. Philippson, Basel 1940.

Olymp[os] (griech.), hoher Berg in Thessalien, Wohnsitz der griechischen Götter, vergleichbar dem Asgard der nordischen Völker, dem Albordji der Perser und dem Meru der Inder. Unter mehreren Bergen, die diesen Namen führten, war jener thessalische in der beschränkten Weltkunde der ältesten Griechen nicht nur der bekannteste, sondern auch der höchste und riesigste. Die Phantasie dieses Volkes machte ihn zum Mittelpunkt der Erde, die man sich als eine Scheibe vorstellte. Dort oben lebten die Götter in Palästen, das Haus des Zeus krönte die Spitze.

Als die → Aloaden, zwei Riesen, einst den unsterblichen Göttern im Übermut den Krieg erklärten, wollten sie die Berge Pelion und Ossa übereinandergetürmt neben den Olympos setzen, um so in den Himmel einzudringen und dort die Götter zum Kampf aufzufordern.

Die zwölf großen Götter bildeten auf dem Olympos den Rat der Ältesten, die übrigen Gottheiten wurden nur dann herbeigerufen, wenn allgemeine Zusammenkünfte notwendig schienen. Hermes, Iris und Themis waren die Herolde des Zeus. Den Inhalt solcher Ratsitzungen wie die Freude der abgehaltenen Festgelage schildern die Dichter in den buntesten Farben, dabei wurden oft menschliche Sitten und Gebräuche der Zeit auf die Unsterblichen übertragen. Die auf dem Olymp thronenden Götter bekamen den gemeinsamen Namen Olympier; auch die Musen hießen bisweilen Olympiaden, weil sie sich dort gerne aufhielten. Außer jener Zenitöffnung hatte das Himmelsgewölbe nach der damaligen Vorstellung noch zwei Seitenpforten, eine im Osten, die andere im Westen, hauptsächlich für den Sonnengott Helios bestimmt, damit er aus dem Okeanos aufsteigen und nach Vollendung seiner Halbkreisbahn wieder in den Okeanos untertauchen konnte. Sie befanden sich beide am tiefsten Punkt des Horizonts. An jeder war eine von der Erde aufsteigende Treppe angebracht, die den Göttern und Helden als Brücke zum Olympos diente. Auf einer solchen durften auch alle, die die Gotteswürde erreichten, in den Himmel einziehen. Später, als sich die geographischen Begriffe der Griechen erweiterten und der thessalische Berg als eine natürlich begrenzte Höhe angesehen wurde, rückte man den Sitz der olympischen Götter über die alte Himmelsburg in den unbegrenzten Luftraum hinaus. Das frühere Metallgewölbe des Himmels erschien dem Forscher jetzt als eine mit Sternbildern geschmückte Hohlkugel, die über den Planeten schwebte; sie galt als wahrer Aufenthaltsort der Götter. Der Name Olympos jedoch blieb und bedeutete nunmehr den ganzen oberen Himmel.

Omorka (babylon.), Göttin und Herrscherin des Weltalls, die immer schon gegenwärtig war. Um das Weltall zu bilden, ließ sie sich in zwei Teile trennen und schuf somit Erde und Himmel.

Ops (röm.), Göttin der Ernte, Gemahlin des Saturnus, der griechischen → Rheia, → Kybele gleichgesetzt.

Optimus maximus (röm.), der Allgütige und Allmächtige, → Jupiter.

Orcus (röm.), (Orkos) → Tartaros.

Oreaden (griech.), → Nymphen.

Oreithyia (Orithyia) (griech.), → Boreas und Kalais.

Orestes (griech.), Sohn des Agamemnon und der Klytaimnestra, Rächer seines Vaters, Mörder seiner Mutter und Bezwinger des Stammesfluchs. Als → Klytaimnestra ihren Mann → Agamemnon hinterlistig erschlagen hatte, ließ Elektra ihren jüngeren Bruder Orestes, um dessen Leben sie bangte, zu dem Onkel Strophios nach Phokis bringen, wo er gemeinsam mit dessen Sohn Pylades aufwuchs. Elektra blieb, zur Magd erniedrigt, zurück und wartete sehnsüchtig, bis Orestes zurückkommen werde, um Rache zu nehmen. Orestes erhielt von dem Delphischen Orakel die Weisung der Blutrache. Gemeinsam mit Pylades begab er sich nach Mykenai und führte den Auftrag des Apollon durch. Er ermordete seine Mutter und → Aigisthos, der mitschuldig an dem Verbrechen an Agamemnon war. Kaum war jedoch das schreckliche Rachewerk vollstreckt, als die Erinnyen ihn verfolgten und in den Wahnsinn trieben. Er floh von Ort zu Ort, bis er sich in Athen

Orestes und Elektra.

dem Areopag (Gericht) stellte und von diesem freigesprochen wurde. Nach anderen Quellen legte Orestes sein Geschick in die Hand des Apollon, der ihm riet, die »Schwester« aus Tauris nach Griechenland zu holen. Ein dunkler Ausspruch, den Orestes und Pylades so erklärten, daß Apollon das Bildnis der Artemis, Apollons Schwester, meinte, das im Tempel dieser Göttin auf Tauris prangte. Noch immer von den Erinnyen gejagt, brach das Freundespaar dorthin auf. Im Tempel der taurischen Artemis, deren Bildsäule vom Himmel gefallen sein soll, herrschte damals ein grausamer Menschenopferdienst, bei dem es Sitte war, daß die geweihte Dienerin dieser Göttin alle Fremdlinge schlachtete, die das Unglück hatten, den Boden der Halbinsel zu betreten. Auch Orestes und Pylades wurden gefangengenommen und vor König Thoas geschleppt, der sie der Oberpriesterin → Iphigeneia zum Schlachten übergab. Sie erkannte jedoch in einem der Gefangenen ihren jüngeren Bruder Orestes und jener in der fremden Henkerin seine Schwester, die in ganz Griechenland als tot galt. Der Sinn des Orakels wurde Orestes nun deutlich: die eigene Schwester sollte er nach Griechenland zurückführen, und so beschlossen sie zu fliehen. Die Bildsäule der Artemis wurde zur Verheimlichung der Flucht verwendet. Iphigeneia verlangte, daß das Standbild wie auch die Fremdlinge durch ein Bad im Meer gereinigt werden müßten, denn die beiden Griechen seien Muttermörder und hätten das heilige Bild bei ihrem Erscheinen entweiht. Während des Bades konnten die drei auf ein unweit verstecktes Schiff flüchten und unter dem Schutz der Göttin Athene in ihre Heimat gelangen. Der Anfall von Raserei, womit die rächerischen Erinnyen Orestes im Tempel der taurischen Göttin noch heimgesucht hatten, war der letzte.

Orestes vermählte sich in seiner Vaterstadt Argos mit der ihm bereits verlobten Hermione, der Tochter seines Onkels Menelaos, jedoch nicht ohne Kampf gegen einen Nebenbuhler. Der Sohn des Achilleus, Pyrrhos (oder Neoptolemos), suchte ihm die Braut streitig zu machen, verlor aber in dieser Auseinandersetzung sein Leben. Orestes' Ehe war ebenso glücklich wie seine Herrschaft, die siebzig Jahre dauerte. Er vereinigte die getrennten Reiche von Argos und Mykenai, gründete in Arkadien die Stadt Orestia und starb dort als neunzigjähriger Greis an dem Biß einer Schlange. Pylades, sein treuer Freund, erhielt Elektra zur Frau, die dem Glücklichen zwei Söhne, Medon und Strophios, schenkte.

Iphigeneia führte mit Orestes den Dienst der Artemis in Attika wieder ein und beschloß als fromme Priesterin ihre Tage.

Dramatische Bearbeitungen: »Oresteia« (Trilogie), Aischylos, 458 v. Chr.; »Orestes«, Euripides, 408 v. Chr.; »Die Geschwister in Taurien«, J. E. Schlegel, 1747; »Oreste«, F. M. Voltaire, 1750; »Orestes und Pylades«, A. de la Motte, 1751; »L'Orestie«, A. Dumas, 1856; »Mourning becomes Electra«, E. O'Neill, 1931; »Les mouches«, J. P. Sartre, 1943.

Opern: »Orestie«, O. Lorenz, 1906; »Orestie«, C. A. Gibbs, 1921.

Orion (griech.), der riesige und zugleich schöne Jäger war ein Sohn des Poseidon und der Euryale. Nach anderen Angaben verdankte er sein Leben einer seltsamen Begebenheit. König Hyrieus zu Tanagra in Boiotien, ein Sohn des Poseidon, hatte keine Kinder. Eines Tages besuchten ihn Zeus, Hermes und Poseidon; diese Gelegenheit nützte er, die himmlischen Gäste um einen Sohn zu bitten. Die drei Götter gewährten ihm sein Verlangen und ließen gemeinsam eine eigenartige Flüssigkeit in eine Kuhhaut laufen, die sie sodann zusammennähten und dem König in die Erde zu vergraben hießen. Nach neun Monaten sprengte ein wunderschöner Knabe die Haut, den der König Orion nannte. Als junger Mann vermählte er sich mit der reizenden Jungfrau Sida, die jedoch bald nachher von Hera in den Tartaros verbannt wurde, weil sie sich gerühmt hatte, schöner als die Götterkönigin zu sein. Darauf freite Orion um Merope, die Tochter des Königs Oinopion von Chios. Jener war ein Sohn des Dionysos und der Ariadne und wagte nicht, den riesigen Jüngling durch Abweisung zu beleidigen, hielt ihn aber so lange mit leeren Versprechungen hin, bis der Bewerber ungeduldig wurde und sich der Geliebten gewaltsam bemächtigte. Erbittert darüber machte Oinopion seinen Gast trunken, raubte ihm im Schlafe das Augenlicht und ließ ihn am Ufer der Insel aussetzen. Poseidon verlieh dem Geblendeten die Fähigkeit, über Wasser zu schreiten, und so gelangte er glücklich nach Lemnos. Dort erteilte ihm Hephaistos den Rat, zu Helios zu wandern und ihn um Wiederherstellung seines Augenlichtes zu bitten. Begleitet von Hephaistos' Schmiedegesellen Kedalion, den der Jäger auf den Schultern trug, kam er zu Helios, der ihn tatsächlich heilte. Nach Chios zurückgekehrt, wollte Orion an Oinopion Rache nehmen, jener hielt sich jedoch in einer unterirdischen Wohnung versteckt. Während Orion die Insel durchstreifte, stieg Eos empor, erblickte den schönen Mann und entführte ihn als ihren Geliebten nach Delos. Über Orions Tod berichten die Sagen verschiedenes. Einmal soll es Artemis gewesen sein, die ihn erschossen hat, als Strafe dafür, daß er sein Auge auf die liebliche Upis, eine ihrer Nymphen, zu werfen gewagt hatte; andere behaupten, Artemis und Apollon hätten ihn in einem Pfeilwettstreit erlegt, wobei sein Haupt, das gerade aus dem Meer ragte, als Zielscheibe diente. Eine dritte Angabe berichtet, die Jagdlust des Riesen habe ihn zu der törichten Prahlerei verleitet, er wolle alles Wild der Erde erlegen, worauf die Göttin der Erde, Gaia, einen Skorpion abschickte, der ihn tötete. Orion wurde unter die Sterne versetzt.

Orkos (griech.), Unterwelt, → Tartaros.

Ormuzd (pers.), der Gott des Lichtes, das gute Prinzip, entsprungen aus dem leuchtenden Urwesen, dem allmächtigen Zarvana Akarana. Thront in wolkenlos strahlender Helle auf dem unermeßlichen Urberge Albordji. Er ist der Schöpfer und Beschützer alles Guten, im Gegensatz zu dem finsteren Ahriman, den bösen Vernichter. Denn mit dem Lichtgotte wurde gleichzeitig der Schattengott geboren. Es ist prophezeit, daß Ormuzd diesem zwar am Ende ihres zwölftausendjährigen Kampfes unterliegen wird, das Böse aber nur für kurze Zeit siegt. Die von Ahriman zerstörte Welt wird sich geläutert aus der Vernichtung erheben und sich in eine reine Lichtschöpfung verwandeln, an deren Spitze Ormuzd stehen und herrschen wird. In Zoroaster hat er seinen Verkünder gesandt, und in Sosiasch, der von einer Jungfrau geboren werden wird, sendet Ormuzd den Erlöser der Welt, um diese nach der Vernichtung zum Licht zu erwecken und gemeinsam mit einigen Helfern alle Toten zum ewigen Leben zu führen. Nach der Zendavesta ist Ormuzd der allwissende und oberste Gott der Götter und wird Ahuramazda (Ahura Masda) genannt.

Orpheus (griech.), berühmter Sänger, geboren in Thrakien, Sohn des Flußgottes Oiagros; Kalliope, eine der neun Musen, war seine Mutter. Der ebenfalls berühmte Sänger Linos wird manchmal als sein Urgroßvater, Lehrer oder Bruder erwähnt. Orpheus wird auch als Sohn des Apollon genannt, weil er der König der Gesangskunst und des Leierspiels war. Durch sein Spiel konnte er Menschen verzaubern und die reißendsten Tiere zähmen. Wie Herakles auf seine Leibeskraft, so durfte Orpheus auf die Wirksamkeit seiner Leier vertrauen. Er wagte es, in den Tartaros hinabzusteigen, um seine geliebte Gattin zurückzuholen, die ihm ein feindseliges Geschick frühzeitig entrissen hatte. Nachdem die Rettung der → Eurydike aus der Unterwelt vereitelt war, irrte der Sänger trauernd durch die Länder. Er durchstreifte Ägypten und Asien, lehrte die rohen Völker in Thrakien Wissenschaft und Kunst, schaffte Menschenopfer und Blutrache ab, weshalb ihn die Nachkommen dort als einen der größten Wohltäter der Menschen priesen. Er stand schon in hohem Alter, als er die Argonauten auf ihrem Zuge nach Kolchis begleitete und sie aus mancher Gefahr rettete. Nach Griechenland zurückgekehrt, widerfuhr ihm dort ein schreckliches Ende. Er wurde in Thrakien, als er einsam klagend durch die Gefilde Pieriens wanderte, von einem Schwarm rasender Bakchantinnen in

Orpheus und Euridike mit Hermes; nach einem Original d. 2. H. d. 5. Jh.s v. Chr., Neapel, NM.

Stücke gerissen. Die Frauen haßten ihn, weil er noch immer um seine verschiedene Gattin trauerte und sich zu keiner zweiten Ehe entschließen konnte.

Die Orphik, eine auf Orpheus zurückgeführte Geheimlehre der archaischen Zeit, war mit dem Dionysoskult eng verflochten. Die Lehre berichtet von einer Entstehung der Götter, die vom allgemeinen Glauben abwich, und sicherte den in ihre Mysterien Eingeweihten Erlösung von den Strafen in der Unterwelt zu.

Dramatische Bearbeitungen: »Orfeo«, A. Poliziano, 1471; »El divino Orfeo«, P. Calderon, um 1660; »Orpheus«, J. Cocteau, 1926; »Eurydice«, J. Anouilh, 1941.

Dichtungen: »Orpheus«, P. B. Shelley, 1862; »Die Sonette an Orpheus«, R. M. Rilke, 1923.

Roman: »Orfeo negro«, V. do Canto (deutsch 1960).

Symphonische Dichtung: »Orpheus«, F. Liszt, 1856.

Kantate: »La mort d'Orphée«, H. Berlioz, 1827.

Opern: »Orfeo«, C. Monteverdi, 1607; »Orpheus und Eurydike«, Ch. W. Gluck, 1762; »Orfeo ed Euridice«, J. Haydn, 1791.

Ballett: »Orpheus«, I. Strawinsky, 1947.

Filme: »Orphée«, J. Cocteau, 1950; »Orfeo negro«, M. Camus, 1960; »Orphée retrouvé«, J. Cocteau, 1960.

Literatur: »Orpheus«, O. Kern, Berlin 1920.

Orylos (griech.), ein Sohn des Königs Haimon von Aitolien, flüchtete eines Mordes wegen nach Elis. Er hatte eines seiner Augen durch einen Pfeilschuß eingebüßt. Als er nach Verlauf eines Jahres im Begriff war, wieder heimzukehren, stieß er auf die in den Peloponnes eindringenden Herakleiden. Diese suchten auf Befehl des Orakels einen dreiäugigen Anführer, um siegen zu können. Da sie nun einem reitenden Fremdling begegneten, der mit seinem Pferde zusammen drei Augen hatte, glaubten sie, den rechten Anführer gefunden zu haben. Orylos machte dem Orakelspruch alle Ehre, er führte das kriegerische Unternehmen glücklich durch und erhielt als Anteil an der Beute das Königreich Elis.

Osiris (ägypt.), eine befruchtende Naturgottheit, jünger als Ammon, demnach der oberste und am meisten verehrte Gott Ägyptens. Die Ägypter verehrten dieses Götterwesen als Sonnengott und Nilstromgott zugleich; sie stellten sich unter ihm die mit dem Schoße der Erde durch den Nil in Verbindung getretene und alles belebende Lichtwärme der Sonne vor. Osiris war daher, nebst der Göttin Isis, der Urheber des Ackerbaues, der Entdecker der Saatfrüchte, der Stifter der Städte, der Geber der Gesetze und Lehrer jeglicher Kultur überhaupt. Zur Zeit seiner Geburt betrat ein Ägypter namens Pamyles das Heiligtum des Ammon zu Theben, um Wasser zu holen; plötzlich hörte er eine Stimme, die ihm befahl, laut zu rufen: »Der große König, der Wohltäter Osiris, ist geboren!«

Nach einer griechischen Sage soll Osiris von der Göttin Rheia abstammen. Sie und Kronos hätten zuerst in Ägypten geherrscht. Nachdem Rheia schon Hermes geboren hatte, soll sie späterhin nacheinander von fünf auf wunderbare Weise gezeugten Kindern innerhalb fünf Tagen entbunden worden sein, von drei Söhnen, Osiris, Typhon und Arueris (Apollon), und von zwei Töchtern, Isis und Nephthys. Schon im Mutterleibe sollen sich Osiris und Isis geliebt, vereinigt und den eben erwähnten Arueris geschaffen haben, der mit seinen Eltern gemeinsam geboren, von diesen aber dann als ihr eigener Sohn anerkannt und Horos genannt worden sein soll. Typhon habe sich mit der andern Schwester Nephthys vermählt und sei der beständige Widersacher des ersteren Paares geworden. Er galt nämlich als Gott des Hundssterns und war das Symbol der naturtötenden Sommerhitze; seine Gattin blieb unfruchtbar und erschien als das Symbol der Wüste, die nur in seltenen Fällen grünt, wenn sie der bewässernde Nilstrom durch ungewöhnliches Steigen überflutet. Nephthys wurde daher zwar Mutter des Anubis, aber nur dadurch, daß sie sich heimlich dem Osiris gesellte.

Ein Symbol von Osiris war das die Sonne bedeutende Auge, ein anderes das die Herrschaft ausdrückende Zepter. Denn Osiris und seine Gemahlin Isis walteten über Ägypten mit königlicher Macht. Zwar starben sie beide, doch dauerte ihre Herrschergewalt fort, indem sie das göttliche Richteramt über die Toten empfingen. Zuerst verschwand der Gatte von der Oberwelt, von seinem Bruder Typhon getötet. Osiris sammelte ein Heer, erhob Herakles zum Feldherrn desselben und zog nach Asien. Unterdessen übertrug er die Regentschaft Ägyptens seiner Gattin, die, unterstützt von Hermes, vortrefflich wachte, daß Typhon nicht wagte, die Ruhe zu stören. Als Osiris aber seine wohlwollende Absicht erreicht hatte, was ihm ohne Blutvergießen durch bloße Beredsamkeit gelang, lauerte bei der Heimkehr der tückische Bruder dem Sieger auf, gab ihm zu Ehren ein prächtiges Gastmahl und wußte ihn dabei mit Hilfe einer Anzahl Mitverschworener zu überlisten, gefangenzunehmen und in einen Kasten zu verschließen, der in den Nil geworfen wurde. Als Isis davon hörte, suchte sie alle Buchten des Flusses ab. Sie erfuhr zufällig, daß Osiris zu Anfang seines Heerzuges, in der Meinung, seine Gattin vor sich zu sehen, mit der liebestrunkenen Schwester Nephthys das nächtliche Lager bestiegen und einen Sohn gezeugt habe, der von der Mutter heimlich ausgesetzt worden sei, damit Typhon ihren ehelichen Verrat nicht merke. Durch den Lotuskranz, der das Haupt des Osiris zu schmücken pflegte und jetzt in den Händen der Schwester prangte, sah sie die Wahrheit dieser Erzählung bestätigt. Sie spürte nun mit Jagdhunden das verlassene Kind auf, nährte und erzog es unter dem Namen Anubis wie ihren eigenen Sohn; wofür sie späterhin nicht unbelohnt blieb. Der Kasten aber war durch eine der Nilmündungen über das Meer nach Byblos in Phönizien geschwommen, auf die Zweige eines jungen Baumes der Küste getrieben und mit

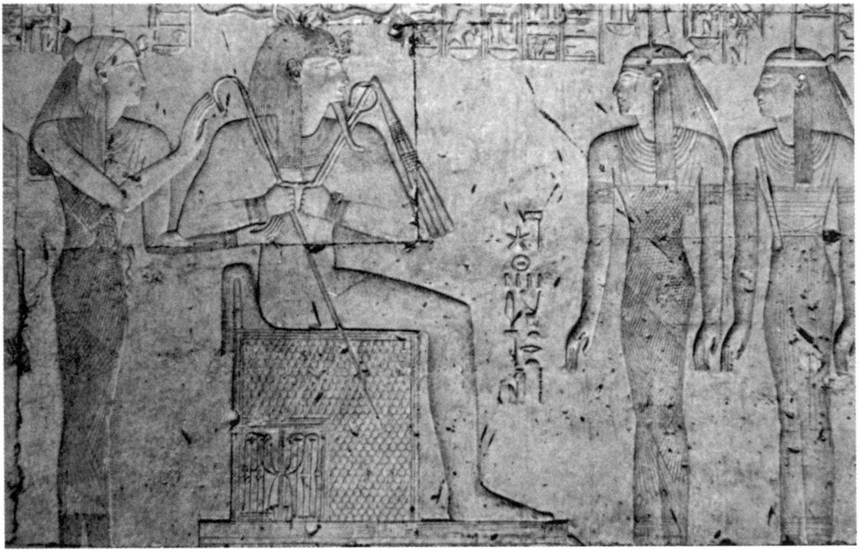

Osiris wird von Göttinnen angebetet.

dem Stamme verwachsen, der in kurzer Zeit eine so bewundernswerte Größe und Schlankheit erreichte, daß der König des Landes aus demselben einen Pfeiler für seinen Palast hauen ließ. Die trauernde Gattin entdeckte endlich die jedem sterblichen Auge verborgene Stätte, wo die Hülle des Osiris ruhte, eilte nach Phönizien und setzte sich in den Besitz der Säule. Als sie den Kasten herausgeschnitten, kehrte sie nach Ägypten zurück und vergrub ihn, nachdem sie den Körper kunstreich einbalsamiert hatte. Typhon jedoch, dem das Zepter über Ägypten während dieser Zeit zugefallen war, erriet das Geheimnis. Bei einer Jagd stieß er auf den Kasten, nahm den Leichnam heraus und zerriß ihn in vierzehn Stücke, die er nach den verschiedensten Seiten zerstreute, damit sie niemand wieder zusammenfinden möchte. Tiefbetrübt darüber, entschloß sich Isis zu einem abermaligen Streifzuge; sie verfertigte einen Nachen aus Papyrus, worin sie die seichtesten Nilstellen befahren konnte, glitt in jeglichen Sumpfwinkel und spähte den einzelnen Teilen emsig nach. Dabei leistete ihr jetzt der dankbare Anubis die besten Dienste.

Es gelang ihr, alle Teile des geliebten Leichnams wieder zu erlangen, bis auf ein einziges Glied, das sie durch ein Feigenholz ersetzte. Nun trug sie weitere Fürsorge für die Bestattung. Sie formte um jedes der geretteten Bruchstücke eine aus Wachs und Spezereien geknetete Männergestalt, die die Größe von des Osiris Körper hatte, und vertraute diese Mumien der Priesterschaft an, die sie unter dem Gelöbnis tiefster Verschwiegenheit vergruben. So viel Liebe der Gemahlin hatte zur Folge, daß Osiris aus der Unterwelt heraufstieg, zunächst in der Absicht, seinem Sohne Horos die Regeln der Kriegskunst zu lehren, damit er imstande sei, Typhon zu bezwingen. Während dieser Epoche zeugte sein Schatten mit Isis einen zweiten Sohn, Harpokrates, freilich ein gebrechliches Wesen, dem die jetzige Unvollkommenheit des Vaters anhaftete; der Spätling blieb immerdar ein schwächliches Kind.

Horos griff endlich zu den Waffen, besiegte den Mörder seines Zeugers, fing ihn lebendig und übergab ihn seiner Mutter zur Bestrafung. Diese jedoch verzieh Typhon aus Edelmut und schenkte ihm sogar die Freiheit. Über so unerhörte Milde ergrimmt, riß Horos eigenhändig Isis die Krone vom Haupte; eine Beschimpfung, die Hermes dadurch ausglich, daß er der Göttin für jenes Kleinod einen Kuhschädel aufsetzte, womit sie seitdem abgebildet wird. Selbst Hermes unterstützte hierauf Horos im Kriege, der sofort aufs neue entbrannte, mit so vortrefflichen Ratschlägen, daß Typhon, nach Verlust zweier Schlachten, abermals in Gefangenschaft geriet; jetzt kannte man ferner keine Schonung, der alte Feind wurde im Tempel zu Memphis getötet. Nach diesem vollständigen Siege erhielt Isis die unbestrittene Herrschaft über Ägypten, bis sie, mit Osiris in der Unterwelt wiedervereinigt, an der Seite desselben das Richteramt über die Toten ausübte.

Das Bild, unter welchem man sich den Osiris gleichsam auf der Erde lebend dachte, war der heilige Apis, jener schwarze Stier mit weißen Flecken, der in Memphis göttliche Anbetung genoß. Die dunkle Farbe des Apis sollte auf den Aufenthalt des Osiris im finstern Schattenreich hindeuten.

Otos (griech.) → Aloeus.

P

Paian (griech.), der Heilgott, ein Beiname des → Apollon und anderer segensreicher Gottheiten. Die ihnen gewidmeten Hymnen hießen Paiane. Auch vor Beginn der Schlacht stimmte man solche Lieder des Heiles an.

Palaimon (griech.), Sohn der → Ino, der, bevor er zur Seegottheit erhoben wurde, Melikertes hieß.

Palamedes (griech.), ein Sohn des Königs Nauplios von Euboia und der Klymene, einer Tochter des Katreus, des Königs von Kreta. Palamedes kämpfte mit den Griechen vor Troia und war einer der tapfersten und einsichtsvollsten Heerführer. Er war der Erfinder des Würfelspieles, der Maße und Gewichte sowie des Rechnens. Auch als Dichter betätigte er sich und vermehrte das von Kadmos mitgebrachte Alphabet um vier Buchstaben. Er fand im Troier Krieg durch Odysseus ein tragisches

Ende. Palamedes hatte sich den unversöhnlichen Haß des Odysseus deshalb zugezogen, weil er die Verstellung des → Odysseus, der Wahnsinn vortäuschte, um der Teilnahme an der großen Heerfahrt zu entgehen, aufdeckte. Vor Troia wuchs die Erbitterung Odysseus' noch mehr, als er eines Tages erfolglos vom Kampf zurückkehrte und von dem reich an Kriegsbeute heimkehrenden Palamedes verspottet wurde. Aus Rache vergrub Odysseus in Palamedes' Zelt eine Summe Goldes und schickte einen phrygischen Knecht ab, welcher vorgeben mußte, daß er aus Troia komme und ein Schreiben des Königs Priamos an Palamedes zu überbringen habe.

Dieser Brief wurde von den griechischen Wächtern abgefangen, worauf man sofort Palamedes vor ein Kriegsgericht stellte und zum Tode durch Steinigung verurteilte. Die Beteuerungen seiner Unschuld blieben ungeachtet, da mehrere Helden wie Agamemnon und Diomedes auf seine kriegerischen Lorbeeren eifersüchtig waren und seinen Fall wünschten. Standhaft ließ sich Palamedes zur Hinrichtung abführen und rief nichts als die Worte: »Freue dich, Wahrheit; denn du bist schon längst gestorben!« Der Vater des Gesteinigten, → Nauplios, versuchte mehrmals, an allen Griechenfürsten Rache zu nehmen.

Dramatische Bearbeitungen: Sophokles schrieb eine Tragödie, »Der wahnsinnige Odysseus«, und »Palamedes«; beide sind jedoch verlorengegangen; »Die Verteidigungsrede des Palamedes« von dem Sophisten Gorgias ist erhalten geblieben.

Palladion (griech.) oder (röm.) Palladium, das wichtigste Heiligtum der Stadt Troia, ein Götterbild, das vom Himmel gefallen sein soll und solche Bedeutung erlangte, daß man jedes schützende Kleinod später ein Palladion nannte. Berichten nach war es eine drei Ellen hohe Bildsäule aus Holz, eine aufrechtstehende Jungfrau darstellend, die in der Rechten einen Wurfspeer, in der Linken die Symbole des Friedens, Nocken und Spindel, hielt. Pallas Athene soll das Kunstwerk, die Gestalt einer ihrer Gespielinnen, die gleichfalls Pallas hieß, die Tochter des libyschen Meergottes Triton, selbst geschnitzt haben. Die Freundinnen übten sich in der Fechtkunst; einst gerieten sie aus Wetteifer in ernstlichen Kampf, und eben machte Pallas einen heftigen Ausfall, um Pallas Athene eine Wunde beizubringen, als deren Vater Zeus sich einmischte und Pallas die schreckliche → Aegis vorhielt. Sie geriet aus der Fassung, inzwischen stieß Pallas Athene so leidenschaftlich zu, daß sie ihre Gespielin hinstreckte; was sie jedoch augenblicklich bitter bereute. Aus Trauer fertigte nun die Göttin jenes Standbild der Verlorenen an, hing ihm die Aegis um und stellte es neben den Thron des Zeus. Eines Tages aber geschah es, daß die von ihrem eigenen Vater geliebte Pleiade Elektra auf den Olympos flüchtete und das reine Bildnis schutzflehend umfaßte. Über diese Entweihung erzürnt, schleuderte Pallas Athene das Kunstwerk auf die Erde hinab. Es fiel vor dem Zelt des Königs Ilos nieder, des Erbauers von Ilion und Troia, der eben ein Gebet an Zeus gerichtet hatte, er möge ihm ein günstiges Zeichen für die Gründung der neuen Stadt senden. In dem später errichteten Troia erhielt die Bildsäule einen eigenen Tempel und wurde als unantastbares Stadtheiligtum verehrt.

Die Griechen wußten anfangs bei der Belagerung nichts davon. Als ihnen aber der gefangene Seher Helenos das Geheimnis mitteilte, machten sich Odysseus und Diomedes heimlich auf, drangen durch einen unterirdischen Gang in die Burg und stahlen das Palladion. Nach der Eroberung Troias behaupteten mehrere griechischen Städte, in den Besitz desselben gekommen zu sein, vor allem Argos und Athen. Eine andere Sage meldet jedoch, daß es später von Diomedes an den Troianer Aeneas freiwillig zurückgegeben worden sei; denn Rom rühmte sich, auf diese Weise das uralte und echte Palladium zu besitzen. Wie die Troianer glaubten auch die Römer, daß der Schutz der Stadt von dem Bildnis abhänge und hielten es in dem Tempel der Vesta so heilig, daß nicht einmal der Oberpriester, der Pontifex Maximus, es anrühren oder sehen durfte. Es mußte einmal, zur Zeit des Kaisers Commodus, als jener Tempel in Brand geriet, hinausgeschafft werden; der damalige Oberpriester Metellus aber, der diese Handlung für eine frevelhafte Entweihung hielt, flehte die Götter an, nicht die Stadt dafür zu strafen, sondern nur ihn allein. Zuletzt ließ Heliogabal (röm. Kaiser) das Palladium in den von ihm erbauten Sonnentempel setzen.

Pallas (griech.), 1. der Name der Göttin Pallas → Athene.

2. Tochter des libyschen Meeresgottes Triton, → Palladion.

3. Ein Gigant, der von Pallas Athene in der Gigantenschlacht erschlagen wurde.

4. Ein Titane, der Sohn des Kreios und der Eurybie, der sich mit der Okeanide Styx vermählte und vier Kinder zeugte, die Nike (Sieg), den Zelos (Eifer), den Kratos (Kraftgott) und die Bia (Gewalt).

5. Griechischer Heldenname.

Pamyles (ägypt.) → Osiris.

Pan (griech.), arkadischer Hirtengott, Sohn der Nymphe Dryope und des in Arkadien gleichfalls als Hirtengott verehrten Hermes. Seine Mutter ergriff vor Schrecken die Flucht, als sie die Gestalt ihres Kindes erblickte, denn es hatte Hörner, eine krumme Nase, gespitzte Ohren, einen dichten Bart und einen haarigen Leib, einen Ziegenschwanz und Bockfüße. Hermes schämte sich jedoch seines Sohnes nicht; er trug ihn auf den Olympos, wo sich alle Götter, am meisten Dionysos, über den Knaben freuten.

Dem erwachsenen Pan oblag nicht nur der Schutz der grasenden Herden, sondern auch die Wildjagd, der Fischfang und die Bienenzucht. Seine Lieblingsplätze waren die Berge Likaios und Mainalos in Arkadien. Hier schweifte er jagend durch die Wälder und suchte um die heißen Mittagsstunden den Schatten kühler Grotten auf, um zu schlummern, wobei er sich nicht gerne stören ließ. Die Hirten stellten daher um diese Zeit ihr

Flötenblasen ein. Oft bemühte er sich um die Gunst der Nymphen, jedoch erfolglos. Die schöne Echo und die holde Pitys flohen gleich seiner Mutter vor seinem häßlichen Aussehen. Als er einmal die Naiade Syrinx verfolgte, flehte diese am Ufer des Flusses Ladon, wo sie nicht mehr weiter konnte, ihre Schwestern um Hilfe an, und diese verwandelten sie in ein Bündel Schilfrohre. Der genarrte Liebhaber schnitt sich daraus zum Andenken etliche Halme ab, legte sie an die Lippen, um sie zu küssen, und da der Hauch seines Mundes einen wohlklingenden Ton hervorbrachte, erfand Pan durch diesen Zufall die berühmte Hirtenflöte. Er lernte die Flöte so meisterhaft spielen, daß er sich sogar mit Apollon in einen Wettstreit zwischen Leier und Flöte einzulassen wagte, bei dem → Midas als Schiedsrichter fungierte und für seinen schlechten Geschmack lange Eselsohren davontrug.

Aus dem heimischen Arkadien verbreitete sich die Verehrung des Pan allmählich über Griechenland. Weil er bei Festtänzen gerne den Chorführer abgab, folgte er dem Dionysos auf seinem Triumphzug nach Indien, bald erhielt er den Oberbefehl über die kriegerischen Heere des Weingottes und über die jauchzenden Nymphenreihen. Er hatte viele Abkömmlinge, Pane oder Panisken genannt.

Den Athenern zeigte er sich erst zur Zeit der Schlacht von Marathon; sie glaubten, daß sie durch seinen persönlichen Beistand über die Perser gesiegt hätten, und errichteten ihm unter der Akropolis ein Heiligtum, wo sie jährlich Feste abhielten. Sein Kampferfolg beruhte vornehmlich auf einem furchtbaren Gebrüll, mit dem er selbst ganze Kriegsheere zu verwirren vermochte. Einmal rettete er die Scharen des Dionysos aus einer großen Gefahr, indem er plötzlich einen wildtosenden und von Wäldern und Felsen tausendfach zurückgeworfenen Schlachtruf ausstieß und dadurch dem Gegner »panische« Angst einjagte.

Pan und Daphnis; hellenistisch, Neapel, NM.

Die ihm dargebrachten Opfer bestanden aus Lämmern, Böcken, Kälbern, Milch,

Honig und Most; heilig waren ihm die Steineiche und die Fichte. Ein Hirtenstab, die von ihm erfundene Rohrpfeife und Fichtenkränze waren seine Attribute. Die Römer schufen aus dem Pan ihren Faunus und verliehen ihm den gleichen Charakter. Starke Ähnlichkeit besitzt der griechische Pan mit dem ägyptischen Mendes.

Dramatische Bearbeitung: »Satyros oder der vergötterte Waldteufel«, J. W. v. Goethe, 1774.

Hymnen: »Homerischer Hymnos auf Pan«; »Orphischer Hymnos auf Pan«; »Epidaurischer Hymnos«; »Hymn of Pan«, Shelly, 1824.

Kantate: »Der Streit zwischen Phobus und Pan«, J. S. Bach, 1731.

Symphonische Dichtung: »Prélude à l'après-midi d'un Faune«, C. Debussy, 1892.

Literatur: »Pan, der griechische Bocksgott«, R. Herbig, Frankfurt a. M. 1949.

Pandareos (griech.), Vater der Aedon, → Prokne.

Pandion (griech.), Vater der → Prokne.

Pandora (griech.), wörtlich die »Allbegabte«. Als Prometheus dem Menschengeschlecht gegen Wissen und Willen des Zeus das Feuer brachte und es dadurch aus seinem bisherigen Elend hob, gebot Zeus dem Hephaistos, ein schönes Weib aus Wasser und Erde zu formen. Als sie fertig war, mußte sie zur Steigerung ihrer Lieblichkeit von allen Olympiern beschenkt werden. Aphrodite bedachte die Jungfrau mit Anmut und leidenschaftlichen Begierden. Hermes verlieh ihrem Wesen Dreistigkeit und betörende Schalkhaftigkeit, während Athene sie zur geschicktesten Künstlerin machte. Zeus indessen, der die Absicht hatte, die Menschen zu bestrafen, beschenkte Pandora mit einer Urne, gefüllt mit allen nur erdenklichen Übeln. Hierauf befahl er dem Botengott Hermes, dieses Wesen dem Prometheus als Braut zuzuführen; doch der kluge Menschenfreund schlug nicht nur Pandora aus, sondern warnte auch seinen Bruder Epimetheus. Jener hingegen vermochte ihr nicht zu widerstehen und nahm sie zur Gemahlin. Sofort öffnete Pandora die unheilbringende Urne. Leiden, Krankheiten und Sorgen fuhren heraus, verbreiteten sich über die Erde und plagen seit damals die Menschen. Nur die Hoffnung blieb am Boden der Urne sitzen. Epimetheus zeugte mit Pandora die Töchter Prophasis, die Göttin der Ausrede, und Metameleia, die Göttin der Reue; ferner auch Pyrrha, welche die Gattin des von Prometheus gezeugten → Deukalion wurde.

Dramatische Bearbeitungen: »Die Büchse der Pandora«, W. Klingenbrunner, 1818 (Musik von J. Fuß; Parodie); »Pandora«, Chr. M. Wieland, 1779 (Komödie).

Chorwerk: »Pandora«, A. Mendelssohn, 1908 (Text nach Goethe).

Opern: »Pandore«, C. Royer, 1740 (Text von Voltaire); »Die Büchse der Pandora«, F. Wedekind, 1901.

Pandrosos (griech.), Tochter des → Kekrops, → Herse.

Paris (griech.), der Entführer der schönen Helena, Sohn des troianischen Königs Priamos und der Hekabe. Er war am Untergang seiner Vaterstadt Beschuld. Als seine Mutter schwanger war, träumte sie eines Nachts, sie bringe eine brennende Fackel zur Welt, die ganz Troia in Asche legen werde. Deshalb schaffte einer ihrer Knechte das neugeborene Kind auf den waldigen Gipfel des benachbarten Idagebirges, damit es in der Wildnis umkomme; als er jedoch nach fünf Tagen wieder an die öde Stelle kam, fand er das Knäblein frisch und munter: Eine Bärin hatte es inzwischen gesäugt. Der Diener erbarmte sich nun des kleinen Paris und nahm ihn an Kindes Statt auf. Paris wurde Hirte und wuchs zum schönsten Jüngling heran. In dieser ländlichen Einsamkeit trug sich ein Ereignis zu, welches sich für ihn und das Schicksal Troias so verhängnisvoll auswirken sollte.

Zur gleichen Zeit war im Olympos ein Streit ausgebrochen.

Zeus vermählte den tugendhaften Helden Peleus mit der herrlichen Nereide Thetis. Alle Götter fanden sich persönlich bei dem prachtvollen Hochzeitsfest ein und brachten dem Brautpaar Geschenke. Nur die Zwietrachtsgöttin Eris war nicht eingeladen worden. Um sich wegen dieser Kränkung zu rächen, warf sie plötzlich auf die von den fröhlichen Gästen umringte Festtafel einen goldenen Apfel mit der Aufschrift: »Der Schönsten«. Um ihn entbrannte zwischen Hera, Athene und Aphrodite eine hitzige Auseinandersetzung. Zeus, als Schiedsrichter angerufen, verwies sie an einen Sterblichen, an den Schäfer Paris, der für weibliche Reize ein geübtes Auge hatte. Die drei Schönen gingen in Begleitung des Hermes zu Paris. Er hieß sie einzeln vor ihm zu erscheinen, damit er nicht durch den vereinigten Glanz verwirrt werde. Zuerst trat Hera auf; sie versprach, aus ihm den mächtigsten König und Gebieter über ganz Asien zu machen, wenn er ihr den Preis zuerkenne. Athene versprach dem Hirten die ruhmreiche Rolle eines weisen und unbesiegbaren Helden. Aphrodite schmeichelte Paris, indem sie ihn den schönsten Jüngling Phrygiens nannte, der das schönste Weib der Erde verdiene. Zugleich erzählte sie ihm von der schönen Helena, des Spartakönigs Menelaos Frau, die in allen liebreizenden Eigenschaften mit ihr selbst, der Liebesgöttin, wetteifere. Für den goldenen Apfel versprach sie ihm dieses Weib. Paris verfiel dieser Lockung, obwohl er bereits vermählt war. Die Nymphe Oinone, eine Tochter des phrygischen Flußgottes Kebren, war seine Gattin, die ihm bereits einen Sohn namens Korythos geschenkt hatte. Ihre düstere Prophezeiung, für den Fall seiner Untreue, beachtete er nicht. Er verließ seine Familie und ging nach Troia. Dort führte König Priamos für seinen totgeglaubten Sohn Leichenspiele auf, wobei zum Siegespreis ein prächtiger Stier bestimmt wurde. Es traf sich aber, daß die Abgesandten gerade den Lieblingsstier des Hirten Paris auswählten, um ihn vor den Opfertode zu retten, nahm dieser selbst an den Wettkämpfen teil und besiegte darin all seine Gegner. Dabei wurde er durch die Sehergabe seiner Schwester Kassandra erkannt. Priamos begrüßte ihn als leiblichen Sohn, denn die Gefahr gemäß jener alten Traumdeutung sollte vorüber sein, wenn dreißig Jahre verflossen wären. Auch erfüllte er Paris den sehnlichen Wunsch, nach Sparta zu schiffen und übertrug ihm das Geschäft eines Gesandten. Schon lange gab es zwischen den beiden Königshäusern von Sparta und Troia eine feindselige Spannung, die daher rührte, daß Pelops, der Ahnherr der Spartaner, durch Ilos, den Gebieter von Troia und Erbauer von Ilion, er war Großvater des Priamos, aus Phyrgien vertrieben worden war.

Menelaos empfing den Gesandten gastfreundlich, mußte aber eine Reise nach Kreta antreten. Den Zeitpunkt seiner Abwesenheit benutzte Paris, Helena zu gewinnen, unterstützt von Aphrodite, Eros, dem Sehnsuchtsgott Himeros, den Chariten, dem Verlangensgott Pothos und dem Hochzeitsgott Hymen. Für Paris war es nun leicht, → Helena zur gemeinsamen Flucht zu bewegen. Sie nahm einen großen Teil der ihrem Gatten zugehörigen Schätze mit. Das Liebespaar zog mit Pomp in Troia ein.

Der heimgekehrte Menelaos traf sogleich alle Anstalten, den schändlichen Räuber und ruchlosen Verletzer des heiligen Gastrechts zu strafen. Die gewaltige Heerfahrt des Troier Krieges begann. Nach zehnjähriger Belagerung lag die Stadt in Schutt und Asche. An den blutigen Kämpfen, die in diesem Krieg stattfanden, nahm Paris geringen Anteil; Homer schildert seinen Charakter als weichlich, genußsüchtig, doch läßt er ihn bisweilen, nicht ohne Tapferkeit und Glück, auf dem Schlachtfeld erscheinen. Die Sage berichtet, daß er ein geschickter Bogenschütze war und den zusätzlich von Apollon gelenkten Pfeil in die Ferse des → Achilleus schoß. Philoktetes, der den Bogen und die Pfeile des Herakles geerbt hatte, befreite die Griechen von dem eigentlichen Urheber des Krieges; er streckte ihn durch einen Schuß zu Boden. Die Wunde des Paris

Göttinnen; aus dem Ostgiebel des Parthenon, um 440 v. Chr., London, Brit. Mus.

Poseidon, Apollon und Artemis; aus dem Ostfries des Parthenon, Athen, Akropolis-Mus.

war tödlich, da das Gift der Lernäischen Hydra, womit Herakles diese Pfeile einst getränkt hatte, noch fortwirkte. Oinone, Paris' erste Frau, die ein Heilmittel besaß, weigerte sich, ihn zu retten, bereute dies jedoch und beging Selbstmord. Die mit Helena gezeugten Söhne kamen kurz nach Paris' Tod um.

Das Urteil des Paris war in der bildenden Kunst und Literatur der Antike ein beliebtes Thema. Der »Alexandros« des Euripides behandelt die Jugendgeschichte des Paris, die »Krisis« des Sophokles das Parisurteil; beide Werke sind nur in Fragmenten erhalten.

Dramatische Bearbeitung: »Iudicium Paridis«, H. Sachs.

Roman: »Spielball der Götter«, 1959, R. Hagelstange.

Oper: »Paride ed Elena«, Chr. W. Gluck, 1770.

Literatur: »Die Quellen der Ilias. Troischer Sagenkreis«, W. Kullmann, Wiesbaden 1960.

Parnassos (Parnaß) (griech.), Berg bei Delphi → Delphisches Orakel, Sitz des → Apollon, Musenberg.

Parnopios (griech.), Beiname des Apollon, darauf hinweisend, daß er Heuschrecken und anderes Ungeziefer vertilgte.

Parthenopaios (griech.), Sohn der Atalante, → Oidipus.

Parthenos (griech.), Beiname der Athene, auf ihre Jungfräulichkeit hinweisend. Nach diesem Namen ist auch der herrlichste Tempel auf der Akropolis von Athen benannt – der Parthenon.

Parzen (röm.), Parca war ursprünglich die römische Geburtsgöttin, die später der griechischen Mira gleichgesetzt wurde. Auch die Dreizahl wurde von den Griechen übernommen → Moiren.

Pasiphae (griech.), Gattin des → Minos.

Patroklos (griech.), homerischer Held, der mit Achilleus gemeinschaftlich erzogen wurde und dessen treuester Freund war, ein Sohn des von Herakles geliebten und am Argonautenzug beteiligten Fürsten Menoitos. Wegen eines unvorsichtigen Mordes, den er als Knabe beim Würfelspiel begangen hatte, brachte ihn der Vater an den Hof des Peleus, den er nicht wieder verließ, bis er dem Jugendgespielen nach Troia folgte.

Epos: Der 16. Gesang der Ilias kündet Ruhmestaten und Tod des Helden.

Dramatische Bearbeitung: »Patroklus«, J. J. Bodmer, 1761.

Literatur: »Patroklos, Gedanken über Homers Dichtung und Gestalten«, R. v. Scheliha, Basel 1943.

Pax (röm.), Friedensgöttin, der griechischen → Eirene gleichgestellt. Sie wurde seit dem Ende der Bürgerkriege in Rom verehrt und besaß einen von Kaiser Vespasianus erbauten, prachtvollen Tempel, in welchem zahlreiche Kunstwerke aufbewahrt wurden, der aber schon unter Kaiser Comodus abbrannte.

Pegasos (griech.), das Musenroß, gezeugt von Poseidon, dem Vater des gesamten Roßgeschlechts, und von der Medusa, der einzigen Sterblichen der drei Gorgonen.

Als Perseus der schrecklichen Medusa das Haupt abgehauen hatte, sprang aus dem Rumpfe der Getöteten nebst dem Riesen Chrysaor dieses Roß hervor, ein Pferd mit prächtigen Flügeln, die Perseus windschnell durch die Lüfte trugen. Seine Verbindung mit den Musen gründete sich zunächst auf die Schöpfung der Quelle → Hippukrene. Man brachte die Fähigkeit des Pferdes zu fliegen mit der Schwungkraft der Gedanken zusammen, weshalb das Pferd besonders von den Dichtern verehrt wurde. Pegasos gesellte sich auch zu den unsterblichen Göttern, wohnte im Palast des Zeus und trug, an den Wagen dieses Gottes geschirrt, den Blitz. Die Göttin Eos erhielt Pagasos einmal von Zeus zum Geschenk, damit sie leichter als bisher die tägliche Fahrt um das Firmament vollenden konnte. Das Musenroß half aber auch → Bellerophon seine schwierigen Abenteuer zu meistern, bis es ihn, als er sich mit ihm in den Himmel emporschwingen wollte, zuletzt abwarf. Unter die Sterne versetzt, prangt es zwischen der Andromeda und dem Wassermann.

Gedicht: »Pegasus im Joche«, F. v. Schiller, 1795.

Literatur: »Poseidon und die Entstehung des griechischen Götterglaubens«, F. Schachermeyr, Salzburg 1950.

Peirithoos (griech.), Sohn des Ixion und der Dia, König der Lapithen, bester Freund und Kampfgefährte des Theseus. Bei der Hochzeit des Peirithoos mit der Hippodameia kam es zur be-

rühmten Kentauromachie, dem Kampf zwischen Lapithen und Kentauren. Theseus stand seinem Freunde in dem siegreichen Kampfe bei.
Das neben Achilleus und Patroklos berühmteste Freundespaar vereinbarte, jeder eine Zeustochter zu erringen und einander dabei zu unterstützen. Zunächst entführten sie für Theseus die junge Helena aus Lakedaimon. Peirithoos wollte Persephone, die Frau des Hades, des Gottes der Unterwelt, gewinnen. Beide stiegen in das Totenreich hinab, doch Hades, von dem Plan unterrichtet, ließ beide Frevler an einem Felsen festwachsen. Theseus wurde später von Herakles befreit, während Peirithoos für immer bleiben mußte.

Peitho (griech.), griechische Göttin der Überredung. Sie erschien im Gefolge der Aphrodite und des Eros. Im Tempel der Liebesgöttin zu Athen stand eine Bildsäule von ihr, gefertigt von Praxiteles, sie hatte aber auch selbst einen Tempel in dieser Stadt. Wie Hermes, der Schutzgott der Beredsamkeit, wurde sie besonders von den Rednern verehrt. Ihr entspricht die römische Suada.

Peleus (griech.), der berühmte Vater des Achilleus, war ein Sohn des gerechten Aiakos und der Endeis, einer Tochter des Kentauren Cheiron, und der Bruder des Telamon. Aiakos besaß noch einen Sohn von der Nereide Psamathe namens Phokos. Beim Diskusspiel warf einer von den Brüdern Phokos heimtückisch die Scheibe auf den Kopf, so daß dieser starb. Um der Rache des Vaters zu entgehen, flohen Peleus und Telamon aus Aigina. Durch die Teilnahme am Argonautenzug erwarben sie Ruhm. Peleus wandte sich nach Phthia zum König Eurytion, der ihn von jener frühen Blutschuld entsühnte, mit seiner Tochter Antigone vermählte und ihm ein Drittel seines Reiches gab. Er wurde glücklicher Vater der schönen Polydora. Bald darauf nahm er an der kalydonischen Jagd teil und tötete durch einen Fehlwurf seinen Schwiegervater Eurytion. Neuerlich mußte er flüchten, diesmal nach Iolkos, wo er von König Akastos entsühnt wurde. Die Frau des Königs Akastos, Astydameia, entbrannte in Liebe zu dem fremden Helden, wurde von ihm aber nicht erhört. Da sie seine Gattin Antigone für die Ursache seiner Ablehnung hielt, ließ sie derselben die falsche Nachricht hinterbringen, Peleus wollte sich mit Sterope, einer Tochter des Akastos, vermählen. Antigone erhängte sich auf diese Botschaft. Peleus war nun frei, dennoch eroberte Astydameia seine Gunst nicht. Sie beschloß daher, sich für diese Verschmähung an ihm zu rächen und verleumdete ihn bei ihrem Gatten, Peleus habe ihre Keuschheit auf die Probe stellen wollen. Akastos schenkte ihr Glauben, wollte sich jedoch nicht an dem Gaste vergreifen. Er heckte aber folgenden Plan aus: Er nahm Peleus auf eine Jagd in das Gebirge des Pelion mit und hetzte ihn so lange durch Wälder und Fluren, bis er in einer Schlucht ermüdet einschlief. Dann raubte er ihm heimlich die Waffen, in der Hoffnung, er werde den in der Gegend wohnenden wilden Kentauren im Kampfe unterliegen. Doch er wurde von dem weisen Kentauren Cheiron vor dessen wilden Artgenossen beschützt und gerettet. Den olympischen Göttern gefiel die Art, wie Peleus den Verleumdungen der Astydameia standgehalten hatte, und sie gedachten, ihn dafür entsprechend zu belohnen. Dazu bot sich nun eine passende Gelegenheit. Zeus, der die schöne Nereide Thetis liebte, wollte jedoch mit ihr keine Verbindung eingehen, denn der kluge Prometheus, welcher durch seine Mutter Themis die geheimsten Beschlüsse der Moiren kannte, hatte den Götterkönig Zeus gewarnt, diese Nereide zur Frau zu nehmen; denn falls sie einen Sohn von ihm gebäre, werde derselbe den Vater an Macht übertreffen und von dem Throne der Weltherrschaft stoßen, wie Zeus selber einst Kronos gestürzt habe. Statt dessen riet der Titane dem Götterkönig, die Nereide einem Sterblichen zu verheiraten; aus dieser Ehe werde ein trefflicher Held und ein Liebling der Götter hervorgehen. Also ließ Zeus die Hochzeit für Thetis und Peleus vorbereiten, obgleich die Nereide keinen Sterblichen zum Gatten haben wollte. Sie versuchte, ihrem Verlobten zu entschlüpfen, indem sie sich in alle möglichen Gestalten verwandelte. Wieder half der weise Kentaur Cheiron, indem er Peleus lehrte, jede Verwandlung der Meergöttin nachzuahmen. Endlich, bei einem Felsen des Pelion, erhaschte der Bräutigam als Fisch die durch die Gewässer dahinfliehende Schöne; worauf die Hochzeit im Land Phthia, dessen Herrschaft ihn nunmehr zugefallen war, feierlich begangen wurde. Das Fest wurde durch die Anwesenheit sämtlicher olympischer Götter verherrlicht, die das Brautpaar reich beschenkten. Bei diesem Fest erregte die Zwietrachtsgöttin Eris, die man als einzige nicht eingeladen hatte, aus Rachsucht jenen berühmten Streit um den Preis der Schönheit, indem sie unter die Gäste den goldenen Apfel schleuderte, der zum Gegenstand des Zanks für die drei schönsten Göttinnen wurde – → Paris. Nach der Hochzeitsfeier rächte Peleus das ihm in Iolkos widerfahrene Unrecht; vereinigt mit den beiden Dioskuren zog er gegen die Stadt, jagte den König Akastos in die Flucht und gebot, die gefangene Astydameia in Stücke zu hauen. Aus der anfangs glücklichen Ehe mit Thetis entsprang der edle Held Achilleus. Thetis wollte ihren Sohn unsterblich machen, weil sie aber von Peleus daran gehindert wurde, verließ sie ihren Gatten im Zorn und zog zu ihren Schwestern in die Tiefen des Meeres zurück. Es gelang ihr nur, den geliebten Sohn, dessen gefahrenreiche Schicksale sie als zukunftskundige Wassernymphe vorausschaute, mit Ausnahme der Ferse gegen sterbliche Waffen unverwundbar zu machen – → Achilleus. Thetis war ständig um des Sohnes Heil besorgt, und als er vor Troia kämpfte, übergab sie ihm einen von Hephaistos geschmiedeten Schild; sein Vater schenkte ihm einen Wurfspeer, dessen Wucht so gewaltig war, daß ihn außer Achilleus niemand zu schwingen vermochte. Ferner schenkte der Vater dem jungen Helden die beiden Rosse Belias und Xanthos, die er selbst bei seiner Hochzeit von Poseidon erhalten hatte. So innig die elterliche Fürsorge auch war, der Held schied doch im Schlachtfeld vor Troia. Nicht minder als Thetis betrauerte den ruhmvollen Untergang des Sohnes der alternde Vater in Phthia, der durch seinen früheren Widersacher Akastos nochmals angegriffen und aus seinem Reiche verjagt wurde.

Nach der Zerstörung Troias kehrte → Pyrrhos (Neoptolemos), der mit der Tochter des Königs Lykomedes gezeugte Sohn des Achilleus, zurück und setzte den Großvater wieder auf den Thron. Trotzdem sollte Peleus seine Tage noch nicht in Frieden beschließen. Pyrrhos verfeindete sich mit Orestes und verlor durch ihn sein Leben; der Sieger eroberte hierauf Phthia. Peleus endete gramvoll, wurde jedoch, wie Pindar singt, zur Belohnung für soviel Heldentugend und soviel Leid der Erde den in der Unterwelt fortherrschenden Totenrichtern beigestellt und genoß gleiche Ehre wie sein Sohn Achilleus, wie Kadmos und Aiakos.

Anders lautet die Angabe des Euripides. Nach diesem Dichter söhnte sich Thetis mit ihrem greisen, um den Tod seines Enkels trauernden Gatten vollständig aus; sie lud ihn zu sich in den Palast ihres Vaters Nereus, wo er an ihrer Seite, frei von Alter, Tod und irdischer Bekümmernis, als Gott mit der Göttin unauflöslich vereinigt lebte.

Oper: »Tetide«, Chr. W. Gluck, 1749.

Pelops (griech.), Sohn des Tantalos. Dieser, ein Vertrauter der olympischen Götter, wollte einmal deren Allwissenheit auf die Probe stellen. Er schlachtete seinen Sohn Pelops und setzte ihn den Göttern vor. Zeus und seine Gefolgschaft entdeckten den ruchlosen Betrug sofort, nur → Demeter, in Trauer um ihre entführte Tochter Persephone, verzehrte unachtsam das Schulterstück des Pelops. Zeus befahl, sofort alle Teile wieder in das Kochgefäß zu werfen und zu wärmen, worauf die lebenspendende Moire Klotho den Knaben frisch und unversehrt aus dem Kessel zog, jedoch mit einer aus Elfenbein ersetzten Schulter. Als junger Mann kam Pelops nach Elis und warb um Hippodameia, die Tochter des Königs Oinomaos von Pisa. Diesem war geweissagt worden, daß er durch die Hände seines Schwiegersohnes getötet werde. Deshalb versuchte Oinomaos, alle Bewerber durch eine lebensgefährliche Bedingung abzuschrecken. Nur derjenige Bewerber erhalte seine Tochter, der ihn im Wagenrennen besiege. Oinomaos besaß nicht nur einen geschickten Wagenlenker namens Myrtilos, sondern auch ein Paar von Windgöttern gezeugte Rosse, ein Geschenk seines Vaters Ares. Er konnte sich auf die Geschwindigkeit seines Gespannes so zuversichtlich verlassen, daß er dem Bewerber jeweils einen beachtlichen Vorsprung ließ. Sobald er ihn aber eingeholt hatte, durchborte er ihn mit seiner Lanze. 13 Freier hatten bereits ihr Leben gelassen. Pelops verstand es, den Wagenlenker Myrtilos zu gewinnen, indem er ihm die Hälfte des Reiches Elis abzutreten versprach, wenn es unter seinem Beistande gelänge, den König zu besiegen. Der Wagenlenker setzte statt eiserner Nägelstifte solche aus Wachs in die Naben des königlichen Rennwagens. Während des Rennens löste sich ein Rad, der Wagen zerbrach, und der in die Zügel verwickelte König wurde von den weiterrasenden Pferden zu Tode geschleift. Daraufhin kehrt Pelops mit Hippodameia in die Heimat zurück. Auf der Fahrt schleuderte er hinterlistig Myrtilos, der seinen Anteil gefordert hatte, ins Meer. Der sterbende Myrtilos verfluchte Pelops und seine Nachkommen, ein Fluch, der sich bis in das letzte Detail erfüllen sollte. Zunächst herrschte Pelops ruhmvoll in Elis und gewann so großen Einfluß, daß die ganze Halbinsel, die bisher Apia oder Pelasgia hieß, nach ihm Peloponnes[os] genannt wurde. Hippodameia schenkte ihm sechs Söhne, unter ihnen Atreus und Thyestes, außerdem zwei Töchter, von denen Nikippe den König Sthenelos von Mykenai heiratete, einen Sohn des Perseus.

Später machte sich jedoch der auf dem Hause lastende Fluch geltend. Der König wandte seine Neigung der Nymphe Axioche zu, die ihm den Knaben Chrysippos gebar. Neidisch über die Schönheit des letzteren und entflammt von Eifersucht, stiftete Hippodameia Atreus und Thyestes zum Mord an dem Halbbruder an. Als Pelops sein jüngstes Kind ertrunken im Brunnen fand, mußten Atreus und Thyestes aus Elis flüchten, Hippodameia wurde nachträglich als Anstifterin verstoßen. Die Söhne begaben sich zu ihrem Schwager Sthenelos, der inzwischen mit Nikippe den durch seine Herrschaft über Herakles bekannten Eurystheus gezeugt hatte. Sthenelos wies der verbannten Mutter mit ihren zwei Söhnen eine Stadt seines Reiches zum gemeinschaftlichen Aufenthaltsort an. Hippodameia verübte wegen des Verlustes ihres geliebten Gatten Selbstmord. Als Eurystheus von den ergrimmten Söhnen des Herakles im Kriege erschlagen wurde, übernahmen Atreus und Thyestes die ihnen nun rechtmäßig zugefallene Herrschaft über Mykenai. Nach einer glücklichen, aber kurzen Regierung machte sich auch bei ihnen der Fluch ihres Stammes bemerkbar, → Atreus, → Agamemnon, → Klytaimnestra und → Orestes.

Pelias (griech.), Sohn des Poseidon und der Tyro, Zwillingsbruder des Neleus, Angehöriger der Aioliden. Pelias beraubte seinen Stiefbruder Aison und schickte dessen Sohn → Iason um das Goldene Vlies. Durch → Medeia fand er ein vorzeitiges Ende.

Penaten (röm.), Haus- und Familiengötter, zumeist als Jünglingspaar, bewaffnet mit Wurfspieß, in sitzender Stellung abgebildet. Es gab auch »öffentliche« Penaten oder Staatsschutzgötter. Jede Stadt hatte solche Fürsorger, Rom die angesehensten; sie sollen durch Aeneas zugleich mit der Vesta und ihrem ewigen Feuer nach Italien gebracht worden und zuvor die Schutzgötter der Troier gewesen sein. Die erste Kultstätte war in Lavinium, später wurden sie nach Rom, neben dem Tempel der Vesta unter dem Hügel Velia verlegt. Das Bauwerk ging in Flammen auf, als Kaiser Nero sich das Vergnügen machte, Rom anzuzünden. Den → Laren standen die Penaten

gleich, nur daß der Einfluß der ersteren weiter ging.
Literatur: »Rom und Troia«, Untersuchungen zur Frühgeschichte Roms, F. Bömer, Baden-Baden 1951.

Peneios (griech.), ein thessalischer Flußgott, wohnhaft unter der Quelle, die auf dem Pindos entsprang und zum Strome anwachsend über einen felsigen Hügel in das liebliche Tal Tempe niederstürzte, das durch seine Reize berühmt wurde.

Penelope (griech.), Tochter des Ikarios und der Periboia, Gattin des → Odysseus, Mutter des Telemachos, das Beispiel einer treuen Ehegattin. Zwanzig Jahre wartete sie auf die Rückkehr ihres

Penelope.

Gemahls und wies zahlreiche, sie drängende Freier ab.

Penthesile[i]a (griech.), Tochter des Ares und der Otrere, Königin der → Amazonen. Als Hektor vor Troia fiel, eilte Penthesileia mit ihren Amazonen den Troiern zu Hilfe. Ihre Kühnheit und Kampfesgeschicklichkeit fügten den Griechen schweren Schaden zu, doch fiel sie zuletzt durch die Hand des Achilleus. Als er der sterbenden Kriegerin den Helm abnahm, verliebte er sich in sie, konnte sie aber nicht mehr vor dem Tode retten. Achilleus erschlug Thersites, der ihm vorwarf, den Leichnam der Heldin aus Liebe den Troiern überlassen zu haben.
Dramatische Bearbeitung: »Penthesilea«, H. v. Kleist, 1808.

Pentheus (griech.), Sohn des Echion und der → Agaue, König von Theben, der den orgiastischen Dionysoskult zu unterbinden trachtete, an dem auch seine Mutter teilnahm. Dionysos verleitete Pentheus, das Treiben der Bakchantinnen heimlich zu beobachten, doch als diese ihn entdeckten, töteten ihn die rasenden Mänaden, angeführt von Agaue.
Dramatische Bearbeitung: »Bakchai«, Euripides, 406 v. Chr.
Literatur: »Pentheus«, L. Curtius, Berlin/Leipzig 1929.

Perchtha (german.), wörtlich »die Lichte«, eigentlich eine gute und wohlwollende Frau, die nach der Christianisierung für böser als die → Holda betrachtet wurde. In den zwölf Nächten der Jahreswende, zwischen Weihnachten und Heiligedreikönigstag, hielt sie ihren Umgang unter den Menschen; besonders am zwölften Tag, dem Perchtabend, an ihrem Festtag. Wer gegen sie handelte, dem schnitt sie den Leib auf, stopfte allerlei Unrat hinein und nähte hierauf den Bauchschnitt wieder zu. Das Perchtenlaufen, das noch heute in Salzburg, besonders im Pinzgau, um diese Zeit stattfindet, geht auf Perchtha zurück.

Periphetes (griech.) → Theseus.

Perse (Perseis) (griech.), eine Tochter des Okeanos, die ihrem Gatten → Helios Aietes, den späteren König von Kolchis, sowie die beiden Töchter Kirke und Pasiphae schenkte.

Persephone (griech.) oder (röm.) Proserpina, Tochter des Zeus und der → Demeter, Gemahlin des Hades oder → Pluton, Göttin der Unterwelt. Die Römer setzten sie der einheimischen Göttin Libera gleich.

Dramatische Bearbeitung: »Proserpina«, J. W. v. Goethe, 1778.

Melodrama: »Persephone«, I. Strawinsky, 1934 (Text von A. Gide).

Opern: »Proserpina rapita«, C. Monteverdi, 1630; »Proserpine«, C. Saint-Saëns, 1887.

Literatur: »Der Raub der Proserpina«. Literarische Tradition eines erotischen Sinnbildes und mythischen Symbols, H. Anton, Heidelberg 1967.

Perses (griech.), ein Sohn des Perseus und der Andromeda, war der Stammvater der nach ihm benannten Perser und ihrer Könige.

Perseus (griech.), Sohn des Zeus und der Danaë, berühmter Held des frühesten Altertums. Danaë wurde von ihrem Vater → Akrisios, dem König von Argos, in einem ehernen Turmgemach gefangengehalten, weil ihm ein Orakelspruch offenbart hatte, daß er durch seinen Enkel sterben werde. Zeus war voll Mitgefühl für die eingesperrte Schöne und drang, entflammt von ihren Reizen, als goldener Regen durch das Dach des Turmes und träufelte in den Schoß der Jungfrau. Bald darauf gebar Danaë Perseus, dessen aus dem finsteren Turmgemach dringendes Geschrei König Akrisios erschreckte. Er setzte daher Mutter und Kind in einem hölzernen Kasten im Meer aus. Sie erlitten nicht den von Akrisios herbeigewünschten Tod, sondern wurden an die Küste

Kopf der *Persephone.*

der Insel Seriphos getrieben, wo Polydektes, ein Enkel des Aiolos von Magnesia, herrschte, der Danaë mit dem kleinen Perseus aufnahm. Der Götterknabe gedieh zum vielversprechenden Heldenjüngling. Polydektes begann ihn zu fürchten und schickte den tatendurstigen Perseus um das Haupt der Gorgo → Medusa. Perseus wußte nur, daß die drei gräßlichen Geschöpfe im fernsten Westen, jenseits des Okeanos, an den nächtlichen Grenzen der Erdscheibe wohnhaft waren und daß er zuvor noch den drei häßlichen Graien das Geheimnis des Weges dorthin entreißen müsse. Athene und Hermes, seine Halbgeschwister, standen ihm mit Rat bei. Er überraschte die drei Graien auf ihrer ewig dunklen Insel beim Schlafen und raubte ihnen das einzige Auge und den einzigen Zahn. Diese Gegenstände stellten für sie einen Schatz dar, den sie sich gegenseitig borgten, wenn sie sehen und essen wollten; sie erhielten ihn nur gegen die Preisgabe ihres Geheimnisses zurück. Notgedrungen brachten die Graien Perseus zu den Nymphen, die sich im Besitze der wichtigen Geräte befanden, ohne die kein Sieg über die Gorgonen möglich war. Es waren ein unsichtbar machender Helm, den sie einst von Pluton erhalten hatten, ein Paar geflügelte Sohlen, die sie von Hermes empfingen, und ein silbergeflochtener Beutel. Perseus lieh sich diese kostbaren Besitztümer. Dazu gab Athene noch einen hellpolierten Erzschild und Hermes eine gewaltige Sichel. Auf Luftsohlen fliegend, erreichte Perseus die Nachtseite des erdumströmenden Okea-

Perseus befreit Andromeda.

nos, wo er die Gorgonen im Schlaf überraschte. Er durfte es nicht wagen, die Ungeheuer direkt anzublicken, sonst wäre er augenblicklich versteinert worden, weshalb ihm Athenes Erzschild zustatten kam. Mit einem gezielten Schlag hieb er mit der Sichel das mit Schlangenhaar gekrönte Haupt der Medusa ab, die anderen beiden Ungeheuer waren unsterblich. Aus der abgehauenen Stelle sprangen zwei Geschöpfe hervor, das geflügelte Roß Pegasos und der junge Riese Chrysaor, beide waren die Folge einer Beziehung Medusas zu Poseidon. Der Verfolgung durch die beiden anderen Gorgonen entzog sich Perseus mittels einer Tarnkappe. Das

Haupt der Medusa steckte der Held in den silbergeflochtenen Beutel (Kibisis).

Auf dem Rückwege nach Seriphos bestand Perseus sein zweites berühmtes Abenteuer. Er befreite des Königs Kepheus Tochter → Andromeda, die einem Orakelspruche zufolge an der Meeresküste an einen Felsen gefesselt war, einem Ungeheuer zum Fraße ausgesetzt, um das Land Äthiopien weiterhin vor diesem schrecklichen Wesen zu schützen. Perseus erhielt die gerettete Andromeda zur Frau, doch trat ihm Phineus, der Bruder des Kepheus, entgegen, der ältere Rechte auf Andromeda geltend machte. Mit Hilfe des Gorgonenhauptes versteinerte er seinen Gegner und dessen Gefolgsleute.

Nach der Rückkehr auf Seriphos versteinerte er auch König Polydektes, der sich Perseus' Mutter Danaë unsittlich nähern wollte, aber durch des Königs Bruder, Diktys, jener, der sie einst mit dem kleinen Perseus ans Land gezogen hatte, beschützt wurde. Perseus setzte Diktys als neuen König ein.

Perseus schenkte das Haupt der Medusa der Göttin Athene, die es fortab in ihrem Schild (Aegis) trug.

Ohne Absicht tötete Perseus seinen Großvater, der vor ihm auf der Flucht war und die Heimat verlassen hatte, bei athletischen Spielen mit einem Diskus. Dies verleidete ihm die Heimat und die Rückkehr nach Argos auf immer. Er wandte sich nach Tiryns zu seinem Vetter Megapenthes, einem Sohne seines Großonkels Proitos, hier vertauschte er mit diesem das großväterliche Erbreich gegen das Zepter von Tiryns und gründete während seiner Herrschaft die beiden Städte Mykenai und Mideia. Durch Elektryon, einen seiner Söhne von Andromeda, wurde Perseus Ahnherr des Herakles.

Dramatische Bearbeitungen: »Perseus mit Andromeda«, H. Sachs, 1558; »Andromeda y Perseo«, P. Calderon, um 1650 bis 1681.

Oper: »Andromeda e Perseo«, M. Haydn, 1775.

Ballett: »Medusa«, G. v. Einem, 1957.

Persis (pers.), eine Klasse der Dews oder bösen Geister, deren Schöpfer und Beherrscher Ahriman ist. Von diesen unterscheiden sie sich jedoch dadurch, daß sie keine schädlichen Dämonen der Finsternis sind. Ihre Läuterung ist allerdings noch nicht so weit vollendet, daß sie das himmlische Paradies selbst betreten dürfen, aber sie haben in ihrer Besserung doch solche Fortschritte gemacht, daß es ihnen erlaubt ist, bis an dessen hohe Pforten aufzusteigen. Die Phantasie der Orientalen schildert die Persis als die schönsten und zartesten Wesen.

Dichtung: »Lalla Rookh«, Th. Moore, 1817 (vertont von R. Schumann).

Phaedra (griech.) → Phaidra.

Phaëthon (griech.), ein Sohn des Sonnengottes Helios und der Okeanide Klymene. Sein Jugendfreund Epaphos, Sohn des Zeus und der gehörnten Io, behauptete, Phaëthon sei nicht der Sohn des Helios. Er rang daher Helios zur Bestätigung seiner Vaterschaft einen Wunsch ab, den jener unter Anrufung des Styx feierlich zu erfüllen gelobte.

Zum größten Schrecken des Vaters verlangte der Jüngling hierauf, daß ihm für einen Tag die Lenkung des Sonnenwagens anvertraut werde. Einwendungen und Warnungen des Vaters konnten Phaëthon nicht von seinem Vorhaben abbringen. Die schlimmen Ahnungen des Helios sollten sich auch bald bewahrheiten, denn als die Pferde fühlten, daß die Zügel nicht mit gewohnter Kraft und Erfahrung geführt wurden, brachen sie aus der Bahn und stürmten der Erde zu. Die hyperboreischen Völker wurden plötzlich von Hitze gequält, während die Bewohner der südlichen Erdscheibe vor Kälte erstarrten. Andere Landstriche fingen Feuer, und Seen verdampften. Zeus bemerkte den falschen Wagenlenker und tötete ihn mit einem Blitzstrahl, so daß Phaëthon in den Eridanos (Po) stürzte. Seine sieben Schwestern, die Heliaden, suchten den Körper und bestatteten ihn. Dabei klagten sie so lange, bis sie von den Göttern aus Mitleid die Gestalt von Schwarzpappeln erhielten, die jedoch fortweinten und

Die liebeskranke *Phaedra;* Sarkophag aus Athen.

Tränen vergossen, welche zu Bernstein gerannen.

Dramatische Bearbeitung: »Phaethon, Tragödie des Euripides, Versuch einer Wiederherstellung aus Bruchstücken«, J. W. v. Goethe, 1823.

Symphonische Dichtung: »Phaethon«, C. Saint-Saëns, 1873.

Phaiaken (griech.), ein aus der Odyssee bekanntes Volk, bei denen der schiffbrüchige Odysseus durch → Nausikaa und den König Alkinoos freundliche Aufnahme fand. Sie besaßen besondere Schiffe, die ohne Steuermann auch im Nebel ihr Ziel nicht verfehlten. Auf einem solchen Schiff kehrte Odysseus nach zehnjähriger Irrfahrt nach Ithaka zurück.

Phaidra (griech.), Tochter des Minos und der Pasiphae, Schwester der Ariadne, zweite Gattin des Theseus. Sie liebte ihren Stiefsohn → Hippolytos und versuchte, ihn zu verführen. Als ihr dies nicht gelang, verleumdete sie ihn bei Theseus, was den Tod des Hippolytos zur Folge hatte. Phaidra endete durch Selbstmord.

Das Thema fand reichlichen Niederschlag in der Kunst. → Hippolytos.

Dramatische Bearbeitungen: »Hippolytos«, Euripides, 428 v. Chr.; »Phaedra«, Seneca, vor 65 n. Chr.; »Phèdre«, J. B. Racine, 1677; »Phaedra«, F. v. Schiller, 1804 (Übersetzung des Racine).

Oper: »Fedra«, Chr. W. Gluck, 1744.

Ballett: »Phèdre«, J. Cocteau – G. Aurice, 1949.

Phantasos (griech.) → Hypnos.

Phaon (griech.), ein Fährmann auf Lesbos, der Arme ohne Entgelt auf das Festland übersetzte. Auch Aphrodite, die die Gestalt einer hilflosen, alten Frau angenommen hatte, erwies er diesen Dienst. Für diese Erprobung seiner Redlichkeit verjüngte sie ihn und beschenkte ihn mit solcher Schönheit, daß er jedes Frauenherz entzückte. Als Sappho ihre Liebe zu Phaon unerwidert sah, stürzte sie sich von einem Felsen der Insel ins Meer.

Phegeus (griech.) → Alkmaion.

Phenemoe (griech.), die erste Priesterin (Pythias) des Apollon zu → Delphi, eine Tochter dieses Gottes und die Erfinderin des Hexameters, des Verses, in die die frühesten Orakelsprüche gefaßt wurden.

Pheres (griech.), ein Aiolide, Sohn des Kretheus und der Tyro, Vater des → Admetos.

Philammon (griech.), Erfinder des Tanzes, ein Sohn des Apollon und der Chione, die sich rühmte, schöner als Artemis zu sein und deshalb von den Pfeilen dieser Göttin getötet wurde. Philammon war auch ein berühmter Sänger und Vater des ebenfalls berühmten Sängers Thamyris.

Philemon (griech.) → Baukis.

Philoktetes (griech.), Sohn des Poias und der Demonassa, König zu Meliboia in Thessalien. Er war es, der den Scheiterhaufen des sterbenden → Herakles anzündete und dafür von diesem den berühmten Bogen mit den tödlichen Giftpfeilen erhielt. Er beteiligte sich mit sieben Schiffen an dem Feldzug der Griechen gegen Troia. Als das Heer auf der kleinen Insel Chryse bei Lemnos gelandet war, wurde Philoktetes von einer Giftschlange gebissen. Die Wunde verheilte nicht und verbreitete pestartigen Gestank, so daß es kein Krieger in seiner Nähe aushalten konnte. Er wurde deshalb auf Lemnos ausgesetzt, wo er jahrelang ein kümmerliches Dasein führte und sich nur von Vögeln, die er mit seinen Pfeilen erlegte, ernähren konnte. Im zehnten Kriegsjahr weissagte der gefangene Seher Helenos, ein Sohn des Priamos, den Griechen, daß Troia nur unter drei Bedingungen erobert werden könne: erstens daß man die in Elis begrabenen Gebeine des vergötterten Pelops, zweitens den auf der Insel Skyros lebenden Sohn des inzwischen gefallenen Achilleus, Pyrrhos oder Neoptolemos, und drittens den auf Lemnos ausgesetzten Philoktetes mit den Schußwaffen des Herakles nach Troia bringen müsse. Odysseus und Diomedes begaben sich nach Lemnos und brachten Philoktetes in das Lager der Griechen. Dort genas jener von der Bißwunde und streckte Paris, den Räuber der Helena, durch einen Pfeil des wunderbaren Bogens nieder.

Dramatische Bearbeitungen: »Philoktetes«, Sophokles, 409 v. Chr.; »Philoktetes«, J. G. Herder, 1774–75.

Prosadichtung: »Philoctète«, A. Gide, 1899.

Philomele (griech.), die Nachtigall, Schwester der → Prokne.

Philyra (griech.), Mutter des → Cheiron.

Phineus (griech.), 1. König von Salmydessos in Thrakien, ein Sohn des Agenor, des Königs von Phönizien. Wie Kadmos und seine anderen Brüder wurde auch er vom Vater ausgeschickt, die geraubte Schwester Europa zu suchen. Schließlich ließ sich Phineus in Thrakien nieder, wo er Kleopatra, eine Tochter des Windgottes Boreas, heiratete. Die Gattin starb bald und hinterließ ihm zwei Söhne, Plexippos und Pandion. Phineus heiratete nochmals, Idaia, die Tochter des Skythenkönigs Dardanos, die die Stiefkinder verleumdete, ihrer Ehre Gewalt angetan zu haben. Phineus blendete darauf Plexippos und Pandion. Boreas rächte diese Barbarei dadurch, daß er den König ebenfalls blendete und ihm die scheußlichen Harpyien sandte, die ihm die vorgesetzten Speisen teils verschlangen, teils so mit Unrat besudelten, daß sie ungenießbar waren. Der Blinde, bis zum Skelett abgemagert, wurde von Apollon für den Verlust seines Augenlichts mit der Gabe der Weissagung entschädigt. Deshalb kehrten die Argonauten bei ihm ein und baten um Rat für ihre weitere Seereise. Die Abenteurer erbarmten sich des Unglücklichen, der zur Erkenntnis seines Frevels gelangte. Die Helden Kalais und Zetes, zwei Söhne des Boreas, vertrieben die geflügelten Harpyien. Die ruchlose Stiefmutter übergaben sie deren eigenem Vater Dardanos, der sie zum Tode verurteilte. Der dankbare Phineus warnte die Argonauten vor den Symplegaden, jenen lebendigen Felsentorflügeln, durch die sie schiffen mußten, um in das Schwarze Meer nach Kolchis zu gelangen. Er riet ihnen, eine Taube vorausfliegen und sich von ihr den Weg zeigen zu lassen.

2. Bruder des Kepheus, Onkel der Andromeda.

Phobos (griech.), Sohn des → Ares, Gott der Furcht, → Deimos.

Phoibe (griech.), eine Titanin, Mutter der Leto, Großmutter des Apollon und der Artemis.

Phoibos (Phoebus) (griech.), zweiter, häufig verwendeter Name für den Gott Apollon.

Phoinix (griech. und ägypt.), 1. Symbol der Ewigkeit, ein heiliger Wundervogel, von der Größe und Gestalt eines Adlers, der sich in gewissen Zeitabständen einen Scheiterhaufen aus wohlriechenden Hölzern zusammenschichte und sich selbst darauf verbrenne, um sich so zu verjüngen. Die Heimat dieses fabelhaften Geschöpfes soll Arabien oder Indien sein, und er komme nur alle 500 Jahre nach Ägypten.

2. (griech.), Sohn des → Agenor, Bruder des → Kadmos, Kilix und der → Europa.

3. Sohn des Amyntor und der Hippodameia. Da Amyntor eine Nebenfrau liebte, veranlaßte die Mutter den jungen Phoinix, ihre Nebenbuhlerin zu verführen, um sie so von Amyntor abzulenken. Der Vater verfluchte den Sohn deswegen zu immerwährender Kinderlosigkeit. Phoinix floh zu Peleus, der ihm die Erziehung seines Sohnes Achilleus übertrug. Für seine vorzüglichen Dienste als treuer Erzieher und Berater wurde er von Peleus mit der Herrschaft über die Doloper belehnt. Als grauhaariger Mann begleitete Phoinix Achilleus in den Troianischen Krieg.

Phokos (griech.), Sohn des → Aiakos.

Pholos (griech.), ein Kentaur, Sohn des Silenos und einer melischen Nymphe. Er nahm Herakles, als dieser gegen den Erymanthischen Eber auszog, in seiner Höhle gastfreundlich auf und bewirtete den Helden mit Wein aus dem gemeinsamen Vorrat der Kentauren. Vom Duft des Weines angelockt, erschienen die anderen Kentauren. Herakles erwehrte sich der Angreifer zunächst mit Feuerbränden, dann vernichtete er sie mit seinen tödlichen Pfeilen. Pholos verletzte sich selbst mit einem solchen Giftpfeil, als er ihn aus der Wunde eines gefallenen Kentauren zu ziehen versuchte. Auf seinem Rückweg bestattete Herakles Pholos.

Phorky[a]den (Phorkiden) (griech.) → Graien.

Phorkys (griech.), Vater der Graien, der Gorgonen und Hesperiden wie auch des hesperischen Lindwurms. Phorkys war ein Sohn des Pontos und der Gaia und vermählte sich mit seiner Schwester Keto, die ihm die genannten Ungeheuer gebar.

Nach anderen Berichten ist er auch der Vater der Nymphe Thoosa, die die Mutter des Kyklopen Polyphemos wurde, der schrecklichen Seeriesin Skylla und anderer grotesker Meeresungeheuer.

Phoroneus (griech.), ein Sohn des Flußgottes Inachos und der Okeanide Melia, der Bruder der gehörnten Io. Seine sechzigjährige Regierungszeit soll so segensreich für den ganzen Peloponnes gewesen sein, daß die Griechen ihre Zeitrechnung von ihm an begannen. Er soll ungefähr im 18. Jh. v. Chr. geherrscht haben, so daß er die große ogygische

Überschwemmung erlebte. Er war mit der Nymphe Laodike vermählt, die ihm den Sohn Apis und die Tochter Niobe schenkte. Von der letzteren behauptet die Sage, daß sie die erste Sterbliche war, welche Zeus mit seiner Gunst beschenkte; ihm gebar sie die Könige Argos und Pelasgos.

Phosphoros (griech.) oder (röm.) Lucifer, wörtlich der Lichtbringer, nach Hesiod ein Sohn des Astraios und der Eos, gewöhnlich »Morgenstern« genannt. Abends wurde er jedoch oft für einen besonderen Stern gehalten und Hesperos oder Vesper (Abendstern) genannt.

Phrixos (griech.), Sohn des → Athamas, Königs in Boiotien, und der frühzeitig hingerafften Nephele. Er hatte eine Schwester, genannt Helle. Seinen Ruhm verdankte er dem göttlichen Widder, dessen goldenes Fell der Anlaß für die Heerfahrt der Argonauten war.

Der Thrakier Bisaltes, ein Sohn des Sonnengottes Helios und der Erde Gaia, hatte eine Tochter namens Theophane, die von so vollendeter Schönheit war, daß selbst Poseidon in Liebe zu ihr entbrannte und sie auf die Insel Krinissa entführte. Die übrigen Freier folgten der Spur der Geraubten und gelangten auf die Insel; sofort verwandelte deshalb Poseidon alle ihre Bewohner in Tiere, die reizende Theophane in ein Schaf und sich selbst in einen Widder. Der Sprößling, den er hierauf mit ihr zeugte, war ein Schafbock, der den Namen Chrysomallos von seinem Fell erhielt, das goldwollig war. Zugleich konnte dieses Geschöpf fliegen oder schwimmen und besaß sogar die Fähigkeit zu sprechen.

Einmal gelangten Phrixos und Helle in arge Bedrängnis, worauf die bereits verstorbene Nephele aus dem Himmel eingriff. Um ihnen zur Flucht zu verhelfen, bat sie sich den Widdersohn Poseidons aus. Bei Nacht bestieg ihn Phrixos mit seiner Schwester und entfloh über das Meer; Helle fiel herab und ertrank, da das Dunkel ihren Bruder hinderte, sie herauszuziehen. Dieser jedoch traf wohlbehalten in Kolchis am Schwarzen Meer ein. Dort gebot der redende Goldwidder seinem Reiter, er solle ihn für Zeus schlachten, das abgezogene Fell Ares weihen und in einem heiligen Haine dieses Gottes aufhängen. Phrixos gehorchte und sah sich in dem von seiner Heimat weit entfernten Land von jeder Gefahr befreit. Der hier herrschende König vermählte den Gast mit Chalkiope, einer seiner Töchter. Aus der Ehe entsprangen mehrere Söhne, die sich später nach Griechenland aufmachten, um ihres Vaters Erbe zu fordern. Sie erlitten aber unterwegs Schiffbruch und wurden von den → Argonauten auf einer wüsten Insel des Schwarzen Meeres angetroffen, als diese, von Pelias beauftragt, unter Führung des Iason nach Kolchis segelten, das Goldene Vlies des wunderbaren Widders zu holen. Das letztere war, nach dem Tode des Phrixos, in den Besitz des kolchischen Königs übergegangen und unter die Obhut eines furchtbaren Drachen gestellt, der es in einer Waldschlucht mit immerwachen Augen umkreiste.

Phtha[s] (Ptah) (ägypt.), wörtlich der

»Eröffner«, ein uraltes Götterwesen, das man besonders in Memphis verehrte. Sein Dienst, der auf Phönizien zurückzuweisen scheint, wurde später durch den des Osiris in den Hintergrund gedrängt. Auf alten Denkmälern findet man Phthas gewöhnlich als einen Zwerg mit Krummstab auf einem Nachen abgebildet. Zuweilen hat er den Kopf eines Käfers oder auch eines Falken. Denn diese Tiere waren ihm neben dem Löwen und dem Schaf geheiligt, wie auch das Ei, weil er einem Weltei entsprungen sein soll. Man gesellte Phthas häufig sieben Götterwesen, → Kabeiren, bei, in denen man die sieben Planeten der Alten erkennt, er selbst war der achte Gott und Vorsteher der Kabeiren.

Phyllis (griech.), die liebliche Tochter des Königs Sithon von Thrakien, schenkte dem tapferen Demophon, einem Sohn des berühmten Theseus, der nach der Zerstörung Troias siegreich heimzog und am Hofe ihres Vaters weilte, ihre Zuneigung. Der Gast ließ ihre Liebe nicht unerwidert, mußte aber vor der Vermählung in seine Vaterstadt Athen reisen, um sich die Herrschaft des Reiches zu sichern und seinen Hausstand zu ordnen. Er gab der Braut das feste Versprechen, bald zurückzukehren. Nach langem Warten wähnte sich die Jungfrau treulos verlassen und starb aus Gram oder raubte sich aus Verzweiflung selbst das Leben. Die Götter verwandelten die Sterbende in einen kahlen Baum, dessen Stamm Demophon traurig umarmte, als er, zu spät für die Rettung der Geliebten, eintraf. Darauf entsprossen den schlanken Zweigen sanft klagende Blätter.

Phytalmios (griech.), Förderer des Wachstums und der Fruchtbarkeit, Beiname des Poseidon in dem Gebiet um den Saronischen Golf.

Phyxios (griech.), Beiname des Zeus als Schutzgott der Landflüchtigen.

Picus (altital.) oder (röm.), Mars, Vater des Faunus.

Pïeriden (griech.), anderer Name für die → Musen, abgeleitet von dem Land Pierien, wo sie geboren wurden.

Pleiaden (griech.), die sieben an den Himmel versetzten Töchter des Titanen Atlas und der Okeanide Pleïone, nach der sie benannt wurden. Einzeln heißen sie: Elektra, Kelaino, Taygete, Alkyone, Maia, Merope und Asterope; nach ihrem Vater auch Atlantiden. Außer Merope, die die Gemahlin des sterblichen Sisyphos wurde, genossen alle übrigen den Vorzug, von Göttern geliebt zu werden; Elektra, Maia und Taygete von Zeus, Kelaino und Alkyone von Poseidon und Merope von Ares. Sie zogen aber auch die Augen des schönen Orion auf sich; der Riese verfolgte sie sieben Jahre lang mit leidenschaftlichem Ungestüm, worauf sich Zeus ihrer erbarmte und sie an den Himmel versetzte, um sie in Sicherheit zu bringen. Seitdem bilden die sieben Schwestern das auf dem Rücken des Stiers prangende Pleiadengestirn; bedeutungsvoll für die Schiffahrt, die mit dem Aufgang der sieben Sterne in der ersten Maihälfte begann und in der ersten Novemberhälfte mit deren Untergang endete. Der siebente Stern ist nur für ein scharfes

Auge sichtbar; er gilt als Stern der Merope, die sich den Blicken zu entziehen trachtet, weil sie sich schämt, daß sie die einzige von ihren Schwestern gewesen war, die einen Sterblichen zum Geliebten hatte. Übrigens beschenkte Pleïone ihren Gatten noch mit einer Anzahl anderer Töchter, den Hyaden, die ebenfalls am Himmel glänzen.

Pleïone (griech.), eine Okeanide, Mutter der → Pleiaden.

Pleisthenes (griech.), ein Sohn des → Atreus.

Plexippos (griech.), Onkel des → Meleagros.

Pluton (griech.), → Hades (röm.), der schwarzlockige und ernste Gott des Schattenreiches, auch Hades genannt, war ein Sohn des Kronos und der Rheia, der Bruder des → Zeus und Poseidon. Ihm fiel bei der Weltteilung, die nach Besiegung der Titanen stattfand, das unterirdische Totenreich zu. Von den Kyklopen, die er aus ihrem Gefängnis befreien half, erhielt er den unsichtbar machenden Helm. Seine Gemahlin war Persephone, eine Tochter des Zeus und der → Demeter.

Pluton erlangte die geheime Zusage des Zeus, Persephone zur Gemahlin zu erhalten, auf ihre und ihrer Mutter Einwilligung durfte er jedoch nicht zählen. Es blieb ihm daher nichts als ein Gewaltschritt übrig; er riß die ihm Versprochene aus dem Kreise ihrer Gespielinnen und verschwand mit ihr in einem Erdspalt, der sich hinter ihnen schloß. Unbeschreiblich war die Überraschung und Erbitterung der betrogenen Demeter; sie bewirkte zuletzt, daß die Tochter wenigstens die Sommerhälfte des Jahres auf der Erde zubringen durfte. Ja, sie wäre sogar ganz wieder zur Oberwelt zurückgekehrt, wenn nicht ein Zufall hindernd dazwischengetreten: Leider hatte Persephone die Bedingung verletzt, unter der ihr die Parzen die Auflösung der Ehe gestattet hätten, und von dem in der Unterwelt wachsenden punischen Apfel gekostet, wodurch eine vollständige Zerreißung aller mit dem Schattenreich geknüpften Bande unmöglich geworden war. Vergebens wagten einst Theseus und Peirithoos den tollkühnen Versuch, sie aus der Unterwelt zu holen. Sie erwies sich dem Gemahl treu, nachdem das Schicksal sie einmal zu der Seinigen gemacht hatte, doch ihre Ehe war unfruchtbar.

Pluton war ein strenger, aber durchaus gerechter Fürst der Toten. Die von Hermes gebrachten und von dem Schiffer Charon übergeführten Seelen wurden von ihm gerichtet, die Guten ins Elysium, die Bösen in das eigentliche Höllengebiet gewiesen. Im Urteilsprechen standen ihm mehrere Richter bei, namentlich die drei durch ihren edlen Lebenslauf ausgezeichneten Könige Minos, Rhadamanthys und Aiakos. Die Sterblichen bezeugten ihm als einem der mächtigsten Götter die größte Ehrfurcht, sie verglichen ihn mit Zeus und nannten ihn den Zeus des Schattenreichs (→ Tartaros).

Er trägt das Maß auf dem Kopf, als Symbol, das er ohne Unterschied richtet, belohnt und straft. In Griechenland und in Rom wurden ihm prachtvolle Tempel errichtet.

Plutos (griech.), der Gott des Reichtums, ein Sohn der Demeter und ihres ackerbauenden Freundes Iasion. Ein blindes Götterwesen, das man als einen Knaben mit dem Füllhorn, als ein von der Göttin Tyche auf den Armen getragenes Kind darstellte oder zum Begleiter der Athene machte. Ursprünglich sehend geboren, war er von Zeus mit Blindheit geschlagen worden, weil er sich vorgenommen hatte, nur die guten und edlen Menschen zu beglücken. Aristophanes schildert in seinem Lustspiel »Plutos« die Willkür, womit der Gott seine Gaben ausgeteilt habe, solange er in Blindheit lebte: Der Dichter läßt ihn dann im Tempel des Asklepios sehend werden.

Dramatische Bearbeitungen: »Plutos«, Aristophanes, 388 v. Chr.; »Der Pluto ein Gott aller Reichtumb«, H. Sachs, 1531.

Pluvius (röm.), der Regengott.

Podaleirios (griech.), Sohn des → Asklepios.

Podarge (griech.), eine der → Harpyien.

Podarkes (griech.), Sohn des Laomedon, des Königs von Troia. Er wurde von Herakles in Gefangenschaft genommen, aber später von seiner Schwester Hesione freigekauft.

Poias (griech.), Vater des → Philoktetes.

Polias (griech.), die Städtebeschützerin, Beiname der → Athene.

Pollux (griech.) und Kastor, → Dioskuren.

Polybos (griech.), ein König von Korinth, Ziehvater des → Oidipus.

Polydektes (griech.) → Perseus.

Polydora (griech.), Tochter des → Peleus.

Polydoros (griech.) → Kadmos, → Hekabe, Urgroßvater des Oidipus.

Poly[hy]mnia (griech.), wörtlich »die Gesangreiche«, eine der neun → Musen, und zwar jene des musikbegleiteten Gesanges.

Polymestor (griech.), König von Thrakien, → Hekabe.

Polyn[e]ikes (griech.), Sohn des → Oidipus und der Iokaste, Bruder des Eteokles, der Antigone und Ismene.

Polyphem[os] (griech.), ein Kyklop auf Sizilien, Sohn des Poseidon und der

Polyphemos und Galateia; Fresko aus Pompeji.

Nymphe Thoosa. → Odysseus geriet mit seinen Gefährten in die Macht des Riesen und wurde in eine Höhle gesperrt. Er machte daraufhin Polyphemos trunken und blendete ihn. Der grobschlächtige Kyklop liebte die schöne Nereide Galateia.
Dramatische Bearbeitung: »Kyklops«, Euripides, vor 438 v. Chr.
Roman: »Galatea«, M. Cervantes, 1585.
Kantate: »Polyphemos«, A. Schibler, 1952 (Text von St. Zweig).
Opern: »Galatea«, G. F. Händel, 1720; »Aci e Galatea«, J. Haydn, 1763.

Polyxene (griech.), die jüngste Tochter des Troierkönigs Priamos und der Hekabe, in der nachhomerischen Sage mit dem Schicksal des Achilleus verflochten. Sie war nämlich von so außerordentlicher Schönheit, daß sie in diesem Helden die heftigste Liebe entflammte; er hatte sie bei jenem nächtlichen Besuch gesehen, den ihm Priamos in seinem Zelte abstattete, um den Leichnam Hektors auszulösen. Der greise Vater erbot sich zum Scheine, die Tochter mit dem gefährlichsten aller seiner Feinde zu vermählen. Achilleus hatte auch zugesagt, den Frieden zwischen beiden Parteien unter dieser Bedingung zu vermitteln. Priamos lockte darauf Achilleus in einen Tempel des Apollon, um ihm dort die schöne Polyxene als Gattin zu übergeben. Der Bräutigam befürchtete an einer so heiligen Stätte nichts Schlimmes und fand sich unbewaffnet ein. Während er von Deïphobos, einem Sohne des Priamos und der Hekabe, mit täuschender Herzlichkeit als künftiger Schwager umarmt wurde, brach Paris, umringt von Bewaffneten, aus dem Hinterhalt hervor und schoß einen Pfeil in die verwundbare Ferse des Achilleus. Polyxene soll sich auf seinem Grabhügel freiwillig den Tod gegeben haben; andere meinen, der Geist des Achilleus sei nach der Eroberung Troias aus der Unterwelt hervorgestiegen und habe von den siegreichen Griechen und namentlich von seinem eigenen Sohn Neoptolemos verlangt, daß die unter den Gefangenen befindliche schöne Polyxene auf der Gruft feierlich geopfert werde.
Oper: »Achille et Polixène«, P. Colasse, 1687.

Polyxo (griech.), Mutter der von Zeus geliebten Antiope.

Pomona (röm.), Göttin der Obstzucht und der Gartenkunst, Gemahlin des → Vertumnus; auch Geliebte des Picus, des Vaters des Faunus.

Pontos (griech.), der Gott des Binnenmeeres, ein Sohn der Gaia, zu unterscheiden von dem ihm verwandten Okeanos, der die Erdscheibe umströmt. Mit seiner Mutter zeugte Pontos drei Söhne, Phorkys, Thaumas und Nereus, und zwei Töchter, Euribie und Keto.

Porphyrion (griech.) → Giganten.

Porthaon (griech.), auch Parthaon und Portheus genannt, ein Sohn der Epikaste, herrschte als König zu Pleuron und Kalydon in Aitolien. Von seiner Gemahlin Euryte hatte er mehrere Söhne, unter ihnen Oineus.

Poseidon (griech.), Gott des Meeres, einer der zwölf großen Götter, Sohn des Kronos und der Rheia. Er ist Bruder des

Kopf des *Poseidon* vom Kap Artemision; nach 460 v. Chr., Athen, NM.

Zeus, des Pluton (Hades) und der Hera und Gemahl der Amphitrite. Auch ihn hatte Vater → Kronos verschlungen, nachdem er aber wie seine Geschwister durch das Brechmittel der Metis aus dem Leibe desselben gerettet worden war, beteiligte er sich am Kampf gegen die Titanen. Bei der Teilung der Welt fiel ihm die Herrschaft über das Meer zu. Von den dankbaren Kyklopen, die sich durch die neuen Götter aus dem Tartaros befreit sahen, erhielt er den goldenen Dreizack, mit dem er die Meeresfluten aufpeitschte, Felsen zertrümmerte und die Ufer des Festlandes erzittern ließ. Deshalb nannte man ihn auch Ennosigaios, der Erderschütterer. Unter seiner Obhut standen nicht nur das Meer, sondern auch alle Flüsse und Quellen. Sein goldener Palast befand sich tief im Ägäischen Meer. Er durchquerte sein Reich mit einem Wagen, gezogen von windschnellen Pferden. Zu seinem Gefolge zählten alle Tiere des Meeres, die reizenden Nereiden und die übrigen Meeresgötter. Seine Kinder waren der Knabe Triton, nach dem das Fischgeschlecht der Tritonen benannt wurde, und die Tochter Rhodos, die spätere Gemahlin des Sonnengottes Helios und die Mutter der Heliaden.

Poseidon ist aber auch Vater zahlreicher Riesen und Ungeheuer: des Orion, der Aloaden Otos und Ephialtes, des Amykos, Sarpedon, Antaios, Busiris, Skiron und Polyphemos. Bei Homer fügt sich Poseidon zumeist den Befehlen seines Bruders Zeus, obwohl der Dichter feststellte, daß die drei Reiche, Himmel, Meer und Unterwelt, unter drei gleichberechtigten Brüdern verteilt wurden, denen die Erde sowie der Olympos gemeinsam blieben.

Poseidon war der Schöpfer des Pferdes und der Erfinder des Zaumes. Andere Mythen schreiben dies der Pallas Athene zu. Trotzdem wurde ihm das Pferd als Attribut zugesellt, und die Kampfspieler riefen seinen Beistand an, wie die Römer dann Neptunus als Gott der Rennbahn verehrten.

Er soll selbst mehrmals die Gestalt eines Rosses angenommen haben, einmal, um mit Medusa den geflügelten Pegasos zu zeugen, ein andermal, um die Göttin Demeter zu überraschen, die sich in eine Stute verwandelt hatte, da sie von seinen Huldigungen nichts wissen wollte. Aus der letzteren Verbindung entsprang das wegen seiner Schnelligkeit bekannte göttliche Wunderpferd Arion, das in den Besitz des Königs → Adrastos überging.

Poseidons besondere Gunst genoß der Delphin, den der Gott zu seinem Liebesboten erwählte, als er um Amphitrite warb.

Der Meeresgott wurde von den Griechen als Schutzherr der Seehäfen und Inseln verehrt. An den Küsten standen seine berühmtesten Tempel, wie zu Tainaron, auf dem Isthmus von Korinth, wo zugleich zu seiner Verherrlichung die isthmischen Wettspiele stattfanden, und auf dem attischen Vorgebirge Sunion. Athen selbst entging seinem Zepter, → Athene.

Die kolossalen Statuen von Poseidon aus der Hand der Bildhauer Praxiteles und Lysippos sind verlorengegangen sowie auch fast alle Bildsäulen dieses Gottes.

Literatur: »Poseidon und die Entstehung des griechischen Götterglaubens«, F. Schachermeyr, Salzburg 1950.

Priamos (griech.), letzter König Troias, unglücklicher Gemahl der Hekabe, war ein Sohn des Laomedon, unter dessen Herrschaft Troia durch Herakles erobert wurde. Dabei fiel Laomedon mit allen seinen Kindern, außer Hesione und Priamos, die in Gefangenschaft gerieten. Die Schwester, die den Helden Telamon zum Gatten erhielt, durfte den Bruder, der anfangs Podarkes hieß, loskaufen. Sie gab für ihn ihren Schleier hin, seitdem wurde er Priamos oder der »Losgekaufte« genannt. Den Thron seiner Ahnen bestieg er, nachdem die Sieger abgezogen waren, ungehindert. Seine zweite Gemahlin, Hekabe, beschenkte ihn mit neunzehn Söhnen, darunter die bekanntesten, die Hektor, Helenos, Paris, Polydoros und Deïphobos, und vier Töchtern, die Kassandra, Kreusa, Laodike und Polyxene hießen. Mit andern Frauen zeugte er noch viele Kinder, die jedoch alle in dem Krieg mit den Griechen, dessen Ursache der Raub der Helena war, ihr Leben verloren. Da der König trotz aller schlimmen Prophezeiungen sich nicht entschließen mochte, die ungerechte Sache des Frauenraubes zu verurteilen, rückten 100.000 griechische Kämpfer näher, denen die Streitkräfte der Troier, ungefähr 50.000, gelenkt von Hektor und seinen Brüdern, vor den Toren der Stadt vergebens die tapferste Gegenwehr leisteten. Vergebens eilte ihnen selbst Memnon, ein Verwandter des Priamos, mit einer Schar aus Ägypten zu Hilfe, vergebens opferte die Amazonenkönigin Penthesileia ihr Leben für die Belagerten. Der Tag, an dem, wie Homer sagt, die heiligen Feste nebst Priamos dahinsinken sollte, mußte anbrechen. Dagegen ersetzten die Griechen ihre schweren Verluste durch andere Helden, die sie herbeiriefen; der Sohn des Achilleus, Neoptolemos, trat an die Stelle des berühmten Vaters, und zuletzt erschien Philoktetes mit den unüberwindlichen Pfeilen des Herakles auf dem Feld, wo der Krieg schon seit zehn Jahren tobte. Was indes die vielgeprüfte Beharrlichkeit der Belagerer kaum vermocht hätte, das bewirkte endlich eine denkwürdige List. Epeios, ein Nachkomme des uralten Königs Aiakos, baute ein hölzernes Riesenpferd von solchem Umfang, daß es einen Haufen Bewaffneter in seinem hohlen Bauche fassen konnte. Das Griechenheer, des langwierigen Blutvergießens scheinbar müde, segelte davon. Als die Troier dies sahen, strömten sie jubelnd aus der Stadt und betrachteten das zurückgebliebene gewaltige Roß.

Sinon machte ihnen weis, daß, einem Orakel zufolge, das Heil Troias von dem Holzkunstwerk abhänge. Er rate ihnen, dasselbe in die Stadt zu schaffen; es sei der Athene heilig, und die Griechen hätten es bei ihrer Flucht nicht mit fortbringen können. Umsonst wurden die Troier vor dem rätselhaften Ding gewarnt; der Priester → Laokoon schleuderte sogar eine Wurflanze in den Holzleib des verdächtigen Ungetüms, daß es im Innern dröhnte wie von Waffengeklirr; allein das Schicksal wollte, daß er bald darauf jämmerlich umkam und daß die Menge glaubte, sein Tod sei eine Strafe der Götter für seinen kecken Versuch. Durch diesen Umstand bestärkt, schleppten die Troier den Holzgaul weg und rissen leichtsinnig eine Stelle der Stadtmauer ein, um das Beutestück bequem nach dem Marktplatz zu bringen. Denn der Werkmeister hatte das Pferd so gigantisch angelegt, daß es nicht durch die Tore gezogen werden konnte. Nachts krochen die Helden aus dem geheimnisvollen Roß. Gleichzeitig rückten die Griechen, die mit ihrer Flotte hinter einer benachbarten Insel gelauert hatten, auf ein Feuerzeichen Sinons durch die gebrochene Mauerlücke in die Stadt. Der greise Priamos fiel im Kampf mit Neoptolemos.

Priapos (griech.), ein Sohn des Dionysos und der Aphrodite, Gott der Felder und Gärten sowie der ländlichen Fruchtbarkeit, der Zeugung und Fortpflanzung. Man verband mit ihm einen sehr üppigen Naturdienst, der sich in den letzten Jahrhunderten vor Christi Geburt über Griechenland bis nach Rom ausbreitete. Eigentümlich an seinem Bildnis war ein gewisses, an morgenländische Götter erinnerndes Symbol der Fruchtbarkeit; im Schoß des Gewandes trug er alle Gattungen von Früchten, in der Hand eine Hippe zum Schneiden der Weinstöcke, häufig auch ein Füllhorn, doch stellte man ihn sehr unterschiedlich dar. Vielleicht erblickte man in dem Priapos nur eine Verjüngung des Dionysos. Später standen die Herden, die Bienen und der Fischfang ebenfalls unter seiner Obhut. Man opferte ihm Fladen, Honig und Blumenkränze, besonders aber die ihm geheiligten Esel.

Proitos (griech.), Sohn des Abas und der Aglaia, → Akrisios und Bellerophon. Er beherrschte Tiryns, einen Teil von Argos.

Prokne (griech.), Tochter des attischen Königs Pandion, Schwester der Philomele. Letztere wurde mit Tereus vermählt, einem Sohn des Ares und Fürst der nach Daulis in Phokien gekommenen Thrakier, zur Belohnung dafür, daß er ihren Vater in einem Krieg gegen König Labdakos von Theben unterstützt hatte. Sie schenkte ihrem Gatten den Sohn Itys. Später ging Tereus von Daulis nach Athen, um den Schwiegervater zu besuchen; Philomele wünschte, daß er bei seiner Rückkehr Prokne mitbringen möchte. Dies geschah, unterwegs aber entehrte er die Schwägerin gewalttätig und schnitt ihr die Zunge ab, damit sein Verbrechen geheim bleibe. Der Unglücklichen gelang es jedoch, ihr bitteres Schicksal auf einem weißen Gewebe in purpurnen Zeichen darzustellen. Aus Rache schlachteten die Schwestern den kleinen Itys und tischten ihn gebraten dem Vater auf. Als er erkannte, was er genossen hatte, ergriff er eine Hacke und verfolgte die fliehenden Schwestern. Die Götter verwandelten jedoch alle Personen in Vögel.

Prokris (griech.), Gattin des → Kephalos.

Prokrustes (griech.), berüchtigter Folterer mit dem Zwangsbett, → Theseus.

Promachos (griech.), »die Vorkämpferin«, Beiname der Athene.

Prometheus (griech.), ein Sohn des Titanen Iapetos und der Okeanide Klymene oder der Themis; wörtlich der »Vorbedächtige«, ein vorsichtiger und tiefsinniger Titan, dem dieser Eigenschaften wegen auch die Titanin Themis, die uralte Göttin der Weissagung, als Mutter zugeschrieben wurde. Sie stattete ihren Sohn Prometheus mit jener Weisheit aus, die ihn weit über alle Götter erhob und zu der denkwürdigen Rolle befähigte, die er im Himmel und auf der Erde spielte. Er soll der Schöp-

Darstellung der *Prometheussage* auf einem röm. Sarkophag.

fer der Menschen gewesen sein, indem er mit kunstfertiger Hand eine götterähnliche Gestalt aus Wasser und Lehm zusammengekittet habe. Als dieses neue Gebilde fertig war, holte er Feuer aus dem Himmel und senkte damit Leben in die Brust seines Geschöpfes.

Anderen Berichten zufolge habe Athene dem von Prometheus eben verfertigten Meisterstück einen Schmetterling, das Symbol der Seele, auf den Kopf gesetzt. Nach einer dritten Mythe brachte Athene dem Menschenschöpfer eine mit Nektar gefüllte Schale aus dem Olympos, womit der regungslosen Masse Leben und Geist eingeflößt wurde. Das Gefäß war zufällig so voll, daß etliche Tropfen des Götterweines zur Erde niederflossen und von Bienen, Seidenraupen und Spinnen aufgesogen wurden. Daher kommt es, daß diese Tiere eine ihnen angeborene »Naturfertigkeit« besitzen, die sie niemand gelehrt hat. Nach mehreren Sagen geschah die erwähnte Menschenschöpfung auf das Gebot des Zeus oder doch mit Einwilligung des Götterkönigs; eine Angabe versichert ausdrücklich, Zeus habe dem Prometheus und der Athene die Weisung erteilt, Bilder aus Schlamm zu formen, die sodann, einem zweiten Befehle gemäß, von den Winden angehaucht und belebt worden wären. Andere Sagen jedoch lassen vermuten, daß die Erschaffung des Menschengeschlechts gegen den Willen des Zeus stattgefunden hat und eine der vielen Veranlassungen war, die über den edlen Titanen die Ungnade des Höchsten herabgerufen habe. Denn ursprünglich bestand Freundschaft zwischen beiden, gegründet auf Verdienste, die der Sohn des Iapetos um Zeus und die anderen olympischen Götter erworben hatte. Diese erhoben sich nämlich gegen die Titanen, die früher unter Kronos, dem Nachfolger des Uranos, das Weltall beherrschten. Zeus, der Sohn des Kronos, zwang seinen Vater durch das Brechmittel der Metis, die nach und nach verschlungenen Kinder auszuspeien, und begann hierauf mit seinen Geschwistern den großen Titanenkrieg. Der Ausgang war anfänglich ungewiß. Prometheus wußte von Gaia und von seiner Mutter Themis, daß offene Stärke und Tapferkeit ihnen nicht den Sieg verschaffen konnten, so riet er ihnen zur List, sie verschmähten aber seinen Fingerzeig; da traten Prometheus und seine Mutter zur Partei des Zeus über, die dadurch in entschiedenen Vorteil kam. Nach errungenem Sieg, als die meisten andern Titanen samt Kronos und Iapetos gefangen im Tartaros lagen, erwies sich der neue Götterkönig dem wackeren Bundesgenossen, der nicht aus bloßem Wankelmut von seinen Brüdern abgefallen war, für seine weise Mitwirkung dankbar; er ließ dessen alte Stellung unangefochten, und die Eintracht zwischen dem jüngeren und älteren Gott dauerte so lange, bis die Verteilung der Welt und der himmlischen Ehrenämter vorüber war. Danach lockerte sich das Bündnis; die Herrschsucht und Lieblosigkeit des Zeus standen der Milde und Gerechtigkeitsliebe des Prometheus gegenüber. Nach einer Anzahl Mythen, die sich von den schon erzählten unterscheiden, gilt Prometheus nicht selbst als Menschenschöpfer, sondern bloß als Menschenfreund von erhabener Gesinnung; die Menschen waren unter dem Zepter des Kronos bereits erschaffen, befanden sich aber im jämmerlichsten Elend. Prometheus konnte es nicht gleichgültig mitansehen, daß Zeus den unglücklichen Bewohnern der Erde keinen Genuß von seiner Herrschaft vergönnte, während sonst jedermann reiche Gaben empfing. Der neue Weltlenker hatte sogar den Entschluß gefaßt, sie auszurotten, in dem Tartaros zu vergraben und andere Geschöpfe an ihre Stelle zu setzen. Diesem Plan widersetzte sich Prometheus. Er wußte den Götterkönig durch die Prophezeiung zu erschrecken, nur ein Sterblicher werde einst imstande sein, ihn vor der Erfüllung des Fluches zu schützen, den Vater Kronos über ihn ausgesprochen hatte. Kronos hatte bei seinem Sturz durch Zeus gerufen, auf diese Weise solle auch dieser wiederum der Weltherrschaft beraubt werden. Deshalb schenkte Zeus zwar den Menschen das armselige Leben, für ihre Beglückung wollte er jedoch nichts tun; Prometheus, ihr Retter, sorgte nun auch dafür, ihr Los wenigstens erträglich zu gestalten. Er riß die Menschen aus ihrem tierähnlichen Zustand, lehrte sie Kultur und Kunst, Ackerbau, Schiffahrt, Wissenschaft, Religion und Orakeldienst. Als er ihnen die Opfergebräuche vorschrieb, übervorteilte der Menschenfreund die Götter; er bereitete zwei verschiedene Haufen aus den Stücken eines zerlegten Schlachtstieres, den einen aus dem Fleisch und Fett der Eingeweide, den er listig in die Haut einhüllte und mit dem Magen überdeckte, den andern dagegen aus den Knochen, die er mit glänzenden Talgstreifen umwickelte. Zeus sollte nun für sich und seine Mitgötter wählen. Wie Prometheus vermutet hatte, ließ er sich durch den Schein trügen und wählte den Knochenhaufen. Das Beste des Opfermahles verblieb also künftighin den Menschen. Dieser Betrug fachte den Unwillen des Gewaltherrn, der sich so beispiellos verspottet sah, gegen Prometheus weiter an. Zuerst suchte er sich an den Menschen zu rächen, indem er ihnen alle nur erdenklichen Übel schickte (→ Pandora). Sodann wartete er auf eine passende Veranlassung, den bisher geschonten und seiner Macht wegen eigentlich immer gefürchteten Titanen zu züchtigen. Dieser fuhr fort, den Menschen beizustehen. Nachdem er ihnen auch das Vermögen, ihren eigenen Tod vorauszusehen, das sie mit steter Angst erfüllte, dadurch entzogen und vertrieben hatte, daß er ihnen auch die Hoffnung gab, mangelte ihnen noch das Feuer. Prometheus wagte nun die kühnste der bisherigen Taten. Er begab sich heimlich nach der Insel Lemnos zum Schmiedeherd des Hephaistos und stahl ihm einen Funken der aus dem Olympos stammenden Flamme. Kaum erfuhr Zeus davon, als er Prometheus ergreifen ließ, um ihn an den östlichen Rand der vom Okeanos umflossenen Erdscheibe fortzuschleppen. Dort beim Kaukasus wartete schon der Schmiedegott Hephaistos mit Fesseln, um den Gefangenen an eine Felsenwand des genannten Gebirges anzuketten. Dort hing er unter freiem Himmel, aber er wußte, daß Zeus ihn lösen müsse, sofern er nicht das Weltzepter doch noch verlieren wolle. Denn nach dem Fluch seines Vaters Kronos sollte die Beseitigung einer Gefahr jeweils eine zweite mit sich bringen. Er flehte also nicht um Erbarmen, sondern drohte im Gegenteil mit dem erwähnten Sturz, dessen Abwendung bloß in der Macht des vorauswissenden Titanen stand. Zeus suchte ihm das Geheimnis abzuringen, und als er nichts ausrichtete, vermehrte er die Qualen seines Opfers. Zunächst wurde Prometheus samt dem Felsenstück, an das er angeschmiedet war, durch ein Erdbeben in den Abgrund geschleudert und in ewige Nacht gestoßen; sodann hackte ihm ein riesiger Adler, der jeden dritten Tag wiederkehrte, die Leber aus. Zugleich hatte Zeus geschworen, daß der Titan nur unter der Bedingung von seiner Buße entbunden werden sollte, wenn ein Gott gewillt wäre, freiwillig für ihn in den Tartaros zu steigen und seiner Unsterblichkeit zu entsagen. Viele Jahrtausende lang litt Prometheus. Endlich mußte der Weltherrscher dem Feuerdieb nachgeben. Die Zeit war gekommen, wo der Vaterfluch des Kronos in Erfüllung zu gehen drohte; daher blieb Zeus nichts anderes übrig, als Prometheus zu begnadigen. Herakles, der Sohn des Zeus, führte das Werk aus. Er erschoß mit seinen unfehlbaren Pfeilen den Adler; zweitens knüpfte er die Fesseln los und machte, drittens, den Unsterblichen ausfindig, der für den unsterblichen Titanen zu sterben bereit war. Der Kentaur Cheiron hatte den Wunsch, in das Schattenreich zu gelangen; er hatte eine unheilbare Wunde, die ihm ein vergifteter Pfeil des Herakles geschlagen hatte, und konnte seine Schmerzen auf der Oberwelt nie loswerden. Nachdem auch dieses Hindernis glücklich weggeschafft war, offenbarte Prometheus dem Weltherrn, daß er sich vor der Meernymphe Thetis hüten solle; wenn er einen Sohn mit dieser Göttin zeuge, werde derselbe, nach dem Beschluß der Parzen, mächtiger als der Vater werden und ihn vom Throne verdrängen. Eben war Zeus Willens gewesen, der genannten Schönen einen Besuch abzustatten; dies unterblieb nunmehr, und Thetis wurde die Gattin eines sterblichen Mannes und die Mutter des großen Helden Achilleus (→ Peleus). Dem gutbewahrten Rätsel verdankte also Prometheus seine Befreiung. Er kehrte auf den Olympos zurück, den Göttern wie in alter Zeit ratend und prophezeiend. Die Sage nennt ihn als Vater des Deukalion; er soll mit einer Okeanide Hesione oder Asie vermählt gewesen sein.

Dramatische Bearbeitungen: »Der gefesselte Prometheus«, Aischylos, um 470 v. Chr.; »La estatua de Prometeo«, P. Calderon, 1679; »Prometheus«, J. W. v. Goethe, 1773.

Dichtungen: »Prometheus«, G. Byron, 1816; »La scommessa di Prometeo«, G. Leopardi, 1827; »Prometheus«, H. Coleridge, 1851.

Opern: »Prometeo liberato«, G. Bassani, 1683; »Prométhée enchaîné«, G. Mathias, 1882; »Prometheus«, R. Wagner-Régeny, 1957; »Prometheus«, C. Orff, 1968.

Propylaios (griech.), Beiname des Hermes (auch Hermes Pylaios), der Haus und Hof vor der bösen Außenwelt schützte. Ihm weihte man eine stehende → Herme vor dem Hauseingang.

Proserpina, → Persephone.

Proteus (griech.), ein göttlicher Meergreis, begabt mit der Kraft der Weissagung und mit der Kunst, sich in tausend verschiedene Gestalten verwandeln zu können wie alle Wassergötter. Seine Kenntnisse gingen so weit, daß er von Homer der unfehlbare Prophet genannt wird. Indessen weissagte er nicht freiwillig, man mußte ihn fangen und an Händen und Füßen binden, was bei seiner Fähigkeit, unter den mannigfaltigsten Formen zu entschlüpfen, eine schwierige Sache war. Dies erfuhr auch Menelaos, als er ihn bei seiner Heimkehr von Troia aufsuchen und um Rat fragen mußte. Proteus hauste im ägyptischen Meer und weidete die Robben seines Gebieters Poseidon. Er sonnte sich häufig mit seiner Herde an den grünen Gestaden und hielt Mittagsschlaf, so auch an dem Strande der ägyptischen Insel Pharos, wohin sich Menelaos mit seinem Schiff verirrte. Eine Tochter des Meergreises namens Eidothea (die Gottschöne) oder Theonoe (die Gottkluge) empfing den Fremdling und unterwies ihn mitleidig, auf welche Weise er sich ihres schlauen Vaters bemächtigen müsse. Der Alte, im Schlummer überfallen, vertauschte blitzschnell hintereinander seinen Körper mit dem eines mähnigen Löwen, eines grimmigen Drachen, eines Panthers und eines riesigen Ebers; sodann nahm er die Form eines hochwipfligen Baumes an, zuletzt löste er sich unter den Fäusten der hellenischen Schiffer, die ihn gepackt hielten, in flüssiges Wasser und loderndes Feuer auf. Als man sich aber von allen seinen zauberischen Künsten nicht erschrecken ließ, kehrte er, besiegt und ermüdet, in seine gewöhnliche Greisengestalt zurück und beantwortete die ihm von Menelaos vorgelegten Fragen. Außer Eidothea gebar die Nereide Psamathe, die seine Gattin war, dem Meergott drei Söhne, Theoklymenos, Polygonos und Telegonos, die allesamt unter den Faustschlägen des Herakles fielen, als sie ihn zum Ringkampf herausforderten. Man schreibt ihm noch eine Tochter, Kabeira, zu, mit der Hephaistos die Kabeiren zeugte. Den meisten Erzählungen nach gilt Proteus nicht als geborener Gott, sondern als vergötterter König und merkwürdiger Künstler, der zur Zeit des Herakles aus Pallene unter dem Meer nach Ägypten gewandert sein soll, durch die Ruchlosigkeit seiner Söhne gekränkt. Die Gabe der Allwissenheit hat er von Poseidon empfangen, zu dessen Sohn ihn spätere Verehrer machten.

Psamathe (griech.) → Aiakos, → Peleus.

Psyche (griech.), wörtlich die »Seele« und als Bild derselben der »Schmetterling«, war die Geliebte des Eros, von der eine späte, schon nachchristliche Sage handelt. Sie entsproß, nach einer Angabe, dem Sonnengott Helios. Nach anderen aber war sie die jüngste von den drei Töchtern eines sterblichen Königs und besaß eine so vollkommene Schönheit, daß man sie als leibhaftige Aphrodite pries. Dieser Ruhm erregte den Neid und Zorn der Liebesgöttin in so hohem Grad, daß sie die Jungfrau zu verderben beschloß; sie sandte ihren Sohn Eros mit dem Befehl auf die Erde, durch einen seiner Pfeile in dem Busen derselben die heftigste Liebe anzufachen, die jedoch auf das häßlichste Wesen fallen sollte. Der Götterknabe erblickte Psyche und war nun selbst von der Liebe zu ihr gefesselt. Anstatt den Wunsch der zornigen Mutter zu erfüllen, entführte er das Mädchen in seinen von ewig blühenden Gärten umgebenen Palast. Hier genoß sie süßes Glück. Täglich mit sinkender Sonne besuchte sie der jugendliche Geliebte, den sie freilich weder kannte noch im Dunkel der Nacht sehen konnte und der ihr außerdem streng untersagt hatte, nach ihm zu forschen. Dies beunruhigte ihre Neugierde kaum; nur die Einsamkeit der Tagesstunden wurde ihr allmählich fühlbar, da der Freund sich regelmäßig mit dem ersten Schimmer der Morgenröte wieder entfernte. Sie bat daher ihren Anvermählten, er möge ihr die Gesellschaft ihrer verheirateten Schwestern vergönnen. Eros gewährte das Gesuch ungern, weil er Unheil ahnte. Nur zu bald traf seine Befürchtung ein. Die Schilderungen, die Psyche von ihrem Wonneleben machte, erregte die Eifersucht der beiden Schwestern, die Zweifel in Psyche erweckten, ob sie nicht am Ende die Beute eines Ungeheuers sei, das das Licht des Tages scheue. Ihre Pflicht sei es, nachzuforschen und das Scheusal zu morden, von dem sie so hinterlistig betrogen werde. Schon in der nächsten Nacht, als der fremde Vertraute fest eingeschlafen war, stand sie heimlich von der Lagerstatt auf, holte schnell eine in Bereitschaft gehaltene Lampe hervor, bewaffnete sich mit einem Dolch und kehrte sacht an das Bett zurück, um dem Geheimnis auf den Grund zu kommen. Statt eines Scheusals sah sie einen wunderschönen Götterjüngling und vergaß dabei ganz, die in ihrer Hand brennende Lampe zu beachten, von der plötzlich ein Tropfen heißen Öls auf die entblößte Schulter des Schläfers niederperlte. Eros erwachte, machte ihr heftige Vorwürfe über ihr Mißtrauen und ließ sie dann in Verzweiflung zurück. Vergebens hoffte sie auf seine Wiederkehr; endlich wandte sie ihrem verlorenen Paradiese den Rücken zu, um den entflohenen Jüngling zu suchen und wieder zu versöhnen. Sie eilte von Tempel zu Tempel, fand aber nirgends eine Spur. Wahnsinnig vor Schmerz stürzte sie sich in einen Fluß; allein die Wellen trugen sie wohlbehalten zum anderen Ufer, von wo sie zuletzt in den Palast der Aphrodite gelangte. Die Liebesgöttin mißhandelte sie als niedrigste Sklavin und legte ihr eine Reihe von Arbeiten auf, die ihren Untergang bezwecken sollten. Psyche mußte Schafe scheren, deren Biß tödlich war; ferner Wasser aus dem Brunnen schöpfen, den ein Drache hütete. Doch Eros umschwebte sie fortwährend als unsichtbarer Schutzgeist, Aphrodite gebot Psyche schließlich in das Schattenreich zur Persephone hinabzusteigen, um von ihr eine Büchse, gefüllt mit Schönheitsbalsam, zu holen. Schon war das Abenteuer glücklich überstanden und die schauerliche Reise zurückgelegt, da ließ sich Psyche nochmals durch Neugierde verlocken und öffnete vorwitzig die empfangene Büchse, aus der tödlicher Dampf quoll. Rechtzeitig erschien Eros, berührte sie mit einem seiner Pfeile und zauberte sie wieder ins Leben zurück. Der unwandelbare Liebhaber bat nun den Zeus um Erlösung der Geliebten; der Götterkönig erhörte seinen Wunsch, Psyche wurde von ihm mit der Unsterblichkeit beschenkt, in den Olympos aufgenommen, und da der Haß und die Rachsucht der Aphrodite gleichfalls erloschen waren, mit dem göttlichen Bräutigam unauflöslich verbunden. Eros kehrte nicht mehr zurück, es heißt, nur sein sinnlicherer Bruder Pothos, der Verlangensgott, sei auf der dunklen Erde geblieben und führe noch das Zepter über die Menschen.

Dramatische Bearbeitungen: »Psiquis y Cupido«, P. Calderon (1600–81); »Psyché«, Molière/Corneille/Quinault (1671).

Dichtungen: »Les amours de Psyché et de Cupidon«, La Fontaine, 1669; »Ode to Psyche«, I. Keats, 1820; »Psyche«, Th. Storm, 1875.

Opern: »Psyché«, J. B. Lully, 1678.

Psychopompos (griech.), Hermes, der »Seelengeleiter«, der die menschlichen Seelen aus dem Diesseits ins Jenseits führte; er übernahm jedoch nicht die Funktion eines Totengottes, obwohl man für ihn am dritten Tag der attischen Totenfeste Töpfe mit gekochten Speisen als Opfer aufstellte und dabei für die Verstorbenen betete.

Pudicitia (röm.), die Göttin der Keuschheit, die zu Rom zwei Tempel hatte, den einen für die patrizischen, den anderen für die plebejischen Frauen.

Pygmalion (griech.), 1. ein König von Kypros und berühmter Bildhauer. Die Frauen seines Reiches gefielen ihm ihrer ausschweifenden Sitten wegen so wenig, daß er nicht heiraten wollte und sich ganz der Kunst weihte. Ein Ideal weiblicher Schönheit aber schwebte ihm beständig vor, das er zuletzt aus weißem Elfenbein schnitzte. Täglich liebkoste er die leblose Jungfrau, bis sie sich eines Tages unter seinen Küssen belebte. Die Göttin Aphrodite hatte mitleidig das Gebet des Schwärmers erhört und das Werk seiner Hände beseelt. Hierauf vermählte sich Pygmalion mit dem Ideal seiner Träume; ein Sohn namens Paphos war die Frucht der glücklichen Ehe.

2. König von Tyros, Bruder der → Dido.

Pylades (griech.), der treue Begleiter und Freund → Orestes'.

Pylaios (griech.) → Propylaios.

Pylartes (griech.), »der das Tor schließt«; Hades als personifizierter Pylartes wachte am Eingang seines unterirdischen Palastes, um jeder Seele, die hier eingetreten war, die Rückkehr zu verweigern.

Pyramos und **Thisbe** (griech.), ein unglückliches babylonisches Liebespaar. Die schöne Thisbe liebte ihren Nachbarn, den jungen Pyramos, aber den

feindlichen Eltern des Paares mißfiel die Verbindung. Die Liebenden konnten sich nur heimlich durch einen Mauerspalt sehen. Einmal beschlossen sie, sich nachts vor der Stadt zu treffen. Thisbe gelangte zuerst an den verabredeten Ort; ein Löwe aber, eben beschäftigt, ein erbeutetes Rind zu verzehren, hatte den Platz eingenommen und jagte der Angekommenen solchen Schrecken ein, daß sie die Flucht ergriff. Dabei fiel ihr ein Schleier vom Haupt, der mit dem Blut des Rindes besudelt liegenblieb. Bald darauf erschien Pyramos; er erblickte Thisbes blutbenetzten Schleier, zog das Schwert und erstach sich, in der Meinung, seine Geliebte sei von einer wilden Bestie verschlungen worden. Zu spät kehrte Thisbe zurück, und als sie den Teuren sterbend vorfand, gab sie sich mit dem an seiner Seite liegenden Schwerte ebenfalls den Tod.
Dramatische Bearbeitungen: Rüpelszenen aus »Sommernachtstraum«, W. Shakespeare, 1600; »Pyrame et Thisbé«, T. Viaud, 1617.
Epische Bearbeitungen: »The legend of Thisbe of Babylon«, G. Chaucer, 1340 bis 1400; »Favola di Piramo e di Tisbe«, T. Tasso, 1569.
Opern: »Pyrame et Thisbé«, E. Tremisot, 1904.

Pyriphlegethon (griech.), Feuerstrom, den → Tartaros umfließend.

Pyrrha (griech.), die Stammutter des jetzigen Menschengeschlechts, → Deukolion.

Pyrrhos (griech.) oder Neoptolemos, Sohn des Achilleus und der Deïdameia, einer Tochter des Königs Lykomedes von der Insel Skyros. Er wurde an jenem Königshof geboren und erzogen. → Achilleus, den man als zarten Jüngling von Thetis dahin brachte, in Frauenkleider steckte und unter die Töchter des Fürsten mischte, sollte so seinem frühen Tode entgehen, der ihn im Kampfe vor Troia erwartete. Er trug den Mädchennamen Pyrrha, weshalb sein Sohn anfänglich Pyrrhos hieß, bis er späterhin gleichfalls auf das troische Schlachtfeld geholt und Neoptolemos oder Jungkrieger genannt wurde. Die Griechen bedurften des Pyrrhos zur Eroberung der Stadt, → Philoktetes. Er zählte zu den tapfersten Helden, die sich in dem Bauche des hölzernen Riesenpferdes vor Troia verbargen. Er tötete einen Sohn des Priamos und opferte Priamos und dessen Tochter Polyxena auf der Gruft des Achilleus, um dessen Schatten zu versöhnen. Als Troia zerstört war, erhielt er bei Verlosung der Gefangenen Andromache, Hektors Gattin und den Seher Helenos. Darauf ging er nach Epiros und zeugte dort mit Andromache den Molossos. Pyrrhos starb in einem Streit gegen → Orestes, dem er die schöne Hermione, die Tochter des Menelaos, abkämpfen wollte.
Dramatische Bearbeitungen: »Pyrrhus«, P. J. Crebillon, 1726; »Pyrrhus und Andromache«, F. Bruckner, 1952.
Opern: »Ermione«, G. Rossini, 1819; »Pyrrhus in Delphi«, E. Seidelmann, 1934.
Ballett: »Pyrrhus und Polyxena«, P. Winter, 1781.

Pythia oder Pythias (griech.) → Delphisches Orakel.

Die *Pythia* auf dem Dreifuß zu Delphi.

Python (griech.), furchtbarer Drache, ein Sohn der Gaia, der das Orakel seiner Mutter in Delphi bewachte. Apollon tötete das Ungeheuer. Von diesem Sieg erhielt der Gott den Namen pythischer Apollon, Delphi den Namen Python, das Delphische Orakel den Namen pythischer Seherherd, und die auf dem Dreifuß sitzende und weissagende Oberpriesterin den Namen Pythia oder Pythias. Auch die berühmten pythischen Wettspiele, die zu Ehren des Apollon, seiner Schwester Artemis und der Leto daselbst gefeiert wurden, erinnern durch ihren Namen an jenes Ungeheuer.

Q

Quaser (Kwaser) (nord.), wörtlich »Redner, Keucher«; über seine Geburt erzählt man, daß die Asen und Wanen beschlossen, einen Schiedsrichter zu erschaffen, der ihre wechselseitigen Streitigkeiten schlichten sollte. Beide Parteien gaben zu diesem Zweck Speichel in ein Gefäß, eine Mischung, aus dem ein Wesen namens Quaser hervorging, dem es tatsächlich gelang, Frieden zu stiften. Danach durchreiste Quaser die Welt, um den Menschen Weisheit und Wissenschaft zu predigen. Als er mit der gleichen Absicht zu den Zwergen Fialar (der Verberger) und Galar (der Ansinger) kam, wünschten diese ihn ganz für sich zu haben. Sie kamen auf den Einfall, Quaser zu schlachten, sein Blut in den Fässern Son (Sühne) und Bodn (Buße) aufzufangen, dasselbe alsdann in den Kessel Odrarir (Geisterreger) zu füllen und Honigseim beizumengen. Das Gemenge ließen sie in Gärung übergehen, daß es köstlich und zauberkräftig wurde. Es machte jeden, der davon trank, zum Dichter und Weisen, und wurde deshalb Dichtermet genannt. Den Göttern, die sich nach Quaser erkundigten, logen die Zwerge vor, Quaser sei in seiner eigenen Weisheit plötzlich erstickt. Die Fülle seines Wissens sei so groß gewesen, daß ihm niemand durch Abfragen eine Erleichterung zu gewähren vermocht habe. Die Asen glaubten die ausgesonnene Lüge, und das Mörderpaar hätte fortan den Besitz des Getränkes in Ruhe genießen können, wenn es sich nicht selbst durch neue Mordtaten seines Schatzes beraubt hätte. Fialar und Galar brachten nämlich in der Folge aus bloßem Haß den Riesen Gilling und später auch seine Frau, die zu ihnen auf Besuch gekommen, hinterlistig um. Das gemeuchelte Ehepaar aber hatte einen Sohn oder Brudersohn namens Suttung (der Daherbrausende). Um seine Eltern zu rächen, nahm er die ruchlosen Zwerge gefangen und setzte sie auf einer mitten im Meer emporragenden öden Klippe zum Verhungern aus. Durch die Not zum Äußersten getrieben, lieferten sie den Dichtermet aus. Suttung ging auf den Handel ein, schenkte den Zwergen die Freiheit und verbarg die wundervolle Flüssigkeit in seiner Behausung, dem Felsengewölbe des Hnitbergs (des Streitbergs), wo er die reizende Gunlöde (die Männereinladende), seine Tochter, zur Hüterin des gewonnenen Segens bestellte. Später gelang es → Odin, den Dichtermet nach Asgard zu schaffen.

Quirinus (röm.), Kriegsgott der alten Sabiner. Sein Name ging auf den vergötterten Romulus über, den streitbaren Erbauer Roms. Der dem neuen Quirinus erbaute Tempel stand auf dem quirinalischen Hügel, der den uralten Namen behalten hat. Auch Janus und der Kriegsgott → Mars erhielten diesen Nebentitel, und die römischen Bürger hießen mit einem Ehrennamen häufig Quiriten, vermutlich zur Erinnerung an die alte Heldenzeit.

R

Ragnarokr (Ragnarök) (nord.), wörtlich die Verdunkelung der Mächte oder die »Götterdämmerung«, das Weltende oder der allgemeine Untergang, von dem selbst die Götter nicht ausgeschlossen sind → Walhalla.

Ran (nord.), Schwester und Gemahlin des Weltmeergottes → Ägir, Mutter der neun Wellenmädchen. Die Töchter umtanzten beständig, mit weißen Schleiern aus dem Abgrund tauchend, ihre stürmische Seemutter, einmal den Schiffbrüchigen ihre freundlichen Retterhände zu bieten und sie über die tobende Fläche zu geleiten, andermal um die Ertrunkenen in das Reich ihrer Mutter hinabzutragen.

Ratatösk (Ratatoskr) (nord.), der Bohr-Surrer oder surrende Bohrer, jenes Eichhörnchen, das am Stamm der unzerstörbaren Weltesche → Ygdrasil auf und nieder klettert, um zwischen jener am Wurzelende hausenden Schlange und dem in der Baumkrone sitzenden Adler Zwietracht zu säen.

Raub der Sabinerinnen → Romulus.

Remus (röm.) → Romulus.

Rhadamanthys (griech.), einer der Richter in der Unterwelt, berühmt wegen seiner Weisheit und Gerechtigkeit (→ Minos).

R[h]ea Silvia (röm.), auch Ilia genannt, Mutter des → Romulus und Remus.

Rhe[i]a (griech.), Tochter des Uranos und der Gaia, Schwester und Gemahlin des Kronos, der ihre Kinder verschlang, bis der heimlich geborene → Zeus die Geschwister rettete und den Vater entthronte. An ihre Stelle als Weltherrscherin trat, nach entschiedenem Sieg über die Titanen, die Götterkönigin Hera, des Zeus Schwester und Gemahlin, Rheias Tochter. Sie selbst wurde nach und nach mit → Kybele vermischt und als die große phrygische Göttermutter angebetet.

Rhesos (griech.), König der Thraker, Bundesgenosse der Troer; er wurde mit mehreren seiner Leute von Diomedes und Odysseus vor Troia getötet.

Rhodopis (ägypt.), eine schöne Jungfrau, die durch ihr seltsames Schicksal und ihr Grabmal berühmt wurde. Einst badete sie mit ihrer Sklavin im Nil, als plötzlich ein Adler auf die am Ufer abgelegten Kleidungsstücke niederstürzte und eine Sandale der Rhodopis entführte. Zur gleichen Zeit hielt König Mykerinos in seiner Hauptstadt Memphis unter freiem Himmel Gerichtstag. Zufällig fiel die Sandale in den Schoß des Königs. Erstaunt über die Niedlichkeit des Frauenschuhs gebot Mykerinos unverzüglich im ganzen Land, nach deren Besitzerin zu forschen. Die Späher suchten lange umsonst, endlich aber fanden sie Rhodopis. An den Hof gerufen, entzückte Rhodopis durch ihre Schönheit das Herz ihres Landesherrn dermaßen, daß er sie zur Gemahlin und auf seinen Thron erhob. Als sie starb, gab der verwitwete Herrscher Befehl, der Königin eine Pyramide zu errichten (vergl. Aschenbrödel).

Rhodos (griech.) → Helios.

Rhoikos (griech.), Atalante verteidigte ihre Jungfräulichkeit gegen Rhoikos und Hylaios und streckte die beiden Kentauren schließlich mit ihren Pfeilen nieder.

Rok (pers.), ein Vogel von ungeheurer Größe, bekannt aus morgenländischen Märchen. Er konnte nicht nur Menschen forttragen, sondern auch Kamele und Elefanten. Diese warf er seinen Jungen zum Fraß vor. Der Rok hatte sein Nest auf dem Urberg Albordji. Einmal zerbrach eines seiner Rieseneier, als er es aus dem Nest rollte. Der Inhalt soll dreißig Dörfer überschwemmt haben.

Roma (röm.), die personifizierte Göttin der Stadt Rom. Die Tochter des Kriegsgottes Mars, der man Tempel errichtete.

Romulus und **Remus** (röm.), Zwillingsbrüder, Gründer der Stadt Rom, Söhne des Mars. Ihre Mutter Rhea Silvia, auch Ilia genannt, war die einzige Tochter des in Alba Longa herrschenden Fürsten Numitor, eines Sprößlings der von Aeneas abstammenden Königsfamilie. Jener teilte die väterliche Erbschaft mit seinem Bruder Amulius so, daß letzterer die Schätze, er selbst das Zepter des Reiches erhielt. Nicht lange darauf stieß Amulius seinen Bruder vom Throne und machte die Rhea Silvia gegen ihren Willen zur vestalischen Priesterin, damit sie unverheiratet sterbe und ohne Nachkommenschaft bliebe. Doch der Kriegsgott Mars nahte sich der in dem Tempel eingeschlossenen Jungfrau. Bald darauf kamen Romulus und Remus zur Welt. Zornig befahl Amulius, das Zwillingspaar zu ersäufen; einer seiner Diener brachte die Kinder in einem Kistchen zu dem brausenden Tiber. Zufällig aber war der Fluß ausgetreten, so daß der Knecht nicht an das eigentliche Strombett gelangen konnte. Als das Wasser abgelaufen war, blieb das Kistchen auf dem Trockenen stehen. Eine ihrer Jungen beraubte Wölfin erschien und nährte die Kinder mit ihrer Milch. Auch trug ein Specht ihnen im Schnabel Futter zu. So fand sie endlich der königliche Hirt Faustulus. Aus Mitleid nahm er die Kinder nach Hause und zog sie mit seinem Weib Acca Larentia auf. Als rüstige Jünglinge bewachten sie die Viehherden ihres Pflegevaters. Später, von dem Geheimnis ihrer Abkunft unterrichtet, entthronten sie ihren Großoheim, erschlugen ihn und stellten die Krone ihrem Großvater Numitor zurück. Sie beschlossen, an der Stelle, wo sie ausgesetzt worden waren, eine Stadt zu gründen; dabei gerieten sie jedoch in Streit miteinander, sie griffen zu den Waffen, und Romulus tötete Remus. Der Sieger beherrschte die neue Stadt, die den palatinischen Hügel zierte, nunmehr allein und nannte sie Rom. Dies geschah etwa fünf Jahrhunderte nach der Eroberung Troias. Am Gipfel seines Ruhmes, während einer Senatssitzung unter freiem Himmel, wurde Romulus während eines Gewittersturmes plötzlich von der Erde weggerückt. Das Volk glaubte, daß Romulus von den Patriziern heimlich ermordet worden sei, und brütete Rache. Da erschien sein Schatten, der anzeigte, daß er lebendig unter die heiligen Götter aufgenommen worden war. Man solle ihm deshalb, statt um seinen Verlust zu trauern, göttliche Verehrung erweisen, ihn unter dem Namen Quirinus anbeten und seinem Andenken feierliche Kriegsspiele widmen. Sein Nachfolger Numa Pompilius führte weise Gesetze ein, die den Glanz der Stadt für die Zukunft sicherten.

Dramatische Bearbeitungen: »Romulus und Remus«, H. Sachs, 1560; »Romulus«, La Motte, 1722; »Die Sabinerinnen«, P. Heyse, 1858.

Opern: »Romolo e Remo«, F. Cavalli, 1645; »Die Sabinerinnen in Rom«, E. Krones, 1891.

S

Sachmet (Sechmet) (ägypt.), löwengestaltige Erscheinungsform der Göttin Bastet, die als Herrin des Krieges auch für Dürre und Krankheiten zuständig sein konnte.

Salmakis (griech.), eine Quellnymphe, die den → Hermaphroditos leidenschaftlich liebte.

Salmoneus (griech.), ein Sohn des Aiolos und der Enarete, vermählte sich mit Alkidike, die ihm die schönlockige Tyro gebar. Aus Thessalien, seinem Geburtsland, begab er sich nach Elis, verstieß die erste Gattin und nahm Sidero zur zweiten Frau. Er war ein ungerechter und hochmütiger Fürst, der es zuließ, daß Tyro von ihrer Stiefmutter auf das grausamste mißhandelt wurde, nachdem sie von Poseidon Mutter des Zwillingspaares Neleus und Pelias geworden war. Als König von Elis verlangte er göttliche Anbetung. Denn er gab sich als Zeus selbst aus und suchte das Volk von seiner himmlischen Allmacht zu überzeugen. In der Stadt Salmone, die er aufgebaut und nach sich benannt hatte, fuhr er mit seinem schweren Streitwagen über eiserne Brücken, indem er durch das dröhnende Gerassel den Donner nachäffte, während sein Gefolge gleichzeitig eine Menge lodernder Fackeln um ihn her schleudern mußten, wodurch die flammenden Blitze vorgestellt werden sollten. Bald verlangte er, daß die sonst dem Zeus gebrachten Opfer ihm dargebracht würden, und ging so weit, daß er Menschen ermordete und öffentlich erklären ließ, die Getöteten wären durch seine Donnerkeile niedergeschmettert worden. Endlich sandte Zeus, des bei-

Die Göttin *Sachmet;* aus dem Mut-Tempel in Karnak, 18. Dynastie, Paris, Louvre.

spiellosen Unfugs müde, einen wirklichen Blitzstrahl auf den wahnsinnigen Tyrannen und raffte ihn in die Unterwelt hinweg, vertilgte aber zugleich die gesamte Stadt Salmone, die solchen Frevel geduldet hatte. Auch Sidero entrann der Strafe nicht.

Tyro war gezwungen worden, das Knabenpar Neleus und Pelias auszusetzen. Von Hirten gerettet und zu rüstigen Männern aufgewachsen, rächten diese sodann ihre Mutter und erschlugen deren an den Altar der Hera geflüchtete Quälerin. Tyro heiratete darauf Kretheus, der wie Salmoneus ein Sohn des Aiolos war, und wurde Mutter des Aison, Pheres und Amythaon (→ Argonauten).

Sarapis (ägypt.) → Serapis, → Osiris.

Sarpedon (griech.), 1. ein Gigant, Sohn des → Poseidon.

2. Sohn des Zeus und der Europa, kämpfte vor Troia tapfer gegen die Griechen und fiel von der Hand des Patroklos. Hypnos und Thanatos brachten die Leiche auf Befehl des Zeus in die Heimat zurück. Statt Europa wird auch Laodam[e]ia, eine Tochter des Helden Bellerophon, als Mutter genannt.

Saturn[us] (röm.), Gott des Ackerbaues, der Obst- und Weinkultur, dem griechischen Kronos gleichgesetzt, Vater des → Jupiter und Gemahl der Ops. Nachdem ihn Jupiter seiner Herrschaft beraubte, flüchtete er nach Latium, wo er von Janus freundlich aufgenommen

Probe eines Satyrspiels; Mosaik aus Pompeji.

wurde. Die Saturnalien, ein Fest zu seinen Ehren, fielen auf den 17. bis 19. Dezember und waren von ausgelassenem Karnevalstreiben geprägt.

Satyrn (griech.), ausgelassene, lüsterne Begleiter des Dionysos, die als Pferde in Menschengestalt erscheinen (Pferdeohren, Pferdeschwanz und Hufe), von den Silenen schwer zu trennen; ihre derb-sinnliche Angriffslust gilt zumeist den Nymphen. Ältere Satyrn bezeichnete man als Silene. Diese galten als Väterund Führer des Satyrchores im Satyrspiel. Erst in hellenistischer Zeit kam die Bezeichnung Bockwesen für Satyr auf.

Plastiken: »Satyr«, Praxiteles, 4. Jh. v. Chr., Kopie, Rom, Kapitolinisches Museum; »Satyr mit Dionysos«, Lysipp, 2. Hälfte d. 4. Jh.s, Kopie, Paris, Louvre; »Barberinischer Faun«, 3. Jh. v. Chr., München, Glyptothek.

Oper: »Satyros«, W. Baußnern, 1923.

Literatur: »Satyroi«, F. Brommer, Würzburg 1937.

Semele (griech.), eine der Töchter des Königs Kadmos von Theben und der himmlischen Harmonia. Semele war von solcher Schönheit, daß sie die Liebe des Zeus gewann, der häufig in der Gestalt eines reizenden Jünglings mit ihr verkehrte; dies erregte die Eifersucht der Hera, und sie beschloß, das sterbliche Weib zu vernichten. Dazu stattete die Göttin in der Gestalt deren alter Amme Semele einen Besuch ab, wobei sie in der Königstochter Zweifel erweckte, ob der von ihr bewunderte Geliebte wirklich Zeus und nicht irgendein Betrüger sei. So schlug sie der Semele

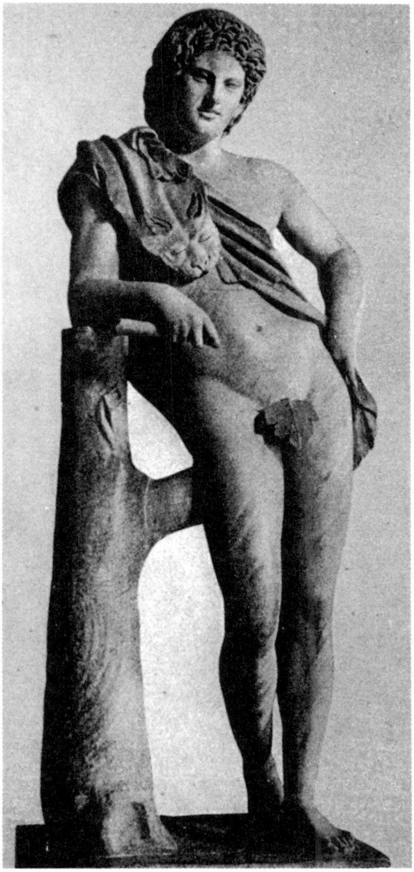

Satyr des Praxiteles; Mosaik aus Pompeji.

vor, von ihrem Geliebten zu verlangen, er möge sich doch einmal in seiner wahren Gestalt zeigen. Semele ließ sich irreführen, und als der Götterkönig sie bald darauf besuchte, rang sie ihm einen Schwur zur Erfüllung einer Bitte ab. Sie bestand trotz seiner Warnungen vor den unheilvollen Folgen darauf, daß er einmal in seinem Götterglanze vor sie treten solle, um ihr den Beweis seines höchsten Ursprungs zu liefern. Gezwungen, sein Wort zu erfüllen, erschien er das nächste Mal in seiner ganzen Herrlichkeit, bewaffnet mit Donner und Blitz. Augenblicklich wurde Semele von dem allmächtigen Feuerstrahl verzehrt. Zeus vermochte nur Dionysos zu retten, den Semele bereits im Leibe trug.

Nachdem Dionysos zum mächtigen Gott geworden war, holte er die Mutter aus dem Schattenreich zu sich auf den Olympos, wo sie fernerhin Thyone hieß.

Gedicht: »Semele«, F. v. Schiller, 1805.

Oratorium: »Semele«, G. F. Händel, 1743.

Serapis (ägypt.), jüngere Gottheit Ägyptens, trat an die Stelle des älteren Osiris. Er war wie dieser Beschützer der Fruchtbarkeit sowie Sonnengott und Nilgott zugleich. Ferner galt er als Gatte der früher mit Osiris vermählten Isis, überhaupt war er der oberste Gott des Landes, wie einst Zeus Ammon. Selbst die Heilkraft der Isis wurde dem Serapis zugesprochen, die Kranken riefen ihn, so wie den griechischen Asklepios, um Rettung an. Man bildete ihn als einen Mann mit zeusähnlichen Zügen ab, mit bärtigem Antlitz, das Haupt von Strahlen umflossen und ein Getreidemaß über dem Scheitel. Sein Ursprung war kleinasiatisch-griechisch; man stellte sich ihn wie den Segenspender Hades vor, den mit der Persephone vermählten König der Unterwelt, auf dessen Wink die nährenden Früchte aus der Tiefe der Erde an das Licht hervorkeimen. Da Osiris die Oberwelt verlassen hatte und

Serapisdienst in Rom.

Serapis; Kopie severischer Zeit, nach einer Statue des Bryaxis, Vatikan.

als Richter der Toten herrschte, ließ sich der neue Gott um so leichter mit ihm verschmelzen und in Ägypten einführen. Das geschah unter der Herrschaft der Ptolemäer, die ihn nach der Erbauung Alexandriens in die nunmehrige Hauptstadt einführten. Man lud die Bildsäule des Serapis aus der Stadt Sinope auf ein Schiff, oder vielmehr, der Gott schiffte sich, wie man sagte, dort selbst ein, damit man ihn nach Alexandrien übersiedelte, der Ort, der zum Hauptsitz seines Dienstes wurde. Nach und nach erbaute man ihm in den übrigen Teilen Ägyptens mehr als vierzig Tempel.

Sesrumner (Sessrymnir) (nord.), Saal im Palast → Folkwang.

Seth (ägypt.), anderer Name für Typhon; → Osiris.

Sibyllen (oriental., griech. und röm.), wörtlich »die Gottesraterinnen«, Frauen, die die Ratschläge der Götter gleich Orakelpriesterinnen offenbarten. Schon in den frühesten Zeiten traten sie auf. Man sammelte ihre in Versen abgefaßten Sprüche, deren Heiligkeit und Ruhm das Orakeltum selbst weit überdauerte. Insgesamt führt man bald vier, bald zehn solcher allwissender Frauen an. Die vier berühmtesten waren die ägyptische, die eryträische, die samische und die sardische Sibylle; ferner noch die libysche, eine Tochter des Zeus und der Lamia, sie trug als erste den Namen Sibylle. Die chaldäische, auch die persische oder babylonische Sibylle genannt, lebte angeblich schon zu Noahs Zeiten und war mit einem von dessen Söhnen vermählt. Sie hieß Sabba oder Sambetha, stammte aus Babylon, und man sagte von ihr, daß sie den babylonischen Turmbau, den Heerzug Alexanders des Großen nach Indien, die Geburt Christi und ähnliches prophezeit habe. Die delphische Sibylle, die im Tempel des Apollon geboren wurde, sagte den Troier Krieg voraus. Die italische oder nach ihrem Stammwort die kimmerische Sibylle trat zum erstenmal kurz nach der Zerstörung Troias auf. Von noch weiteren vier, der hellespontischen, der phrygischen, der tiburtinischen und der cumanischen, erwarb die zuletzt genannte Wahrsagerin den größten Ruf (→ cumanische Sibylle).

Roman: »Sibyllan«, P. Lagerkvist, 1956.

Sichaeus (phöniz.) → Dido.

Sidero (griech.) → Salmoneus.

Sieben gegen **Theben,** die Helden (Polyneikes, Tydeus, Amphiaraos, Kapaneus, Hippomedon und Parthenopaios), die mit dem König Adrastos von Argos gegen Theben auszogen und von ihren Söhnen, den Epigonen, durch einen zweiten Zug gerächt wurden, nachdem der erste unglücklich verlaufen war.

Siegfried (nord.-german.), Held des Nibelungenlieds, das zur Zeit der Völkerwanderung spielt. Er war der Sohn des Königs Siegmund von Niederland und seiner Gemahlin Siegelind, die in der Burg zu Xanten am Rhein lebten. Schon in der Jugend zeichnete er sich durch Stärke und Heldentaten aus. Er verschaffte sich, mit Ausnahme einer einzigen Stelle, Unverwundbarkeit des Körpers, indem er seinen Leib in dem Blut eines von ihm erschlagenen Lindwurms badete. Während des Bades fiel ein Lindenblatt zwischen seine Schultern und verhinderte die Anfeuchtung mit der wunderbaren Flüssigkeit.

Nach Ruhm und Abenteuern begierig, zog der junge Siegfried in das Land der Nibelungen, wo er Schilbung und Nibelung traf, grimmige und trotzige Recken, die eben im Begriff standen, einen ungeheuren Schatz unter sich zu teilen. Sie wählten den Fremdling zum

Bühnenbildentwurf für den 1. Aufzug von Richard Wagners »Götterdämmerung« *(Siegfried)* der Bayreuther Uraufführung 1876.

Schiedsrichter und schenkten ihm zur Belohnung für seine Mühe das unbezwingbare Schwert Balmung. Bei der Teilung brach ein Streit aus, wobei sich der Held der neuen Waffe bediente, die Riesen erschlug, das Reich unterjochte und den Schatz eroberte. Vergebens versuchte der Zwerg Alberich die Getöteten zu rächen. Siegfried bezwang auch diesen Gegner und setzte ihn zum Kämmerer des Schatzes ein. Die Tarnkappe dieses Zwerges, eine Bedeckung, die ihren Träger unsichtbar machte und seine Kräfte siebenfach steigerte, fiel in die Hände des Siegers. Auf dem gewonnenen Nibelungenschatz indessen haftete ein alter Fluch, der jeden seiner Besitzer früher oder später ins Verderben stürzte.

Die Vorgeschichte des Schatzes beginnt mit einer Wanderung, die die drei Urasen, Odin, Hänir und Loki, unternahmen, um die neun Welten kennenzulernen. Dabei gelangten sie zu einem Fluß mit einem Wasserfall, in dem der Zwerg Andwari (der Bekümmerte oder Sorgenvolle) wohnte. Eine feindliche Norne hatte ihn dahin gewiesen, er lebte dort in der Gestalt eines Hechtes. Da geschah es, daß die drei Asen am Ufer einen prächtigen Fischotter gewahrten; Loki tötete ihn und nahm ihn mit. Die Reisenden kehrten gegen Abend bei dem Bauern Hreidhmar (der reitende Elbe oder Mar) ein, wo sie sich den Otter zum Mahl herrichten ließen. Von Schreck und Zorn erfüllt erkannte der zauberkundige Bauer in diesem getöteten Tier seinen eigenen Sohn Otr (der Otter), der es von Zeit zu Zeit liebte,

Wie die Nibelungen *(Siegfried)* zu Bechelaren kommen; Miniatur aus der Hundeshagener Nibelungenhandschrift.

sich zu verwandeln. Hreidhmar rief seine beiden anderen Söhne Fafnir (Schatzwerber) und Regin (Regent), setzte die drei Gäste gefangen und schwor Blutrache. Die Asen boten ihm Lösegeld, worauf Hreidhmar verlangte, sie sollten den Balg des Otter mit Gold füllen und seine haarige Außenseite ebenfalls mit Gold so reichlich belegen, daß nicht ein einziges Haar unbedeckt bleibe. Loki erfuhr von Odin, daß der Zwerg Andwari einen ungeheuren Schatz Goldes besitze; er versprach daher dem Bauern, das geforderte Lösegeld zu schaffen, wenn er ihn freiließe und ihm die weggenommenen Schnellschuhe, die er zu seiner Fahrt brauchte, wieder auslieferte. Das geschah, Loki machte sich auf, lieh von der Ran (die Raubsüchtige), der Gattin des meerbeherrschenden Ägir (der Schrecken), einer berühmten Fischerin, ein tüchtiges Netz und fing damit den Zwerg-Hecht in jenem Wasserfall ein. Gerne bot dieser, um wieder frei zu werden, all sein Gold, das er in einem benachbarten Felsen versteckt hatte; nur einen kleinen Ring wünschte er zu behalten, weil er mit seinem Zauber imstande sei, neue Schätze zu sammeln. Unbarmherzig preßte ihm Loki auch dieses Kleinod ab, worauf der beraubte Zwerg den Ring mit dem Fluch des Todes belegte. Loki kehrte zum Bauern Hreidhmar zurück, stopfte den Fischbalg mit Gold und verbrauchte den Rest zur Umhüllung des Fells.

Der habgierige Bauer entdeckte aber bei der Besichtigung des Lösegelds, daß ein Barthaar des Otters noch unbedeckt sei. Daher mußten die Gefangenen den Ring des Zwerges herausgeben. Loki erzählte ihm zwar von dem darauf ruhenden Fluch, aber der Bauer kümmerte sich nicht darum. Der Fluch erfüllte sich bald. Hreidhmar wurde um des Schatzes willen von seinem eigenen Sohn Fafnir getötet. Dieser nahm dann die Gestalt eines scheußlichen Drachens an, der emsig den Goldschatz bewachte; allein sein Bruder Regin brachte ihn um, Regin wieder wurde von Siegfried ermordet. Nachdem also Siegfried den Zauberschatz errungen hatte, kehrte er als hochgefeierter Recke heim. Da hörte er von der reizenden Kriemhild, die er nun zu freien beabsichtigte. Wohlgerüstet, doch nur von einem Dutzend Rittern begleitet, sprengte er nach Worms am Rhein, wo die schöne Jungfrau lebte. Sie war die Tochter der verwitweten Königin Ute und hatte drei Brüder, die Könige Gunther, Gernot und Giselher, die Herren von Burgund. Unter den Vasallen ihres Hauses ragten besonders Hagen und sein Bruder Dankwart hervor. Von König Gunther gastfreundlich aufgenommen, verweilte Siegfried ein volles Jahr zu Worms, ohne die liebliche Kriemhild zu sehen, die ihrerseits den Gast, von den Fenstern ihres Burggemachs aus, oft heimlich beobachtete. Da traf es sich aber, daß der Dänenkönig Liudegast und der Sachsenkönig Liudeger den Burgundern den Krieg erklärten; Siegfried rückte ein, focht den Streit glücklich durch, und als er mit Lorbeeren geschmückt nach Worms zurückkehrte, gab der erfreute König Gunther ein zwölftägiges Fest, dem zu Ehren der Sieger auch Mutter und Schwester bewohnen mußten. Zum erstenmal zeigte sich Kriemhild, und beide verliebten sich. Mittlerweile geriet Gunther auf den kecken Gedanken, um die schöne Königin Brunhild zu werben, die jenseits des Meeres auf Island herrschte, ein überaus gefährliches Wagstück, da diese Jungfrau eine ungeheuer starke Heldin war, die ihre Hand nur demjenigen Freier bieten wollte, der sie im dreifachen Kampf überwunden habe. Im anderen Falle, wenn er auch nur in einem der drei Wettkämpfe unterlegen war, verlor er sein Haupt. Als die Hofleute den König trotz aller Mahnungen fest entschlossen sahen, redete ihm Hagen zu, wenigstens nicht ohne Siegfried auszuziehen. Unter der Bedingung, daß Gunther ihm seine Schwester Kriemhild zur Gemahlin verspreche, willigte der Held ein; er begleitete den künftigen Schwager und nötigte die Königin → Brunhild, den Freier anzuerkennen, da er mit Hilfe seiner Tarnkappe die gestellten Aufgaben für Gunther erfüllte. Die Braut hielt diesen für ihren Besieger und folgte ihm nach dem Rhein, wo die feierliche Doppelhochzeit stattfand (→ Brunhild).

Brunhild, die inzwischen ihrem Gemahl, wie Kriemhild dem Siegfried, ein Söhnlein geboren hatte, das aus Liebe zu dem Helden Siegfried genannt wurde, bat König Gunther, dem Schwager eine Einladung zu schicken, nebst der Schwester zu einem Hochzeitsfest am Wormser Hof zu kommen. Während dieses Besuches kam es zu einem Streit zwischen den Königinnen, in dem die gekränkte Kriemhild Brunhild voll Haß verriet, daß es eigentlich Siegfried war, der sie besiegt hatte. Gunther suchte allerdings den Vorfall in Vergessenheit zu bringen. Brunhild dagegen, auf das tödlichste verletzt, gewann Hagen, den sie feierlich geloben ließ, an Kriemhilds Mann Vergeltung zu üben; augenblicklich berief er die drei Königsbrüder und mehrere vornehme Vasallen zu einer geheimen Beratung. Der treue Giselher stimmte gegen jede Gewalttätigkeit, Gunther zunächst auch, doch Hagens Vorschlag, Siegfried durch List zu töten, da es im offenen Kampf unmöglich sei, wurde zuletzt angenom-

Hagen tötet *Siegfried;* Gemälde von Julius Schnorr von Carolsfeld.

men. Man ließ von falschen Boten die Nachricht von neuen Feindseligkeiten der Sachsen überbringen und forderte den anwesenden Gast zur Teilnahme an dem Feldzug auf. Als Kriemhild von dem Ausbruch eines Krieges hörte, bangte sie um das Leben ihres Gatten. Die Furcht trieb sie zu solcher Offenherzigkeit, daß sie Hagen mitteilte, an welcher Stelle Siegfrieds Körper verwundbar sei. Hagen forderte sie auf, ein Zeichen an jene Stelle des Gewandes zu nähen, damit er sicher wisse, wo er Siegfried schützen müsse. Kriemhild gehorchte in blinder Harmlosigkeit. Nun verlautbarte Hagen, die Sachsen hätten sich mit den Burgundern wieder zum Frieden vereinigt; es solle, zur Feier dieses guten Ereignisses, eine Jagd veranstaltet werden. Die Könige und ihre Vasallen ritten in den Wald, doch Siegfried wurde tot zurückgebracht. Hagen hatte ihn mit dem Schwert erstochen, als er sich über einen Bach gebeugt hatte, um seinen Durst zu stillen.

Kriemhild ahnte, daß Brunhild die Tat gefordert und Hagen sie vollstreckt hatte. Vergebens versuchte ihr Bruder Gunther, den Verdacht von sich und seinen Mitschuldigen abzuwälzen; als er und seine Genossen vor der Leiche standen, fingen jedoch die Wunden des Erschlagenen wieder zu bluten an. Dieses Zeichen genügte Kriemhild als Beweis. Sie hielt aber ihr Rachegefühl aus Klugheit zurück, da sie ungewiß war, ob die ihres Herrn beraubten Nibelungen, die Recken Siegfrieds, imstande sein würden, die frevelhaften Burgunder zu besiegen. Nachdem sie ihren Gatten be-

Siegfrieds Leichenzug; Zeichnung von Julius Schnorr von Carolsfeld.

stattet hatte, trauerte sie, bis eines Tages Markgraf Rüdiger aus dem Ostland in Worms eintraf, um sie für König Etzel (Attila) zu werben. Kriemhild sagte zu, da sie durch die Vermählung mit dem mächtigen Fürsten die Aussicht gewann, die ruchlosen Mörder zu strafen; der einzige Gedanke, der sie noch bewegte. Daher folgte sie scheinbar getröstet dem Brautwerber nach dem fernen Reich der Hunnen an der Donau.

Nach sieben Jahren bewog Kriemhild den Hunnenkönig, ihre Brüder und Hagen einzuladen. Die Burgunder Fürsten kamen; Hagen, der eigentliche Urheber des Mordes, ließ sich ebenfalls zur Mitreise verlocken. Sein unzweideutiger Hohn, den er gegen die Königin zeigte, und die Bosheit, womit er einen der vornehmsten Hunnen im Turnier tötete, erzeugten allmählich Stimmung gegen die Gäste, wie es Kriemhild eigentlich wünschte. Als der fremde Händelsucher daher in einem Anfall wilder Laune die unerhörte Frechheit beging, dem Sohn Etzels und Kriemhilds den Kopf abzuhauen, brach der Sturm unaufhaltsam los. Die Burgunder wurden in dem Saal, den sie bewohnten, von einer Schar wütender Hunnenritter angegriffen; ein mörderisches Gefecht enspann sich, in dem Hagen und andere Recken eine beispiellose Tapferkeit entwickelten. Nunmehr gebot Kriemhild, das Haus in Brand zu stecken. Die Belagerten, gequält von Angst, Hitze und Durst, wichen der Macht des Feuers nicht. Die Hunnen zauderten, den Kampf mit den verzweifelten Fremdlingen zu erneuern; da erschien Dietrich von Bern (der Gotenkönig), ein Vasall Etzels, mit einer Anzahl rüstiger Männer, die sofort den Saal stürmten, unter den Streichen Hagens und seiner Genossen aber alle fielen. Nach diesem Vorspiel versuchte Dietrich die Wirkung seiner eigenen Waffen; er vernichtete die letzten Burgunder und fügte Hagen eine Wunde bei, so daß er ihn und König Gunther gefangennehmen konnte, den man enthauptete. Jetzt betrat Kriemhild in eigener Person den Kampfplatz und hieb dem gefesselten Hagen selbst das Haupt vom Rumpf. König Etzel aber und die übrigen Ritter waren erzürnt, daß ein so tapferer Recke wie Hagen einen so schmählichen Tod gefunden hatte. Fortgerissen von seinem Grimm über die unerwartete Tat stürzte Hildebrand, ein Dienstmann Dietrichs, auf Kriemhild ein und stach die Königin nieder. Damit war Siegfrieds Stamm ausgerottet, ebenso das Heldengeschlecht der burgundischen Herrscher, der zweiten Besitzer des Schatzes. Der auf dem Nibelungenhort lastende Fluch hatte sich erfüllt.

Dramatische Bearbeitungen: »Die Nibelungen«, F. Hebbel, 1855; »Siegfried«, J. Giraudoux, 1928.

Epos: »Nibelungenlied«, Ende 12. Jh.

Roman: »Siegfried von Lindenberg«, J. G. Müller, 1779.

Opern: »Siegfried«, 1876 – »Götterdämmerung«, 1876 – aus »Der Ring des Nibelungen«, R. Wagner.

Sif (nord.), erste Gattin des → Thor.

Sigyn (nord.), zweite Gattin von → Loki.

Silene (griech.), zweibeinige halbmenschliche Pferdewesen. Der Silen (griech. = Seilenos) gehörte zum Geschlecht der → Satyrn, jener dämonischen Wesen, die, einer Sage nach, allesamt von Hermes und der Nereide Iphthime abstammten und Dionysos umschwärmten.

Als Ältester und zugleich Vornehmster der ganzen Gesellschaft galt ein stets munterer, scherzlustiger Greis. Sein Äußeres war eher unattraktiv, glatzköpfig, stumpfnasig, bärtig, fett und rund wie der volle Weinschlauch, den er immer mit sich schleppte. Fröhlich taumelt er aus einen Rausch in den anderen und bediente sich meistens, da seine Füße gewöhnlich schwankten, eines Esels, auf dem er schief oben hing oder von Satyrn gestützt wurde. Die pferdeschweifigen Wesen erhielten später auch Hörner und Bockfüße, wodurch sie häufig mit Panen, Panisken und Faunen verwechselt wurden. Man sagt, der alte Seilenos habe die Flöte erfunden; worin er sich sehr wohl von den gemeinen Satyrn unterschied. Nicht aus Weinliebe hatte er sich dem Dionysos zugesellt, sondern er war des jungen Gottes Erzieher und Lehrer gewesen, also begabt mit hohen Talenten, welchen der Trunk späterhin keineswegs schadete. Im Gegenteil wirkte das Feuer des Weins belebend auf sein göttliches Gehirn; er sah die Zukunft und Vergangenheit und war ein mit tiefer Lebensweisheit ausgestatteter Philosoph und gewitzter Denker. In der Gigantenschlacht stand er Dionysos bei.

Silen, einer der alten Satyrn.

Im Gegensatz zu diesen zweibeinigen Pferdemenschen wurden die Kentauren als vierbeinige Menschenpferde dargestellt.

Silvanus (röm.), wörtlich der »Waldgott«, eine der ältesten Gottheiten Italiens, ein fruchtbarer Naturgott für Wald, Ackerflur und Herden. Er schützte das Eigentum durch Setzen eines Grenzsteines. Über jeder Besitzung waltete ein dreifacher Silvanus, ein häuslicher, ein ländlicher und ein abgrenzender. Aus dem Wald pflegte seine Stimme gewaltig zu ertönen, wie die des Pan, mit dem er, wie auch mit dem Faunus, späterhin oft verwechselt wurde. Übrigens blies er die Hirtenflöte und wurde als ein nackter, bärtiger Mann dargestellt, auf dem Haupt einen wilden Kranz von Kieferzweigen und mit einem Ast in der Hand. Gern findet man ihn auch von Hunden begleitet.

Sin (babylon.), Mondgott.

Sinis (griech.), ein wegelagernder Riese

auf dem Isthmus von Korinth, der die Gewohnheit hatte, zwei Fichten niederzubeugen (er hieß daher auch Pityokamptes = Fichtenbeuger), seine Opfer anzubinden und von den hochschnellenden Bäumen zerreißen zu lassen. Er wurde von Theseus auf dieselbe Weise getötet.

Sinon (griech.), griechischer Spion; nachdem die Hellenen scheinhalber abgezogen waren, ließ er sich von den Troiern gefangennehmen und bewegte sie durch einen Lügenbericht dazu, das hölzerne Pferd in die Stadt zu ziehen (→ Priamos).

Siofn (Siöfna) (nord.), eine Asynie (→ Asen).

Sirenen (Seirenes) (griech.), gesangeskundige dämonische Jungfrauen, die an den Küsten des mittelländischen Meeres hausten und durch ihre zauberhafte Stimme die Vorüberschiffenden anzulocken suchten. Homer kannte weder ihre Namen noch ihre Abkunft und Gestalt; er spricht nur von zweien, die nach einer späteren Angabe Aglaopheme (die Glanzstimmige) und Thelxiepeia (die Zaubertönige) hießen. Ihren Sitz verlegt der Dichter nach einer Insel Unteritaliens, die rings mit verborgenen Klippen umgeben war. Die Matrosen vergaßen bei den reizenden Tönen die Daheimgebliebenen. Hingerissen vom Gesang, suchten sie sich den Sirenen zu nähern, erlitten aber unweigerlich an den Klippen Schiffbruch. Dennoch gelangte Odysseus glücklich an der Stelle vorbei; er verstopfte seinen Genossen die Ohren mit Wachs und ließ sich selbst an einem Mastbaum festbinden, bis man den Gesang nicht mehr hörte. Auch die Argonauten entrannen der Gefahr: Orpheus stimmte auf dem Argoschiff ein so wonniges Lied an, daß die Verführerinnen selber erstaunt zuhorchten, ehe sie sich dann vor Neid in das Meer stürzten. Bald gelten sie als Töchter des Phorkys, bald als Kinder der Gaia; andere Berichte lauten, der Flußgott Acheloios habe sie mit der Muse Melpomene oder Sterope gezeugt, weshalb sie nach dem Vater auch Acheloiden genannt wurden. Nach weiteren Quellen sind sie Nymphen, die sich im Gefolge der schönen Persephone befunden hatten und nach dem Raub ihrer Herrin von den Göttern Flügel erhielten. Darauf seien sie an die Küste geflogen und hätten, zornig über den erlittenen Verlust, mit ihrem Leiergesang an den vorüberfahrenden Sterblichen Rache geübt. Wie ihre Zahl, so veränderte man auch ihre Namen; es sind bald vier, Peisinde, Aglaope (oder Molpe), Aglaopheme und Thelxiepeia, bald drei, Parthenope, Leukosia und Ligeia, doch wich man häufig von diesen Namen ab. Im Laufe der Zeit verlor sich die Erinnerung an das Verderben, das diese dämonischen Wesen brachten; man verglich später sprichwörtlich jeden lieblichen Gesang mit dem wohllautenden Lied einer Sirene. Nach Platon stimmten acht Sirenen die Sphärenharmonie an. Sie gingen einen Wettstreit mit den → Musen ein, der zu ihrem Nachteil endete.

Dramatische Bearbeitung: »Ulysses mit den Meerwundern der Sirenen«, H. Sachs, 1557.

Sisyphos (griech.), ein Sohn des thessalischen Königs Aiolos und der Ernarete, bekannt durch die ihm in der Unterwelt auferlegte Strafe. Er war König und Erbauer von Korinth, vermählte sich mit Merope, einer der sieben Atlastöchter, und zeugte außer anderen Söhnen den Glaukos, den späteren Vater des korinthischen Helden Bellerophon. Als Zeitgenosse des schlauen Räubers Autolykos, der am Parnaß hauste, übertraf er selbst diesen an Klugheit und List; denn jener stahl ihm heimlich seine Schafe, bemerkte aber nicht, daß sie bestimmte Kennzeichen an den Füßen hatten. Sisyphos entdeckte die Herde dadurch leicht und zwang den Dieb zur Rückgabe. Bei dieser Gelegenheit lernte er, einer nachhomerischen Sage zufolge, des Autolykos Tochter Antikleia kennen. Sisyphos soll die Jungfrau um ihre Ehre betrogen haben und der eigentliche Vater des Odysseus gewesen sein. Die Mythe der Athener machte ihn auch zum Straßenräuber; als solcher wurde er von Theseus erschlagen, dessen Gebiet er mehrfach überfallen hatte. Dies stimmt jedoch nicht mit der Hauptsage überein, nach der Sisyphos die schrecklichste, von den Göttern selbst verhängte Strafe im Tartaros erhielt. Er mußte einen schweren Felsblock auf die Höhe eines steilen Berges hinaufwälzen; sobald aber der Stein die Zinne erreichte, rollte er unaufhaltsam wieder in die Tiefe, so daß der Büßer gezwungen war, seine fruchtlose Arbeit ewig von neuem zu beginnen.

Als Odysseus einst den Tartaros aufschloß, sah er darin den Sisyphos sein mühseliges Geschäft verrichten. Die Ursachen für diese Strafe lauten sehr verschieden. Nach einer Sage erlaubte er sich während seines Lebens viele schlimme Ränke und Verbrechen; nach anderen plauderte er die Geheimbeschlüsse der Himmlischen aus; ferner sagte man, er habe den gegen ihn abgeschickten Tod in Fesseln gelegt, so daß eine Zeitlang niemand habe sterben können. Eine vierte Behauptung beschuldigte ihn, er habe auf dem Totenbett seiner Gemahlin verboten, ihn zu bestatten; als er danach vor dem Pluton erschienen sei, habe er den Gott der Schatten gebeten, ihn wieder auf die Erde zu entlassen, damit er seine Frau bestrafen könne, weil sie gegen die heilige Sitte des Begräbnisses so gesündigt habe. Die Überlistung des Totenbeherrschers sei gelungen. Auf die Oberwelt zurückgekehrt, habe er den Urlaub mißbraucht und bis ins hohe Alter fortgelebt oder so lange, bis Hermes ihn mit Gewalt in das Schattenreich zurückgeschafft hatte. Auch erzählte man, der Flußgott Asopos habe sich, von seiner Schlauheit unterrichtet, mit der Frage an ihn gewandt, wer die Räuber seiner Tochter Aigina sei; worauf Sisyphos der Wahrheit gemäß antwortete, Zeus habe die Schöne als Adler nach der Insel Aigina weggeschleppt. Dieses Verrates halber sei er von den Blitzen des Götterkönigs in den Tartaros geschleudert und zu seiner Strafe verdammt worden.

Literatur: »Der Mythos von Sisyphos«, A. Camus, 1950.

Skadi (nord.), Gemahlin des → Niörd.

Skalden (nord.) → Barden.

Skidbladner (nord.), Wolkenschiff (→ Freyr).

Skiöld (nord.), ein Sohn Odins, der Gatte der → Gefion.

Sk[e]iron (griech.), ein auf einem Felsen an der Grenze von Megara lebender Riese, der alle Wanderer zwang, ihm die Füße zu waschen. Dann stürzte er sie mit einem Fußtritt über die Felsen hinab, worauf sie von einer Riesenschildkröte gefressen wurden. Theseus ließ den Unhold dasselbe Schicksal erleiden.

Skoll und **Hate** (nord.), riesiges Brüderpaar in Wolfsgestalt, Söhne des Fenriswolfs und der Riesin Gyge (Gygur), verfolgten ständig mit aufgesperrtem Rachen Sonne und Mond, um sie zu verschlingen. Dadurch entstehen die zeitweiligen Finsternisse dieser Lichtkörper, die am Weltende ganz verschluckt werden (→ Walhalla).

Skuld (nord.), eine der drei → Nornen.

Skylla (griech.), 1. ein Meerungeheuer, Tochter des Poseidon und der Nymphe Kratais oder des Typhon und der Echidna oder anderen Ursprungs. Sie lebte mit dem zweiten Meerungeheuer Charybdis in der Meerenge zwischen Sizilien und Unteritalien. Skylla war ein weiblicher Riese mit sechs Köpfen und fraß aus Hunger alles um sich Lebende auf. Als Odysseus die Meerenge durchfuhr, fraß sie sechs Matrosen von der Ruderbank seines Schiffes. Der Held setzte sich lieber dieser Gefahr aus als der Charybdis, einer Tochter des Poseidon und der Gaia, die am anderen Meerufer lauerte. Dreimal täglich schlürfte diese das Meerwasser in ihren trichterförmig klaffenden Schlund hinunter, alles hinabreißend, was der brausende Strudel ihr zuführte, und spie dann das Wasser wieder aus. Beiden Ungeheuern in der schmalen Meeresstraße auszuweichen war unmöglich, daher ruderte Odysseus zu der weniger gefährlichen Skylla hin.

2. Tochter des → Nisos, des Königs von Megara. Eine Sage bringt die Vatermörderin Skylla mit dem Meerungeheuer zusammen. Nachdem der siegreiche Minos sie zur Strafe ertränkte, wurde Skylla zu einer halbtierischen Meerjungfrau, blieb aber noch so schön, daß sie die Liebe Poseidons gewann. Durch die Eifersucht der Göttin Amphitrite, der Gemahlin des Poseidon, sei sie sodann in jene greuliche Seefurie verwandelt worden.

Sleipnir (nord.), das berühmte Roß Odins, hatte acht Beine, lief schneller als der Wind und ermüdete nie, da vier seiner Füße beständig ausruhten. Es verdankte seinen Ursprung dem Hengst Swadilfur – mit dessen Hilfe die Götterburg Asgard gebaut wurde – und dem in eine Stute verwandelten Loki.

Smintheus (Sminthios) (griech.), Beiname des Apollon, der darauf hinweist, daß er die schädlichen Feldmäuse vernichtete.

Smyrna (griech.), Mutter des → Adonis.

Sol (röm.), der römische Sonnengott, dem griechischen → Helios gleichgesetzt. In der Kaiserzeit übernahmen die Römer unter dem Namen des Sol invictus aeternus oder divinus verschiedene orientalische Sonnengottheiten.

Solymer (griech.), kriegerisches Bergvolk, das von Bellerophon besiegt wurde.

Somnus (röm.), römischer Name für → Hypnos.

Sosiasch (Sesiosch) (pers.), Nachkomme des Zoroaster (→ Ormuzd).

Soter (griech.), der Retter, ein Beiname des Zeus und anderer Götter, mit dem sie um Hilfe angerufen wurden.

Sparten (griech. Spartoi = die Gesäten) → Kadmos.

Spes (röm.), römischer Name für → Elpis.

Sphinx (griech.), ein seltsames Ungeheuer, das aus dem Osten nach Griechenland kam und dessen Gestalt trotz mannigfacher Abänderungen immer charakteristisch blieb. In Ägypten war sie ein liegender Löwe ohne Flügel, gewöhnlich von kolossalem Leibesumfang, hier mit Antlitz und Brust eines Weibes, das bisweilen ein Kinnbärtchen hatte, dort mit dem Kopf eines Widders oder Sperbers ausgestattet. Ihre kunstreichen Bildnisse standen in großer Anzahl reihenweise vor den Tempeln, für deren mystische Hüter sie gehalten werden, wie auch für Wächter der Totengrüfte. Wie die Sage lautet, wurde das Zwittergeschöpf von der Göttin Hera aus dem äußersten Äthiopien nach Theben abgeschickt, einem Land, dem sie wegen der dort geschehenen Geburt des Dionysos grollte. Die Griechen machten die Sphinx zu einer Tochter des Typhon und der Echidna (→ Oidipus). Besonders wegen des Rätsels, das sie in Theben vorlegte, erhielt

Die große *Sphinx* von Gizeh; 4. Dynastie.

die Sphinx später die generelle Bedeutung eines geheimnisvollen Wesens.
Dramatische Bearbeitungen: »Le Sphinx«, O. Feuillet, 1874; »Oedipus und die Sphinx«, H. v. Hofmannsthal, 1906.
Dichtung: »The Sphinx«, O. Wilde, 1894.
Stentor (griech.), griechischer Kämpfer vor Troia, der so laut wie fünfzig Männer zusammen schreien konnte. Die sprichwörtliche Stentorstimme durchdringt alles.
Sterope (griech.), 1. Gattin des Oinomaos (→ Pelops).
2. Tochter des Akastos (→ Peleus).
Steropes (griech.) → Kyklopen.
Stheneboia (griech.), Gattin des Proitos (→ Bellerophon).
Sthenelos (griech.), Gatte der → Nikippe.
Strigen (röm.), »die Kreischenden«, im Volksglauben sind es vampirartige Vögel, die kleinen Kindern das Blut aussaugen. Mit Gewalt richtete man gegen sie nichts aus, nur Ersatzopfer und Segnung von Türpfosten und Schwellen waren ein Schutz gegen sie.
Strophios (griech.), Onkel der → Elektra und des → Orestes.
Stymphalische Vögel (Stymphaliden) (griech.) → Argonauten, → Herakles, 5. Abenteuer.
Styx (griech.), Fluß der Unterwelt; die erstgeborene Tochter des Okeanos; bei den Wassern des Styx legten die olympischen Götter ihren heiligen Eid ab.
Suada (röm.), Göttin der Beredsamkeit, der griechischen → Peitho gleichgestellt.
Surt[u]r (nord.), der hitzegebräunte König von → Muspelheim.
Suttung[r] (nord.), Riese, der seiner Tochter Gunlöde die Bewachung des kostbaren Dichtermets übertrug (→ Odin und Quaser).
Swartalfheim (nord.), das Reich der Schwarzelfen, eine der neun Welten (→ Alfheim, Elfen).
Syleus (griech.), ein Riese, der die vorübergehenden Wanderer zur Arbeit in seinen Weinbergen zwang. Herakles tötete ihn während seiner Dienstzeit bei Omphale.
Symplegaden (griech.), zwei Felsen, die sich vor der Einfahrt in das Schwarze Meer befanden und stets zusammenschlugen, wenn sich ein Lebewesen zwischen ihnen befand. Sie stehen seit der Durchfahrt der → Argonauten still.
Syrinx (griech.), eine Nymphe (→ Pan).

T

Taaut (Taautus) (phöniz.), ein uralter Gott Phöniziens, der dem Thoth Ägyptens entspricht. Er war der Erfinder des Schriftwesens, der Wissenschaften und Künste. Wie Thoth neben dem Osiris, stand er neben dem Baal oder Moloch und sorgte für das geistige Leben des Volkes.
Talaos (griech.), Vater des → Adrastos.
Talos (griech.), 1. Neffe des → Daidalos.
2. Ein Wundermann aus gediegenem

Erz, von Hephaistos geschaffen und dem König Minos von Kreta geschenkt worden, der ihn als Wächter seines Reiches benutzte. Dreimal täglich lief Talos um die Insel und lauerte, ob Schiffe die Küste ansteuerten; sobald er gewahrte, daß Fremdlinge zu landen versuchten, sprang er in ein großes Feuer, das beständig zu diesem Zweck unterhalten wurde, machte seinen Eisenleib glühend und schloß sodann die Ankömmlinge in seine Arme, so daß sie eines qualvollen Todes sterben mußten. Endlich fand er seinen Untergang durch die Argonauten, die ebenfalls, von Steinen beworfen, in Gefahr gerieten, von ihm getötet oder schimpflich verjagt zu werden, als sie mit dem Goldenen Vlies aus Kolchis zurückkehrten. Die Zauberin Medeia, ihre Begleiterin, half ihnen bei der Landung; sie wußte, daß Talos nur eine einzige Ader besaß, die vom Nacken bis zum Knöchel hinabreichte und die unten, wo sie aufhörte, mit einem Nagel verschlossen war. Diesen Pflock zog ihm die Wahrsagerin aus, worauf der eherne Unhold verblutete. Nach einer anderen Sage jedoch erlegte ihn ein Pfeilschuß des Helden Poias, der ihn auf die verwundbare Stelle des Knöchels getroffen hatte.

Tantalos (griech.), ein König von Lydien oder Phrygien, Ahnherr des berüchtigten Tantalidenhauses, war nach einigen Angaben ein Sohn des Zeus, nach anderen der des Berggottes Tmolos. Sein unermeßlicher Reichtum geht auf seinen Vater Tmolos zurück, der der Beherrscher des goldhaltigen Tmolosgebirges war. Außerdem wurde eine Tochter des benachbarten Flußgottes Paktolos, der ein goldsandtreibendes Strombett bewohnte, seine Gemahlin; sie hieß Euryanassa und gebar drei Kinder, den Pelops, den Broteias und die Niobe. Andere Quellen nennen eine Tochter des Atlas, die man bald Dione, bald Taygete nannte, als Gattin des Tantalos und als Mutter dieser Kinder aus. Zu seinem Reichtum kam, daß ihn die Götter zu ihrem Liebling erkoren. Durch so hohe Gunst und Ehre wurde Tantalos übermütig und zog sich die bekannte schwere Strafe im Tartaros zu. Unzufrieden darüber, daß er selbst die Unsterblichkeit nicht erlangt hatte, entwendete er heimlich von der Göttertafel Nektar und Ambrosia, erzählte Geheimnisse der Götter weiter, beging einen schändlichen Meineid (→ Pandareos) und schlachtete seinen Sohn → Pelops, den er briet und den in seinem Palast versammelten Göttern zum Schmaus vorsetzte. Tantalos wurde von den Göttern in die Unterwelt hinabgestoßen, wo er die Pein ständigen Hungers und Durstes ertragen mußte. Mitten in dem unterirdischen Fluß Eridanos stehend, dessen Wasser ihm bis zu den Knien reichte, bückte er sich vergebens, um zu trinken, denn die Fluten wichen immer zurück. Über seinem Haupt streckten Bäume ihre mit Früchten behangenen Äste einladend hernieder; sobald er jedoch mit den Händen danach griff, hob ein Wind die Zweige aus der Griffweite. Tantalos' Tochter Niobe, die des Amphion Gemahlin wurde, endete samt ihrem Stamme grauenvoll; Pelops, der nach Griechenland auswandern mußte, pflanzte durch neue Verbrechen das Unglück der Familie auf die Nachkommen fort.

Tartaros (griech.), auch Erebos, Orkos und Hades genannt, war die von → Pluton und Persephone beherrschte Unterwelt, das Reich der Toten. Man schätzte den Tartaros für ebenso geräumig wie die Oberwelt und für mindestens ebenso tief unter der Erde wie den Himmel über der Erde. Der ältesten Vorstellung zufolge lag das Reich am äußersten Westende der Erde, die man als eine Scheibe ansah, und zwar jenseits des Okeanos, der die Oberwelt wie ein flüssiger Gürtel umgab. Darin schiffte der Sonnengott Helios zurück, wenn er seine halbkreisförmige Himmelsbahn vollendet hatte. Die Entfernung des Sonnenwagens vom Tartaros war aber so groß, daß kein Lichtstrahl hinreichte. Dreifaches Dunkel umhüllte ihn. Zwar dachte man sich das Elysium, das herrliche Reich des Glückes, als eine Insel innerhalb des Okeanos, diesem finsteren Gebiet benachbart, aber es war noch von dem Licht der Sonne beschienen.

Später verlegte die allgemeine Vorstellung sowohl das Elysium wie den Tartaros in den Schlund der Erde. Jenes Wonnereich besaß nun eine eigene Sonne und eigene Sterne, der Tartaros blieb hingegen finster. Letzterer war ein Strafort, der alle aufnahm, die sich keine Verdienste erworben oder Verbrechen begangen hatten; wie denn die Unterwelt schon in der Urzeit ein Kerker für die hunderthändigen Riesen, für die Kyklopen und Titanen gewesen war. Die Toten wurden von Hermes mit seinem goldenen Stabe durch die ehernen Pforten geleitet. Waren die Leiber auf der Oberwelt nicht bestattet worden, konnten die Seelen ihre Wanderung nicht fortsetzen. Sie mußten ruhelos flattern, bis ihnen das Glück der Beerdigung droben zuteil geworden war, oder hundert Jahre irrend umherschweben. Hinter der Eisenmauer lag der Strom Styx, der neunfach den ganzen Totenbezirk mäandrisch umkrümmte, ein träges Grenzgewässer, mit dem sich der klagende Fluß Kokytos an einer Stelle vereinigte. An diesem Uferpunkte hielt ein Diener des Pluton, der greise Charon, seinen Nachen bereit, um die Schatten der Toten aufzunehmen. Er ruderte sie über den Acheron, eine schlammige Flußmasse. Am jenseitigen Strande wachte in einer Höhle der schreckliche Höllenhund Kerberos, der jeden vorbei-, aber keinen wieder zurückließ. Einen weiten Platz betretend, erblickten die Seelen ihren Richter, den auf einem Throne sitzenden Minos. Die Frommen, die vor ihm Gnade gefunden hatten, durften sich zur rechten Hand wenden, wo ein Pfad zu dem vom Lethestrom umflossenen Elysium abzweigte; die Bösen aber wurden zur Linken gewiesen, nach dem eigentlichen Tartaros, der eine dreifache Mauer hatte, die der Feuerstrom Pyriphlegethon umfloß. Dort schrieb Rhadamanthys den Ankömmlingen ihre verschiedenen Strafen vor. Inmitten der Hölle wogte der Fluß Eridanos, wo der büßende Tantalos stand, ewigem Durst und Hunger preisgegeben. Die nach ihm am ärgsten bestraften Verbrechen waren der den Felsblock wälzende → Sisyphos, der auf ein wirbelndes Rad angeschlagene → Ixion und die vergebens Wasser schöpfenden → Danaiden u. a. Auch der Vater des Ixion, der thessalische König Phlegyas, welcher den Tempel des Apollon angezündet hatte, weil seine Tochter Koronis von diesem Gott verführt worden war, mußte als Verächter der Götter dort unter einem Felsen ewige Angst leiden. Andere büßten, indem sie von den Erinnyen mit Schlangengeißeln gezüchtigt wurden. Neben den Erinnyen hatten folgende Grauengestalten hier ihre Paläste: die Nachtgöttin Nyx, der Tod Mors, der Schlafgott, die Traumgötter und Gorgonen.

Von den Unterweltsflüssen personifizierte man außer dem Acheron auch den Styx, indem man diesen Strom zu einer Göttin machte, die eine Tochter des Okeanos und der Tethys war, sich mit dem Titanen Pallas vermählte und mehrere Kinder hervorbrachte, nämlich die Siegesgöttin Nike, die Gewaltgöttin Bia, den Kraftgott Kratos, den Eifergott Zelos u. a. Bei dem Styx pflegten die Götter des Olympos ihre höchsten Eide abzulegen. Die Götterbotin Iris wurde jeweils hinabgesandt, um in einer goldenen Schale aus diesem Fluß Wasser zu holen, welches die Götter schwörend ausgossen. Im Falle des Meineides verloren sie ihre himmlischen Rechte oder nach Hesiod für ein volles Jahr ihren Lebensodem. Auch der Tartaros selbst wurde personal gesehen; er war ein Sohn des Chaos und der Erde, die auch die Giganten nebst den Ungeheuern Typhon und Echidna zeugten.

Als man das Totenreich in den Mittelpunkt der Erde versetzte, glaubte man gleichzeitig, daß mehrere Eingänge von der Oberfläche hinabführten, einer auf der Bergspitze Tainaros in Lakonien, ein anderer am See Avernus bei Neapel. Durch solche Öffnungen stiegen berühmte Helden hinab: Orpheus, Herakles, Theseus mit Peirithoos und Aeneas. Auch Odysseus kam in die Schattenwelt, indem er eine Seefahrt jenseits des Okeanos unternahm.

T[e]iresias (griech.), ein berühmter Seher und Zeichendeuter, der Sohn des Eueres und der Nymphe Chariklo, entsprossen aus einem vornehmen Geschlecht Thebens. Er tritt immer blind auf, geführt von seiner Tochter Manto oder von einem Diener. Seine Blindheit schreibt man dem Umstand zu, daß er die Geheimnisse der Götter an die Menschen verraten habe. Nach anderen Angaben wurde er jedoch durch Athene geblendet; als er nämlich einst mit seiner Mutter badete, erblickte er die nackte Göttin, die ihm deshalb zürnend Wasser in die Augen spritzte, wodurch er die Sehkraft für immer verlor. Athene selbst vermochte sie ihm nicht zurückzugeben, was sie, auf das Gesuch der Chariklo, ihrer liebsten Freundin, gern getan hätte; indes verlieh sie dem Blinden durch Reinigung seines Gehörs das Verständnis der Vogelsprache. Er gewann den Ruhm eines unfehlbaren Weisen, vor dessen Geist alle Dinge aufgeschlossen lagen. Eine andere Quelle berichtet, daß er durch Hera blind gemacht worden sei, weil er einen Streit, den sie mit ihrem Gemahl hatte, zugunsten des letzteren entschied. Zeus habe dem Bestraften zum Ersatz nicht nur die Kunst der Weissagung geschenkt, sondern auch sein Leben auf sieben oder neun Menschenalter hinaus verlängert. Man sieht daher den Zeichendeuter, sooft er im thebanischen Sagenkreise erscheint, als Greis. Er starb zur Zeit des Krieges der Epigonen gegen Theben, und man rühmte ihm nach, Persephone habe vor dem Seher eine solche Achtung empfunden, daß sie ihm, wie Homer sagt, den Verstand gelassen habe, dessen sonst alle Schatten im Tartaros verlustig wurden.

Dichtung: »The waste land«, T. S. Eliot, 1922.

T[e]isiphone (griech.), eine der drei → Erinnyen.

Tekmessa (griech.), troische Sklavin und Nebenfrau des → Aias, des Königs von Salamis, des Sohnes des Telamon. Auch ihr als Mutter des kleinen Eurysakes gelang es nicht, Aias vom Selbstmord zurückzuhalten.

Telamon (griech.), ein Sohn des Königs Aiakos von Aigina, der Bruder des → Peleus. Verbannt wie letzterer, geriet er zum König Kychreus von Salamis, der ihm seine Tochter Glauke und die Herrschaft über sein Reich gab. Nach anderen Quellen hieß seine Gemahlin Eriboia, die ihm den »größeren« Aias schenkte. Von der schönen Hesione, einer Tochter des Königs Laomedon von Troia, erhielt er einen zweiten Heldensohn, Teukros.

Besonderen Ruhm erwarb Telamon durch seine Freundschaft mit → Herakles, den er auf dem Zuge gegen die Amazonen wie auch gegen Troia begleitete.

Telemach[os] (griech.), Sohn des → Odysseus und der → Penelope.

Telephassa (griech.), Mutter des → Kadmos und der Europa.

Telephontes (griech.), Sohn der → Merope.

Telephos (griech.), Sohn des Herakles und der → Auge.

Tellus (röm.), Erdgöttin, der griechischen Gaia bzw. Demeter entsprechend. Als Göttin der Fruchtbarkeit ist sie mit Ceres verwandt.

Temenos (griech.), Nachfahre des Herakles, → Herakleiden, → Aristodemos.

Tereus (griech.), Gemahl der → Prokne.

Terminus (röm.), der Grenzgott, jünger als Silvanus, der ebenfalls das Eigentum unter seiner Obhut hatte. Er wurde durch Numa Pompilius, dem zweiten König von Rom (715 – 670 v. Chr.), eingeführt. Der Bildstock des Gottes, ein viereckiger Stein, galt als unverletzlich; deshalb hielt man ihn für heilig und salbte ihn mit Öl, ehe man ihn setzte. Die ihm geweihten Feste, die Terminalien, fanden am 23. Februar statt; an diesem Tag baute man ihm einen Altar aus grünem Rasen, opferte Feldfrüchte, Kuchen und Tiere, besang seine Macht, erflehte seine Huld und behing die Grenzsteine mit zwei Kränzen, die die beiden Nachbarn brachten. Sein Kult war noch in der augusteischen Zeit lebendig.

Terpsichore (griech.), »die Reigenfrohe«, die → Muse der Tanzkunst.

Tethys (griech.), eine Titanin, Tochter des Uranos und der Gaia, Schwester und Gemahlin des Okeanos. Der Ehe entsprossen je 3000 Flußgötter und Okeaniden.

Teukros (griech), 1. ältester König des Reiches Troia.

2. Sohn des Telamon und der Hesione, Halbbruder des »größeren« Aias, ein ausgezeichneter Bogenschütze, der vor Troia kämpfte.

Ritterlich begrub er seinen Halbbruder, der sich selbst entleibt hatte, wurde aber von dem erzürnten Vater aus Salamis verstoßen, als er allein von der Heerfahrt zurückkehrte. Er wanderte daher nach Zypern aus und gründete dort zur Erinnerung an seine Heimat die Stadt Salamis.

Teut (german.) → Thuiskon.

Teuthras (griech.), König von Mysien, Gatte der → Auge.

Thal[e]ia (griech.), die heitere → Muse des Lustspieles. Ihr gegenüber stand Melpomene, die Muse der Tragödie.

Thamyris (griech.), ein Sohn des Philammon und der Argiope, war ein berühmter Meister aus der thrakischen Sängerschule des Linos und so stolz auf seine Kunst, daß er die Musen selbst zum Wettstreit herausforderte. Der Kampf fand zu Dorion in Messenien (Gebiet im SW des Peloponnes) statt. Es wurde vereinbart, daß die Göttinnen, falls sie siegten, Thamyris willkürlich bestrafen könnten; sollten sie jedoch verlieren, würden sie dem Sieger ihre höchste Gunst gewähren. Der Ausgang lief für den prahlerischen Sterblichen sehr unglücklich ab. Er unterlag, und die erzürnten Musen raubten ihm das Augenlicht und nahmen ihm die Gabe des holden Gesanges sowie die Kunst des Harfenspielens.

Thanatos (griech.), der Tod, ein Sohn der Nacht und der Zwillingsbruder des Schlafes (Hypnos). Er wohnte am Eingang des Tartaros. In der bildenden Kunst wurde er als schlafender Knabe dargestellt oder als ein schöner Jüngling, der eine ausgelöschte Fackel auf die Brust eines Leichnams stützt. Ein anderes Attribut waren Mohnköpfe.

Die Dichter schilderten ihn weniger freundlich. Aischylos nennt ihn den einzigen der Götter, der keine Altäre habe und sich weder durch Geschenke bestechen noch durch preisende Lieder beschwören lasse. Andere beschreiben ihn schwarzgewandig, in der Hand ein Messer, womit er dem Sterbenden das Haar abschneidet, zum Zeichen, daß dieser den unterirdischen Göttern verfallen ist. Mit seinem Bruder, dem Schlaf, streift der Tod rastlos über die Erde; jener bringt die Menschen für kurze, dieser für ewige Zeit zur Ruhe.

Theano (griech.) → Desmontes.

Theia (griech.) → Titanen.

Themis (griech.), die Tochter des Uranos und der Gaia, eine Titanin, die erste oder zweite Gemahlin des Zeus, dem sie die Horen und Moiren gebar. Von ihrer Mutter erbte sie das Orakel zu Delphi, das später auf Apollon überging. Sie war die Göttin der Gerechtigkeit und der ewigen Weltordnung und berief die Versammlungen der Götter und Menschen ein. Als eine ihrer Töchter wird Dike, eine zweite Göttin der Gerechtigkeit, angeführt, oft aber mit der Mutter verwechselt.

Thersandros (griech.), Sohn des Polyneikes und der Argeia (→ Oidipus).

Thersites (griech.), ein Sohn des Agrios, bekannt als häßlicher, schmähsüchtiger Grieche, der sich unter die Belagerer von Troia mischte. Er wurde nach dem Tod der Penthesileia durch Achilleus erschlagen.

Theseus (griech.), nach Perseus und Herakles der größte Held des früheren Altertums, war ein Sohn des Königs Aigeus von Athen und führte sein Geschlecht mütterlicherseits auf Pelops zurück. Aigeus war mit Meta vermählt und hoffte vergebens auf Kinder; ein Spruch der von ihm um Rat gefragten Seherin Pythia veranlaßte ihn, sich zum König Pitheus von Troizen, einem Sohn des Pelops, zu begeben, der seinerWeisheit halber in hohem Ansehen stand. Dieser Fürst deutete nicht nur die Worte des Orakels, sondern traf auch Anstalten, dem kinderlosen Gast zu helfen; er hatte eine Tochter namens Aithra, die einstige Braut Bellerophons, jenes Helden, der wegen eines unvorsätzlichen Mordes aus seinem Vaterland Korinth hatte flüchten müssen. Die verlassene Jungfrau verband Pitheus nunmehr mit dem König von Athen, und sie wurde gesegneten Leibes. Als sich Aigeus zur Heimkehr anschickte, warf er sein Schwert und seine Sandalen unter einen ungeheuren Steinblock, wies der Aithra die Stelle und sagte ihr, wenn sie einen Sohn gebären sollte, möge sie ihn so lange am Hof des Pitheus behalten, bis er imstande sei, den Felsen wegzuschieben und sich der darunter verborgenen väterlichen Besitztümer zu bemächtigen. Mit diesen Gegenständen möge sie ihn dann nach Athen senden, er werde daran seinen Sohn erkennen. Danach kehrte Aigeus in sein Reich zurück. Aithra gebar Theseus, der zu einem kräftigen Jüngling heranwuchs. Von der Mutter zu jenem Felsen geführt, schob er ihn leicht zur Seite, nahm Schwert und Schuhe hervor, ließ sich die Bedeutung der Sache erklären und war sofort entschlossen, den Vater aufzusuchen. Zwei Wege boten sich ihm nach Athen, der eine zu Wasser, der andere zu Land; man riet ihm, den Seeweg als den ungefährlicheren einzuschlagen. Der sechzehnjährige Held bevorzugte jedoch den Landweg, den Räuber und Ungeheuer unsicher machten; der Ruhm seines Zeitgenossen Herakles leuchtete ihm als Vorbild. Schon am ersten Tag seiner Wanderung stieß er auf einen Räuber, genannt Periphetes. Er war ein Sohn des Hephaistos, hinkte wie der Vater, war aber stark genug, um durch eine gewaltige eiserne Keule, die ihm den Beinamen Korynetes oder Keulenschwinger eintrug, Schrekken zu verbreiten. Theseus erlegte ihn und bediente sich künftighin der eroberten Keule als seiner eigenen Waffe. Bereits am nächsten Tag hatte er Gelegenheit, sie zu gebrauchen. Am Isthmus von Korinth lauerte der Straßenräuber Sinis, der die Leute ausplünderte und auf die grausamste Weise umbrachte. Er stellte sich an den Weg und zwang die Vorüberreisenden, ihre Kräfte mit den seinigen zu messen; er bog die Stämme der Pinien und Fichten, womit jener Landstrich bewachsen war, bis zur

Erde nieder. Wer ihm dies nicht nachzutun vermochte, wurde an die niedergezerrten Wipfel zweier Fichten gebunden, sodann überließ er die Bäume ihrer natürlichen Schwungkraft. Sie schnellten auseinander und zerrissen die Dazwischenhängenden in Stücke. Nach diesem grausamen Spiel wurde Sinis Pityokamptes oder Fichtenbeuger benannt. Nachdem Theseus Sinis besiegte und bei Krommyon eine gefährliche Sau erlegt hatte, zog er nach Megara weiter. Den schmalen Küstenweg hielt wiederum ein berüchtigter Räuber namens Skiron besetzt. Dieser zwang die Reisenden, ihm die Füße zu waschen, wenn dies geschehen war, stürzte er sie durch einen Fußtritt von der steilen Kante in die Flut. Unten schoß aus einer Grotte eine große Schildkröte, die jeden packte und verschlang. Theseus ließ den Riesen dasselbe Schicksal erleiden. Später überwältigte der Held im Ringkampf den Kerkyon, der alle Wanderer zu einem Zweikampf nötigte. Theseus' sechstes und letztes Abenteuer auf dieser Reise war der Kampf mit Damastes, auch bekannt unter dem Namen Prokrustes oder der »Strecker«. Dieser drückte jeden Wanderer in ein Bett, das für den Körper nicht paßte; war es zu lang, so hing er dem Gast schwere Eisenblöcke an die Füße und streckte ihn zu Tode. War das Bett dagegen zu kurz, so hieb er ihm so viel von den Beinen und dem Leib ab, bis der Verstümmelte hineinpaßte. Mit gleicher Münze zahlte Theseus dem Prokrustes diese Untaten. Darauf erreichte der Held endlich Athen, wohin ihm der Ruf seiner Taten bereits vorausgeeilt war. Der alte Aigeus hatte eine Verbindung mit der aus Korinth geflüchteten Zauberin Medeia geschlossen; es war ihm versprochen worden, ihre Zauberkünste würden ihm Kinder verschaffen. Da Medeia den Einfluß des berühmten Ankömmlings fürchtete, machte sie dem König Angst und redete ihm zu, den Helden zur Tafel zu laden und zu vergiften. Glücklicherweise erkannte der Vater rechtzeitig seinen mit der Aithra erzeugten Sohn an dem Schwert, um ihm den tödlichen Becher noch von den Lippen zu reißen. Unter allgemeinem Jubel wurde Theseus als der rechtmäßige Sprößling und Erbe des Aigeus aufgenommen. Nur die Pallantiden, die fünfzig Söhne seines Oheims Pallas, empörten sich gegen ihn und seinen Vater, um ihre Thronansprüche zu retten. Der heldenmütige Jüngling siegte über die feindliche Vetternschaft und stieg in der Gunst des Volkes auch durch anderweitige Großtaten. Er unternahm eine Jagd gegen jenes kretische Ungeheuer, das Herakles im Auftrag des Eurystheus lebendig nach Mykenai geschleppt hatte, das aber dort wieder freigelassen worden war und die Fluren von Marathon verwüstete, weshalb man ihm den Namen der Marathonische Stier gegeben hatte. Theseus fing das Scheusal, zog es an Stricken durch die Straßen Athens und opferte es. Sodann erlöste er seine Vaterstadt von dem Menschentribut, der dem König Minos von Kreta für den Minotauros alle Jahre gezahlt werden mußte (→ Aigeus und Ariadne). Dabei starb Aigeus durch einen unglücklichen Zufall. In ihrer Freude hatten Theseus und seine Mannen vergessen, bei ihrer Rückkehr eine weiße Flagge auf dem Schiff aufzuziehen, um, wie vereinbart, das Gelingen der Unternehmung anzuzeigen. Aigeus, der in banger Erwartung am Strand harrte, glaubte daher, daß diesmal sein einziger Sohn die Beute des Minotauros geworden sei, als er das heimkommende Schiff mit dem schwarzen Trauerwimpel erblickte, womit es ausgelaufen war. Aus Gram stürzte er sich in das Meer. Der junge Theseus bestieg nach ihm den Thron.

Später begleitete er Herakles, als dieser auszog, um das goldene Wehrgehenk der Amazonenkönigin zu holen. Auf diesem Zug erkämpfte er sich die schöne Hippolyte, die ihm einen Sohn gebar, den Hippolytos. Er schloß ein inniges Freundschaftsbündnis mit dem Lapithenkönig Peirithoos, wodurch er in die schwierigsten Unternehmungen verwickelt wurde. Der Freund lud ihn zu seiner Hochzeit mit Hippodameia; zu dieser Feier waren auch die benachbarten Kentauren eingeladen, und einer derselben, der, berauscht vom Wein, die reizende Braut ungeschliffen behandelte, erregte unter den Gästen einen blutigen Streit. Theseus stand den Lapithen tapfer bei; der Kampf ging für die Kentauren kläglich aus, sie wurden teils erschlagen, teils aus ihrer Heimat verjagt. Inzwischen war Hippolyte zu Hause verstorben, und Theseus vermählte sich mit Phaidra, einer Schwester seiner früher geliebten Ariadne, die er treulos auf der Insel Naxos verlassen hatte; sie schenkte ihm zwei Söhne, den Akamas und den Demophon.

Theseus und Peirithoos, deren Verheiratung kein Hindernis für weitere Abenteuer war, kamen zusammen nach Sparta und erblickten im Tempel der Artemis zufällig die bei einem Festopfer tanzende Helena. Der Entschluß, sie zu entführen, wurde schnell ins Werk gesetzt, und nachdem die Räuber mit ihrer zarten Beute Sparta glücklich verlassen hatten, losten sie über den Besitz aus. Das Glück entschied für Theseus, er schaffte die Geraubte heimlich nach Attika, um sie vor Spähern zu sichern; Aithra, seine Mutter, gesellte er ihr als Aufseherin zu. Weil sich die beiden Freunde bei der Verlosung geeinigt hatten, daß der Gewinnende dem Verlierenden helfen muß, nun eine ebensolche Schöne zu erlangen, sah er sich bald zur Erfüllung seines Wortes veranlaßt. Denn die Wahl des Peirithoos war auf keine Sterbliche gefallen, sondern auf die Gemahlin des Hades, die göttliche Persephone. Er mußte daher dem Freund in die Unterwelt folgen, um sie zu holen. Schon hatten die beiden Helden die Pforten des Schattenreiches hinter sich, als sie sich ermüdet an der Schwelle niedersetzten, um ein Weilchen zu verschnaufen; da bewirkte Hades, daß sie an dem Felsen haften blieben. So schmachtete das Freundespaar in Gefangenschaft, bis Herakles in der Unterwelt eintraf, um auf Befehl des Eurystheus den Höllenhund Kerberos heraufzuschleppen. Der Held löste den unglücklichen Theseus mit gewaltigem Ruck und hätte Peirithoos ebenfalls aus seinen magischen Banden befreit, wenn die Erde nicht plötzlich gezittert und gebebt hätte. Die unterirdische Haft hatte aber mehrere Jahre gedauert. Mittlerweile war der Aufenthalt der geraubten Helena von einem athenischen Bürger namens Akademos verraten worden. Helenas Brüder, die Dioskuren Kastor und Pollux, die einen Feldzug gegen das Land führten, eroberten und schleiften die Feste, befreiten die Schwester und nahmen auch die Mutter des Theseus nach Sparta mit. Aithra blieb seitdem als Gesellschafterin um Helena und teilte die wechselvollen Geschicke der berühmten Schönen. Über den heimgelangten Theseus brach durch seine Gattin Phaidra ein häusliches Unglück herein; ihr Stiefsohn Hippolytos hatte die Liebe seiner Stiefmutter erweckt, ihre unzüchtige Neigung aber nicht erwidert (→ Hippolytos).

Nach einer anderen Sage ist Theseus ein Sohn des Poseidon, und es heißt, der göttliche Vater habe ihm einst die Erfüllung dreier Wünsche verheißen. Zwei davon waren schon durch die sichere Rückkunft aus dem Labyrinth von Kreta und die Erlösung aus dem Schattenreich erfüllt worden, und der dritte Wunsch sollte nun unheilvolle Erfüllung finden. Denn jähzornig, wie Theseus war, rief er den Gott des Meeres um den Tod des Hippolytos an, da er die Verleumdung der Phaidra glaubte. Hippolytos starb auch sofort durch eine Seebestie. Zu spät bereute Theseus seine Übereilung, als ihm die Unschuld des Sohnes durch Athene selbst offenbart wurde. Die Reihe jener Unfälle aber und die lange Entfernung von seinem Hof brachten Unruhe in sein Land. Der König, dessen weises Zepter auch von Sophokles gerühmt wurde, verlor die Liebe und das Vertrauen seines Volkes. Eine Empörung, angezettelt von Menestheus, trug die bittersten Früchte; die beiden anderen Söhne mußte er nach Euboia retten, er selbst flüchtete zuletzt auf die Insel Skyros, wo Lykomedes herrschte. Von diesem Fürsten, der entweder Furcht vor seinem Gast hegte oder um die Gunst des neuen athenischen Gewalthabers buhlte, soll er hinterlistig von einem Felsen gestoßen worden sein. Lange nach seinem Tod erst erinnerten sich die Athener ihres Wohltäters und ihres größten Helden. Auf einen Befehl des Orakels holte man seine Gebeine zurück und weihte ihm ein zur Freistatt erhobenes Grabmal, Opfer, Festspiele und einen prachtvollen Marmortempel.

Dramatische Bearbeitungen: »Sommernachtstraum«, W. Shakespeare, 1595; »Thésée«, A. Gide, 1946.

Opern: »Thésée«, J. B. Lully, 1675; »Theseus und Ariadne«, A. Fischer, 1809.

Thestios (griech.), Vater der → Leda.

Thetis (griech.), die Tochter des Nereus und der Doris, die Mutter des Helden Achilleus (→ Peleus).

Thisbe (griech.), Thisbe und → Pyramos, ein babylonisches Liebespaar.

Thoas (griech.), 1. Sohn der Ariadne und des Dionysos, Vater der Hypsipyle. 2. König der Taurer, in dessen Auftrag → Iphigeneia (→ Orestes) als Priesterin der Artemis die dort üblichen Menschenopfer durchführte.

Thor (nord.), der Gott des Donners, ein Sohn des Odin und der Frigga, nach seinem Vater der meistgefürchtete, stärkste und oberste Ase. Er fuhr über den Wolken auf einem schwerrollenden, von zwei Steinböcken gezogenen Wagen durch die Lüfte daher; die Böcke hießen Tanngniost (Zahnknisterer) und Tanngrisnir (Zahnknirscher). Die Erde flammte unter ihm, die Berge brachen und bebten. Dabei schwang er die schrecklichste aller Waffen, den Miölner, einen Hammer. Wenn er dieses Wurfgeschoß auf die Feinde schleuderte, zermalmte es alles, was es traf, und es traf immer das rechte Ziel; und jedesmal kehrt es wieder in die Faust des zürnenden Gottes zurück. Um den Miölner am Stil anzufassen, trug er eiserne Handschuhe. Außerdem besaß er den Megingjarder (Vermögensgürtel); sobald er ihn umschnallte, erlangte er doppelt so viel Götterkraft, als seinem Wesen von Haus aus eigen war. Das vom Donnergott beherrschte Reich hieß Thrudwanger (Kraftanger), sein Palast wurde Bilskirner (der heiter Glänzende) genannt, bestehend aus 500 labyrinthisch ineinander verschlungenen Sälen. Thor hatte zwei Gemahlinnen. Erstens Sif (die Sippe), die ihm zwei Söhne, Loride und Modi (der Mutige), und eine Tochter, Thrudr (die Kraft), schenkte. Sif war jedoch schon früher verheiratet gewesen und besaß aus ihrer ersten Ehe einen Sohn Uller oder Oller (der Glänzende), einen rastlosen Jäger, treffsicheren Bogenschützen und unvergleichlichen Schlittschuhläufer. Sie selbst zeichnete sich durch ihr wundervolles Haar aus, das ihr der böse Loki einst im Schlaf heimtückisch abschnitt. Ihr Gatte Thor indessen drohte ihm mit dem Tod, wenn er den Schaden nicht ersetze. Der Bösewicht ließ hierauf von Zwergen, den Söhnen Iwalders, einen goldenen Haarschmuck verfertigen, der ihm das Leben rettete. Die zweite Gemahlin Jarnsaxa (die Eisensteinige), eine Jotenjungfrau, war so reizend, daß der göttliche Freier von seiner ewigen Feindschaft gegen das ganze Riesengeschlecht absah und nicht eher ruhte, bis sie ihm die Hand reichte. Sie gebar seinen Lieblingssohn Magni (der Starke), der das Ebenbild des Vaters an Kraft und Stärke wurde, denn als er kaum drei Jahre zählte, stand er dem Thor im Kampf mit dem Joten Hrugner bei und hob den Fuß des Hrugners, den kein anderer Ase sonst zu bewegen vermochte, vom Hals des bedrängten Vaters weg. Indes werden Thor, wenn der Weltuntergang Ragnarokr hereinbricht, weder Rüstung noch Leibeskraft schützen; die Schlange Jormungand, seine Gegnerin, fällt zwar unter seinem Blitzhammer, ersäuft ihn aber durch den unermeßlichen Giftstrom, den sie sterbend ausspeit. Nur die Söhne Thors, Modi und Magni, werden die allgemeine Vernichtung überleben (→ Walhalla).

Thoth (ägypt.), der Schöpfer des geistigen Lebens, ein Gott der Wissenschaft, der dem phönizischen Taaut und dem griechischen Hermes entspricht. Sein Name soll »Säulengott« bedeuten; in die Säulen nämlich ritzten die Priester das Wissenswerte ein, und die Hieroglyphenschrift galt als beste Erfindung des Thoth. Er wurde als Mensch mit einem Ibiskopf dargestellt.

Thuiskon (Tuiscon) (german.), Gott der Germanen, verehrt als Stammvater des gesamten Volkes. Als Greis mit einer Bärenhaut um den Leib und in der rechten Hand ein Zepter abgebildet. Die Druiden weihten ihm unter anderen Gaben auch Menschenopfer, eine Sitte, die Cäsar noch in den germanischen und gallischen Ländern vorfand. Seinem Sohn Man zollte man ebenfalls göttliche Anbetung. Der Ausdruck Teut bedeutet »Vater, König«. Die germanischen Stämme verdanken ihm Gesetze und Religion wie auch den Namen der Teutschen oder Deutschen. Manche suchen in diesem Urvater eine historische Person, einen Helden, der aus Armenien nach Europa gekommen sein soll.

Thursen (nord.) → Joten.

Thyestes (griech.) → Atreus.

Thyiaden (griech.), auch Mänaden oder Bakchantinnen. Frauen, die von dem orgiastischen Freudentaumel um → Dionysos besessen waren.

Tiberinus (röm.), wichtigster Flußgott der Römer (→ Flußgötter).

Tiresias (griech.) → Teiresias.

Tisamenos (griech.), »der Rächer«, Sohn des Orestes. Als Orestes hochbetagt an dem Biß einer Giftschlange gestorben war, folgte ihm Tisamenos in der Herrschaft und kämpfte später gegen die zurückgekehrten Herakleiden.

Titanen (griech.), das zweite Göttergeschlecht, Kinder des Uranos und der Gaia. Man zählte zweiundzwanzig solcher Götterwesen, nämlich dreizehn männliche: Okeanos, Ophion, Adanos, Andes, Anytos, Koios, Kreios, Hyperion, Olymbros, Ostasos, Iapetos, Aigaion und Kronos, und neun weibliche: Tethys, Rheia, Themis, Euryphaiessa, Dione, Theia, Phoibe, Menemosyne und Thrace. Sie stellten gewaltige Naturgottheiten der grauen Urzeit dar. An ihrer Spitze stand der jüngste Bruder → Kronos. Ihre Sprößlinge waren die Titaniden. Unter diesen von den Titanen unmittelbar abstammenden Göttern ragt zunächst Helios heraus, der ein Sohn des Hyperion und der schwesterlichen Theia war und der ebenfalls Titan genannt wurde; ferner dessen Schwestern, die Mondgöttin Selene und die Morgengöttin Eos, sodann Prometheus, Hekate, Leto und Pyrrha. Die Kinder der Gaia entthronten zuerst ihren Vater Uranos und wurden wiederum durch Zeus entthront; doch nahmen nicht alle Titanen an diesen Kämpfen teil, namentlich Okeanos.

Tithonos (griech.), einer der vier Ehemänner der Eos. Er entführte sie nach Aithiopien oder an den Okeanos. Von dort erhob sie sich jeden Morgen von ihrem gemeinsamen Lager, wie Homer berichtet, um Göttern und Menschen das Tageslicht zu bringen.

Eos erbat für ihn von Zeus die Unsterblichkeit, vergaß aber die ewige Jugend. Der gealterte Tithonos wurde von Eos in eine Zikade verwandelt. Ihr Sohn Memnon kämpfte auf seiten der Troier.

Tityos (griech.), ein Sohn des Zeus und der Elara, einer Tochter des Königs

Orchomenos, die der Götterkönig aus Furcht vor der eifersüchtigen Hera unter der Erde verbarg. Den Tityos, den sie in diesem Versteck gebar, hieß man deshalb auch einen Erdensohn; er war ein Riese von ungeheurer Größe und lebte auf der Insel Euboia. Trotz und Übermut verleiteten ihn, sein Auge zur Leto zu erheben; deshalb wurde er entweder durch die Blitze seines eigenen Vaters getötet oder von den Pfeilen des Apollon und der Artemis erschossen, die über die Anmaßung gegen ihre Mutter erzürnt waren. In der Unterwelt empfing er überdies eine harte Strafe. Odysseus erblickte bei seinem Aufenthalt im Hades den Tityos auf dem Boden ausgestreckt; ein Geierpaar, das er vergebens mit den Händen fortzuscheuchen suchte, umschwirrte beständig seine Seiten und hackte ihm die Leber aus.

Tmolos (griech.), Gatte der Omphale.

Toxeus (griech.), Onkel des → Meleagros, Bruder des → Plexippos.

Triptolemos (griech.), der »Dreimalpflüger«, Sohn des Königs Keleos, den die Göttin → Demeter beauftragte, den Ackerbau über die ganze Welt zu verbreiten.

Trismegistos (griech.), unter dem Namen Hermes Trismegistos (des »Dreimalgrößten«) kannte die Spätantike eine große Zahl astrologischer, religiös-philosophischer und okkulter Schriften.

Tritogeneia (griech.), unerklärter Beiname der Athene, der jedoch von dem hohen Alter der Göttin zeugt.

Triton (griech.), 1. ein Sohn des Poseidon und der Amphitrite, der den goldenen Meerpalast seiner Eltern bewohnte.
2. Der Gott eines Sees in Libyen, der nach ihm selbst der tritonische heißt und an dessen Ufern, einer Sage nach, die Göttin Pallas Athene geboren wurde.
3. Eine Meergottheit der mittelländischen Gewässer, fuhr bisweilen mit Rossen und Wasserungeheuern über die brausende Wasserfläche dahin. Manchmal dienten sie selbst den Nereiden und andern Seegottheiten als Rosse bald zum Gespann, bald zum Reiten; oder sie machten einen Teil des glänzenden Gefolges aus, das den Meerherrscher Poseidon umschwärmte.

Troia (griech.) → Ilos, → Laomedon, → Paris, → Priamos, → Tros.
Epos: »Ilias«, Homer, 8. Jh. v. Chr.
Oper: »Die Eroberung Trojas«, H. Berlioz, 1890.
Filme: »Das Trojanische Pferd«, K. Wolf, 1939; »Helen of Troy«, Wise, 1955; »The trojan Women«, M. Kakojannis, 1971.

Troïlos (griech.), Sohn des Priamos und der Hekabe, der von Achilleus in einer Ebene vor Troia beim Tränken seiner Pferde überrascht und erschlagen wurde.
Dramatische Bearbeitung: »Troilus und Cressida«, W. Shakespeare, 1609.
Dichtung: »Troilus und Cryseyde«, Chaucer, 1382.

Trolle (nord.), Bergriesen, heißen auch Joten und Thursen.

Tros (griech.), der Stammheros und König der Troier, nach dem das Reich Troia benannt wurde.

Tuiscon (german.) → Thuiskon.

Turnus (altital.), ein König der Rutuler, der Sohn des Daunus und der Venilia, verwandt mit dem König Latinus, dessen Tochter Lavinia seine Verlobte war, die er jedoch durch Aeneas, der auch ihn tötete, verlor (→ Aeneas).

Tyche (griech.), Hesiod erwähnt sie als eine der Okeaniden (→ Okeanos), die mit Persephone vor deren Entführung durch Hades am Strand spielte. Nach Pindar ist Tyche eine Tochter des Zeus und der mächtigsten der Moiren. Trotz ihres launenhaften Wesens, das gibt und zurücknimmt, wankelmütig, flüchtig und treulos ist, wurde der Göttin keine eigene Schicksalsmacht zugeschrieben.

Tyche; Stadtgöttin von Antiochien.

Dargestellt wurde sie mit einem Steuerruder in der Hand, um anzudeuten, daß sie die Welt regiert; ein Füllhorn oder den Knaben → Plutos (Reichtum) auf dem Arm, weil sie ihre Schätze bis zum Überfluß ausstreut; eine Kugel oder ein Rad unter dem Fuß, weil sie unbeständig ist und ihr Wille sich wie Kugel oder Rad bei der geringsten Bewegung verändert. Zuweilen verdeutlichen noch ein Paar Flügel ihre Flatterhaftigkeit.

Um Christi Geburt wurde Tyche als allbeherrschende Gottheit verehrt. In der Kaiserzeit wurde in vielen Städten des Ostens eine »Tyche der Stadt« (z. B. Antiocheia, Alexandreia) verehrt. Das höchste Ansehen genoß Tyche bei den Römern, die sie → Fortuna nannten. Dort zählte man sie zu den Schutzgottheiten, sie wurde nicht nur als Fortuna publica oder Glücksgöttin des Staates verherrlicht, sondern jedes Haus und jedes einzelne Individuum betete seine eigene Glücksgöttin an.

Tydeus (griech.), Sohn des Oineus, des Königs von Aitolien und der Periboia. Wegen eines begangenen Mordes flüchtete Tydeus nach Argos, wo er gegen den aus Theben vertriebenen → Polyneikes um das Nachtlager kämpfte. König → Adrastos nahm die beiden gastfreundlich auf und machte sie zu seinen Schwiegersöhnen (→ Oidipus).

Tyndareos (griech.), Gatte der → Leda, → Dioskuren, → Helena.

Typhon, 1. griech. Name des ägyptischen Seth; → Osiris.

2. (griech.), urzeitliches Ungeheuer, das auch Typhoeus hieß. Es war ein Riese, dessen Gattin → Echidna zahlreiche Un-

getüme hervorbrachte. Zuweilen erschienen Typhoeus und Typhon als zwei verschiedene Wesen. Doch gab man auch einem von Zeus vernichteten Götterfeind den Namen Typhon; er soll der jüngste Sohn von Gaia und Tartaros gewesen sein, ausgestattet mit hundert Drachenköpfen, die Feuer und Flammen auswarfen, mordfunkelnde Augen und schaudervolle Stimmen hatten, → Zeus.

Tyr (nord.), ein Sohn des Odin und der Frigga, der Gott der Weisheit und der Stärke. Er allein besaß den Mut, den schrecklichen Fenriswolf zu fesseln, wobei er jedoch seine Hand einbüßte, die er dem Untier zur Besänftigung in den Rachen stecken mußte. Wegen seiner Unerschrockenheit riefen ihn die Helden und Krieger an; herzhafte und weise Menschen erfreuten sich seiner Gunst. Wenn der Weltuntergang Ragnarokr naht, wird er mit dem Höllenhund Garm[r] kämpfen, wobei sie sich gegenseitig töten werden.

Tyro (griech.), Tochter des → Salmoneus, Mutter des → Neleus und des → Pelias.

U

Uller (nord.), Sohn des → Thor und der Sif.

Urania (griech.), eine der neun → Musen, Göttin der Sternkunde.

Uranos (griech.), der erste Weltgebieter, vermählt mit der Erdgöttin Gaia, die ihn zum Urgroßvater des gesamten hellenischen Göttergeschlechts machte. Seine Kinder waren die drei hunderthändigen Riesen (Hekatoncheiren), sodann die drei Kyklopen und schließlich die zweiundzwanzig Titanen (→ Kronos, Zeus und Gaia).

Urd (nord.), eine der drei → Nornen.

Utu (sumer.), Sonnengott, er schützte → Gilgamesch auf dem gefahrvollen »Zug durch den Zedernwald«, auf einer der Heldenfahrten des sumerischen Königs.

Uvättir (nord.), Name für Zwerge, Riesen und Elfen.

V

Vanaheim (nord.) → Wanen.

Vel[l]eda (german.) → Weleda.

Venus, altitalische Göttin des Frühlings und der Gärten, später der griechischen → Aphrodite gleichgesetzt. Sie übernahm die aus dem griechischen Mythos geläufigen Eigenschaften und Beziehungen dieser Göttin.

Veritas (röm.) → Aletheia.

Vertumnus (röm.), wörtlich der »Wandelgott«, stellte den Umschwung der Dinge dar, bald ein Gott des Handels und Wandels, bald einer der Jahreszeiten, und das besonders des Herbstes. Sein Fest, die Vertumnalien, feierte man am 27. August. Seine Gemahlin war Po-

Venus und Mars; röm. Plastik aus Ostia.

Venus Marina; aus Timgad.

mona, die Göttin des Obstes und der Gartenfrüchte. Pomona war eine schöne Gärtnerin, um welche sich Satyrn, Faunen und Waldgötter vergebens bewarben; auch Vertumnus fühlte heftige Liebe zu ihr, die ihn zu mancherlei Verwandlungen trieb. Er kam als Pflüger, Schnitter und Winzer, doch immer ohne Erfolg; endlich gab er sich das Aussehen einer Matrone und bat die reizende Jungfrau, sie solle doch gegen ihren eifrigsten Liebhaber, den Vertumnus, nicht länger die Spröde spielen. Als er sie gerührt sah, trat der listige Gott schnell als blühender Jüngling vor die Überraschte, die ihn hierauf zum Gemahl annahm.

Vesta (altital.), Göttin des Staatsherdes. Nach Vergil brachte schon Aeneas die Vesta und ihr ewiges Feuer zu den Bewohnern Italiens. Nicht Witwen wie in Griechenland, sondern Jungfrauen, welche strenge Keuschheit angeloben mußten, genannt Vestalinnen, waren in Rom ihre Priesterinnen, zuerst zwei, dann vier, später sechs. Sie trugen ein langes weißes Gewand, eine priesterliche Stirnbinde (Vitta) und wenn sie opferten einen dichten Schleier. In dem Heiligtum, welches ihnen von Romulus oder Numa Pompilius (2. König von Rom, 715–670 v. Chr.) angewiesen wurde, das jedoch zugleich als Königspalast diente, hatten sie das bekannte

Palladium der Stadt Rom und andere wichtige Dinge zu bewachen, die Opfer der Göttin auszurichten und die ewige Flamme ihres Herdes zu versorgen. Eine nachlässige Priesterin, durch deren Schuld das Feuer ausging, wurde vom Pontifex maximus, der im Tempel wohnte und als Oberpriester auch die Vestalinnen beaufsichtigen mußte, mit Geißelhieben gezüchtigt, worauf man die wegen eines solchen Versehens erzürnte Göttin durch feierliche Opfer und Gebete versöhnte und die Glut an den Strahlen der Sonne wieder anschürte. Die Verletzung des Keuschheitsgelübdes strafte man schrecklich;

Die Geburt der *Venus;* Sandro Botticelli, um 1478, Florenz, Uffizien.

die Frevlerin wurde unter grausamen Zeremonien, gleich den Nonnen im Mittelalter, lebendig begraben, während allgemeine Stadttrauer herrschte, da man ein solches Ereignis für ein schweres, durch Göttergroll hereingebrochenes Unglück hielt. Dafür genossen diese Priesterinnen aber das höchste Ansehen und eine Menge Vorrechte. Sobald sie der Pontifex am Tage ihres feierlichen Eintritts mit der weihenden Hand berührte, waren sie mündig und testamentfähig; sie hatten im Theater Ehrenplätze unter den ersten Magistratspersonen; wenn sie ausgingen, wurden ihnen die Zeichen der obersten Magistratswürde vorangetragen, und begegnete ihnen auf ihrem Weg ein Verbrecher, den man zum Richtplatz schleppte, so schenkte man ihm das Leben.

Auch durfte die zur Vestalin bestimmte Jungfrau nicht mehr als zehn Jahre zählen, mußte aus Italien gebürtig, ohne körperliche Mängel und von Eltern entsprossen sein, die noch am Leben waren, dem freien Stande angehörten und ein ehrliches Gewerbe trieben. Der Vater konnte die Tochter freiwillig zur Priesterin bestimmen. War jedoch eine Wahl nötig, so geschah sie durch das Los in der Volksversammlung. Die Auserwählte mußte den Dienst der Vesta zehn Jahre lang lernen, die folgenden zehn Jahre ausüben und ein weiteres Jahrzehnt lehren; sodann hatte sie die Erlaubnis, den Tempel zu verlassen und sogar zu heiraten, wenn sie ihrem heiligen Ruf entsagen wollte.

Vesta wurde der griechischen Hestia gleichgesetzt, vertrat aber vorwiegend

den Staatsherd und kaum den einzelnen Hausherd. Das Fest der Göttin fiel in Rom auf den 9. Juni.
Opern: »Vestas Feuer«, J. Weigl, 1805 (Text von Schikaneder); »La Vestale«, G. Mercadante, 1840 (Text von Cammarano).
Ballett: »Die Vestalin«, J. Starzer, 1773.
Viktoria (röm.), Siegesgöttin, entspricht der griechischen → Nike.
Vulcanus (Volkanus) (röm.), Gott des Feuers, von den Etruskern übernommen und später dem griechischen → Hephaistos gleichgestellt. Die Römer ehrten ihn durch die Volcanalia, ein Fest, welches am 22. August stattfand. Die älteste Kultstätte in Rom war das Volcanal, eine überdachte Feuerstelle neben dem Comitium.

W

Wala (nord.), der Name für Hexe, Zaubernorne oder wundertätige Fee.
Walaskialf (nord.), Palast in → Asgard.
Walhall[a] (Valhöll) (nord.), wörtlich »die Schlachtfeldhalle«, in dem Gehöfte Gladhsheim gelegen, der hallenähnliche goldene Palast in Asgard, der Sammelplatz aller Helden, die im Kampf mit den Waffen in der Hand umkommen. Odin entsendet zu jedem Gefecht die jungfräulichen Walküren, denen das Amt obliegt, dem Waffengetümmel vorauszureiten und diejenigen auszulesen, die fallen sollen, wie auch die Art und Weise ihres Falles zu bestimmen. Ein Kuß von ihr bedeutet für den Kämpfer den Heldentod, worauf er unter ihrem Geleit nach Asgard emporsteigt und zuerst einen lieblichen Hain Glasor (Goldhain) betritt. Dort wird er von den Asen Hermod und Braga begrüßt. Der Hain stößt an die Walhalla selbst, deren Spitzen in den Wolken verschwimmen; das unermeßliche Gebäude zählt 540 Tore. Der Götterfürst Odin empfängt die hier eintretenden Heldengeister; er betrachtet sie als seine auserwählten Söhne und nennt sie deshalb Einherier oder einzige Heerer. Er selbst heißt Walfadur, Vater oder Herr aller auf der Walstatt Erschlagenen. An Odins Tafel speisen alle Krieger von dem Speck des ungeheuren Ebers Sährimner. Er wird jeden Morgen in dem Kessel Eldhrimner gekocht, steht aber jeden Abend nach vollendetem Gastmahl wieder lebendig auf, um für den folgenden Tag abermals gekocht zu werden. Für das Getränk sorgt die große Ziege Heidrun, die vor der Walhalla weidet und die Knospen von den Zweigen des Wunderbaumes Lerad abpflückt. Aus ihrem Euter jedoch strömt keine Milch, sondern ein köstlicher Met. Die reizenden Walküren, an ihrer Spitze Freia, warten den Gästen als freundliche Mundschenke auf. Auf den Ruf eines goldkammigen Hahnes erheben sie sich vom Lager und ziehen waffengerüstet aus den Toren nach einem Tal, wo sich die Scharen aufstel-

len und miteinander streiten. Odin selbst ordnet die Reihen und nimmt an den Gefechten teil. Keiner stirbt auf dem Schlachtfeld; denn es ist ein Festspiel, das bis gegen Mittag dauert. Dann stehen die Scheintoten frisch und gesund wieder auf und finden sich bei der gemeinsamen Tafel ein. Dieses Leben in der Walhalla währt aber nicht ewig. Die Götterdämmerung Ragnarokr, der hereinbrechende Weltuntergang, setzt ihm ein Ende, das Odin mit den übrigen Göttern vergebens abzuwenden trachtet. Deshalb finden jene täglichen Ritterspiele unter seiner Anführung statt. Wenn der schreckliche Augenblick, der durch dreijährigen Krieg des Menschengeschlechts, sodann durch drei aufeinanderfolgende sommerlose Winterjahre mit einem heftigen Schneegestöber, genannt Fimbulwetter, schauerlich angekündigt wird, verschlingen die Wölfe Skoll und Hate die Sonne und den Mond. Die Sterne verschwinden am Himmel, und die berstende Erde versinkt allmählich in ein wildes Chaos. Zugleich zerreißt der → Fenriswolf die ihm von den Asen angelegten Fesseln; die Midgardschlange springt aus dem Meer an die Küste, und das endlich fertig gewordene Schiff → Naglfar, gelenkt von dem Riesen Hrymer, steuert, mit allen Bewohnern der Riesen- und Unterwelt an Bord, durch die Lüfte gegen den Asenhimmel zu. Loki steht an ihrer Spitze. Sie gelangen zur Bifröstbrücke. Ihnen folgen, um ebenfalls über die Brücke zu reiten, die Söhne Muspelheims, geführt von ihrem mit Feuerflammen umgebenen König Surtur, dessen Glutschwert heller leuchtet als die Sonne. Die Brücke bricht zwar zusammen, wenn sie mit ihren Rossen über dieselbe hinwegsprengen wollen, aber die Zerstörer werden dennoch Asgard erreichen, indem sie Flüsse und Meere durchschwimmen, bis sie auf der großen Ebene Wigridr ankommen. Hier rücken ihnen schon die Asen kampffertig entgegen.

Walküren (nord.), »die Schlachtfeldwählerinnen«, göttliche Jungfrauen, die die sterbenden Helden aus dem Schlachtfeld nach Walhalla geleiten, sie dort als Dienerinnen umschweben und ihnen durch ihre Reize die Freuden der

Walküre; Figurine von Emil Doepler, 1876.

Erde ersetzen. Sie sind während des Kampfes in Panzer und Helm auf fliegenden Rossen unsichtbar zugegen. Nach ihren Tugenden tragen sie besondere Namen; besonders bekannt sind Rista (Erschütterin), Mista (Verwirrerin), Hilda (die Tapfere), Thruda (die Standhafte), Hlök (die Frohlockende), Herfiöter (die Heerfesselnde), Göll (die Schreierin), Skögul (die Fluchtzeigende), Ragryd (die Urteilsprecherin). Schildmädchen der Walküren sind Brunhild, Swanwitr, Godrun und Aulruna (→ Walhalla).

Oper: »Die Walküre«, R. Wagner, 1870.

Wanen (Vanen) (nord.), Götter in Menschengestalt, der Zauberei kundig. Sie führten eine langwierige Fehde mit den Asen, worin beide Teile ihre Kräfte nutzlos erschöpften, bis es endlich zu einem Vergleich kam (→ Quaser). Man tauschte zur Sicherung des Friedens Geiseln aus, die Wanen erhielten den Häner und Mimer, die Asen den Niörd mit seinen Kindern Freyr und Freia. Den Wohnsitz der Wanen, Wanaheim, sucht man bald im hohen Norden von Europa, bald setzt man ihr Reich an das Ufer des Don.

Waranda (nord.), eine der drei → Nornen.

We (Ve) (nord.), Bruder des → Odin.

Weleda (Velleda) (german.), berühmte Wahrsagerin im ersten Jahrhundert n. Chr. Nach Tacitus erteilte sie, von einem hohen Turm herab, ihre weit und breit geachteten Aussprüche. Ihrer Herkunft nach war sie eine edle Jungfrau aus dem Stamm der Brukterer. Unter Kaiser Vespasianus kam sie als Gefangene nach Rom, wurde dennoch triumphal empfangen, da sie den Römern durch ihren politischen Einfluß genützt hatte. Die Germanen zollten ihrem Andenken göttliche Ehre. Später nannten sie nach ihr jede Prophetin eine Weleda.

Wellenmädchen (nord.), Tochter der → Ran und des Ägir.

Wichtel (Wichtelmännchen) (german.), Zwerge, auch Elfen.

Widar (nord.), der starke Sohn des Odin und der Riesin Gridur.

Widolf (nord.), die Urmutter der Hexen.

Wigridr (nord.), die große Schlachtebene, wo der Weltuntergang entschieden wird (→ Walhalla).

wildes Heer (german.) und wilder Jäger, → wütendes Heer.

Wile (nord.), Bruder des → Odin.

Wingolf (nord.), wörtlich der Weinboden, der Palast der Freundschaft und Liebe in Asgard, von den Asynien zu ihrem besonderen Wohnsitz erkoren. Seine Pforten bewachte Sygn, die Göttin der Gerechtigkeit, die nur jenen den Eintritt gestatteten, die die Wahrheit sprachen.

Wodan (Wuotan, Wotan) (german.), der oberste Gott der alten »Teutschen«, Vater der Götter, Schöpfer, Geber und Lenker aller Dinge. Die Kriegsheere schlachteten ihm zu Ehren als dem Spender des Sieges alle Gefangenen. Gleich dem nordischen Götterkönig Odin nahm er die in der Schlacht gefallenen Helden in seinen Himmel auf. Man benannte viele Punkte am Firmament wie auf der Erde nach ihm; so hieß die Milchstraße Wodanstraße.

Wolen (nord.), böse Zauberfrauen oder Hexen von unterweltlicher Herkunft.

Wotan (german.) → Wodan.

wütendes Heer (das wilde Heer) (german.), eine böse Geisterschar, die bei Nacht wie eine finstere Sturmwolke durch die Lüfte dahinfährt, begleitet von einem furchtbaren Getöse. Für den Anführer dieses Geisterzuges hält man den Teufel oder wilden Jäger. Letzterer soll ein lasterhafter, reueloser Jäger gewesen sein, der zur Strafe nach dem Tod die Hetzjagd fortsetzen muß.
Der veränderliche Volksglaube weist das Anführeramt auch Kaiser Karl dem Großen oder Karl dem Fünften, bald den dänischen Königen Waldemar und Christian dem Zweiten, bald König Arthur, dem Helden Dietrich von Bern und dem Junker von Rodenstein, bald den Götterfrauen Holda und Perchtha zu (Perchtenlauf in Salzburg). Vielfach wurde auch geglaubt, das wütende Heer habe seinen Namen von Gott Wodan empfangen. Nachdem sich das Christentum verbreitet hatte, nahm man besonders im süddeutschen Raum an, daß der frühere Himmelsgott nun als Entmachteter sein Amt als Höllenfürst ausübt.

X

Xanthos (griech.), aus der Verbindung des Zephyros und der Harpyie Podarge stammten die beiden windschnellen Rosse des Achilleus, Xanthos und Balios.

Xenios (griech.), das Gastrecht, mit Zeus als Schutzgott, auch Beiname des Zeus.

Xuthos (griech.), Gemahl der Kreusa, → Ion.

Y

Ygdrasil (Yggdrasill) (nord.), wörtlich die Schreckensträgerin, der unzerstörbare Weltbaum, eine dreiwurzelige hohe Esche, die die Götterdämmerung überdauert. Die Äste bedecken die gesamte Erde und die Unterwelt, und die drei Wurzeln durchziehen die neun Welten, da sie aus den drei verschiedensten Polgegenden wachsen. Eine befindet sich in Midgard, wo der Urdarborn glänzend fließt und jedem eingetauchten Gegenstand blendende Weiße verleiht. Am Ufer wohnen die drei Nornen oder Schicksalsschwestern. Jeden Morgen schöpfen sie in dem Brunnen Wasser, befeuchten die Wurzeln der Riesenesche, bedecken die bloßgelegten Stellen frisch mit dem Lehm, um das Welken und Faulen des Stammes zu verhindern. Darauf müssen sie ständig achten, weil vier in den Zweigen nistende Hirsche immer von den jungen Blätterknospen fressen und überdies die zweite Hauptwurzel, die sich neben dem Quell Hwergelmir in das nordische Nebelreich Niflheim hinabsenkt, fortwährend von der Schlange Nidhögur (Neidhard) unterhöhlt wird. Sie und ihre häßlichen Kinder nagen an der Wurzel in der Absicht, den Weltbaum zu stürzen. Die dritte Hauptwurzel steckt in dem Riesenland Jotunheim; in ihrer Nähe sprudelt der Brunnen der Klugheit und Weisheit, nach seinem Besitzer Mimer Mimisbrunnen genannt.

Auf dem Gipfel der Weltesche thront ein weiser Adler, zwischen dessen Augen der Habicht Wedurföllner sitzt; das Eichhörnchen Ratatösk klettert stets an dem Stamm auf und nieder, um zwischen jener an dem einen Wurzelende hausenden Schlange und dem auf der Krone befindlichen Adler durch Tratsch Zwiespalt und Unfrieden zu stiften. Die Götter versammeln sich im Schatten des Ygdrasil, wo ihre Gerichtsstätte ist.

Ymir (Hymir, Ymer) (nord.), der »Tosende«, der Urriese, aus dem die ganze Schöpfung gebaut worden ist. Die aus dem Feuerland Muspelheim abspringenden Funken flogen nach dem nordwestlichen Eisreich Niflheim, wo eine Anzahl mächtiger Eiszapfen in den ungeheuren Abgrund Ginnungagap (Chaos) hineinragten. Bis dorthin drang der Feuerregen vor, die Eiszapfen schmolzen und wurden geschwängert. Ymir, der Urriese, kam mit seiner Kuh Audumbla (die Reichsaftige) aus den aufgetauten Klippen hervor. Das Tier nährte sich dadurch, daß es die bereiften Salzsteine beleckte, während der Riese von den vier Milchströmen lebte, die aus dem Kuheuter flossen. Die Kuh schleckte aus der Steinkruste den göttlichen Buri (der Gebärende), einen schöngestalten Sprößling. Von diesem stammte der Gott Bör (der Geborene), der sich später mit dem Riesenweib Bestla (die Umgürtende), einer Tochter des Baultorn, vermählte. Diese gebar ihm die Söhne Odin, Wile (Vili) und We. Inzwischen war auch Ymir nicht unfruchtbar geblieben; er war schlafend in einen gesegneten Schweiß gefallen, bei dem aus seinem linken Arme ein Mann und ein Weib entstand, während der linke Fuß mit dem rechten den Riesen Thrudgelmer und auf diese Weise das gesamte Geschlecht der Hrymthussen hervorbrachte. Die durch die Mutter mit Ymir verwandten Söhne des Bör erschlugen den Urriesen; das Blut des Ungeheuers richtete eine Flut an, worin das ganze Riesengeschlecht ertrank, ausgenommen des Thrudgelmers Sohn Bergelmer, der sich mit seinem Weib auf ein Boot rettete und nachher die Welt wieder mit neuen Hrymthussen bevölkerte. So war also der Sieg der drei Götter, des Odin, Wile und We, nicht vollständig; sie hatten später an den Riesen grimmige Widersacher, konnten aber die Schöpfung vollbringen. Aus der Blutmasse des Ymir schufen sie nämlich die Meere und Seen, aus dem Fleisch seines Leichnams die Erde, aus den Knochen die Gestade und Berghöhen, aus den Zähnen die Steine, aus den Augenbrauen die gegen die Anfälle der Hrymthussen nützliche Verschanzung von Asgard, aus dem Gehirn die Wolken und aus der Hirnschale das Firmament. Das letztere mußte aber an seinen vier Ecken gestützt werden. Dazu brauchten die Götter vier stämmige Zwerge, die Austri (Osten), Sudri (Süden), Westri (Westen), Nordri (Norden) hießen. Aus den Würmern der Ymirleiche wuchs nämlich gleichzeitig das Geschlecht der Zwerge hervor, das von den Asengöttern menschliche Formen und Vernunft erhielt, während ihnen Felsen und Erdtiefen als Wohnsitz angewiesen wurde (→ Odin).

Z

Zagreus (griech.), der mystische oder unterirdische Dionysos, wie der bekanntere Weingott ein Sohn des Zeus, jedoch mit der Tochter der Demeter, der lieblichen Persephone, gezeugt. Er hatte ein Stierhaupt.

Alle Götter bewarben sich um die blühende Persephone, und da die Mutter einen blutigen Freierstreit im Himmelreich fürchtete, verbarg sie die schöne Jungfrau in einer Höhle, die sie von den Schlangen ihres Luftwagens bewachen ließ. Zeus, gleichfalls von Liebe entbrannt, verschaffte sich Zutritt, indem er die Gestalt einer ähnlichen Schlange annahm, und machte Persephone zur Mutter des stierhäuptigen Zagreus, der seines Vaters Liebling wurde, sich neben seinen Thron setzen und sogar mit den Blitzen spielen durfte. Das entfachte jedoch den Neid der Götter. Zwar ließ ihn der vorsichtige Vater von den Kureten bewachen, die ihn mit ihren Waffentänzen umringten, allein die Eifersucht der betrogenen Hera, die sich gegen Zagreus wie später gegen den jüngeren Dionysos kehrte, brachte Verderben. Sie hetzte die Titanen auf ihn, die sich in anderer Gestalt durch die Leibwache einschlichen, den harmlosen Knaben zuerst mit Spielzeug beschäftigten, dann aber plötzlich überfielen. Wie Nonnos berichtet, verteidigte sich der Göttersohn anfangs lebhaft mit seinen Stierhörnern, und fast wäre es ihm gelungen, die abgesandten Mörder durch die wunderbarsten Verwandlungen in verschiedene Gestalten und Elemente zu ermüden; die Schreckensstimme der Hera aber habe ihn endlich wie ein Donnerschlag zu Boden geworfen. Hierauf zerhackten und kochten die Titanen seinen Leib in einem Kessel und begannen die an einen Spieß gesteckten Fleischstücke zu braten; da erschien Pallas, entriß ihnen das noch schlagende Herz und brachte es Zeus. Dieser erschlug die Titanen mit dem Blitz und gebot dem Apollon, die Reste des Zagreus zu sammeln und auf dem heiligen Parnaß zu bestatten. Aus dem Herzen aber entstand der neue → Dionysos. Eine Sage behauptet, Zeus habe aus dem zerstampften Herzen des Zagreus einen Liebestrank gesotten, ihn der holden Semele eingegeben und dann mit ihr den zweiten Dionysos gezeugt.

Zarvana Akarana (pers.) → Ahriman.

Zentauren (griech.) → Kentauren.

Zephyros (griech.), der mildeste und wärmste Wind, der Westwind der Alten. Die Athener bildeten ihn als nackten Gott, mit Blumen auf seinem leichten Mantel, ab. Durch seinen Hauch schmolz der Winterschnee, und die Natur erwacht wieder. Sein Sohn mit einer der Horen war Karpon, der Gott der Früchte. Einer anderen Sage nach wählte er Chloris, die Göttin der Blumen, zu seiner Geliebten; er entführte sie, so wie sein Verwandter Boreas die Königstochter Orithyia aus Attika, und machte der Holden das gesamte Blumenreich zum Brautgeschenk. Mit der Harpyie Podarge zeugte er ferner in Hengstgestalt die beiden unsterblichen Rosse des Achilleus (→ Hyakinthos).

Zetes (griech.) → Boreas und → Kalais.

Zethos (griech.), → Amphion, → Aedon.

Zeus (griech.), Sohn des Kronos und der Rheia, höchster Gott. Er war der dritte Herrscher, vor ihm führte sein Großvater Uranos an der Seite der Gaia das Zepter, dieser wurde von Zeus' Vater Kronos gestürzt, wie dieser wiederum von Zeus durch blutigen Kampf entmachtet wurde. Dem alten Kronos war geweissagt worden, er werde, wie er selbst seinen Vater Uranos gestürzt habe, gleichfalls durch eines seiner Kinder vom Herrscherstuhle gestoßen werden. Um das Unglück zu verhüten, verschlang er Söhne und Töchter, sobald sie geboren waren. Dieses Schicksal ereilte bereits Pluton, Hestia, Demeter, Poseidon und Hera. Als Rheia wieder schwanger ging, wünschte sie, wenigstens eines ihrer Kinder zu retten. Auf der Insel Kreta gebar sie in einer Höhle den Zeus und gab auf den Rat ihres Vaters Uranos und ihrer Mutter Gaia dem lauernden Gemahl einen in Windeln gehüllten Stein, welchen dieser sogleich verschlang. Einige Jünglinge verrichteten geräuschvolle Waffentänze, um das Geschrei des Neugeborenen vor dem grausamen Vater zu verbergen. Die Nymphe Amaltheia sorgte hierauf für die Erziehung des Knaben in der Höhle des Berges Ida. Als junger Mann nahm Zeus den Kampf mit Kronos auf. Zunächst reichte er ihm ein Brechmittel, das er sich von Metis, der Göttin der Klugheit, erbeten hatte. Kronos spie all seine Kinder samt dem verschluckten Stein wieder aus. Dann befreite Zeus die hunderthändigen Riesen – Hekatoncheiren – und die Kyklopen aus dem Tartaros, in welchen sie von ihrem Vater Uranos wegen ihrer furchtbaren Gestalt eingesperrt worden waren. An ihnen gewann er gewaltige Verbündete. Die dankbaren Kyklopen beschenkten ihn mit der furchtbarsten Waffe, dem Blitz, den sie kunstreich geschmiedet hatten. Außerdem unterstützten ihn seine fünf Geschwister in dem Kriege, der sich nunmehr gegen Kronos und dessen ähnlichen Brüder, die Titanen, entspann. Die letzteren versammelten sich auf dem thessalischen Berge Othyris, die von Kronos gezeugten Götter aber fochten vom Olympos gegen sie, Thessalien war das Schlachtfeld. Nach zehnjährigem Kampfe siegten die Olympier.

Die Titanen wurden samt Kronos in die

Zeusmünze aus Elis; Zeit Hadrians, Berlin, Staatl. Mus., Münzkabinett.

Unterwelt hinabgeschleudert und die hunderthändigen Riesen zu ihren Wächtern bestellt; darauf teilten sich die drei Brüder das Weltall. Zeus erhielt den Himmel, Poseidon das Meer und Pluton das Schattenreich. Erde und Olympos blieben gemeinschaftlicher Besitz. Von ihnen und ihren Schwestern stammten die übrigen Götter und Göttinnen der neuen Familie ab. Noch aber war die Herrschaft der neuen Götter nicht gefestigt, Kronos hatte bei seinem Sturze den Vaterfluch gegen den Sieger wiederholt, und der auf Befehl des Zeus an den Kaukasus geschmiedete Titane → Prometheus hatte dem jetzigen Weltherrscher den gleichen Sturz geweissagt, wie ihn Uranos und Kronos erleben mußten, wenn ihm nicht ein Abkömmling eines sterblichen Weibes zur Hilfe kommen werde. Die prophezeite Gefahr rückte auch heran. Gaia, die Zeus zürnte, daß er das Recht des Siegers mißbraucht und die Titanen, ihre Söhne, zu ewiger Haft verurteilt hatte, gebar aus Rache die himmelstürmenden Giganten, welche durch die bloße Kraft der Götter nicht überwunden werden konnten. In der furchtbaren Schlacht mit den → Giganten erfocht Herakles den Sieg für die Götter.

Noch ein Gegner erschien, um Zeus die Herrschaft streitig zu machen, nämlich der von der Gaia und dem Tartaros ausgebrütete → Typhon, ein hunderthäuptiges und flammenspeiendes Ungeheuer, dessen Anblick so entsetzlich war, daß die Götter sich in allerlei Tiergestalten verbargen und nach Ägypten flohen. Nur Zeus stellte sich ihm entgegen und war ihm im Ringkampfe unterlegen. Das Ungeheuer schnitt dem Götterkönig die Sehnen an Händen und Füßen auf und sperrte den nunmehr Gelähmten in eine Grotte. Dem listigen Hermes gelang es jedoch, Zeus zu befreien und zu heilen, der darauf das Scheusal aufs neue mit einem geflügelten Wagen und den ferntreffenden Blitzen bekämpfte und siegreich blieb. Den Leichnam bedeckte Zeus mit dem Ätna, unter welchem der feuerspeiende Rachen weiterglüht und von Zeit zu Zeit feurige Ausbrüche verursacht.

Schon vor den letzten Machtkämpfen hatte Zeus durch Zeugung von Söhnen und Töchtern die Zahl der Götter und Helden vermehrt. Seine erste Gemahlin war Metis, die ihm befreundete Göttin der Klugheit. Diese sagte ihm voraus, das Kind, das sie unter dem Herzen trage, werde ihm die Herrschaft rauben. Gewarnt durch das Beispiel seines Vaters Kronos, verschlang er daher die Gattin vor der Niederkunft, in der Absicht, das Kind selbst zu gebären und sich dadurch untertänig zu machen. Als nach einiger Zeit die Wehen eintraten, ließ sich der schwangere Gott mit der Axt das Haupt öffnen; aus diesem sprang die Göttin Athene hervor, völlig erwachsen, wie Pindar berichtet, und in ihrer ganzen kriegerischen Waffenrüstung. Zur zweiten Gemahlin nahm Zeus Themis, welche ihm die Horen und die Moiren schenkte. Von anderen Göttinnen, die sich seiner Liebe erfreuten, wobei sich die verschiedenen Sagen in Einzelheiten widersprechen, gebar ihm seine Schwester Demeter die reizende Persephone, während Dione ihm Aphrodite schenkte. Von Mnemosyne wird Zeus Vater der neun Musen, von Eurynome Vater der Chariten, von Leto Vater des Apollon und der Artemis usw.

Aber schon lange bevor das Zwillingspaar das Licht erblickte, war Zeus bereits mit seiner Schwester Hera verbunden, die fernerhin als rechtmäßige Gattin galt.

Vier Kinder, Hebe, Eileithyia, Ares und Hephaistos, entsprossen dieser Ehe, die zwar heilig und dauerhaft, aber nicht vollkommen glücklich war. Hera hegte eine unablässige, wohl oft begründete Eifersucht gegen den Gemahl; denn dieser stieg häufig auf die Erde nieder, anfangs um das Menschengeschlecht kennenzulernen, die Guten, wie Baukis und Philemon, zu belohnen, die Bösen, wie Lykaon und Salmoneus, zu bestrafen. Bald gefielen ihm auch die sterblich Schönen, die er zu erobern wußte; Maia, die den Hermes, und Semele, die den Dionysos gebar. Durch List gewann er andere, so entführte er als Stier die Europa, die auf der Insel Kreta Mutter des Minos, Rhadamanthys und Sarpedon wurde. Als Schwan umfing er die Leda, welche ihm die Dioskuren und Helena schenkte. Als goldener Regen rauschte er der gefangenen Danaë, der Mutter des Perseus, in den Schoß; als Adler raubte er den schönen Ganymedes und ernannte ihn auf dem Olympos zu seinem Mundschenk. Io dagegen, die er bei seiner Umarmung in eine Wolke hüllte, wurde von ihm aus Vorsicht in eine Kuh verwandelt. Einer anderen List bediente er sich, um mit Alkmene den größten Helden Griechenlands, Herakles, zu zeugen. Diese Freiheiten verzieh Hera nicht: sie brachte den von ihrem Gatten dergestalt bevorzugten Frauen als auch deren Sprößlingen und Nachkommen Jammer, Unglück und Verderben.

Im allgemeinen wurde Zeus von den Menschen als erhabener Schicksalsgebieter gepriesen, von welchem alles ausging, Gutes, Böses, Reichtum oder Armut, Segen oder Elend, Leben oder Tod. Die Könige verdankten ihm, dem Götterkönig, Zepter, Macht und Rechte. Von seinem Willen hing Sieg und Beute ab. Er war der Hort der Gastfreundschaft, der Verwandtschaft oder Familie, des Hauses und Herdes, der Freundschaft und Liebe, der Schutzflehenden, Bedrängten und Bettler, auch Schirmherr des Eidschwurs und der furchtbare Rächer des Meineids.

Daß er aber außer der physischen Allgewalt auch die höchste Weisheit besaß, wird aus der Gabe der Weissagung klar, welche ihm vor allen anderen Göttern verliehen war. Einerseits verkündete er selbst die Zukunft durch Blitz, Donner und andere Himmelszeichen, durch Vogelflug und Opfertiere, aber auch durch die Stimmen seiner Orakel, deren berühmtestes zu Dodona stand. Aber auch Apollon weissagte nichts anderes als den Willen seines Vaters Zeus.

Zu Olympia stand sein prachtvollster Tempel, hier gebot er gleichsam als König über alle griechischen Städte und Völkerschaften, hier wurden ihm zu Ehren die olympischen Wettspiele abgehalten. Die gelungenste Tempelzierde aber war das von Phidias ausgeführte Ideal des Götterkönigs, ein kolossales Werk aus Gold und Elfenbein.

Der Name Zeus wird von der indogermanischen Wurzel »div« abgeleitet, die soviel wie »Himmel« bedeutet. Verhältnismäßig spät übertrug man den Sitz des Zeus vom Olympos in den Himmel und schuf so einen allumfassenden Gott.

Aus den zahlreichen Lokalkulten und dem Bestreben der hellenischen Adelsgeschlechter, ihre Abstammung auf den höchsten Olympier zurückzuführen, erklärt sich die Verbindung des Zeus mit so vielen göttlichen und menschlichen Frauen im griechischen Mythos.

Dramatische Bearbeitung: »Der Spiegel des Jupiter«, A. Bäuerle, 1831.

Opern: »Jupiter und Europa«, J. E. Galliard, 1723; »Jupiter in Argos«, G. F. Händel, 1739.

Zwerge (Dwerge) (nord.), Wesen zwischen Göttern und Menschen (→ Ymir), deren Name von ihrer Mißgestalt abgeleitet ist.

Zwerglinge oder Krümmlinge sind verwachsene und ungeformte Wesen. Sie sind unterirdischer und nächtlicher Natur, ihr Wohnsitz ist im Stein- und Erdreich, sie treiben ihre Geschäfte zur Nachtzeit, da sie das Licht der Sonne nicht vertragen. Der Sonnenstrahl versteinert sie; wie denn die seltsam gezackten Felsenstücke der norwegischen Küste nichts anderes als verwandelte Zwerge vorstellen sollen.

Der Meister der Erdzwerge heißt Durinn, jener der Steinzwerge Mödsognir. Die Edda erwähnt eine dritte Gattung Zwerge, nämlich jene, die sich auf der Wanderschaft von Swains Haugi nach Orwanga in Jornwall befinden. Alle Zwerge sind berühmt wegen ihrer unvergleichlichen Kunstfertigkeit im Bauen, Drechseln und Schmieden. Ihre

Kunstwerke erhalten durch den in sie gelegten Zauber, der entweder heilbringend oder tödlich wirkt, besondere Bedeutung. Auch den Dichtermet haben sie zubereitet (→ Quaser).

Zyklopen (griech.) → Kyklopen.

BILDNACHWEIS:

Aigner S. 36 (2), 42, 47 unten, 49, 52, 55, 62, 66, 68, 69, 78, 84, 99, 109, 114, 122, 135, 141 (2), 142, 148, 150 (2), 151, 152, 154, 155, 168, 184, 187, 196, 199, 219, 235, 237, 244, 257, 261, 262, 264, 276, 292 rechts.

Moser S. 116, 166 (2), 200, 266, 267, 269, 270, 295.

Pimm S. 15, 19, 26, 27, 33, 34, 35, 39, 43 (2), 44, 45, 46, 47 oben, 48, 53 (2), 58, 59, 61, 63, 70, 82, 83, 85, 86, 88, 90, 91, 92, 97, 100, 103, 108, 123, 124, 125, 126, 128, 129, 131, 133, 136, 137, 144, 167, 171, 173, 174, 179 (2), 181, 182, 183, 185, 189, 190, 195 (2), 197, 198, 205, 213, 216, 223, 226, 227, 233, 234, 246, 249, 263, 265, 272, 290, 292 links, 293, 301.